전쟁과 재현

마을 공동체의 고통과 그 대면

전쟁과 재현

마을 공동체의 고통과 그 대면

최정기 · 정호기 · 최호림 · 김권호 ·
노영기 · 양라윤 · 박현정 지음

한울
아카데미

이 도서의 국립중앙도서관 출판시도서목록(CIP)은 e-CIP 홈페이지(http://www.nl.go.kr/cip.php)에서

이용하실 수 있습니다(CIP제어번호: CIP2008001703).

이 책 '전쟁과 재현'은 전남대학교 호남문화연구소에서 수행한 학술진흥재단 중점연구소 제3차 지원사업의 결실이다. 당시 중점연구소의 중심 주제는 '호남의 기층문화'였으며, 연차별로 민속, 언어, 건축, 마을사, 한국전쟁 등을 소주제로 하는 2~4개 팀이 구성되어 있었다. 한국전쟁 팀은 처음부터 마지막까지 6년간에 걸쳐서 조사 및 연구를 진행해왔는데, 이 책은 마지막 3차 사업(2년간)의 결과를 모은 것이다.

한국전쟁은 1948년 분단이 제도화된 이후 벌어진 국지적인 내전에서 1950년 6월 25일 전면전으로 확대된 전쟁으로, 한국 현대사에서 가장 비극적인 사건이지만 동시에 한국사회의 정치·경제·문화·종교 등의 구조를 크게 변화시킨 일대 전환점이기도 하다. 따라서 이 연구는 오늘날 한국사회의 기층문화를 규명하기 위해서는 반드시 한국전쟁에 대한 구체적인 경험을 탐구해야만 한다고 생각한 결과라고 할 수 있다.

나아가 이 연구는 전쟁이라는 역사적 사건에 접근하는 데 지역민들이 경험한 세계와 지역민들의 관점에서 주관적으로 구성한 '살아온 세계'를 좀 더 중시하려 한다. 즉, 이 연구는 문서를 독점하는 일부 계층에 의해서만 한국전쟁이 해석되고 평가되던 기존의 연구 경향을 비판하는 데서 출발한다. 또 한국전쟁 연구에서 나타나는 이데올로기적 전쟁 상태나 국가·민족·계급 같은 거시사적 경향성 등의 문제점을 지적하고, 이를 극복하고자 한다. 이를 위해 역사 서술의 범위 밖에 존재하던 지역민들의 구체적인 경험에 근거하여 역사를 재구성하고, 역사의 개별성을 강조하는 미시사적 연구를 시도한다는 점에서 의미를 갖는다고 할 수 있다.

2000년부터 시작된 본 연구팀은 1단계(2000~2002년), 2단계(2002~2004년)를 순차적으로 밟으면서 전남 지역을 대상으로 한국전쟁 연구를 심화시켰다. 1단계에서는 2000년 당시 한국전쟁 연구에서 적극적으로 채용하고 있지 않던 구술사와 생애사 연구 방법론을 검토하고, 이를 토대로 강진, 영암, 함평 지역 등 전남의 서남부 지역을 조사·분석했다. 이와 같은 연구 작업의 결과는 『전쟁과 사람들』(한울, 2003)로 출판된 바 있다. 그리고 2단계에서는 1단계 작업을 이어받아 한국전쟁을 전후한 시기에 엄청난 학살 사건이 발생했던 영광 등 전남의 서부 지역과 여수, 순천 등 전남의 동부 지역을 추가로 다루었다. 이 연구의 결과 역시 『전쟁과 기억』(한울, 2005)으로 출판되었다.

그리고 3단계 사업에서는 한국전쟁의 갈등과 비극을 상징적으로 보여주는 지리산 자락을 조사 대상으로 선정하고, 그중에서도 특히 구례 지역에 초점을 맞추었다. 이 지역은 다른 지역과 달리 여순사건이 발생한 1948년부터 전쟁 상태가 시작되어 휴전 이후인 1954년까지 그 상태가 지속되었던 지역이다. 또 이른바 '빨치산'으로 불리는 유격대 중심의 무장대들이 남한의 군·경과 대치하면서 '또 하나의 전선'을 형성했던 지역이기도 하다. 따라서 지리산 지역의 전쟁 경험은 다른 지역과는 차이가 나는 매우 독특한 것이라 할 수 있다.

그러나 이 지역의 한국전쟁 경험은 잘 드러나지 않았다. 무엇보다도 자료가 부족했다. 특히 지리산 주변 지역은 전쟁 당시 면사무소와 지서가 대부분 화재로 소실되었으며, 개개인들은 화를 불러올지도 모를 자료를 만들지 않았다. 또 여전히 지역민들의 의식을 지배하고 있는 피해의식도 연구의 장애 요인이었다. 특히 구례 지역에서 가장 큰 피해를 당했던 산동면 지역은 여전히 그날의 사실에 대해 침묵하고 있었다. 이와 같은 사정으로 애초 연구팀이 목적으로 했던 목표에는 다소 못 미치는 연구 결과가 나왔다고 생각한다. 하지만 이런 정도의 성과라도 더 나은 연구를 위한 밑거름이 된다는 생각에 발표를 결심하게 되었다.

전쟁은 제노사이드를 야기할 수밖에 없는지 모른다. 아렌트(H. Arendt)의 '악의 평범성' 테제에 의하면, 모든 사람은 제노사이드의 희생물이 될 수 있으면서 동시에 제노사이드의 살상 도구도 될 수 있다. 이러한 제노사이드를 막는 것은 어쩌면 인류의 영원한 과제일 것이다. 필자들은 지금까지 발생한 제노사이드를 드러내는 것이 제노사이드를 막는 첫걸음이라고 생각한다. 이 책의 기획 의도도 거기에 있다. 부족하지만, 이 책이 차후의 연구로 이어지면서 한국전쟁과 제노사이드에 대한 더욱 진전된 연구로 모아지기를 기대한다.

이 연구를 진행하는 과정에서 조사원으로 참여하여 함께 고생한 전남대 사회학과 대학원생들에게 감사의 마음을 전한다. 그들의 참여는 이 책이 나올 수 있는 밑거름이 되었다. 한 사람 한 사람의 이름을 거명하지는 않겠지만, 이번 연구에 참여한 것이 그들에게도 좋은 경험이었기를 바란다. 또한 이 책의 출판을 담당해준 출판사 관계자들께 감사를 드린다. 이들의 노고로 우리의 연구가 더 보기 좋은 책으로 거듭날 수 있었다. 마지막으로 한국전쟁 시기에 희생당한 모든 분들의 영면을 기원하며, 오늘날 올바른 역사를 위해 노력하는 모든 사람들에게 이 책을 바친다.

2008년 6월
전쟁과 재현 필자들

전쟁과 재현 **차 례**

제2부 전쟁경험과 재현의 정치

제1부

전쟁경험과
지역공동체의 변화

국가 형성 과정에서의 국가폭력*

1948년 이후 구례 지역의 민간인 학살**을 중심으로

•

최정기

1. 문제 제기

최근 과거사와 관련된 논쟁들이 전개되면서 민간인 학살과 그에 따른 관련자들의 고통이 주요 쟁점으로 부상하고 있다. 물론 한국전쟁 당시 수많은 민간인이 살해되거나 고통을 당했다는 이야기는 이미 소문이나 구전을 통해서 전승되고 있었지만, 1990년대까지만 해도 그것은 역사가

---

* 이 연구에는 자료의 도움과 함께, 여러 가지 조언까지 해준 문승이 선생님과 구례군 사편찬위원회 관계자 분들, 그리고 구례 지역 유족들의 증언이 큰 도움이 되었다. 이 자리를 빌려 그분들께 감사를 드린다.

** 이 연구에서 사용하는 민간인 학살은 1948년 이후 한국전쟁기까지 국가권력에 의해 개인적 또는 집단적으로 사망한 경우이다. 이때 국가권력은 매우 넓은 의미의 개념으로 사용된다. 즉, 정규군이나 국가관료뿐만 아니라 국가권력과 직·간접적으로 관련되어 활동했던 청년단이나 무장조직 등이 모두 망라된다. 또 형식적으로는 사법적 절차를 거쳤더라도 내용상 그렇지 않았다고 판단되면 학살 사건에 포함시킬 수 있다. 한편 여기서는 민간인 학살 중 좌익에 의한 학살 사건은 일단 제외하고, 우익 단체 및 군부대에 의한 사례만을 대상으로 했다. 그것은 첫째, 국가 형성 과정에서의 학살이 주제이기 때문이며, 둘째, 좌익에 의한 학살은 그동안 지속적으로 관심의 대상이 되었기 때문이다.

아니었다. '거창 양민학살'이나 '제주 4·3사건' 정도를 제외하면 대부분의 사건들은 1950년대 이후 형성된 분단체제와 '레드 컴플렉스'가 주는 공포 때문에 문제 제기조차 이루어지지 않았다. 그러다가 '노근리 사건'이 알려지고 나아가 유족이나 사회단체 등이 그와 관련된 문제를 제기하면서, 지금까지 역사의 뒤안길에 묻혀 있던 민간인 학살이 드러날 계기를 맞이하게 된 것이다.

이와 관련하여 한국전쟁을 전후한 시기의 전남 지역은 매우 중요한 사례를 보여준다. 통상 3년으로 일컬어지는 한국전쟁의 포화에 이 지역이 직접 관련된 시기는 대략 3~4개월에 불과하다. 하지만 여러 가지 경로를 통해 전쟁 이전부터 한국전쟁이 끝난 이후까지 장기간에 걸쳐 매우 조직적이고 체계적인 방식으로 민간인에게 가해진 국가폭력이 있었다는 것이 확인되고 있다. 물론 이에 대한 구체적인 자료나 조사 보고서는 많지 않으며,[1] 그 와중에서 살아남은 사람들은 아직도 여러 가지 이유로 침묵하고 있다.

한편 정치권력과 폭력의 관계에 관한 기존의 연구는 대략 세 가지 유형으로 구별할 수 있다. 첫 번째는 근대 민주주의 체제의 성립을 강조하는 입장으로 근대 이후 발생한 정치권력에 의한 폭력은 예외적인 현상으로 간주한다(Friedrich and Brzezinski, 1965: 22). 이들도 전체주의 체제에서의 폭력에 주목하지만, 그때의 폭력은 근대 문명과 관계없는 병리적인 현상이다. 두 번째 입장 역시 전체주의 체제에 주목하지만, 폭력과 정치권력의 관계가 더욱 일반적이라는 입장이다(Corradi, 1992; Arendt, 1951). 이에 따르면 테러는 '공포문화(culture of fear)의 창출', 사회 구성원의

---

1) 제2공화국에서 한국전쟁기의 양민 학살을 조사했을 때, 경상도에서는 상당한 조사가 이루어졌던 것과 달리 전남 지역에서는 함평만 조사되었다. 그러나 1990년대 중반 이후 행해진 부분적인 조사에서 광주·전남의 군 단위는 물론이고 면 단위 수준에서도 학살이 없었던 지역은 발견하기 힘들 정도라는 사실이 드러나고 있다.

원자화, 원자화된 개인들로 이루어진 대중의 체제에 대한 지지 등의 기제를 통해 전체주의 권력을 구성하는 주된 기제가 된다. 세 번째는 정치권력 자체를 폭력의 조직화로 간주하는 입장이다. 이러한 입장에 의하면 국가 형성 과정은 폭력과 억압에 의해 새로운 질서가 형성되는 과정이며, 새롭게 형성되는 사회질서 및 국가권력은 전쟁을 포함한 사회세력 간 정치적 갈등의 산물이라는 것이다(푸코, 1998).

여기서 주목할 부분은 우리나라에서 근대 이후 형성된 갈등 구조가 해방 이후 좌·우 갈등으로 분출했다가 한국전쟁을 통해 분단체제로 고착되었다는 점이다. 따라서 이 글에서는 한국전쟁 전후의 학살을 한편으로는 국가 형성 과정에서 누가 국민인지 확정하는 과정의 일환으로 보며, 다른 한편으로는 국민의 동의를 확보하는 데 어려움을 겪던 신생 국가권력이 폭력을 통해 대중의 지지를 확보해가는 과정으로 보고자 한다. 이러한 입장은 "국가는 전쟁을 만들고, 전쟁은 국가를 만든다"라는 틸리(1994)의 주장과도 일맥상통한다. 즉, 당시의 국가폭력은 '빨갱이'라는 타자를 형성하고 공격하는 것이면서 동시에 대다수의 민간인들을 대상으로 하고 있었다는 것이다.

이 연구의 대상 지역은 전남 구례군이다. 구례 지역이 선정된 이유는 다음과 같다. 첫째, 구례 지역은 여순사건 이후 한국전쟁에 이르는 동안 후방에서 가장 치열한 전투가 전개되었던 지리산을 끼고 있는 지역이다. 즉, 남한에서 이른바 '빨치산'이 가장 강성했던 지역이며, 그만큼 좌·우익 사이의 갈등 속에서 무고한 민간인들이 고통을 당할 가능성이 가장 큰 지역이다. 둘째, 구례 지역은 여순군인봉기 이후 한국전쟁이 끝나는 시점까지 장기간에 걸쳐 군부대의 이른바 '공비토벌'이 계속되었던 지역이다. 그래서 가장 오랜 기간 민간인들이 빨치산과 토벌부대의 작전지역 내에서 생활했으며 따라서 민간인의 고통도 가장 장기간에 걸쳐 지속되었을 가능성이 크다.

이 연구의 주된 질문은 다음과 같다.

첫째, 무슨 일이 일어났는가? 즉, 집단 학살 등 한국전쟁을 전후한 시기 구례 지역에서 민간인들이 경험한 국가폭력과 고통의 실상을 구체적으로 조사하려는 것이다. 당시 구례 지역의 민간인들이 경험한 학살 및 고통의 주체와 객체는 누구이며, 어떠한 상황적 맥락 속에서 고통이 가해졌는지 알아보고자 한다. 이는 학살 사건에 대한 유형별 분석을 의도하고 있다.

둘째, 왜 고통을 가했는가? 즉, 전쟁을 비롯한 당시의 정치적 갈등과 아무런 연관이 없는 사람들까지 고통을 당해야 했던 이유는 무엇이고, 가해자들이 그러한 고통을 통해 의도하는 효과는 무엇인지 밝혀보고자 한다. 이는 학살 사건에 대한 정치·사회학적 분석을 하려는 것이다.

2. 해방정국에서의 구례: 좌우연합에서 이중권력으로

1) 좌우연합으로 건설된 건국준비위원회

해방정국에서 구례 지역의 정치적 지형에 대해서는 논란이 있다. 구례 지역의 현대사에 관심을 가졌던 학자가 많지는 않지만 모두 구례 지역을 보수적인 곳으로 분류했다. 예를 들면 커밍스(1986: 550)는 인민위원회(이하 인위)가 존재하지만 지역의 지배권을 장악하지 못했고, 일제하에 적색 농민조합이 발견되지 않으며, 1946년도의 추수봉기 시 봉기가 없었다는 이유를 들어 구례 지역을 전남에서도 가장 보수적인 곳으로 분류한다. 사사키(佐佐木隆爾, 1968)도 해방 이후 구례 지역에서는 토지개혁에 대한 요구가 약했다면서 보수적인 지역으로 분류하고 있다. 반면에 구례 지역의 건국준비위원회(이하 건준) 건설 과정 및 인위로의 전환 과정을 연구한

〈표 1-1〉 구례 건국준비위원회(1945년 8월 17일 조직) 간부들의 경력

직책	이름	직업	일제하 운동 경력	투옥 경험	해방 후 관련 단체
위원장	황위현	?	신간회	있음	독촉*, 한독당
부위원장	강대인	군청 근무	신간회	있음	월북
부위원장	신진우	?	?	?	월북
조직부	선동기	?	1930년대 이후 각종 사회운동 참여	있음	조선공산당, 남로당
농민부	조찬영	농업	신간회, 농민운동 참여	있음	?
총무부	박준동	?	신간회, 청년운동 참여	있음	자유당
선전부	선태섭	주조장 경영	신간회, 1920년대 이후 각종 사회운동 참여	여러 차례 있음	조선공산당, 남로당
문화부	김무규	지주 (1,000석 이상)	신간회	?	중학교 교장
재정부	김종필	지주 (1,000석 이상)	신간회	없음	월북

* 독립촉성국민회의.

주: 인민위원회는 위 명단에서 위원장만 김종필로 바꾸면 된다.

자료: 안종철(1990), 최정기 외(1995), 증언자료 등을 참조하여 필자가 작성.

안종철은 구례 지역의 건준이 좌익과 우익의 연합이었다는 점을 강조하고 있다. 그렇지만 안종철은 구례 지역의 정치적 색깔에 관해서는 별다른 의견을 제시하지 않았다.

여기서는 다음과 같은 몇 가지 이유로 구례 지역의 정치적 지형을 좌익 주도하의 좌우연합으로 분류했다. 그 이유는 첫째, 커밍스나 사사키의 분류가 정확하지 못한 정보에 따른 결과라는 점이다.[2] 둘째, 건준 위원장이 매천 황현의 후손으로 명목상의 성격이 강한 반면, 건준의 부위원장과 농민부, 선전부, 조직부 등 실제 주도 세력은 당시 조선공산당이나 농민운동에서 핵심적인 역할을 담당하던 사람이 맡고 있다는 점이다(<표 1-1>). 셋째, 건준이 인위로 바뀌는 과정에서 위원장만 교체되었으며, 인위 위원장으로 된 김종필은 지주이면서도 일제강점기부터 사회운동에 적극적으로 가담하던 인물이었다. 즉, 구례 지역의 건준은 좌우연합체이면서, 동시에 좌파의 헤게모니가 관철되는 조직이었다.

이와 관련하여 한 가지 주목할 점은 구례 지역의 좌익 활동가들이 갖는 특성이다. 구례 지역의 좌익 활동가들은 1920년대부터 신문 지상에 그 이름이 등장하는데, 가장 핵심적인 활동가로는 정태중, 선태섭, 선동기를 들 수 있다.[3] 1930년대 이후 정태중이 일본으로 건너가서 생활했기 때문에 이 시기부터 구례 지역의 사회운동에서 중심이 된 활동가는 선태섭이었다. 그런데 그는 구례보통학교 졸업을 제외하면 별다른 학력이 없으며, 실천적 활동을 통해서 전라남도를 대표하는 사회운동가로 성장했다. 따라서 그는 지역에 깊게 뿌리를 내리고 있는 활동가였다.

이러한 점은 비단 그에게만 해당되는 것이 아니며 이것이 구례 지역 사회운동의 중요한 특징이라 할 수 있다. 그 중요한 사례가 일제하에 조직된 신간회와 금란회이다. 구례 지역의 신간회는 전남에서는 두 번째로 빠른 시기인 1927년 6월 4일에 조직되었는데, 회장 양인숙, 간사 선태섭 외에 황위현, 박차영(자료에 따라서는 '조찬영'으로 쓴 경우도 있음),

---

2) 예를 들면 건준 재정부장 및 인위 위원장을 역임한 김종필에 대해 지주라는 사회·경제적 배경을 들어 우파로 분류하고 있다. 물론 한국전쟁 때까지 그가 조선공산당이나 남로당에 입당한 적은 없다. 하지만 그는 구례 지역의 대표적인 사회운동가로 오히려 일제 시절 협동조합을 운영하는 등 사회주의적 성향이 강한 사람이며, 적어도 해방정국에서 분류하는 우파 인사는 아니었다.

3) 정태중과 선태섭에 대해서는 최정기 외(1995)를 참조. 선동기는 일본 유학 후 1930년대부터 활동을 시작하기 때문에 일제하 활동과 관련하여 자료가 거의 없다.

박준동 등이 간부직을 맡았으며(이균영, 1990: 71, 83), 매우 활발한 활동을 전개한 것으로 평가되는 조직이었다. 구례 신간회의 정치적 성격과 관련하여 중요한 자료가 '구례 신간회 발회식 시 충돌 사건'의 판결문이다. 이것은 1929년 4월경, 앞서 언급한 좌익 활동가 정태중을 테러한 사람에게 보복적 폭력을 행사했다는 이유로 임동출 등이 처벌받은 사건의 판결문이다. 여기서 주목할 점은 정태중이 '우리 단체의 대표'로 불리고 있으며, 그 대표가 테러를 당했다고 신간회 회원들이 보복 폭력을 행사했다는 사실이다(최정기 외, 1995: 212~213). 즉, 언제부터인지는 불분명하지만 적어도 1929년경의 구례 신간회는 좌파의 헤게모니가 관철되는 좌우 연합체였던 것이다. 금란회도 이와 유사한 성격을 갖는 것으로 평가할 수 있다.

여기서 신간회 간부들과 금란회 구성원, 건준의 간부들이 거의 그대로라는 사실을 강조할 필요가 있다. 즉, 일본으로 유학을 갔다가 1930년대에 돌아온 선동기를 제외하면 건준의 주요 간부들은 모두 신간회에 참여했던 사람들이며, 또 금란회 구성원과 많은 부분이 겹치고 있다. 이렇게 볼 때 구례 지역의 건준은 신간회의 복원으로 볼 수 있으며 그 정치적 성격도 좌파 헤게모니하의 좌우연합으로 보아야 할 것이다. 그리고 건준이 인위로 바뀌는 과정에서 대부분의 간부들이 그대로인 채 좌익 지도자들과 밀접한 관계인 김종필이 위원장이 된 것도 좌파의 헤게모니가 관철된 현상으로 판단할 수 있다.[4]

---

4) 이와 관련하여 1987년도판 『구례군사』는 김종필을 미군정계의 인사로 적고 있는데, 이는 그가 미군정 고문회의의 구성원으로 선정되었다는 사실에 근거한다. 하지만 당시 고문회의에는 도 인민위원장 박준규 등 좌파도 포함되었으며, 당시 경찰에서 군정 당국에 박준규와 김종필이 좌익이라고 항변한 건의문도 확인된다. 그러므로 김종필은 민족주의와 좌파 사회운동을 적극 지지하고 그 운동에 직접 참여한 지주라고 보는 것이 정확할 것이다.

2) 지리산의 빨치산 거점화와 '이중권력'의 탄생

해방 직후의 구례 지역에서 좌익 헤게모니하의 좌우 연합체로 자생적인 권력이 탄생했다면, 미군정의 등장은 그러한 권력의 해체를 의미했다. 구례 지역에서 미군정이 통치권을 장악한 것은 1945년 말이었다. 그동안 통치권을 행사하던 인위를 무력화시키고 1945년 12월 강태주를 군수로 임명했으며, 1946년 1월 7일에는 서정욱을 경찰서장에 임명한 것이다(전남일보 광주전남현대사 기획위원회, 1991: 91). 이에 대해 구례 지역민들이 즉각적으로 저항했다는 증거는 발견되지 않았지만, 이것을 순응으로 볼 수는 없다. 오히려 공식적인 정치·행정과 별도로 농민회 등이 중심이 된 '국가 외부의 정치'가 행해졌다고 볼 수 있다. 당시 남한의 많은 지역과 유사하게 구례 지역에서도 일종의 '이중권력'이 형성되고 있었던 것이다.

그러한 움직임은 쉽게 감지할 수 있다. 예를 들면 1946년 8월 15일, 해방 1주년을 기념하는 행사가 거행될 때 구례에서는 대중들이 읍에 있는 경찰을 쫓아내려고 했다(자료대한민국사, 《조선일보》, 1946. 8. 24.). 이는 구례 지역에서 미군정과 대립하는 정치세력이, 경찰을 내쫓으려는 시도를 할 정도의 시위대를 조직할 수 있었다는 뜻이 된다. 또 이 정치세력은 중앙과 연결되어 공식적인 정부기구와 대립하고 있었다. 예를 들면 1947년 1월에 경찰이 농민운동가를 사살한 총격 사건이 두 건 발생했는데(미군정보고서 7권: 196, 206), 주목되는 점은 두 사건의 현장에서 '농민위원회의 결성 계획서' 및 그와 관련된 회의 기록이 발견되었다는 것이다. 당시 마을 단위의 농민위원회 결성은 1946년 10월 10일에 개최된 전국농민조합총연맹 중앙집행위원회의 결정 사항이었으며(한국현대사사료연구소, 《광주일보》, 1989. 9. 9.), 두 달 뒤에 구례 지역에서 그러한 활동이 있었던 것은 구례 지역의 농민운동이 중앙과 바로 연결되었다는

<표 1-2> 해방정국에서 나타난 구례 지역의 정치투쟁 일지

일자	사건명	투쟁 형태
1946년 8월 15일	해방 1주년 기념식	시위대의 경찰서 습격
1946년 10월	10월 항쟁	항쟁이 일어나지 않음*
1947년 3월 1일	3·1절 기념시위	파도리(토지면) 시위 발발, 경찰의 발포로 약 20명 사망
1948년 3월	2·7구국투쟁	지서, 우익 단체 등 습격
1948년 3~5월	단정·단선 반대투쟁	전신주 절단, 지서 등 습격

* 10월 항쟁 시 항쟁이 없었던 것은 전남 동부 6군의 공통된 현상으로, 구례의 정치적 성격과는 무관하다.
자료: 자료대한민국사의 신문자료, 권경안(2000), 안종철(1990), 최정기 외(1995), 증언자료 등을 참조하여 필자가 작성.

증거라고 볼 수 있다.

그 결과 구례 지역은 해방정국에서의 정치적 갈등이 강렬해지는 것과 궤를 같이하면서, 해가 갈수록 정치투쟁의 강도가 높아졌다(<표 1-2> 참고). 구례 지역은 1946년 8월 해방 1주년 기념식 때에 경찰을 쫓아내려는 시위가 있었지만 같은 해 가을의 10월 항쟁 시에는 봉기가 일어나지 않았다. 그러나 1947년도에는 대규모 사상자가 발생하는 시위가 일어났으며, 1948년도에는 다발적인 소규모 군중 시위대와 경찰 및 우익 단체의 충돌로 사망자가 발생하기도 한다. 예를 들면 3월 14일 산동면에서 50명의 군중이 경찰에게 투석을 하는 등 경찰과 대립하다가 한 명이 사망하는 일이 일어났다(미군정보고서 8권: 427). 또 4월 23일 간문면에서 "우익당의 지방 지도자가 구타당해 죽는" 등 우익 단체의 구성원이 맞아 죽고, 그의 집이 불에 탔다는 정보가 동일한 시기에 세 건이나 발견된다(미군정보고서 8권: 480). 이러한 사실로 판단하건대 당시 구례 지역에서는 이미 게릴라전을 방불케 하는 지서 습격, 전신주 절단 등의 형태로 단정·단선에 반대하는 항쟁이 일어나고 있었던 것이다.

결국 이 시기의 구례 지역은 미군정에서 관할하는 행정기구 및 경찰이 완전한 통제권을 행사하지 못하고 있었으며, 오히려 일제 시기부터 형성되어왔던 좌파 헤게모니가 주민들에게는 '또 다른 권력'으로 작용하고 있었다. 또 주민들 역시 두려움의 대상이었던 행정기구나 경찰과는 다른 의미로 좌파 헤게모니에 동의하고 있었다. 예를 들면 토지면 파도리에서는 반공 계몽 강연을 하겠다고 읍에서 나온 대한청년단 단장이 강연을 시작하기도 전에 동네 청년들에게 죽도록 구타당하는 사건이 일어나기도 했다(구례군사편찬위원회, 2005[5]). 여순사건 직후 군과 경찰이 주민들에게 남로당 가입 여부를 집요하게 물었다는 증언[6]은 그러한 '이중권력'의 존재를 군과 경찰도 명확하게 인지하고 있었다는 증거일 것이다.

여순사건 당시 군 당국도 구례 지역에 대해 남로당 조직이 매우 강한 곳으로 생각하고 있었다. 1949년 당시 지리산지구 전투사령부 작전참모였던 사람은 "지리산 부근은 해방 후 건준 시절부터 적화되어 주민의 9할이 남로당에 가담했고, 그중에서도 구례 같은 곳은 1개 면에 5,000명에 달하는 남로당 세포조직이 있어 계몽운동이 매우 곤란"(국방부 전사편찬위원회, 1988: 95)했다고 증언하고 있다. 자신들의 전공을 강조하려고 과장한 것으로 볼 수도 있지만, 적어도 이러한 인식이 있었던 것은 사실로 판단된다.

한편 지리산 자락이라는 지리적 조건이 구례 지역의 정치적 지형에 결정적인 변수로 작용한 것은 분명하다.[7] 이와 관련하여 여순사건 직후

---

5) 새로 구례군사를 편찬하기 위하여 구례군사편찬위원회에서 각 마을을 조사한 자료이다.
6) 예를 들면 22명이 학살당한 구례읍 유곡리 지역이 대표적이다. 그 외에도 마산면 청내마을, 토지면 파도리, 간전면, 문척면 등을 들 수 있다.
7) 역사적으로도 지리산은 권력투쟁에서 패배한 세력들이 재기를 꿈꾸며 찾아들었던 곳이라 한다(권경안, 2000: 53~55). 여순사건 시 반란을 일으킨 군부대에게도 토벌

에 ≪호남신문≫은 "노고단 일대는 화전부대들이 산악 지배를 하고 있으며 일찍이 학병과 징용 기피 부대들이 숨어 자급자족하며 일제와 최후까지 항쟁을 하던 지대로 해방된 뒤도 거동이 수상한 청년들이 점거하고 있었던 곳인데 이들과도 합세하고 있으리라 추정된 반도군은……"(자료 대한민국사, ≪호남신문≫, 1948. 11. 9.)이라고 보도하고 있다. 이는 지리산의 지리적 조건에 기인하는 현상으로 볼 수 있다. 즉, 지리산은 남부지방의 중심에 위치하는 가장 큰 산으로 외지에서 접근하기 어려우며, 3개 도에 걸쳐 있어 외부로 나가기가 유리하고, 주변의 물산이 풍부하다는 지리적 조건을 갖고 있다. 이 때문에 평야 지대에서 쫓기는 세력들이나 합법적 공간에서 활동하기 어려운 세력들이 산에 들어와 활동의 근거지로 삼는 경우가 많은 것이다. 그리하여 산 주변의 주민들은 산에 들어와 사는 정치세력과 어떤 형태로든 관계를 맺지 않을 수 없으며, 이러한 요인이 지역 주민들이 정치적 갈등에 연루될 가능성으로 작용한다.

여순사건 때도 마찬가지였다. 봉기를 일으킨 14연대가 지리산을 목표로 구례 지역에 들어온 것은 1948년 10월 23일이었다. 당시 약 2,000명의 병력이 순천 삽재와 백운산을 넘어 구례군 간전면 방면으로 들어왔고, 그대로 토지면 문수리를 거쳐 지리산으로 입산했다(권경안, 2000: 90). 한편 그 과정에서 500명 정도의 병력이 24일 새벽 구례읍을 점령하여 한나절 정도 머무르다가 마산면−화엄사 경로나 문수리−밤재 경로를 통해 지리산으로 들어갔다. 이후 구례는 좌와 우 사이에 벌어진 싸움의 주요 무대가 될 수밖에 없었다.

군을 피할 수 있는 공간은 지리산뿐이었다.

3. 구례 지역의 학살 사건

구례 지역의 정치 구조가 '이중권력'의 형태가 된 것은 1946년 무렵부터로 추정된다. 이 시기부터 주민들은 한편으로는 공식적 행정기구나 합법적 정치·사회단체와 관계를 맺고 사는 동시에, 다른 한편으로는 남로당이나 '산사람'으로 대변되는 비합법적 정치세력과 관계를 맺고 있었다. 이와 같은 '이중권력' 구조에 결정적인 변화를 초래한 것이 여순사건 직후에 발생한 학살 사건들이었다. 구례 지역의 학살은 1948년 여순사건으로 시작되어 한국전쟁이 끝난 후인 1954년까지 계속되었지만, 대부분은 여순사건 직후에 발생했다.[8] 여기서는 우선 당시 발생한 학살 사건들에 대해 유형별 분류를 시도한 다음, 학살 사건으로 인해 변화된 정치적 지형을 검토하려 한다.

한국전쟁기의 민간인 학살과 관련하여 구례 지역에서는 매우 특수한 형태가 나타난다. 전남 지역에서 주로 발견되는 군·경 및 우익 단체에 의한 학살의 유형은 대체로 ① 한국전쟁 이전 빨치산 토벌 시기의 주민학살, ② 보도연맹 사건, ③ 군·경 후퇴 시의 학살, ④ 군 작전 중의 학살, ⑤ 부역자 색출 과정에서의 학살 등으로 분류할 수 있다(최정기, 2001: 92~93). 그런데 구례 지역에서 일어난 학살은 대부분 한국전쟁 이전 빨치산 토벌 시기의 주민 학살로 보이지만, 이와 같은 시기적 분류로는 그 특성을 파악하기가 어렵다. 전남의 다른 지역에 비해 훨씬 집중적으로 학살이 발생했기 때문이다.

따라서 이 연구에서는 '무슨 일이 일어났는가'라는 사실 발견적(fact

---

8) 이 때문에 나이 많은 주민에게 전쟁에 대한 기억을 질문하면, 거의 전부가 여순사건 직후를 이야기한다. 그들에게 전쟁은 여순사건 직후였으며, 한국전쟁은 오히려 '조용하게' 지나갔다고 기억하고 있다.

finding) 관심으로 구례 지역에서 발생한 학살 사건에 대해 세분화된 분류를 시도한다. 이를 위해 두 단계의 분류 방법을 채택할 것이다. 첫째, 형태상의 분류로 일회적 집단 학살과 지속적 개별 학살을 구별했다. 이때 일회적 집단 학살은 조직적이고 체계적인 학살로 판단했으며, 지속적 개별 학살은 비조직적인 학살로 생각했다. 둘째, 목적상의 분류로 학살이 의도하는 목적에 따라 분류한다. 여기에는 좌익 근거지 공격, 보복, 순종 유도, 우연 등의 항목이 가능할 것이다. 물론 하나의 집단 학살에서 목적이 반드시 하나인 것은 아니며, 목적들은 서로 중첩되어 있다. 하지만 여기서는 그중 가장 비중이 큰 목적을 중심으로 유형 분류를 시도했다. 이를 통해 학살의 성격이 좀 더 분명해지기를 기대했기 때문이다. 한편 가해자에 따른 분류, 지역민의 연루 여부 등은 학살의 목적을 판단하는 지표로만 사용했다. 그 결과 다음과 같은 학살의 유형으로 분류할 수 있었다.[9]

1) 일회적 집단 학살을 통한 좌익 근거지 공격

여순사건 직후 지리산으로 입산하려는 14연대 봉기군의 뒤를 쫓아 구례 지역에 진압군이 들어왔다. 후일 알려진 정보에 따르면 이때 군 정보당국은 구례 지역을 좌익의 지배력이 매우 강한 곳으로 알고 있던 상태였다. 진압군은 구례 지역에 진주하면서 곧바로 이곳의 좌익을 절멸시키려 했는데, 그것은 두 방향으로 나타났다. 하나는 좌익이라고 생각되는 사람들을 체포하거나 즉결처분하는 방식이었고, 다른 하나는 좌익

---

9) 이하에서 서술하는 학살 사건의 구체적인 내용은 권경안(2000)과 유족들의 증언, 주민들의 증언, 구례군사편찬위원회에서 조사한 마을 자료 등을 토대로 필자가 재구성한 것이다. 또 증언의 채록은 이 프로젝트 팀의 집단적인 활동의 산물이다.

세력의 근거지로 알려진 지역의 주민들을 집단으로 학살하는 것이었다.

전자의 예로 좌익과 연결되었다고 의심되는 사람들을 경찰서 유치장에 구금했다가 72명을 한꺼번에 학살한 구례경찰서 학살 사건을 들 수 있다. 당시 진압군은 구례에 진주하면서 조금이라도 좌익과 가깝다고 생각되는 사람은 모두 유치장에 가두었다. 그러다가 11월 19일 구례읍이 빨치산의 공격을 받자 이들을 모두 학살한 것이다. 그리고 문척면 토금마을의 희생자들은 약간 경우가 다르지만, 이 사건과 함께 학살당한 경우이다. 토금마을의 피해자들은 1948년 11월 16일, '동네 안에 빨갱이가 있다'는 이유로 12연대 병력에게 끌려갔다. 당시 군인들은 동네를 포위한 다음 15세 이상 50세 이하의 주민들을 모두 끌고 갔는데, 도중에 남의 집에서 머슴살이를 하던 사람과 군 장교가 지목하지 않은 사람들은 돌려보내고 나머지를 경찰서에 수감했다. 그러다가 11월 19일 밤 구례경찰서 학살 사건이 발생하면서 이들도 함께 학살당한 것이다. 이때의 피해자 중에는 당시 문척면의 면장까지 포함되어 있었다. 그는 면장임을 밝혔는데도 학살을 당했다고 한다.

한편 좌익이 강한 지역이라는 이유로 학살을 당하거나 마을을 불태운 경우의 예로는 12연대 병력들이 20명 이상의 주민을 학살하면서 마을 자체를 소각해버린 마산면 청내마을, 서시천변에서 16명이 학살당한 황전마을, 3연대 병력이 대략 20명 정도의 주민을 학살한 토지면 파도리 등을 들 수 있다. 마산면 청내마을은 앞에서 언급한 선태섭의 고향이며 토지면 파도리는 정태중의 고향이었는데, 아마도 그런 요인이 두 지역의 정치적 성격을 판단하는 데 큰 영향을 미친 것으로 생각된다.

2) 일회적 집단 학살을 통한 순종 유도

구례 지역에서 발견되는 대부분의 학살은 지리산과 서시천 사이의 지리산 자락에서 이루어졌다. 그 지역에 사는 사람들이 지리산 안에 있는 정치세력과 밀접한 관계를 맺고 있다고 판단한 것이다. 그런데 이와는 달리 백운산에서 구례를 향해 오다가 서시천을 건너기 전에 있는 지역에서 발생한 학살 사건들이 있다. 간전면 효곡리 및 금산리 지역과 구례읍 유곡리가 그곳이다. 이 지역들에서는 12연대 군인들이, 주민들이 군부대의 작전이나 지시에 불만을 갖거나 잘 따르지 않는다고 생각하여 학살을 한 것으로 판단된다.

이 중 간전면 효곡리와 금산리는 지리산과 백운산의 교통로에 위치한 지역이다. 그래서인지 1948년 11월 20일 낮에 군부대가 효죽마을에 있는 신씨 제각만을 남겨놓고 이 지역의 모든 민가를 불태워버렸다. 갑자기 생활의 근거지를 잃어버린 지역 주민들은 다음 날인 21일 가재도구를 챙겨보려고 불타버린 마을을 뒤지고 있었다. 이때 다시 나타난 군인들이 마을 사람들 중 15세 이상 50세 이하의 남자들을 모두 묶어서 간문국민학교로 끌고 갔다. 또 당시 동방천 다리 공사에 부역하던 사람들 중 좌익 포로가 지목한 일부를 좌익 동조자라는 이유로 역시 간문국민학교로 끌고 갔다. 그러고는 23일 간전천 옆에 있는 산기슭에서 이들을 모두 학살해버렸다. 당시 학살당한 사람은 모두 100명 정도(96명이라고 하는 사람도 있다)라고 한다. 군인들은 주민들이 군의 소개작전에 불만을 가졌다고 판단한 것으로 보인다.

구례읍 유곡리 사건은 사건의 전말이 좀 더 분명하게 알려져 있다. 유곡리에는 1948년 12월 무렵 일단의 군인들이 마을에 들어왔다. 군인들은 마을 사람들을 모아놓고 남로당 입당원서에 도장을 찍은 사람은 모두 나오라고 말했다. 그래서 나온 사람과 나오지 않은 사람들을 구별한 다음, 거짓말을 한다며 나오지 않은 사람들을 학살했다. 당시 죽은 사람은 모두 21명이었다. 즉, 당시 군인들은 일단 구례 지역을 좌익이 매우 강한 곳으로 평가한 다음, 자신들의 지시에 주민들이 완전히 복종하기를 요구했던 것이다. 그리고 복종하지 않는다는 이유로 주민들을 학살했다.

3) 일회적 집단 학살을 통한 보복

백인기 중령이 산동면 도로 상에서 빨치산의 공격을 받고 피신하다가
자살한 이후 산동면 대부분의 지역에서 이루어진 학살이 이러한 유형에
속한다고 판단된다.[10] 당시 산동면에서는 대부분의 마을을 단위로 적게
는 서너 명에서 많게는 수십 명에 이르는 사람들을 끌고 가 산동면 원촌
리에 있는 창고(누에고치 판매소)에 감금한 다음, 매일 수십 명씩 인근
야산으로 데려가 집단으로 학살했다. 이때 죽은 사람들은 산동면 주민이
대략 400~500명이며 전북 남원과 운봉 등을 포함한 타 지역 주민이
400~500명으로, 모두 1,000명 가까이 학살되었다고 한다. 한 가지 주목
할 점은 집단 학살이 이루어진 장소이다. 현재 알려지기로 당시에 집단
학살이 이루어진 곳은 모두 세 곳으로, 계천리 송평마을에 있는 다리
부근, 시상리 상신마을 옆산, 외산리 산1번지 가장골이었다. 그런데 이
지역들은 그곳에서 군인들이 빨치산에게 죽임을 당했다는 공통점이 있
다. 동료의 죽음에 대한 복수로 학살을 행했다고 추정할 수 있는 것이다.
사실 산동면의 학살은 두 가지 점에서 약간 이례적인 현상에 속한다.
첫째는 10일 이내에 끝난 다른 지역의 일회적 집단 학살과 달리 3개월
정도의 기간에 걸쳐 진행되었다는 점이다. 둘째는 다른 지역의 일회적
집단 학살이 한두 개 마을에서 이루어진 데 비해 산동면의 학살은 면의
전 지역에서 이루어졌다. 하지만 그 3개월 정도가 학살을 목적으로 군부

---

10) 구례 지역에서 채록한 증언 중에는 모든 학살을 백인기 중령의 죽음과 연결하는
   견해가 상당수 있다. 그러나 백인기 중령이 죽기 전에도 학살은 자행되고 있었으며,
   산동 지역의 모든 학살을 백인기 중령의 죽음에 대한 보복으로 보는 견해는 현실을
   제대로 설명하는 것이 아니라고 판단된다.

대가 활동을 개시하여 종료하기까지 지속된 기간이며, 피해자에 각 마을의 이장 급이 모두 망라될 정도로 학살이 조직적이고 체계적이었다는 점에서 일회적 집단 학살로 분류했다.

4) 지속적 개별 학살을 통한 순종 유도

구례 지역 주민들의 전쟁과 학살에 대한 기억은 다른 지역과 달리 대부분 한국전쟁기보다는 여순사건 이후에 집중되어 있다. 그 시기에 가장 큰 피해를 입었기 때문이다. 반면에 지속적으로 학살을 비롯한 다양한 형태의 피해를 본 지역도 많다. 지리산에 인접한 지역 중 특히 빨치산의 활동이 집중된 지역들이 그런 곳이다. 이 지역들에서는 마을 내부의 다양한 인간관계와 군·경의 주둔 및 빨치산의 출몰이 맞물리면서 군의 작전지역에서 흔히 볼 수 있는 여러 가지 학살의 양태가 나타났다. 지리산 자락에 위치한 모든 지역이 그런 피해에서 벗어나기 어려웠겠지만, 대표적인 곳으로 광의면 온당리 지역, 마산면 광평리, 토지면 내죽마을 등을 들 수 있다.

광의면 온당리 지역은 지리산에 가장 인접한 지역으로, 빨치산들이 자주 출몰할 수밖에 없는 지리적 조건 때문에 군·경에 의한 압력도 매우 강했다. 반면에 여순사건 때 반란을 일으킨 군부대가 지리산에 입산하는 경로에서는 훨씬 떨어져 있기 때문인지 여순사건 당시에는 집단 학살 같은 일이 일어나지 않았다. 그러나 여순사건 이후 한국전쟁기까지 지속적으로 학살이 이루어졌다. 이유는 '빨갱이를 도와주었다', '보초 임무를 소홀히 했다', '불평불만이 많다' 등 여러 가지이며, 마을 사람들 내부에서 서로 고자질하여 이웃을 죽이는 사태가 발생하기도 했다. 또 보초를 서다가 '빨갱이'에 죽은 사람이 나오면 군인들이 '빨갱이'로 몰린 사람의 재산을 빼앗기도 했다. 5~6년 동안 이런 상황이 계속되면서 죽은 사람이 온당리에서만 70~80명에 이른다고 하며, 광의면 전체로 볼 때 300명 가까운 수가 죽었다고 한다.

한편 구례 지역 사람들이 '전봇대 사건'으로 기억하고 있는 마산면 광평리, 토지면 내죽마을 등의 학살 사례는 당시 군에서 민간인을 어떻게 생각하고 어떻게 관리했는지 보여주는 중요한 사례들이다. 당시 목책을 친 마을과 군 사령부 및 구례읍과의 통신은 유선을 통해 이루어졌으며, 따라서 전봇대는 군 작전의 생명줄이었다. 그런데 밤이 되면 마을을 둘러싼 목책의 밖은 '빨치산'의 통제 아래 있었다. 그런 상황에서 목책 밖의 전봇대를 지키기 위해 군에서는 밤이 되면 주민들 중 나이가 많은 사람이나 어린 사람을 목책 밖으로 내보내 보초를 서게 했다.[11] 전봇대를 절단하려고 '빨치산'이 오면 보초를 서고 있는 사람이 마을과 군부대에 신고를 하라는 것이다. 여기서 '전봇대 사건'이란 '빨치산'들이 전봇대를 절단하거나 선을 자를 경우 군인들이 보초를 섰던 주민들을 죽인 사건을 말한다. 이러한 과정을 통해 군은 민간인을 통제하고 관리했다.

4. 학살의 결과: 타자의 형성과 공포의 정치

1) 공포의 생산: 무차별적 학살과 계획적 학살

해방정국에서의 좌·우 갈등, 분단정권 수립에 따른 정당성의 문제, 지역적 수준에서 '이중권력'의 문제 등 여순사건이 발생한 시기는 정치

---

11) 이들이 목책 밖에서 경계근무를 선 것은 당시 청년들은 모두 청년단에 합류하여 목책 안에서 경계근무를 섰기 때문이며, 또 나이가 많거나 어린 사람들은 빨치산도 죽이지 않을 것이라고 생각했기 때문이다.

적 불안이 격심한 시기였다. 그리고 당시 이에 대응하는 대한민국 정부의 방침은 폭력을 통해 새로운 질서를 수립하는 것이었다. 그러한 폭력이 행사되는 방식은 한편으로는 무차별적이었지만 다른 한편으로는 계획적이었다. 당시에 학살이 무차별적으로 이루어졌다는 사실은 집단 학살이 자행될 때에 몇몇 군인들이 15세 이상 50세 이하의 젊은 사람을 무차별적으로 지목하여 학살했다는 사실에서 드러난다. 지목된 사람이 구체적으로 무슨 일을 하는지조차 알아보지 않고 학살한 경우가 대부분이었던 것이다. 개별적으로 이루어진 학살도 피해자에게 혐의가 있었던 경우는 드물고, 설사 혐의가 있더라도 사법적·행정적 절차를 거치지 않은 경우가 대부분이기 때문에 무차별적인 학살의 일종이라 할 수 있다.

한편 계획적 학살이었다는 것은 다음의 사실들로 알 수 있다. 첫째, 구례 지역에서 학살이 발생한 마을은 전체적으로 지리산 자락에 집중되어 있으며, 그 외에는 백운산에서 지리산에 이르는 통로에 집중되어 있다. 이와 같은 군의 배치는 그 자체가 계획적인 것이었다. 둘째, 집단 학살은 대부분 연대장 등 당시 주둔군의 최고 지휘부가 있는 상황에서 그의 지시에 의해 자행되었다. 셋째, 마산면 청내마을, 토지면 파도리 등 당시 좌익이 강하다고 알려진 지역에서는 반드시 학살이 발생했다. 그런데 군에서는 이러한 학살을 작전의 일종으로 생각한 것으로 보인다. 다음의 신문 기사들이 그것을 증명하는데, 둘 중 앞의 기사는 마산면 일대에서 이루어진 학살과 관련된 것으로 보이며 뒤의 기사는 토지면 문수리의 경우이다.

지난 1일부터 …… 연일 일대 소탕전을 전개하고 …… 국군은 그동안 화엄사 일대의 반도군 주력을 격퇴시킨 다음 포로 200명을 잡고 그 밖에 현지 총살을 단행했다. 현재 구례군 내 8개 면 중 광의면·산동면·토지면·마산면 등 수 개 면에는 간혹적으로 출몰하는 반도군들로 말미암아 구례읍과는 연락이 두절되어 있는······ (자료대한민국사, 《호남신문》, 1948. 11. 9.).

10월 28일 새벽 ······ 문수리에 있는 약 30~40호에 달하는 부락민은 그들에게 협력하고 있어 국군의 일거일동은 하나 빠짐없이 신속히 그들에게 전달되는 형편······. 문수리를 점령한 국군은 ······ 부락의 가가호호를 수색하여 미처 퇴각치 못하고 남아 있던 약 40명의 반란군을 포로로 하고 또 그들이 소지하는 경기 1, 소총 약 30여 정을 압수하여······. 압수 물품은 고루 소각시키고 국군은 아침에 진격해 오던 길을 눈물을 머금으며 도로 후퇴했다(자료대한민국사, 《국제신문》, 1948. 11. 2.).

그렇다면 이런 학살을 통해 군이 의도한 효과는 무엇일까? 아마도 당시 진압군은 그러한 폭력의 행사가 공포를 불러일으키고, 그 공포가 주민들을 군에 복종시킬 것이라고 기대했던 것 같다. 당시 진압군의 최고 지휘부가 대부분 일본군 출신이고 만주에서 학살을 통해 주민들을 복종시킨 경험이 있다는 점을 생각하면, 이러한 주장은 설득력을 갖는다. 또 그런 점에서 당시 군의 목표는 일정 정도 성공했다. 실제로 학살이 발생했는데도 주민들은 그에 대한 항변은 생각도 못했으며, 심지어 가족의 시신조차 수습할 수 없었다. 이는 당시 주민들이 느낀 공포가 매우 컸으며 이러한 공포가 앞으로 주민들의 행동에 어느 정도 영향을 미칠 것이라는 사실을 짐작하게 한다.

2) 타자 형성과 경계 설정

여순사건은 대한민국 정부가 수립된 후 두 달 정도 지난 시점에 발생했다. 그리고 당시는 제주도에서 4·3항쟁이 진행 중이었다. 또 해방된 나라에서 분단정권을 수립했다는 점과 분단정권에 대한 반대 운동이 거세게 전개되고 있다는 사실 때문에 새로 수립된 정부의 정당성이 의심받고 그 토대가 흔들리던 시기였다. 우익 정당인 김구의 한독당마저 남한만의 단독정부에 참여하지 않고 있었다. 이런 상황에서 여수·순천 지역의 국군인 14연대가 분단정부에 반대하여 반란을 일으키고 지리산에 그 거점을 형성했다. 그 결과 구례를 비롯한 지리산 주변 지역은 이들 '반란군'과 해당 지역의 정치적 갈등이 맞물리면서 그전부터 형성되어 있던 '이중권력'의 성격이 강화되고 있었다.

이런 상황에서 군의 학살은 혼란한 정국에서 타자, 즉 '공동의 적'을 생산하는 과정이기도 했다. 무엇보다도 군인들 자신이 스스로의 행위에 정당성을 부여하기 위해서라도 '공동의 적'이 필요했다. 1948년 이후 대한민국 정부의 대표적인 타자, 즉 '공동의 적'은 '빨갱이'라고 불린 남로당이었다. 사실 정확하게는 남로당에 가입했는지의 여부가 중요한 것이 아니라, 남로당에 호의적인 태도를 보이는 사람은 모두 '공동의 적'이었다. 구례 지역의 학살 사건을 조사하는 과정에서 가장 많이 들을 수 있는 이야기가 남로당 가입 여부를 물었다는 것과 주민들에게 서로 공산당을 욕하며 때리게 했다는 것이다. 이를 통해 '빨갱이'를 '공동의 적'으로 만들고 학살을 포함한 현실의 모든 고통을 '빨갱이' 때문에 발생한 것으로 만들고자 한 군의 의도를 알 수 있다.[12]

이와 함께 당시 주둔군은 '빨갱이'와 일반 주민 사이에 경계를 설정하려 했다. 이것은 주민들과 좌익을 분리하고 주민들을 대한민국의 통치권에 복속시키기 위한 것이었다. 이러한 조치는 세 가지 방식으로 이루어졌다. 첫째는 주민들과 이른바 '산사람' 사이에 심리적 장벽을 설치하는

---

12) 이는 현재의 증언에서도 쉽게 발견된다. 실제로는 군인들에게 '징한 일'을 당했지만 원망은 '빨치산'을 향하고 있는 증언이 많다.

것이며, 둘째는 사람이 거주하는 마을과 그 바깥을 가르는 목책으로 경계를 만드는 것이고, 세 번째는 지리산 주변과 인근 지역 사이에 군·경의 경계선을 만드는 것이었다.

첫째, 당시 진압군은 구례 지역에 진주하는 과정에서 학살을 자행한 다음, 주민들에게 분명한 정치적 입장을 요구했다고 한다. 시기는 분명하지 않지만 여순사건으로 군이 주둔하던 무렵에 당시 12연대장이던 백인엽 소령이 구례 중앙국민학교에 주민들을 모아놓고 연설하면서, "좌냐 우냐 분명히 해라. 가운데에서 어정쩡한 사람은 필요 없다. 그런 사람들이 어떻게 되는지 본보기를 보여주겠다"라며 몇 사람을 죽이기도 했다는 것이다(구례군 유족회장 박찬근의 증언). 이는 주민들에게 일제하 신간회 시절부터 지역에서 리더십을 행사하던 좌파들을 적대시하라는 것이며, 그렇지 않을 경우 죽이겠다는 의사 표시였다. 주민들로서는 자신들의 의사와 관계없이 입산이냐 군에 대한 충성이냐를 양자택일할 수밖에 없었으며, 대부분의 주민들은 입산보다는 군에 대한 충성을 선택했다. 그것이 사는 길이라고 판단했기 때문이다.

둘째, 마을과 마을 밖을 가르는 목책을 설치하는 것이었다. 이제 목책의 안과 밖은 대한민국의 통제권 안과 밖을 의미하게 되었으며, 허가받지 않고 목책 밖을 돌아다니는 것은 곧바로 죽음을 의미하게 되었다. 심지어 일하러 나갈 때에도 팔뚝에 군의 도장을 받아야만 나갈 수 있었으며, 결혼을 하기 위해 이웃 마을에 갈 때에도 군의 허락을 받아야 했다. 이러한 과정은 '빨치산'과의 대결에 전 주민을 동원하는 것으로, 이는 전력의 극대화를 꾀하면서 한편으로는 주민들을 확실하게 대한민국의 국민으로 만드는 과정이라 할 수 있다. 이와 관련된 당시의 기사는 다음과 같다.

1949년 7월 19일 당시 전남 경찰국장이었던 김상봉은 기자회견 석상에서 "…… 반도들은 …… 최후 발악이 있을 것이므로 …… 이에 대비하는 대중의 태세가 7월 내로 완성되어야 할 것이다. 이 대중 총궐기는 이미 제주도, 구례 산동 혹은 전북 운봉에서 가장 좋은 성과를 보였으며 전 민중이 폭도에 대항하는 조직이다. …… 경찰 태세, 호국군 강화, 대중의 총궐기의 3태세가 완성되면 그날이 폭도의 최후 멸망의 날일 것이다. …… 폭도들은 하루바삐 군문에 항복하기를 거듭 경고하는 바이다"(자료대한 민국사, 《호남신문》, 1949. 7. 20.).

셋째, 지리산 자락과 그 외 지역 사이에 경계선을 설치하는 것이었다. 즉, 지리산의 좌익 세력이 타 지역으로 빠져나가는 것을 봉쇄하겠다는 것이다. 이에 관해 군에서는 다음과 같이 공언했다.

지리산을 중심으로 한 산청·구례·남원·진주·안의 등 주요 도시를 중심 으로 1,300여 리에 달하는 대포위망을 펴고 점차 그 포위망을 압축해가며 한편 양식과 의류를 보급하고자 폭도가 접근할 위험선이 있는 지리산 각 부락(소거 부락 아닌 부락)에 강력한 군경부대를 배치하고 폭도의 출현에 만반 준비를 하고 있다(자료대한민국사, 《자유신문》, 1949. 12. 31.).

3) 생계윤리와 주민들의 정치적 태도

해방정국에서 '이중권력'이 형성되었던 구례 지역에서는 여순사건 이 후 학살 사건 등이 발생하면서 좌익 세력이 급속도로 몰락해버렸다. 1949년 4월 18일에 정일권 준장을 비롯한 지리산 지구 전투사령부 작전 관계관들이 증언한 내용에서 그 사실을 확인할 수 있다. 즉, 여순사건 전에 구례 지역의 좌익 세력이 강성했다는 것을 설명하는 작전참모의 말에 대해 사령관인 정일권 준장이, "…… 60%의 적화분자가 요즈음에는 40%나 귀순했고 자백한 자도 200~300명이나 됩니다"(국방부 전사편찬위원회, 1988: 95)라고 주장하고 있는 것이다. 어떻게 이런 일이 가능했는가?

이는 일종의 생계윤리에 따른 주민들의 행동 양식으로 해석할 수 있을 것이다. 여기서 생계윤리란 생존이 불확실한 상황에서 농민들이 생존의 가능성을 높이기 위하여 취하는 다양한 형태의 대응 행동을 말한다(스콧, 2004: 13~28).[13] 상식을 벗어나는 수준의 학살이 자행되고 '빨치산'과 군·경 및 청년단원들 사이의 전투가 일상적으로 일어나면서, 주민들은 살아남기 위해서 이전과는 다른 정치적 행태를 보일 수밖에 없었던 것이다. 더욱이 빨치산은 불확실한 미래의 균등한 토지 분배를 이야기하면서 당장에는 식량을 빼앗는 등 자신들의 생존을 위협하고 있었다. 이에 비해 진압군은 학살을 자행하지만 식량을 빼앗아가지는 않으며, 자시에 순응하면 죽이지도 않았다. 이런 상황에서 주민들은 급속도로 빨치산에게 거리를 둘 수밖에 없었던 것이다. 이에 대한 군부대의 설명은 다음의 보고서에서 확인된다.

> 11월 8일 …… 제12연대가 구례전투에서 반란군을 강타했다는 상황이 주민들에게 알려지자, 국군에 대한 주민들의 태도는 갑자기 달라졌다. 이들과의 대화를 통하여, 제12연대장은 주민에게 식량을 배급하여 이들의 생계를 보장한 연후에 반란군을 토벌한다면 더욱 큰 성과를 거둘 수 있을 것이라는 확신을 가지게 되었다(국방부 전사편찬위원회, 1988: 79~80).

---

13) 물론 스콧이 말한 생계윤리는 식량 부족 등에 대응하는 사회적 장치들을 말하는 것이지만, 정치적 갈등 속에서 생존을 가장 우선시하는 행동 양식에 관해서도 유용한 설명을 제공한다고 판단했다.

    일단 생계윤리에 따른 주민들의 행동 양식이 정해지면 그것은 곧 주민
들에게 피아를 구별하는 기준을 제공했다. 또 진압군 쪽에서도 주민들이
'빨치산'과 싸우는 것을 장려했다. 이와 관련된 좋은 사례가 광의면 구만
리의 '6동지' 경우이다. 당시 구례의 다른 지역과 같이 구만리에서도
마을 주위에 목책을 두르고 주민들이 보초를 서고 있었으며, 보초들에게
는 "반란군이 들어오면 붙잡고 뒹굴어 잡아라"라는 경계 요령이 하달되
어 있었다. 그러던 어느 날 청년단원이 보초 상태를 점검하려고 '반란군'
복장으로 구만리에 들어왔지만 보초들은 지시받은 요령대로 움직이지
않았고, 이로 인해 마을 사람들은 청년단에게 혼이 났다. 그런데 그 직후
에 진짜 '빨치산'이 마을에 들어왔을 때, 청년단원으로 오인하여 지시대
로 붙잡고 뒹굴다가 마을 사람 6명이 빨치산의 총에 사살당한 사건이
발생했다. 이들이 '6동지'인 것이다. 그리고 이러한 과정을 거치면서 주
민들은 자신의 의사와는 무관하게 빨치산과 싸우는 대한민국의 국민이
되고 있었다.

    한편 이러한 일들이 반복되면서 여순사건 후 1년 남짓 지나자 군·경은
주민들의 정치적 태도를 확신한 것 같다. 이와 관련하여 지리산 전투지구
경찰대 총지휘관 최치환 총경이 1950년 2월 11일 기자단과의 회견에서
한 다음과 같은 말은 그러한 자신감을 표현하고 있다고 판단된다.

    누차 보도된 바와 같이 용감한 주민들은 맨주먹으로 반도를 생포 또는
도끼 등으로 살상하는 등…… 성과를 속속 거두고 있는데 2선 지구에
있는 동포들은 경찰관의 사기 앙양을 위하여 물질보다 정신적으로 격려문
또는 위문문을 보내주기 바란다. 내가 5개월 동안 주둔 중 위문문이라고는
거창국민교 아동으로부터 한 번 온 일이 있을 뿐 그 외는 일절 없었다(자료
대한민국사, ≪자유민보≫, 1950. 2. 12.).

주민들이 '빨치산'에 가담할 것이라는 생각은 전혀 없으며, 위문문을 요구할 정도로 여유가 생긴 것이다. 이러한 구례 지역 주민들의 정치적 태도는 한국전쟁 후에도 별로 달라지지 않았다고 판단된다.

4) 학살에 대한 기억과 구례 지역의 정치 지형

비록 외부로 잘 드러나지는 않지만 학살의 충격은 작지 않다. 그 속에는 피해자로서의 경험만 있는 것이 아니라 학살의 광란 속에서 피해자와 가해자가 계속 뒤바뀔 수밖에 없었던 아픔이 있다. 또 살기 위하여 발버둥 쳤던 되돌아보고 싶지 않은 기억도 있을 것이다. 그래서 오늘날에도 그 기억은 잘 드러나지 않는다. 그러나 당시의 상황에서 학살의 기억은 개인적 수준에서는 한 개인의 행동과 정치적 태도를 결정짓는 요인이었으며, 지역적 수준에서는 극도로 우 편향적인 정치 지형이 형성되는 계기가 되었다.

구례읍 유곡리의 사례는 가해자와 피해자가 계속 뒤바뀌는 당시의 상황을 잘 보여주고 있다. 구례읍 유곡리는 21명의 마을 주민들이 빨갱이로 몰려 군인들에게 학살당했던 지역이다. 그런데 이후에 그 유가족들이 빨갱이 대장을 때려죽인 사건이 발생했다. 좌익으로 몰려 죽은 사람의 가족으로 사느니 '빨갱이'와 싸우다가 죽으면 자신의 이름도 남고 자기 가족들도 안전하게 살 수 있으리라는 생각에서 한 일이었다.

광의면에서도 이런 일들이 있었다. 군부대가 "9·28 수복으로 …… 교전 중 반군 2명을 생포 ○○교정에서 면민을 총동원, 죽창으로 찔러서 죽이게 명령을 내리니 사상을 의심받아오던 자, 좌경에 피해를 봤거나 시달려왔던 자 등 원한이 맺힌 가족 등이 차마 사람으로 할 수 없는 목불인견의 상황으로 처참하게 찔러 죽였다"라는 것이다. 두 사례가 이야기하는 것은 사상에 의심을 받은 사람일수록, 그리고 학살의 기억이 강하

〈표 1-3〉 1945~1954년도 구례 지역의 인구 변화

연도	가구수	인구수			인구 및 가구 증감률
		계	남	여	
1945	10,598	53,536	25,763	27,773	가구수 약 6.5% 감소
1954	9,907	57,944	27,839	30,105	인구수 약 8.2% 증가

자료: 1945년도 통계는 조선총독부에서 정기적으로 간행한 『국세조사보고』 1945년도판을 인용했으며, 1954년도 통계는 『구례군지』(1987: 109)를 인용했다.

면 강할수록 더욱 잔인하게 상대방을 죽여야 했다는 점이다. 주민들의 입장에서는 그것이 자신이 국민임을 증명하는 방법이었기 때문이다.

그런데 학살의 충격은 개개인의 수준에서만 작용하는 것이 아니다. 그것은 사회구조적 수준에서도 엄청난 영향을 미치는 것으로 추정된다. 학살과 직접적인 관련이 있는 것은 아니지만, 당시 구례 지역의 인구학적 변화는 사회적 수준에서 학살의 충격이 작지 않음을 보여주는 하나의 지표로 볼 수 있다. <표 1-3>에 따르면 1945년에서 1954년에 이르는 10년 사이에 구례 지역의 인구수는 대략 8.2% 정도 증가했지만 가구수는 6.5%나 감소하고 있다. 가구수가 인구수에 따라 증가하는 일반적인 경향과 달리 6.5%나 감소한 것은 지리산에서 벌어진 전투 과정에서 산중 마을들을 소개한 결과로 추정된다. 또 인구수가 비록 8.2% 정도 증가했지만, 동일한 시기의 전남 인구가 274만 7,819명(1944년)에서 312만 7,559명(1955년)으로 대략 13.8% 증가한 사실과 비교하면[14] 구례 지역이 받았던 인구학적 충격을 쉽게 짐작할 수 있을 것이다.

한편, 분명한 것은 아니지만 1948년 이후의 학살 사건이 가져온 정치

---

14) 비교 시기의 기산점이 전남 인구는 1944년이고, 구례 인구는 1945년으로 되어 있다. 하지만 전남의 1944년은 조사된 시점이고, 구례도 역시 조사된 시점은 1944년이기 때문에 동일한 시점으로 볼 수 있다.

<표 1-4> 1950년 전후 구례 지역의 선거 결과

(단위: 명, %)

선거 시기	유효 투표자수	투표율	여당	야당	무소속
제헌국회(1948)	?	?	14,799 (72.7)	5,564 (27.3)	-
2대 국회(1950)	?	?	-	18,149 (76.0)	5,737 (24.0)
보궐선거(1952)	?	?	14,530 (67.1)	-	7,118 (32.9)
2대 대통령 선거(1952)	23,535	93.1	21,447 (91.9)	1,296 (5.6)	599 (2.6)
3대 국회(1954)	?	?	10,210 (45.0)	-	12,480 (55.0)

주1: 국회의원선거의 투표 자료는 찾지 못했으며, ( ) 안의 수치는 여, 야, 무소속 간 득표율
  이다.
주2: 2대 국회의 경우 한민당이 분열하여 대한국민당 외 친여 정치세력이 여당이었는데
  구례에는 후보가 없었다. 야당인 민국당 후보는 3명, 무소속 후보가 3명이었다.
주3: 국회의원의 사망으로 인한 보궐선거에는 3명의 여당 후보와 무소속 1명이 출마했다.
주4: 2대 대통령 선거의 후보는 여당 이승만, 야당 이시영, 무소속 조봉암이었다.
주5: 3대 국회의원 선거에는 자유당 후보 1명과 무소속 2명이 출마하여 무소속 후보가
  당선되었다.

적 영향을 보여주는 지표 중 하나가 당시의 선거 결과이다. 우리나라에서
처음 선거가 시작된 1948년 5월 10일부터 한국전쟁이 끝난 직후인 1954
년 사이에 구례 지역에서는 모두 다섯 차례의 선거가 있었다(<표 1-4>).
  현재 자료를 찾을 수 없어서 각 선거의 투표율 차이를 알 수 없지만,
일단 여순사건이나 한국전쟁 등이 인구 감소 요인으로 작용했다는 점을
감안하여 1948년부터 제2대 대통령 선거 때까지 유권자 수가 별 차이가
없다고 가정해보자. 그럴 경우 1948년부터 1954년까지 실시된 다섯 번의
선거 중 제헌의원을 뽑는 선거가 가장 낮은 투표율을 기록하고 있다.
또 제헌의원 선거는 한민당이지만 인위 위원장이었던 김종필과 같은
집안인 김종선과 대한청년단 단장인 이판열이 맞붙었는데, 김종선이 당

선되었다. 이에 비해 2대 선거부터는 구례 지역의 정치적 지형에서 해방
정국의 잔재를 발견할 수 없다. 특히 조봉암이 출마하여 돌풍을 일으킨
2대와 3대 대통령 선거에서 구례는 매우 이례적인 지역으로 분류할 수
있다. 즉, 구례는 두 선거 모두 전남의 25개 시·군 중 이승만 득표율은
2위, 조봉암 득표율은 24위로 극도의 여 편향을 보이고 있다. 좌파의
헤게모니가 관철되던 해방정국에서 불과 10년도 지나지 않은 시점에
정반대의 정치 성향을 보이고 있는 것이다. 이러한 결과가 모두 학살
때문이라고 할 수는 없지만, 학살이 주요하게 작용하고 있음을 부인하기
는 어렵다.

5. 맺음말

여순사건 당시 국군 측은 지리산에 다음과 같은 내용의 전단을 뿌렸다.

조국을 사랑하는 위대한 용기로 동포 살상의 무기를 버리고 …… 대한
육군에 가담하라. …… 모든 거짓말과 그릇된 지도에서 벗어나라. 우리의
장래에는 오직 대한민국이 있을 뿐이요, 우리 국군은 자라나는 대한민국의
간성이며 수호신인 것이다. 전선전우여, 오라, 빨리 오라(자료대한민국사,
≪호남신문≫, 1948. 12. 18.).

이러한 전단이 뿌려지던 바로 그 시기에 구례 지역의 지리산 자락에서
는 엄청난 민간인 학살이 자행되고 있었다.
그렇다면 "동포 살상의 무기를 버리"라는 전단의 내용은 거짓인가?
그렇지 않다면 민간인 학살은 우연히 발생했거나, 군의 실수로 발생했는
가? 이 연구에서는 전단의 내용도 진실이며, 민간인 학살도 진실이라고

주장했다. 즉, 당시 군이 지키고자 하는 조국과 여수에서 반란을 일으키고 지리산에 들어간 봉기군 및 빨치산의 조국이 달랐던 것이다. 그리고 구례 지역에 거주하던 민간인들은 한편에서는 어떤 방식으로든 두 정치세력 모두와 얽혀 있는 존재였으며, 달리 보면 두 정치세력이 모두 자신의 통치 대상으로 삼으려는 대상이었다. 주민들에게 그 상태는 '이중권력'으로 작용하고 있었던 것이다. 그리고 이 지역만의 정치적 투쟁에 기인한 결과는 아니지만, 대한민국이 그 싸움에서 승리했다.

그런데 대한민국이 승리하는 과정에는 당시 군이 자행했던 민간인 학살이 주요한 작용을 하고 있었다. 당시의 민간인 학살은 '이중권력'하에 있던 주민들에게 공포를 심어주었으며, 군은 이를 통해 군에 대한 저항의 싹을 사전에 제거하고자 했다. 또 그 과정에서 남로당을 비롯한 빨치산을 군과 주민의 '공동의 적'으로 만들었으며, 마을과 산 사이에, 그리고 주민과 빨치산 사이에 경계를 만들고 있었다. 이런 상황에서 주민들은 생존이냐 입산이냐 하는 양자택일을 강요받았으며, 생존하기 위해서는 군에 대한 충성과 빨치산에 대한 적개심을 표출해야 했다. 그 결과 구례 지역은 겨우 3~4년 사이에 정치적 지형도가 정반대로 바뀌게 된 것이다.

여기서 한 가지 질문이 제기된다. 그것은 지역민들이 학살의 과정에서 수동적인 존재였으며, 학살의 결과 원자화된 존재로 전락했는가 하는 것이다. 구례 지역에서 겉으로 나타난 결과만으로 보면 그렇다는 대답이 가능하다. 학살을 일으킨 권력의 의도가 매우 잘 관철되었기 때문이다. 그러나 주민들의 구체적인 실제 삶을 관찰해보면, 주민들에게는 여전히 '이중권력'이 작용하고 있다는 생각이 든다. 주민들은 누구에게도 자신의 의중을 잘 보이지 않는다. 심지어 자식에게까지도 그렇다. 경우에 따라 주민들의 판단의 기준과 행동의 기준이 다르며, 상황에 따라 증오와 찬양의 대상이 달라진다. 피학살자의 가족들이 경찰이나 군인이 된 경우가 많다는 사실은, 당시 구례 지역의 주민들이 생존을 위하여 선택했던 행동이 '이중권력'하에서 그들이 취한 일종의 안전지대였을 것이라고 추측하게 한다. 그리고 그 구체적인 양상은 또 다른 연구의 주제가 되어야 할 것이다.

■ ■ ■ **참고문헌**

강만길. 1984. 『한국현대사』. 창작과 비평사.

구례군사편찬위원회. 1987. 『구례군사』.

_____. 2005. 「마을조사자료」.

구례군지편찬위원회. 2005. 『구례군지』 上, 中, 下.

국방군사연구소. 1995. 『한국전쟁』.

국방부. 1968. 『한국전쟁사』.

국방부. 『공비토벌사』.

국방부 전사편찬위원회. 1988. 『대비정규전사(1945~1960)』.

국사편찬위원회. 1968~2005. 『자료대한민국사』 1~18.

권경안. 2000. 『큰 산 아래 사람들: 구례의 역사와 문화』. 향지사.

기든스, 앤서니(Anthony Giddens). 1991. 『민족국가와 폭력』. 진덕규 옮김. 심지원.

김동춘. 2000. 『전쟁과 사회(우리에게 한국전쟁은 무엇이었나?)』. 돌베개.

김영범. 1999. 「집단학살과 집합기억: 그 역사화를 위하여」. 『냉전시대 동아시아
        양민학살의 역사』. 제주4·3연구소 1999년도 창립10주년 기념 국제학술대회
        자료집.

내외기자공론사 부설 공안보연구소. 1983. 『한국전쟁비사』. 내외기자공론사.

박명림. 1996. 『한국전쟁의 발발과 기원』. 나남.

스콧, 제임스(James C. Scott). 2004. 『농민의 도덕경제』. 김춘동 옮김. 아카넷.

아렌트, 한나(Hannah Arendt). 1999. 『폭력의 세기』. 김정한 옮김. 이후.

안종철. 1990. 「해방직후 건국준비위원회 지방조직과 지방인민위원회에 관한 연구:
        전남지방을 중심으로」. 전남대학교 대학원 박사학위논문.

여수지역사회연구소. 1998. 『여순사건 실태조사 보고서』 제1집.

_____. 1998. 『여순사건 자료집』.

이균영. 1990. 「신간회연구」. 한양대학교 대학원 박사학위논문.

이기홍. 1996. 『호남의 정치: 국회의원 선거 50년의 명암』. 학민사.

이삼성. 1998. 『20세기의 문명과 야만』. 한길사.

전남일보 광주전남현대사 기획위원회. 1991. 『광주전남현대사』 1. 실천문학사.

조선총독부. 1945. 『조선국세조사보고』 15.

중앙선거관리위원회. 1971. 『역대국회의원선거상황』.

최정기 외. 1995. 『근현대의 형성과 지역 사회운동』. 새길.

최정기. 2001. 「한국전쟁 전후 민간인 학살의 진상규명을 위하여: 광주·전남 지역의
　　　실태조사에 대한 중간보고」. 한국전쟁전후 민간인 학살 진상규명과 명예회
　　　복을 위한 범국민위원회 엮음. 『전쟁과 인권』, 2001년 한국전쟁 전후 민간인
　　　학살 심포지엄(2001. 6. 27.) 자료집.

커밍스, 부루스(Bruce Cumings). 1986. 『한국전쟁의 기원』. 김자동 옮김. 일월서각.

틸리, 찰스(Charles Tilly). 1994. 『국민국가의 형성과 계보: 강압, 자본과 유럽국가의
　　　발전』. 이향순 옮김. 학문과 사상사.

푸코, 미셸(Michel Foucault). 1976. 『사회를 보호해야 한다』. 박정자 옮김. 동문선.

한국전쟁전후 민간인 학살 진상규명과 명예회복을 위한 범국민위원회 엮음. 2004.
　　　『전쟁과 인권: 학살의 세기를 넘어서』, 한국전쟁 전후 민간인 학살 심포지엄
　　　자료집.

한국현대사사료연구소. 1989~1990. "현대사 재조명". ≪광주일보≫(1989. 1.
　　　1.~1990. 2. 19.).

황남준. 1987. 「전남지방정치와 여순사건」. 『해방전후사의 인식』 3. 한길사.

佐佐木隆爾(사사키 류지). 1968. 「第二次大戰後の南朝鮮解放闘爭における土地
　　　改革の要求について」. 朝鮮史硏究會 編. 『朝鮮史硏究會論文集』 第4輯.

Arendt, Hannah. 1951. *The origins of Totalitarianism.* New York: Harcourt. Brace and
　　　Company.

Corradi, Jual. E, Patricia Weiss Fagen and Manuel Antonio Garretón(eds.). 1992. *Fear
　　　at the Edge: State Terror and Resistence in Latin America.* Berkeley: University
　　　of California Press.

Friedrich, C. J. and Z. K. Brzezinski. 1965. *Totalitarian Dictatorship and Autocracy.*
　　　Cambridge: Harvard University Press.

Scott, James C. 1990. *Domination and the Arts of Resistance.* New Haven and London:
　　　Yale University Press.

Headquarter USAFIK. 1986. "G-2 Periodic Report."『미군정정보보고서』제1권~제11권. 일월서각(재간행).

Headquarter USAFIK. 1986. "G-2 Weekly Summary."『미군정정보보고서』제12권~제15권. 일월서각(재간행).

여순사건과 구례

여순사건 직후 군대의 주둔과 진압을 중심으로

●

노영기

1. 머리말

해마다 봄이면 산수유 축제가 열리는 곳이 있다. 전남 구례군 산동면 일대이다. 이곳 지리산 자락은 봄이면 산수유꽃이 온통 노랗게 물들이고, 가을이면 또 그 열매가 붉게 수놓는다. 요즘에는 온천이 개발되어 외지인들을 맞고 있다. 하지만 이 지역은 무심하게 흘려들을 수 없는 한(恨) 서린 역사를 간직하고 있다. 지리산 자락의 분지인 산동면 일대에서 여순사건 직후 적어도 800~1,000여 명의 사람들이 죽었다는 소문이 유령처럼 떠돌고 있다.

비단 산동면만이 아니다. 1948년 10월 19일에 발생한 여순사건 직후, 반군들은 지리산으로 들어가 빨치산 투쟁을 전개했다. 그러자 지리산이 병풍처럼 감싸며 섬진강이 젖줄처럼 흐르고 있는 구례에서는 자연스럽게 군대의 주둔과 진압 작전이 이어졌다. 한국전쟁 이후에도 지리산은 빨치산 투쟁의 근거지가 되었다. 1949년 4월 중순경 반군의 지휘자였던 김지회의 죽음을 고비로(노영기, 1998: 34) 한국전쟁 전의 빨치산은 눈에 띄게 약화되었지만 군대는 1950년 2월 계엄령이 해제될 때까지 구례에 주둔한 채 진압 작전을 계속했다.

이 때문에 여순사건 이후 구례에서는 빨치산의 습격과 군경의 진압이 톱니바퀴의 회전날처럼 맞물리며 반복되었다. 구례는 지리산의 품에 있었기 때문에 빨치산이 계속 출몰했고 주민들은 살아남기 위해 '부역' 행위도 했다. 그 뒤 마을에 소개령이 내려져 주민들 삶의 터전인 집들이 모조리 불에 탔다. 군경에 의해 어디론가 끌려가 '통비분자(通匪分子)'로 처형된 사람들은 시신조차 찾을 수 없었다. 이러한 참혹한 상황에 대해 누구 하나 항의할 수도 없었다. "고생 끝에 낙(樂)이 온다"라는 속담이 있지만 구례 사람들에게는 해당되지 않았다.

여순사건 직후 구례 지역에서 벌어졌던 민간인 학살은 조직적이고 집단적이며 의도적으로 광범위하게 저질러졌다. 실제로 나이가 지긋한 구례 주민들을 만나면 "한국전쟁보다 여순반란사건 때가 더 징했다"라는 말을 자주 들을 수 있었다. 그러나 빨치산의 배후지였다는 이유로 구례에서 일어난 일들은 '강요된 침묵'이나 '기억의 굴절' 속에 묻히거나 일방적인 평가만 내려졌다. 반세기가 지났음에도 불구하고 죽음의 진실을 벗겨내려는 시도조차 제대로 이루어지지 않았다. 억울하게 죽어간 희생자들의 넋을 달래기 위한 '위령제'도 56주년이 되는 2004년 10월에야 처음 열릴 정도였다.[1]

왜 이 같은 일이 발생했을까? 여순사건 직후 구례에서 무슨 일이 일어났기에 주민들은 지금까지도 침묵을 미덕으로 삼아 살고 있을까? 이 장에서는 여기에 대한 답을 구하고자 한다. 다만, 여순사건 직후 벌어졌던 군대의 활동을 중심으로 접근하겠다. 그럼으로써 국가 공권력에 의한

---

[1] 최근 '진실·화해를 위한 과거사정리위원회'에서는 구례 지역의 민간인 학살에 대해 직권조사 결정을 내렸고, 현재 조사가 진행 중이다. 국가가 벌인 잘못에 대해 뒤늦게나마 진상을 규명하기로 했다는 점에서 환영할 일이다.

민간인 학살을 살펴보려 한다.[2]

그동안 구례 민간인 학살의 진상을 알리려는 노력이 있었다. 권경안의 취재와 구례유족회의 활동, 여수지역사회연구소의 조사, 구례군지편찬위원회의 조사 등이다. 권경안은 유족들과 학살 현장에서 살아난 사람들을 광범위하게 취재해 책으로 출간했다(권경안, 2000). 구례유족회는 국회청원을 비롯한 활동을 벌여왔고, 2004년 10월 19일 처음으로 희생자들을 위한 합동위령제를 지냈다. 그러나 권경안의 추가 조사는 책을 출간한이후 중단되다시피 했고, 구례유족회 또한 산동면 유족들이 거의 포함되지 않은 한계가 있다.

이 장은 지금까지의 조사를 바탕으로 작성되었다. 주로 이용한 자료는, 각종 문헌자료(한국과 미국)와 증언자료 등이다. 증언에는 지금까지 수집된 것과 필자가 조사한 구술자료가 포함된다.[3]

---

2) 이 장은 군경을 비롯한 국가 공권력 및 직간접으로 관련된 조직들을 대상으로 작성되었다. 그러나 당시 구례에는 계엄령이 실시되었기에 행정과 사법 및 치안권 등거의 모든 권한을 군대가 행사했고 경찰을 비롯한 다른 기관·단체들은 보조 역할에한정되었다(산동면 1·3 증언). 또, 다른 집단에 비해 군대가 대규모의 학살을 자행했으므로 여기서는 군대를 중심으로 살펴보겠다. 한편, 구례에서 국가 공권력에 의한민간인 학살만 있었던 것은 아니다. 여순사건 직후 경찰과 우익 인사들을 대상으로한 '인민재판'과 학살도 있었다. 하지만 이 장에서는 좌익 세력의 행위는 간단히언급하겠다. 여기에 대해서는 이미 정부가 조사하고 보상했기 때문이다. 정부는사건 발생 직후부터 '좌익에 의한 우익 인사 처형'을 부각시켰고, 그에 따라 좌익에의한 희생자들이나 유족들은 이미 보훈 대상자가 되었다. 중요한 점은 민간인 학살이 국가폭력임에도 수십 년이 지나도록 기본적인 조사조차 이루어지지 않았다는것이다.

3) '구례군지편찬위원회 수집자료'는 최근 자료이다. 이 자료는 주민들의 구술을 정리한 것이다. '구례군지편찬위원회' 위원장이었던 문승이 선생님은 이번 작업의 처음부터 많은 관심을 갖고 격려해주셨으며 구례군지 편찬을 위해 수집한 귀중한 자료를아낌없이 제공해주셨다. 선생님께 감사드리면서도 이 글이 선생님께 누가 되지않을까 걱정이 앞선다. 또 권경안 님은 중간 발표회 자리에서 의미 있는 비판과

2. 구례의 사회적·지리적 상황과 반군의 입산

전남의 동북쪽 소백산맥의 남단에 있는 구례군은 행정구역상 2개 도, 5개 시·군과 접경해 있다. 지리산이 주봉으로 북쪽을 병풍처럼 두르고, 남쪽은 백운산 봉우리들이 감싼 분지이다. 섬진강은 구례분지를 서남쪽에서 동남쪽으로 흘러 하동을 거쳐 남해로 유입된다(구례군, 1989: 27). 지리적 조건 때문에 구례는 예로부터 피난처가 되어왔으며, 구한말에 치열하게 전개된 의병항쟁의 주 무대이기도 했다. 지리산은 여순사건 직후부터 한국전쟁이 끝난 뒤까지도 빨치산 투쟁의 근거지가 되었으며(이선아, 2003), 이를 진압하기 위한 작전과 학살이 계속되었다. 이 때문에 지리산이 감싸고 있는 구례에 살았던 주민들은 빨치산과 국군 사이에서 고통을 겪어야 했다(권경안, 2000).

구례에서 발생한 여순사건 직후의 민간인 학살을 살펴보기 위해서는 먼저 해방 전후 구례에서 어떤 일이 일어났는지 이해해야 한다. '식민지'와 '분단'으로 얼룩진 한국 근·현대사의 구조가 구례 지역에서 대립과 갈등의 상황, 그리고 거기에 더해 공권력의 폭력을 연출했기 때문이다.

구례에는 일제 시기에 민족해방운동을 전개한 세력들이 존재했다. 1927년 3월 신간회 구례지회가 조직되어 청년회·소년회·구매조합 등을 만들었다. 그러나 일제의 탄압으로 박영준, 강대인 등이 투옥되고 구매조합은 폐쇄되었다. 1936년 구례에는 '금란회(金蘭會)'라는 조직이 결성되

조언을 많이 해주셨으며, 취재 자료를 아낌없이 제공해주셨다. 거듭 감사드린다. 그 외 이름을 밝히지 못하지만 필자의 면담에 기꺼이 응해주신 유족들께 감사드린다. 그분들은 지울 수 없는 기억, 풀리지 않는 고통을 다시 끄집어내 기꺼이 면담에 응해주셨다. 이 글이 그분들에게 조그마한 위로가 될 수 있기를 바랄 뿐이다. 이 작업을 위해 구례읍·마산면·산동면·광의면·간전면 등지에서 증언자들을 만났다. 이분들께도 감사드린다. 이 장에서는 면담자의 정확한 신상을 공개하지 않겠다.

었다. 이 회의 목적은 '화합과 단결, 애향' 등이었으나 그것은 일제의 감시를 피하기 위한 표면적인 것이었다. 이 조직은 대중에게, 특히 청소년들에게 민족사상과 배일사상을 고취하기 위한 목적으로 만들어졌으며 조직의 성원들은 신간회나 항일운동에 관련된 인물들이었다. 이들은 해방 직전 일제의 탄압을 피해 일시적으로 사동 산중으로 피신했다가 해방이 되자 산에서 내려와 건국운동을 전개했다. 구례에서는 1945년 8월 17일 구례건국준비위원회가 결성되었고 위원장에 황현의 아들인 황위현이 선출되었다. 재정부장으로 김종필이 선출되었는데, 구례건준의 실제 업무는 그가 주도했다. 9월 10일에는 건준이 인민위원회로 개편되고 위원장에 김종필이 선임되었다. 이렇듯 해방 직후 구례에서는 과거 민족 해방운동 세력이 건국운동을 주도했다. 그러나 이후 미군 진주와 함께 인민위원회는 해산되었고, 해방 직후 구례에서는 국가 건설 과정에서 좌우의 대립이 발생했다. 대표적인 사건이 1947년 3·1절 기념식을 둘러싼 대립이었다. 3·1절을 기념하는 기념식에서 토지면 파도리 국민학교 교사였던 박지래의 주도로 대중시위가 일어난 것이다. 시위대가 읍내로 들어가려 하자 출동한 경찰이 군중을 향해 무차별적으로 발포했고, 시위에 참여했던 주민들 중에서 사상자가 발생했다(권경안, 2000: 86~88). 또 파도리에서는 주민들이 우익 청년단체의 계몽대를 마을 밖으로 쫓아냈고, 그에 대한 우익 청년단체의 보복이 뒤따랐다(구례군지편찬위원회 수집자료).

1948년, 38도선 이남에서의 단독선거 실시가 유엔에서 확정되자 이것에 반대하는 투쟁이 전국 각지에서 벌어졌다. 남로당은 단독선거를 '망국적인 선거'로 규정하고 '2·7구국투쟁'이라는 격렬한 반대투쟁을 벌였으며 김구, 김규식 등은 평양에서 열린 남북연석회의에 참가했다. 이러한 한반도의 정세 변화는 구례에도 직접적인 영향을 미쳤다. 지리산을 중심으로 인근 지역에서는 남한만의 단독선거에 반대하는 봉화가 피어오르는 등 적극적인 반대투쟁이 전개되었다.[4] 1948년 4월 28일 구례군 토지면에서 인원 미상의 군중이 우익 인사를 죽였으며, 같은 날 광의면에서도 인원 미상의 군중이 대동청년단 단장과 선거 사무원을 습격했다. 다음날에는 구례군에서 20여 명의 군중이 우익 인사 4명의 집을 습격해 그들을 살해했다(황남준, 1987: 441). 대한민국 정부가 수립된 이후에도 남로당은 지하활동을 전개했고, 여순사건 이후 군경은 구례 주민들에게 남로당 가입 여부를 묻거나 남로당 명단을 발견한 뒤 학살하기도 했다.[5]

이러한 상황에서 발생한 여순사건은 구례에 커다란 영향을 미쳤다. 구례는 지리산과 섬진강을 끼고 있으며, 곡성·광양·순천(승주)·보성·남원 등지와 연결되는 곳이다. 그런 까닭에 지리산으로 들어가는 반군이 반드시 거쳐야 하는 곳이었다. 반군은 10월 22일 순천의 학구전투에서 정부군에 패한 뒤 구례를 거쳐 광양·곡성 등으로 흩어졌다가 정부군의 진압 작전이 강력해지자 빨치산 투쟁을 전개하기 위해 지리산과 백운산 등지로 들어갔다. 이때 반군은 지리산으로 들어가기 전에 잠시 구례에 머물렀다. 반군이 지나가는 길목에 위치한 구례의 마을에서는 반군에게 숙식을 제공하고 입산할 때 보급품을 산으로 운반하기도 했으며, 주민들 중 일부는 김지회 부대와 함께 입산했다.

당시 남로당 구례군당에서는 제14연대 반군을 대대적으로 환영했으며, 각 면당에서는 제14연대에 숙식을 제공했다(정지아, 1990: 120~121). 제14연대의 관할지였던 구례는 10월 21일부터 좌익 세력이 장악했다.[6]

---

4) 봉화투쟁이 1947년 6월부터 남로당의 선전 전술로 이용되었다는 증언이 있다(광의 면 증언).
5) 최정기는 이를 '이중권력'이 존재했다고 설명한다. 즉, 주민들 사이에 행정기구 및 경찰의 통제권과 좌파 헤게모니가 동시에 존재했다는 것이다(최정기, 2005: 15).
6) 여순사건이 발발한 직후 제14연대 반군이 들어와서 인민위원회가 복원된 경우도 있었지만 대부분은 반군이 들어오기 전에 인민위원회가 복원되었다. 이것은 구례가

10월 21일 이후 구례군 인민위원회를 비롯해 각 읍·면 단위까지 인민위원회가 조직되었다. 좌익 세력이 경찰과 우익 인사들을 습격했고, 광의면이나 토지면 등지에서는 주민들을 모아놓고 '인민재판'을 진행했다(광의면 증언). 이러한 활동은 구례 지역의 좌익 세력이 주도했던 것으로 알려졌으며, 해방 직후 구례 지역의 정세가 반영된 것이었다.

　10월 20일 아침, 여수에서 순천으로 이동할 때부터 제14연대 병사들이 주축을 이룬 반군의 주력은 두 부대로 나뉘어 움직였다. 김지회가 이끄는 선발대는 10월 20일에 순천을 점령한 뒤 각지(순천·보성·벌교·곡성)로 분산되었다가 다시 순천으로 집결, 구례를 거쳐 지리산으로 입산했다. 김지회가 이끄는 반군이 구례에 입성한 시점은 10월 23일경으로 알려져 있다. 10월 25일, 김지회 부대는 좌익 세력과 합세해 구례구 경찰지서를 습격하고 경찰관들을 살해한 뒤 지리산 방면으로 퇴각했다. 10월 25일 20시에는 권총과 기관총을 소지한 채 이동 중이던 소규모 반군이 구례 중심부를 공격했으며, 경찰과 주민들이 공포 상태에 빠지고 건물 한 채가 불탔다고 보고되었다. 10월 26일 오후까지도 구례에서 인공기가 나부꼈던 것이 주한미군사고문단(KMAG)에 정찰되었다.[7] 반군은 정부군이 추격해 오자 10월 26일경 두 부대로 나뉘어 지리산으로 입산했다. 한 부대는 화엄사골을 거쳐 지리산으로 들어갔고, 다른 부대는 구례 읍내에서 문수리를 거쳐 입산했다. 문수골로 입산한 반군은 추격해 온 정부군과 전투를 벌였는데, 이 교전 중에 하동 방면에서 반군의 포로가 되었던 제15연대장 최남근 중령이 문수골에서 탈출해 화개장터를 거쳐 귀환했다(≪세계일보≫, 1948. 10. 31.).[8] 지창수가 이끄는 부대는 10

제14연대의 관할지이자 모병지였던 점과 제14연대가 지역에 기반하여 창설된 '향토연대'였던 특성 등이 어느 정도 반영되었기 때문이다(노영기, 2005: 259~260, 262, 272~273).

7) Hq, USAFIK, G-2 PERIODIC REPORT, 1948. 10. 25.~10. 27. #973

월 23일까지 여수에 머물며 정부군과 교전했고, 10월 24일 밤 여수를 빠져나와 광양의 백운산을 거쳐 지리산으로 입산했다. 이 부대는 11월 13일경 섬진강을 건너 구례군 간전면 동방천을 지나 지리산 문수골로 들어갔다. 이후 반군은 산악을 근거지로 삼아 지리산과 맞닿은 주변 지역에서 경찰지서 등 관공서를 습격하거나 추격하는 정부군을 기습하고 지리산 주변 마을을 대상으로 보급투쟁을 다녔다(산동면 1 증언).

빨치산 투쟁이 오래 계속되자 자연히 보급이 어려워졌다. 초기에는 지방당과 부락당 세포와의 연락 아래 공작이 전개되었기에 그로부터 협조를 받을 수 있었으나, 지방당 조직이 파괴되고 모두 입산한 상황에서는 마을에 내려와 식량이 될 만한 것들은 무엇이나 빼앗아 갈 수밖에 없었다.[9] 빨치산은 식량을 구하기가 점점 어려워지자 부락을 기습해 우익계·중도계 농민 또는 자기들에게 비협조적인 농민들을 '반동분자'나 '지주'로 몰아 숙청하거나 총칼로 위협해 창고에 있는 곡물을 털어 갔다. 이 식량을 유격대의 근거지까지 운반하기 위해, 주로 군경의 추격으로부터 어느 정도 안전한 지대까지 일단 옮겨놓은 후, 끌고 간 부락민들을 하산시키고 본대에 연락하여 자기들이 운반하는 방식을 사용했다(김남식, 1989: 226~229).

---

8) 최남근은 이후 숙군 과정에서 월북을 시도하다가 경찰에 체포되었고, 그 뒤 군법회의에 회부되어 사형을 선고받고 총살되었다(노영기, 1998: 54~55).

9) 지리산 부근에서 진압 작전을 실제로 지휘했던 주한미군사고문단에서도 반군의 식량과 탄약이 부족할 때 주변 마을들을 계속 습격할 것이라고 예상하고, 정부군의 진압 작전이 성공할 것으로 판단했다. Hq, USAFIK, G-2 Weekly Summary 1948. 11. 19.~11. 26. No. 167; 주한미군사고문단, 「현재 상황 정보」(주한미군임시군사고문단장이 주한미군사령부에 제출한 보고), 1948. 11. 23.

3. 군대의 주둔과 진압

정부군의 구례 주둔과 진압은 여순사건 직후에 이루어졌다. 제4연대 부연대장 박기병 소령이 이끄는 제4연대 연락단이 잠깐 구례구로 들어왔다. 구례구 경찰지서가 불탔고 경찰들은 좌익 세력에게 살해당한 뒤였다. 이때 제4연대 병력을 제14연대 반군으로 오인하여 '조선인민공화국 만세'를 외치며 환영한 주민들도 있었다고 한다. 그러나 이 부대는 여수와 순천을 진압하기 위한 목적으로 제3연대와 접촉하려는 과정에서 잠깐 구례에 들렀을 뿐이었다(국방부 전사편찬위원회, 1967: 459). 그 뒤 남원에서 이동하던 중 구례를 거치거나(≪서울신문≫, 1948. 10. 24.), 제12연대가 구례와 섬진강을 끼고 인접한 곡성에서 반군과 교전하는 정도였다. 10월 26일 오후에는 미군 정찰기가 지리산 등지에 대한 항공정찰을 위해 구례 상공을 선회했다.

10월 27일 여순사건의 진압 작전이 끝나기 전까지 정부군은 여수와 순천 지역을 탈환하는 데 집중되었기 때문에 구례에 들어올 수 없었다. 하지만 서울의 주한미군임시군사고문단(PMAG) 사령부에서는 반군이 입산하는 것을 염려해 현지 토벌사령부에 차단을 명령했다. 현지에서 진압 작전을 기획하고 실질적으로 지휘했던 주한미군임시군사고문단의 하우스만(Houseman) 대위는, 서울 사령부의 우려에 대해 구례도 주의를 기울이고 있으며 작전의 상당 부분을 구성하고 있다고 답했다.[10]

이러한 사정은 정부군의 여순 지역 진압이 일단락되면서 변했다. 10월 27일에 여순 지역의 탈환 작전이 어느 정도 마무리되자 정부군은 치안 유지와 부역자 색출을 위한 최소 병력을 탈환 지역에 남겨둔 채 빨치산 진압 작전에 돌입했다. 정부군의 진압 작전은 지리산과 백운산 등에 들어

---

10) 주한미군사고문단, 「토벌사령부에서 임시군사고문단 단장에게」, 1948. 10. 26.

간 반군을 추격해 소탕하는 것으로 변경되었다. 그에 따라 자연히 지리산과 인접한 구례에는 군대가 본격적으로 진주하기 시작했다. 빨치산을 진압하는 것이 정부군의 일차적인 목적이었지만, 그 과정에서 많은 민간인들이 군인들에게 학살당했다.

10월 28일경부터 제12연대 부연대장 백인엽 소령이 지휘하는 제12연대 제2대대와 제3대대 병력이 지리산으로 들어간 반군을 진압하기 위한 추격전을 시작했다. 조재미[11] 대위가 지휘하는 제3연대 제2대대의 2개 중대 병력은 10월 27일경 구례에 입성했다.[12] 10월 28일 빨치산을 추격하던 정부군은 지리산 문수골에서 전투를 벌였다. 문수리에 진주한 정부군은 반군 사령부로 쓰였던 문수국민학교를 비롯해 문수리 곳곳을 수색했다. 그러나 곧바로 반군의 반격을 받고 퇴각했다(《국제신문》, 1948. 11. 2.). 이후 제3연대는 구례군 산동면 원촌마을에 주둔한 채 지리산 근방에서 빨치산 진압 작전을 전개했다. 여순 지역 진압 작전에 참여하지 않은 채 주둔지 군산에 남아 있던 제12연대 제1대대 병력도 구례로 들어왔다.

제12연대장 백인기 중령은 원래 여순사건 진압 작전에 직접 참가하지 않았다. 직속 상관인 제2여단장 원용덕 대령이 그를 신뢰하지 않았기 때문이었다. 그를 대신하여 부연대장 백인엽 소령이 제12연대 2개 대대 병력을 이끌고 진압 작전에 참가했다. 여순 지역의 진압이 어느 정도 완료되고 반군이 지리산·백운산 등의 산악 지대로 들어가자 제12연대의 나머지 병력도 빨치산 진압 작전을 위해 구례에 배치되었다. 제12연대장

---

11) 그는 육사 2기 출신으로, 1960년 4·19가 발생할 즈음에 서울지구 계엄사령관이었다. 그는 자신이 이때 발포명령을 거부했음을 자랑스럽게 내세운다. 또 1961년 5·16이 일어나기 직전에 신문 인터뷰에서 4·19 직후 군부 내에 쿠데타 계획이 있었음을 밝혔다(《민족일보》, 1961. 5. 4.).

12) 제3연대는 김백일이 지휘하는 제5여단 소속이다. 그러나 제3연대의 주둔지가 남원이었던 까닭에 실제 작전 활동에서는 원용덕의 지휘를 받았다.

백인기 중령은 10월 25일에 빨치산 진압 작전을 명령받고 제12연대 제1대대 382명을 이끌고 구례·보성 방면으로 출동했다(국방부 전사편찬위원회, 1967: 326). 그가 구례에 진주한 날은 10월 28일경이다. 그는 구례 읍내에 주둔해 진압 작전에 대비했다.

10월 30일, 호남지구전투사령부가 개편되었다. 남부와 북부로 구분해 남부지구사령관에 제5여단장 김백일 대령이, 북부지구사령관에는 제2여단장 원용덕 대령이 임명되었다(국방부 전사편찬위원회, 1967: 475).[13] 11월 1일 전남·북 일원으로 계엄령이 확대되었다. 이전에 여순 인근 지역에 한정한 계엄령이 전남·북으로 확대 실시된 것이었다(≪자유신문≫, 1948. 11. 1.). 그런데 이 계엄령은 법적 근거가 없었다. 계엄법이 국회를 통과한 것은 1949년 이후였기 때문이다. 공식 법률이 없는데도 계엄령이 선포되고 그에 따라 군이 민간을 통제한 것이다. 구례 지역의 치안을 담당했던 북부지구사령부 사령관 원용덕은 다음과 같은 포고문을 계엄지구에 발포했다.

포고문

1. 전라남북도는 계엄지구이므로 사법 及 행정 일반은 본 호남 방면 군사령관이 督轄함

1. 관경민은 左記 사항을 철저히 준수 勵行할 것을 명령함

    1) 관공리는 직무에 충실할 것

    2) 야간통행 시 제한은 20:00시부터 5:00시로 함

    3) 각 시·군·동·리에서는 국군 주둔 시 혹은 반도 번거 접근 지역에서는

---

13) 당시 신문에는 북부지구사령부는 구례에, 남부지구사령부는 광주에 두며 각각 김백일과 원용덕이 사령관에 임명되었다고 보도되었다(≪호남신문≫, 1948. 11. 5.). 그러나 이후 군대의 활동 및 관할 부대 등을 살펴볼 때 오보이다.

항상 대한민국기를 게양할 것

4) 대한민국기를 제식대로 작성해 게양하며 不規襤褸한 국기를 게양하는 경우에는 국가·민족에 대한 충실이 부족하다고 인정함

5) 반란분자 혹은 선동자는 즉시 근방 관서에 고발할 것

6) 폭도 혹은 폭도가 지출한 무기, 物器, 금전 등을 은닉 꼬는 허위 보고치 말 것

7) 군사행동을 추호라도 방해하지 말 것

이상 諸項에 위반하는 자는 **군율에 의해 총살에 즉결함**

단기 4281년 11월 1일 호남방면 사령관 원용덕

(≪동광신문≫, 1948. 11. 5., 굵은 글씨 강조는 인용자)

이 포고문은 '계엄사령관의 사법·행정권 장악, 야간통행금지, 대한민국 국기 게양, 반란분자(물자 포함)의 신고, 군사행동 방해 금지' 등을 구체적으로 규정했다. 특히, 대한민국 국기를 게양할 때 규칙에 따르지 않거나 국기가 더럽거나 누더기가 되었을 경우에는 국가와 민족에 대한 충실함이 부족한 것으로 간주했다. '국기'라는 상징물을 통해 주민들에 대한 '국민 만들기'가 실행되었으며, 그에 따른 이분법적 구도— 나와 적— 가 형성된 것이다.

또 현지 주둔 중인 군대의 지휘관에게 모든 권한이 집중되며 지휘관의 자의적 판단에 따라 즉결처분이 이루어질 수 있음을 규정했다. 구례에서 벌어진 민간인 학살의 상당 부분은 현지 지휘관들의 뜻과 명령에 따라 이루어졌다. 구례 주민들은 혐의를 입증할 수 있는 어떤 증거나 재판과 같은 형식적 절차 없이 마을 단위로 연행된 채 고문에 의한 자백이나 사감(私憾)에 따른 신고 등이 죄가 되어 학살당했다. 산동면의 경우처럼 군경이 압수한 남로당 관련 문서에 이름이 올라가 있다는 이유로 학살되기도 했다(권경안, 2000: 122~123).

한편, 구례에서 일제하 민족해방운동을 전개했던 많은 인물들은 여순사건 직후 군경에 의해 검거되거나 수배를 받아 도피했다. 그들의 재산은 군경에 의해 몰수되었다. 구례 지역의 대표적인 사회운동가였던 김종필은 이후 월북했고(안종철 외, 1995: 189), 군경의 추적을 피해 서울로 피신했던 정태중은 경찰에 구속되어 실형을 선고받은 뒤 군산교도소에 수감되었다가 한국전쟁 직후 군산 앞바다에 수장되었다(안종철 외, 1995: 215). 광의면에 있던 선태섭의 주조장과 가옥은 규모가 꽤나 큰 곳이었는데, 군인들이 진주하면서 50여 개나 되는 주조 시설과 널찍한 가옥이 모두 뜯겨 어딘가로 옮겨졌다(광의면 증언).[14] 이들이 활동했던 마을은 여순사건 이후 군경이 구례에 진주하면서 집단 학살의 제1 대상지가 되었다. 마산면 청내마을은 여순사건 이전에는 수십여 호가 살던 마을이었으나 군대 주둔 이후 마을 자체가 아예 전소되어 지금은 그 흔적조차 사라져버렸다. 또 마을 내에 좌익 세력이 있었으면 관련 사실이 입증되지 않아도 많은 주민들이 학살당했다. 구례읍 계산리가 대표적인 예이다.

여순사건이 발생하고 현지의 경찰력만으로 치안을 유지하기 어렵게 되자 증원 경찰부대가 파견되었다. 10월 20일 내무부 치안국에서는 비상경비총사령부를 설치하고 응원경찰대 238명을 여순 지역에 파견했다. 제8관구경찰청(전남)에서도 경찰대 150명을 출동시켰다.[15] 또 제7관구경찰청(경남)에서는 경찰부대를 섬진강을 중심으로 한 방어 저지 작전에 동원했다(내무부 치안국, 1958: 156, 464). 구례 지역 주민들은 학살을 주도했던 경찰부대로 제203부대를 꼽고 있다. 경찰 제203부대는 주로 지리산을 중심으로 활동한 전투경찰대이며, 중앙에서 파견된 응원경찰대였을 것이다.[16] 현지 경찰은 진압 작전에 나서는 군대에 길을 안내했고, 때로

---

14) 그의 집은 곡성으로 옮겨졌다는 설이 있다.
15) 이들은 1주일간 훈련받은 신병이었다고 한다(산동면 1 증언).

는 직접 진압에 참가해 빨치산의 기습에 대항했다(산동면 1 증언). 마을의 경찰지서는 밤에 자체 경비만 할 뿐 외부 침입에 일절 대응하지 않았다. 그로 인해 마을 순찰을 비롯한 전봇대 등 주요 시설 경비에는 대한청년단(이하 '한청'으로 줄임) 단원을 비롯한 마을 청년들이 동원되었다. 이때 전봇대를 경비하다가 빨치산의 습격으로 전봇대가 잘려나가면 경비를 섰던 사람들은 경찰에 끌려가 학살당했다. 토지면 오미리에서는 이 때문에 10명이 학살당했다(권경안, 2000: 107~108).

구례의 한청 단장은 제2대 국회의원이었던 이판열이었으며, 부단장은 김홍준이었다. 한청의 일부는 여순사건 직후 좌익 세력들에게 살해되었으며, 간부들은 여순사건이 터지자 곧바로 남원 방면으로 도망쳤다. 또 한청 간부들 중 일부는 여순사건 직후 군대와 함께 나타나 지리산에 있는 빨치산을 돕거나 치안을 어지럽히는 행위를 할 때는 처벌하겠다며 주민들을 협박하기도 했다(광의면 증언). 여순사건 직후 한청 단원들은 군경을 보조하며 빨치산의 침투에 대비해 마을을 방비 또는 소개하거나 마을 내부의 부역자들을 색출했다. 밤이 되면 군경을 대신해 마을의 치안 유지 활동을 하거나 중요 시설의 경비를 섰다. 또 군경이 지리산 등지로 진압 작전에 나설 때 길 안내를 하는 등 보조 역할을 했다.[17] 그런데 이들에게는 직접 무기가 주어지지 않았기 때문에 죽창 등으로 무장했던 마을 청년들은 빨치산의 습격에 속수무책이었다. 자연히 빨치산과의 교

---

16) 이때의 자료는 아니지만, 한국전쟁기에 경찰 제203부대와 관련한 기사가 있다. 1951년 1월 중순부터 2월 4일까지 203부대가 보름간 지리산에서 빨치산을 토벌했다는 기사가 나온다(≪조선일보≫, 1951. 2. 4.).

17) 1949년 11월 25일부터 26일까지 대전에서는 빨치산 진압을 위한 4부(국방·법무·내무·사회) 합동회의가 열렸다. 이날 회의를 마치고 나온 신성모 국방장관은 군·관·민의 임무에 대해 "군은 폭도를 토벌하고 경찰은 치안을, 청년은 부락방위에, 관공리는 관공리로서 맡은 임무를 다"하는 것이라고 말했다(≪국도신문≫, 1949. 11. 28.).

전 과정에서 군경에 비해 상대적으로 많은 사상자가 발생했다.[18]

지리산의 빨치산을 진압하기 위한 군대의 활동에는 몇 차례의 변화가 있었다. 1949년 해빙기를 맞아 육군본부는 지리산 지역의 빨치산들을 진압하기 위해 3월 1일부로 지리산지구전투사령부(이하 '지전사'로 줄임)와 호남지구전투사령부를 설치했다. 사령관에는 정일권 준장이 임명되었으며, 사령부는 남원에 설치하고 5개 대대 — 제3연대 제3대대, 제5연대 1개 대대, 제9연대 1개 대대, 제19연대 1개 대대, 제1독립대대(김용주 소령) — 를[19] 배치했다. 지전사는 빨치산 소탕 작전을 3단계로 구분해 실시했다. 1단계로 3월 초순 작전부대를 남원·구례·화개장·하동·진주·산청 지역에 분산 배치하고 1주일간 수색 작전을 전개했다. 2단계는 야산에 흩어진 빨치산을 지리산 일대로 몰아넣은 다음 이들을 소탕한 작전이었다. 3월 11일부터 전개된 작전에서 지리산의 노고단·반야봉·천황봉 일대를 중심으로 지리산 남북을 이동하며 집중 수색했다. 군경의 진압이 강력해지자 빨치산은 지리산을 버리고 함양·안의·거창 등지로 도주했다. 3단계 작전은 3월 16일 실시되었다. 진압군은 거창과 함양 등지로 이동해 빨치산 진압 작전을 전개했다. 이 작전 결과 여순사건 이후 반군의 지휘자였던

---

18) 『구례군사』에는 여순사건 직후부터 한국전쟁 전까지의 순직자 명단이 나온다. 경찰과 군인은 각각 9명과 1명인 데 비해 한청 단원은 45명이었다. 이 수는 산동면 수가 빠진 것이다(구례군사편찬위원회 엮음, 1987: 201).

19) 독립대대는 육군본부 정보국장 백선엽이 창설한 유격 전담 부대였으며, 대대장 김용주 소령은 간도특설대 출신이었다고 한다(백선엽, 1989: 241). 독립대대는 다른 이름으로 '서울유격대'라고 불렸으며, 부대원 대부분은 이북 출신이었다. 김용주 소령은 당시 제주도에 있었다고 한다. 그러나 독립대대원 중 일부는 지리산 전투사령부에 소속되어 3개월여 동안 빨치산 진압 작전에 참가했고, 이 과정에서 16명의 사상자가 발생했다(《연합신문》, 1949. 6. 3.). 육박전을 시도했던 것으로 보아 일종의 대게릴라전 특수부대였을 것이다. 그런데 제2독립대대의 대대장은 산동면 일대에서 악명을 떨친 조재미였다. 김용주 소령의 행적에 대해서는 강성현 님이 지적해주었다. 감사드린다.

김지회가 사살되었고, 정일권은 4월 18일 육군본부 작전 참모부장으로 복귀했다(≪연합신문≫, 1949. 5. 12.). 그의 후임으로는 제3연대장 함준호 대령이 임명되었고, 지전사는 5월 9일부로 해체되고 진압부대는 원대로 복귀했다. 1949년 7월부터 '위기설'이 계속 유포되고 빨치산 활동이 재개되자 정부에서는 다시 1949년 9월 28일부로 지전사를 설치했다. 사령관에는 여순사건과 옹진지구 전투에서 역량을 발휘했던 김백일 대령이 임명되었다. 지전사는 지리산 근방에서 5개월여 동안 지속적인 진압 작전을 전개했다. 그리고 1950년 2월 5일에 호남 지역에 대한 계엄령이 해제되고 3월 9일부로 지전사는 해체되었다. 이후에는 지역 부대가 빨치산 진압 작전을 전개했다(국방부 전사편찬위원회 엮음, 1988: 80~106).

4. 구례에서의 몇 가지 사건과 민간인 학살

군대가 구례에 주둔해 진압 작전을 계속했지만 빨치산의 저항 또한 만만치 않았다. 대표적인 사건이 11월 3일 '하사관 교육대 습격 사건'이다. 이날 구례군 간전면 간문국민학교에 주둔했던 하사관 교육대가 반군의 기습을 받아 약 40여 명의 병사들이 빨치산의 포로가 되었다(간전면 증언). 이들은 그 뒤 김지회의 회유와 돈을 받은 뒤 12연대로 복귀했던 것으로 알려졌다(국방부 전사편찬위원회, 1967: 475~478). 그런데 이날의 빨치산 기습에 대한 문책으로[20] 11월 4일 제12연대장 백인기 중령이 구례에서 남원의 사령부로 소환되어 이동하던 도중 빨치산 부대의 기습을 받아 도피하다가 산동면 시상리 시랑마을에서 자결했고, 다음날 수색에 나선 제12연대 부대원들이 마을에서 시신을 발견했다고 알려졌다.

---

20) 사령부의 개편에 따른 북부지구전투사령부 회의에 참석하려고 했다는 설도 있다.

결국 이 사건이 계기가 되어 산동면에서 민간인 학살이 벌어졌던 것으로 설명되었다(국방부 전사편찬위원회, 1968: 475~477; 권경안, 2000: 91~92, 110~115; 김득중, 2004: 101). 그러나 백인기 중령이 자결한 장소는 맞지만 날짜가 틀렸다.[21)]

산동면 일대에서 벌어졌던 민간인 학살과 백인기 중령의 죽음은 별로 관련이 없다. 백인기 중령이 자결한 날은 11월 14일경이며 발견된 날은 11월 15일이었다.[22)] 백인기의 죽음은 당시 신문과 미군 자료 등에서 확인된다. 신문에는 11월 13일 출동해 자결한 뒤 11월 16일 제12연대 주둔지인 군산에 시신이 도착했다고 보도되었고, 미군 자료에는 11월 15일 새벽에 보고된 것으로 나온다. 각종 자료를 종합해 판단하면, 백인기 중령은 11월 14일 구례에서 남원으로 향하다가 11월 14일 자살했고, 11월 15일에 시랑마을에서 시신이 발견되었다(≪강원일보≫, 1948. 11. 19.).[23)]

---

21) 대부분의 연구 성과물들은 국방부 전사편찬위원회(1968)의 『한국전쟁사 1: 해방과 건군』을 저본 삼아 틀린 기술을 하고 있다. 구례유족회에서 국회에 제출한 청원서에도 백인기의 죽음이 11월 4일로 나온다. 이 청원서 역시 똑같은 오류를 범하고 있다(구례군희생자유가족·구례군명예회복추진위원회, 1998).

22) 국방부에서 발간한 『호국전몰용사공훈록』의 백인기 중령 사망 경위는 다음과 같다. "1948년 11월 14일 연대장 백인기 중령은 남원에 위치한 전투사령부에서 개최하는 공비토벌 작전 회의에 참석하기 위해 구례에서 남원으로 가던 중, 구례군 산동지서 부근에서 반란군의 기습을 받고 포위망에서 탈출해 농가에 은거해 있다가 생포 위기에 처하자 자결했다. …… 정부에서는 창군의 주역으로서 그의 공훈을 기리어 1계급 특진과 함께 1950년 12월 30일 을지무공훈장을 추서했으며, 살신보국정신을 기리고 후세에 교훈으로 남기기 위해 구례군 산동의 전사한 장소에 현충비를 건립했다. 그의 유해는 고향인 전주에 안치되었다가 최근 대전 국립현충원으로 이장했으며, 또한 전쟁기념관 전사자명비에 그의 이름을 새겨 추모하고 있다"(국방부, 1997: 566).

23) Hq, USAFIK, G-2 PERIODIC REPORT, 1948. 11. 20.~11. 22. #994; 미 제6사단, CHRONOLOGICAL JOURNAL OF EVENTS, 1948. 10. 18.~11. 20.

왜 백인기의 사망일자가 틀렸을까? 기록상의 실수라고 보기에는 차이가 지나치게 크다. 구례에서 무슨 일이 일어났기에 그의 죽은 날짜가 앞당겨졌을까? 그것도 하루 이틀이 아닌 10여 일이나 앞당겨졌을까? 그것은 1948년 11월 초순 산동면 일대에서 발생한 민간인 학살을 덮으려는 의도 때문일 가능성이 크다. 다시 말해, 산동면 주민들이 빨치산과 공모했기 때문에 백인기의 죽음이 발생했다는 점을 부각시키기 위한 목적일 것이다.

여순사건 직후부터 정부는 반군뿐 아니라 그에 동조하는 사람들까지 군법에 따라 엄격히 처벌하겠다는 입장이었다(≪국민신문≫, 1948. 10. 24.). 당시 군경의 지휘부는 구례와 지리산 부근에 살고 있는 사람들이 반군을 돕고 있다고 인식했다.[24] 또 11월에 확대된 계엄령과 현지에서 발포된 포고문으로 구례의 현지 지휘관들에게 권한이 주어져서 '부역행위자'는 즉결처분되었다. 이들의 행위를 입증할 수 있는 증거나 정식 재판은 애당초 없었다. 많은 마을에서 학살과 함께 마을 전체가 불탔으며, 부락의 이장들까지 학살의 대상에 포함되었다. 국가의 최말단 행정기구의 우두머리였던 이장까지 학살되었다는 것은 부락민 전체를 빨치산의 동조자로 보았기 때문으로 보인다.

구례에서의 민간인 학살은 군대가 진주하면서부터 시작되었다. 10월 28일 반군을 추격하던 부대는 문수골에서 김지회가 이끄는 반군과 교전

또한, 당시 현장에서 백인기의 죽음을 목격했던 사람이 있다. 그의 증언에 따르면 음력 보름 무렵이었다고 한다. 그가 재구성한 상황은 다음과 같다. 제14연대 반군이 산동면 면 소재지인 원촌마을을 포위한 뒤 백인기의 도착을 기다리며 매복했다가 백인기 일행이 탄 지프차가 산동지서에서 150여m 가량까지 접근하자 일제히 발포해 지프차가 전복되었다고 한다. 백인기는 기습을 받은 뒤 곧바로 도망쳤고, 나머지 병사들은 팬티만 입은 채 산으로 끌려갔다고 한다(산동면 3 증언).

24) 미6사단, CHRONOLOGICAL JOURNAL OF EVENTS, 1948. 10. 18.~11. 20.

장소	일시	피해
산동면 대평리 대음	1948년 11월 14일	25호 전소, 22명 학살
산동면 대평리 반곡	1948년 11월 14일	37호 전소, 30여 명 학살
산동면 위안리 월경	1948년 11월 10일경	36호 전소, 20여 명 학살
산동면 위안리 하위	1948년 11월 10일경	36호 전소, 30여 명 학살
산동면 위안리 상위	1948년 11월 10일경	36호 전소, 35명 학살

자료: 구례군지 수집자료를 재구성.

하고 노고단을 비롯한 지리산 일대에서 추격전을 전개했다. 11월 9일자 현지 신문은 200여 명이 포로로 잡히고 그 밖의 사람들은 현지에서 총살되었다고 보도했다(≪호남신문≫, 1948. 11. 9.). 그런데 '현지 총살'은 반군뿐 아니라 그에 동조했던 현지 주민에게까지 자행되었을 것이다. 실제로 구례 주민들의 증언에 따르면, 군인들이 들어와서 반군에 숙식을 제공한 사실이 밝혀지면 마을 사람들 대부분을 연행하여 총살했다고 한다(광의면 증언; 토지면 증언). 이 전과에는 적어도 이러한 사람들이 포함되었을 가능성이 크다. 즉, 군대가 구례에 주둔하는 순간부터 '부역 행위'를 빌미로 주민들을 연행해 학살을 자행한 뒤 전과로 치장했을 것이다.

11월 초순, 산동면에서 발생한 민간인 학살을 저질렀던 인물은 조재미 대위였다. 제3연대는 주민들을 '빨치산의 동조자'로 몰아 학살했다. 지금도 산동면에는 제3연대를 지휘했던 '조재미'를 기억하는 사람들이 많다. 필자가 만났던 산동면 한 마을의 노인들은 '조재미'라는 이름을 결코 잊지 못한다면서, 그가 산동에 와서 무릎 꿇고 사죄해야 한다며 분통을 터뜨렸다. 주민들의 증언과 조사에 따르면, 10월 하순 제3연대가 진주할 때부터 산동면에서는 민간인 학살이 시작되었다. <표 2-1>은 '구례군지편찬위원회'에서 조사한, 백인기 죽음 이전의 학살에 관한 마을 기록이다.

표에서 나타나듯이 산동면의 마을에서는 백인기가 죽기 전부터 제3연대에 의한 학살과 마을 소개가 이루어지고 있었다. 즉, 백인기의 죽음이전에 군은 이미 산동면 일대를 빨치산 거점 지역으로 판단하고 학살과 마을 소개를 진행하고 있었다.

학살이 벌어지고 있는 상황에서 백인기의 죽음은 학살을 더욱 부채질하는 결과를 낳았다. 주한미군사고문단의 보고에는, 11월 17일까지 제12연대 3개 대대와 제3연대의 300명 그리고 제2연대의 1개 대대와 1개의 증원중대가 구례·남원 지역에서 반군과 교전했다고 나온다. 약 4,000~4,500여 명의 병력이 동원된 것이다. 그러나 이들이 전부 반군과 교전했다고 보기는 힘들다. 추측건대 많은 수의 병력이 백인기 시신을 찾기위한 수색 작전에 동원되었을 것이다. 그리고 11월 15일 03시 경에 구례군 산동면 시상리 시랑마을에서 백인기의 시신을 수습했다. 이후 백인기수색에 동원되었던 군인들은 산동면을 다니며 반군에 협력했던 부역자를 색출했다. 결국 백인기 중령이 자살한 뒤 시신을 수습했던 산동면시상리의 시랑마을을 제외한 거의 모든 마을에서 군인들에 의한 보복학살이 자행되었다.

시상리 마을에서는 산동면장을 지냈던 이선순과 마을의 한청 단장을 지낸 김종철 등이 백인기의 시신을 수습했다. 특히, 백인기의 유품을 그대로 두고 시신에 삼베옷을 입혀 관에 넣어 가묘를 만들었기 때문에 군인들이 찾아왔을 때도 피해가 없었다고 한다(산동면 2·3 증언). <표 2-2>는 '구례군지편찬위원회'에서 조사한, 백인기 죽음 이후 산동면의 피해 상황이다. 이때 민간인 학살과 마을 소개를 저지른 주체는 군대였다.

산동면에서 발생한 민간인 학살에 관해 묻자, 한 유족은 "한 마을에서 '출입할 수 있는 (성인) 남자'면 누구나 (학살)당했다"라고 답했다(산동면 4 증언). 당시 산동면 원촌마을의 원촌국민학교에 제3연대 제2대대의

<표 2-2> 백인기 죽음 이후의 산동면 피해

장소	일시	피해
산동면 이평리 우와	1948년 11월(음력)경	8명 학살, 마을 소각
산동면 대평리 평촌	1948년 11월경	26명 학살, 50여 호 중 3호 이외 전소
산동면 대평리 대양	1948년 11월경	8명 학살, 마을 전소
산동면 대평리 신평	1948년 11월경	11명 학살, 마을 전소
산동면 좌사리 원좌	1948년 11월경	25명 학살, 10여 호 전소
산동면 좌사리 당동	1948년 11월경	5명 학살, 마을 전소
산동면 관산리 하관	1948년 11월경	15명 학살

자료: 구례군지 수집자료를 재구성.

본부가 있었다. 조재미는 부근의 누에고치 키우는 곳(蠶室)에 주민들을 연행·구금했고, 고문과 조사가 끝난 뒤 사람들을 끌어내 학살했다고 한다(산동면 2·4 증언). 산동면에서는 그의 말이 법보다 우선했고, 그의 뜻대로 사람들의 생사가 결정되었다. 민간의 치안을 담당해야 할 경찰조차 아무런 권한이 없었다(산동면 1 증언).

백인기의 죽음은 산동면뿐 아니라 구례 전체에도 학살의 상처를 남겼다. 구례읍과 가까운 지역도 마을 소개와 학살이 뒤따랐다. 문척면 토금 마을이 그러한 사례에 속했다. 11월 18일 오후 2시~3시 30분경 제12연대가 토금마을로 들어와 전 주민들을 마을회관 마당에 모이게 한 다음 청장년을 두 편으로 나누어 마주보게 한 뒤 "아나, 공산당" 하며 상대의 뺨을 때리게 했다. 제12연대는 다시 30여 명을 끌고 마산면 사도리 앞 외지내 다리에 이르러서 손광윤을 끌어내 주민들이 보는 앞에서 총살했다. 그리고 그날 밤에는 머슴살이한 사람들을 제외한 18명을 학살했다. 이날 마을 청년들을 도우려고 함께 따라갔던 문척면장도, 신분을 밝혔는데도 18명에 포함되어 총살당했다(권경안, 2000: 95~98). 토지면 외곡리

내서와 내동마을은 반군이 식량 조달을 위해 보급투쟁을 하던 곳이었다. 군은 이를 방지하기 위해 마을을 소개했다. 주민들은 명령에 따라 식량을 땅에 묻고 약간의 식량과 옷가지만 가지고 중기마을과 기촌마을로 철수했다. 기촌마을의 주민들은 소개 마을의 주민들을 위해 방을 제공해야 했다(구례군지편찬위원회 엮음, 2005).

그런데 백인기의 죽음은 학살의 기억과 함께 기억의 굴절 또한 남겼다. 구례 주민들은 백인기가 죽은 날짜를 11월 4일로 기억하고, 군인들이 학살을 저지른 이유는 그의 죽음에 따른 보복으로 둔갑되었다. 백인기의 죽음 이전에 발생했던 학살도 그의 죽음으로 인한 군인들의 보복 학살로 둔갑한 것이다. 대표적인 예가 구례유족회의 인식이다. 구례유족회에서는 「여순반란사건 중 구례지구토벌전투 시 희생이 된 양민의 명예회복에 대한 청원에 관한 건」(1998. 12. 28.)을 국회에 제출했다. 이 청원서에는 1948년 11월 6일 산동면 지서 부근에서 65명, 11월 7일 마산면 서시천교 하천 앞에서 31명과 구례경찰서 연병장에서 72명, 11월 12일 간전면 간문초등학교 천변에서 1명 등 총 188명이 학살당한 것으로 기록되어 있다. 그런데 백인기 중령의 죽음에 관련해서는, 11월 4일 그가 죽은 뒤 제12연대가 마을에 들어와 죄 없는 부락민들을 죽였다고 한다.

하지만 앞에서 살펴보았듯이 백인기가 죽기 전부터 구례 지역 전체에서 빨치산을 위한 부역 행위를 했다는 명목으로 광범위한 대량 집단 학살이 발생했고, 그의 죽음은 청원서에 등장하는 날짜들보다 훨씬 뒤의 일이었다. 즉 백인기의 죽음과는 상관없이 이전부터 민간인 학살이 벌어지고 있었으나, 누구도 문제를 제기하지 않았다. 백인기의 죽음을 불러일으킨 반군들의 행위에 대해서는 오히려 비판하지만, 그 이전에 발생한 정부군의 민간인 학살은 덮어진 것이다.

백인기가 죽은 지 며칠 지나지 않아 구례에서는 민간인 학살을 불러일으킨 사건이 발생했다. 1948년 11월 19일 새벽, 빨치산들이 구례중앙국민학교에 주둔 중인 제12연대를 습격했다. 이 사건 역시 공간사 연구를 비롯한 대부분의 저술에서 날짜가 잘못 기록되었다. 11월 8일로 기록된 것과(국방부 전사편찬위원회, 1967: 477~479; 권경안, 2000: 100; 김득중, 2004)[25] 11월 18일로 기술된 것이 있지만 정확한 날짜는 11월 19일이다. 자료와 증언을 통해 빨치산의 11월 19일 구례 공격을 재구성하면 다음과 같다(≪동광신문≫, 1948. 11. 23.; ≪남선경제신문≫, 1948. 11. 24.; 정지아, 1990: 120~121).[26]

11월 19일 새벽을 틈타 김지회 부대가 구례읍 구례중앙국민학교에 주둔한 제12연대 본부를 기습했다. 박격포까지 보유한 반군의 기습이 있었으나 정부군은 압도적인 물리력과 연대장 대리 백인엽 소령의 지휘로 이를 격퇴했다. 이날의 전과를 인정받아 백인엽은 훈장과 함께 소령에서 중령으로 승진, 제17연대장으로 영전했다. 전투가 끝난 뒤 제12연대에서 올린 전과는 203명의 반군이 사살되었고 450명의 남로당원을 체포한 것으로 보고되었다(≪동광신문≫ 1948. 11. 23.; ≪자유신문≫ 1948. 11. 23.).[27] 그런데 이들이 반군인지 아니면 그전에 연행했던 구례 주민들인

---

25) 권경안(2000)의 책 이외의 책이나 논문에서는 국방부 전사편찬위원회의 잘못된 기술을 따르고 있다.

26) Hq, USAFIK, G-2 PERIODIC REPORT, 1948. 11. 18.~11. 19. #992; Hq, USAFIK, G-2 PERIODIC REPORT, 1948. 11. 20.~11. 22. #994; Hq, USAFIK. G-2 Weekly Summary, 1948. 11. 19.~11. 26. No. 167.

27) Hq, USAFIK. G-2 Weekly Summary, 1948. 11. 19.~11. 26. No. 167. 신문에 발표된 전과도 제각각이다. ≪동광신문≫에는 사체 200구, 포로 75명(적 소대장 3명, 중대장 1명, 김지회 비서 포함) 등으로 보도되었고, ≪자유신문≫에는 37명의 반란병과 450명의 민간폭도가 체포되었으며 폭도 측은 203명의 사상자가 발생했다고 발표되었다. ≪동광신문≫에는 백인엽이, ≪자유신문≫에는 채병덕(국 방부 총참모장)이 각각 발표했다. 이날 전과 중에는 김지회 체포도 발표되었다. 그러나 이 보도들은 오보였고 군에서도 오보임을 인정했다(≪독립신문≫, 1948. 11. 27.; 김석학·임종명, 1975: 336~343).

지 분명하지 않다. 『한국전쟁사 1: 해방과 건군』은 날짜는 다르지만 정황으로 볼 때 이 전투라고 판단할 수 있는 전투를 아주 세밀하게 묘사하면서도 전과에 대해서는 언급하지 않았다.

이 점은 미국인 학자 메릴(J. Merill)이 최근 저술에서 지적했다. 그는 11월 19일의 전투에 대해, 대부분의 한국 측 기록이 이 전투를 언급하지 않았다고 지적했다. 200여 명의 반란군이 사살되고 500여 명이 생포된 전투임에도 누락된 이유에 대해 그는 사상자 중 많은 사람들이 게릴라로 몰려 처형당한 민간인이기 때문이 아닌가 추측했다. 이와 유사한 내용으로 11월 초순 산동면에서 70명, 그리고 계산리에서 27명이 사살되었다고 적고 있다. 그러나 그의 지적에는 틀린 부분이 있다. 한국 측 기록에는 충분하게 언급되었지만 날짜가 잘못되었고, 또한 산동면이나 계산리에서 학살당한 민간인 수 역시 김석학·임종명(1975)의 잘못된 내용을 그대로 인용했다. 산동면은 그보다 훨씬 많은 수가 죽었으며, 계산리는 날짜가 훨씬 뒤에 발생한 일이었다. 이러한 한계에도 불구하고 그의 지적은 구례에서 벌어진 민간인 학살을 추론했다는 점에서 충분한 의의가 있다 (메릴, 2004: 158).

한편 이 사건은 군대에 의한 또 다른 학살을 불러일으켰다. 제12연대는 반군이 철수한 다음부터 11월 19일 오후 5시까지 203명을 죽이고 450명을 남로당 당원이라며 체포했다고 보고했다.[28] 당시 구례경찰서 옆의 상무관에는 구례 도처에서 연행된 73명이 수감되어 있었다. 그런데 반군이 기습한 다음 곧바로 수감 중이던 73명이 학살당했다. 또 군대는 마산면 청내마을을 포위한 뒤 마을 주민들을 마을 앞 논 가운데 몰아넣고 마을을 소각했다. 집과 함께 가재도구, 의류, 식량 등을 잃은 채 주민들은 거의 빈 몸으로 중마마을이나 냉천리로 이사하고, 좌익 가족(자료에는

---

28) Hq, USAFIK, G-2 PERIODIC REPORT, 1948. 11. 20.~11. 22. #994.

기피자 가족)들은 냉천리 임시수용소(냉천리 정미소 마당)로 이송되어 수용소 생활을 했다. 그리고 18명의 주민들이 학살되었다. 마산면 황전리 주민 16명도 구례읍 서시천변 아래에서 총살된 채 발견되었다(권경안, 2000: 103~105). 구례경찰서에 수감되었다가 학살된 73명과 청내마을 18명, 마산면 황전리 16명의 희생자들이 203명에 포함되었는지 확인할 수는 없었다. 하지만 적어도, 203명의 전과를 보고했던 부대와 위의 마을 들에서 학살을 저질렀던 부대는 모두 제12연대였으며, 시간과 정황이 일치한다.

5. 군경의 진주와 주민통제

구례 주민들은 학살 외에도 수많은 고통을 감내해야 했다. 우선 군경이 빨치산의 침투를 막는다며 통행금지를 실시했다. 산동면은 '산사람'들이 들어와 징발하는 것을 예방한다며 소나 곡식 등을 지서에 맡겨놓게 했다. 하지만 밤중에 반군에 의해 지서가 습격당하고 소가 죽는 일이 발생했다. 그로 인해 주민들은 유일한 농업생산수단인 소를 잃어버린 채 다음해 농사에 소를 대신해 직접 쟁기를 메고 논을 갈아야 했다(산동면 1 증언).

지리산 자락에 논이 있는 경우 군대가 출입을 통제했다. 마을 주민들은 아침에 지정된 장소에 모여 미리 작성된 연명부와 대조하고 팔에 도장을 찍은 뒤 농사를 지으러 갔다. 오후가 되면 다시 같은 장소에 모여 군인들의 확인을 마친 뒤에야 집으로 돌아왔다. 간혹 일행 중 뒤늦게 도착한 사람이 있을 경우에는 그 사람이 나타날 때까지 나머지 사람들은 귀가할 수 없었다(구례군지편찬위원회 엮음, 2006).

이 밖에도 산과 통하는 길목에는 경찰의 감시초소가 설치되었다. 최근 발간된 『구례군지』는 경찰의 감시초소 설치와 운영을 설명하고 있다.

토지면 외곡리 기촌마을 뒷산에는 경찰의 감시초소가 만들어졌다. 감시초소는 돌과 흙으로 쌓고 지붕은 짚으로 덮은 10여 평 되는 곳이었다. 건물 주위에 서까래 같은 나무를 세워 엮고 그 4~5m 밖으로 대나무를 둘러쳤다. 그 밖으로 넓이 3~4m, 깊이 2m의 호를 팠다. 이를 설치하는 데 주민들이 강제 동원되었다. 마을별로 구간을 정해 작업량을 할당한 뒤 시간 내에 끝마치지 못하면 경찰에게 시달려야 했다. 마을 주민들은 이곳에서 경찰 감시조에 편성되어 보초를 섰다. 청년층은 의용경찰이나 청년단에 편성되었으므로 40대 이상이나 19세 미만의 아이들이 감시조 역할을 했다. 보초는 2교대로 초저녁과 새벽반으로 나눠졌다. 감시 근무 중 담배를 피울 수 없었고 잠을 자다 걸리면 몽둥이로 맞았다(구례군지편찬위원회 엮음, 2006: 515).

여순사건 직후 구례에는 '집단부락'이 설치되었다. 마을 전체에 방책을 쳐서 야간에는 외부의 접근을 차단하고 그 안에 있는 경찰지서는 빨치산의 기습에 대비해 다시 2중, 3중으로 방비했다. 집단부락이 언제부터 만들어졌는지는 확인할 수 없었다. 다만, 1949년 8월에 내무부에서는 빨치산들이 밤을 틈타 부근 부락에서 활동하는 것을 방지하기 위해 지리산 일대에 산재한 부락들을 몇 군데에 몰아 '집단부락'을 축조하기로 했다. 규모는 50호 이상 100호 미만으로 하고, 주위에 높은 담을 쌓아 밤낮으로 경비하기로 했다(≪서울신문≫, 1949. 8. 8.). '집단부락'은 구례 전체에서 마을별로 만들어졌다. 이 '집단부락'은 원래 일제가 1930년대 중반 이후 만주에서 실시했던 것이었다. 마을 전체에 방책을 두르는 것은 일제가 만주에서 사용했던 '비민분리(匪民分離)' 원칙을 적용한 것으로, 마을 밖의 주민들을 학살할 수 있는 가능성이 내포되어 있었다. 마을 전체를 방책으로 둘러싸 흑백을 분리한 뒤 학살을 전개한 것이다.[29]

군경은 지리산 인근 마을이나 좌익 세력의 활동지 등은 모조리 불태웠

다. 집을 잃은 마을 사람들은 천막을 치거나 남의 집에 더부살이를 해야
했다. 소개된 마을들 중에는 빨치산 진압이 끝난 뒤 주민들이 다시 모여
복원된 곳이 있다(산동면의 여러 마을과 토지면 문수리). 하지만 마을 자체가
아예 흔적만 남은 경우도 있었다(마산면 청내마을). 지금도 산동면 일대의
마을에서는 특이한 가옥 구조를 볼 수 있다. 소개된 마을을 복원하는
과정에서 임시방편으로 지었던 집과 훗날 새로 지은 집이 함께 있어서,
즉 한 가구에 집이 두 채가 있는 것이다.[30] 군경이 직접 부락에 들어와
소개하기도 했지만 현지 주민들을 시켜 마을을 불태우기도 했다. 그 대상
도 지리산과 맞닿아 있는 마을만이 아니었고, 마을에 좌익 세력이 있다는
이유로 '빨갱이 마을'로 낙인찍어 소개하기도 했다(구례읍 계산리).

군대의 주둔과 학살, 그리고 마을 소개 및 집단부락 설치와 운영 등은
구례에서 처음 이루어진 것은 아니었다. 1930년대 만주에서 항일유격대
가 활발하게 활동할 때 일제는 진압을 목적으로 '치안숙정(治安肅正) 공
작'을 전개했다. '치안숙정 공작'은 '비민분리'의 원칙 아래 마을 소개와
집단부락 건설 및 학살과 귀순회유 공작 등이 동원되었다.[31] 이 같은
일제의 만주 지배와 비민분리 공작의 방식은 여순사건 직후 구례에서
반복되었다.

1948년 12월 27일 육군본부에서는 지리산 일대에 2만 장의 귀순 권유

---

29) 이 같은 사례는 4.3항쟁 이후 제주도에서도 발견된다.
30) 산동면의 가옥 구조는 여수지역사회연구소 여순사건연구분과 팀장인 박종길 님의
    생각이다. 박종길 님은 구례의 많은 곳을 조사한 경험과 인물들을 기꺼이 소개해주
    셨고, 필자의 의문에 대해 좋은 지적을 해주셨다. 이 자리를 빌려 감사드린다.
31) 좀 뒤의 일이지만 한국전쟁기 '지리산지구전투사령부' 사령관이었던 최치환 총경
    은 경찰의 작전 방침을 정했다. 이 중 민중 조직과 관련한 사항의 원칙이 '비민분리'
    였으며, 구체적인 실현 방도에서 '호구조사(戶口調査)', '양도차단(糧道遮斷, 식량을
    빨치산에게 제공하는 것을 차단)', '검문검색(檢問檢索)' 등이 제시되었다(내무부치
    안국 대한경찰전사발간회 엮음, 1952: 255).

문을 살포했다(≪호남신문≫, 1948. 12. 18.).[32] 또, 입산자들을 대상으로 한 프락치 공작이 두 가지 방식으로 진행되었다. 귀순자들에게서 입산자들의 정보를 수집해서 진압하는 것과, 지리산 주변 마을에 신고를 강조한 것이었다. 귀순 공작은 1949년 1월 말까지 귀순 기간을 정하고 동시에 선무공작대를 조직해 활동했다. 1949년 2월 2일 제1차 반도귀순선무공작대 귀환보고회를 개최하기도 했다(≪호남신문≫, 1949. 2. 3.). 입산자들의 귀순과 정보 제공은 빨치산 진압에 결정적인 기여를 했으며(≪국도신문≫, 1949. 12. 22.), 지리산 부근 마을 주민들에게 신고를 독려하여 김지회 사살과 같은 성과를 내기도 했다.

일제의 진압 방식이 해방 후 구례 지역에서 왜 재현되었으며, 어떤 유사점과 차이점이 있는지는 깊은 분석이 필요하다. 다만 한 가지 지적할 점은 당시 진압에 나섰던 지휘관들이 대부분 일본군에 복무한 경험이 있었다는 것이다. 1930년대 일제의 대게릴라 진압 특수부대인 '간도특설대' 출신 지휘관들이 여순사건 이후 정부군 지휘부의 핵심으로 활동했다. 여순 지역의 진압과 그 이후 광양 백운산 등지의 진압을 총지휘했던 제5여단장 김백일, 진압 작전을 기획했던 육군본부 정보국장 백선엽, 일선에서 진압부대를 이끌었던 송석하(제3연대 부연대장)·최남근(제15연대장) 등은 만주군관학교(봉천과 신경)를 졸업한 뒤 간도특설대에서 근무했다. 1949년 3월 1일부터 지리산전투사령부 사령관에 임명된 정일권도 만주 신경군관학교와 일본육군사관학교를 졸업한 뒤 만주군 헌병대 장교를 지냈다. 육군 정보국 전투정보과 소속 박정희도 또한 만주군 출신이었다. 이들 대부분은 1930~1940년대 만주군에서 복무한 경험이 있었다. 제12연대 부연대장 백인엽은 일본군 항공학교 출신이었다. 지휘관들의

---

32) 주한미군에서는 이 전단의 효과가 그리 크지 않다고 평가했다. Hq, USAFIK, G-2 PERIODIC REPORT, 1949. 1. 6.~1. 8. #1031.

면모를 볼 때 일제의 항일 빨치산 진압 방식이 구례에서 재현된 것은 오히려 당연한 결과이다.

그리고 군대 시설을 만드는 일에 주민들이 강제 동원되었다는 점도 또한 중요하다. 구례읍 내의 봉성산에는 제12연대의 박격포 진지가 구축되었고, 구례 곳곳에 토치카가 만들어졌다(≪연합신문≫, 1949. 4. 7.). 주민들은 다른 생활에 우선하여 군사적 목적의 노역에 강제 동원되었다. 구례 읍내에서 압록에 이르는 길은 여순사건이 발발하기 전까지는 없었다. 하지만 곡성과 섬진강을 경계로 마주하는 위치이기 때문에 군의 작전상 꼭 필요한 곳이었다. 이런 까닭에 여순사건 직후 군인들의 이동을 위해 주민들은 마을 앞 도로를 닦는 노역에 강제 동원되었다(구례읍 증언). 또 정부에서는 '불순분자 미연 탐지'와 '공산분자의 동향 파악'을 이유로 유숙계(留宿屆)를 실시했다. 1949년 7월 25일경 서울에서 시작된 이 제도는 전 주민들을 대상으로 한 감시체제의 정점이었다(김득중, 2004: 299~305). 이 제도가 구례에서도 실시된 것은 확실하지만 언제부터 시작되었는지는 분명하지 않다. 유숙계는 앞의 주민 통제 ― 마을 소개, 집단부락 등― 와 더불어 주민들을 직접적으로 감시하고 통제하는 제도였다.

6. 맺음말

1948년 10월 19일 제주도 출병을 앞둔 여수 주둔 제14연대의 봉기가 발생했다. 여순사건 직후 구례는 엄청난 격랑에 빠져 들었다. 지리산과 섬진강을 끼고 있는 탓에 구례는 지리산으로 들어가던 입산자들이 반드시 거쳐야 할 길목이었다. 이 때문에 빨치산의 보급지가 되었으며, 동시에 이들을 진압하기 위해 출동한 군경의 주둔지가 되었다.

이때부터 빨치산의 습격과 정부군의 진압 사이에서 구례 사람들은 이유 없는 죽음을 당했다. 구례 주민들은 민간인 학살을 비롯한 말할 수 없는 고통을 눈물과 한숨 속에 묻은 채 속으로 삼켜야 했다. '적 아니면 우리 편'이라는 지극히 편리한 구도가 형성되었다. 확실한 증거나 재판조차 없이 국가권력은 '부역자 색출'이라는 명분 아래 큰 산 아래에서 나고 자란 사람들을 그곳에서 죽였다. 얼마나 많은 수가 죽었는지에 대한 조사는 꿈도 꾸지 못한 채 소문만 무성했다. 학살은 죽은 사람들의 시신과 함께 살아남은 사람들에게도 말할 수 없는 상처와 고통을 남겼다. 그러나 국가가 한 일이기에 잘못을 지적할 수 없었으며 때로는 '학살에 대한 침묵'과 '기억의 굴절'이 상흔처럼 나타나기도 했다.

최근 진실·화해를 위한 과거사정리위원회에서 여순사건 직후 구례에서 발생한 학살에 대해 조사하기로 결정하고 구례 봉성산을 발굴했다. 그 결과 1948년 여순사건 당시의 민간인 희생자로 보이는 유해 12구와 관련 유품들이 수습되었다. 국가가 사실을 조사하는 작업에서 나아가 잘못을 인정하는 일이 되기를 기대해본다.

■ ■ ■ 참고문헌

전남일보 광주전남현대사 기획위원회. 1991. 『광주전남현대사』1·2. 실천문학사.

구례군. 1986. 『구례군지』. 구례군지편찬위원회.

구례군. 1989. 『마을유래지』.

구례군사편찬위원회 엮음. 1987. 『구례군사』.

구례군지편찬위원회 엮음. 2005. 『구례군지』하. 향지사.

구례유족회. 1998. 「여순반란사건중 구례지구토벌전투시 희생이 된 양민의 명예회
　　복에 대한 청원에 관한 건」, 청원 심의위원회 설명 요지.

국방부 엮음. 1997. 『호국전몰용사공훈록: 해방과 건군』, 제3권 창군기(류지용～서
　　인흠).

국방부 전사편찬위원회. 1968. 『한국전쟁사 (1)』.

국방부 전사편찬위원회. 1988. 『對非正規戰史』.

국사편찬위원회. 1968～2005. 『자료대한민국사』1～18.

권경안. 2000. 『큰 산 아래 사람들: 구례의 역사와 문화』. 향지사.

김남식. 1984. 『남로당 연구』1. 돌베개.

＿＿＿＿. 1989. 「1948～50년 남한내 빨치산 활동의 양상과 성격」, 『해방전후사의
　　인식』4. 한길사.

김동춘. 2000. 『전쟁과 사회』. 돌베개.

김득중. 2004. 「여순사건과 이승만 반공체제의 구축」. 성균관대학교 대학원 사학과
　　박사학위논문.

김석학·임종명. 1975. 『광복 30년 (2)』. 전남일보사.

김점곤. 1973. 『韓國戰爭과 勞動黨 戰略』. 박영사.

내무부치안국 대한경찰전사발간회 엮음. 1952. 『(大韓警察戰史)民族의 先鋒』. 興國
　　研文協會.

내무부 치안국. 1958. 『경찰10년사』.

노영기. 1998. 「육군 창설기(1947년～1949년)의 숙군에 관한 연구」. 성균관대학교
　　대학원 석사학위논문.

_____. 2005. 「여순사건과 육군의 변화」. 『전남사학』, 제22집, 253~277쪽.

백선엽. 1989. 『(실록)지리산』. 고려원.

_____. 1992. 『군과 나』. 대륙연구소

서중석. 1999. 『조봉암과 1950년대』 하. 역사비평사.

안종철. 1991. 『광주·전남지방현대사연구』. 한울.

안종철 외. 1995. 『근현대의 형성과 지역 사회운동』. 새길.

여수지역사회연구소. 1998~2000. 『麗順事件』 1~3.

이선아. 2003. 「한국전쟁 전후 빨찌산의 형성과 활동」. 역사학연구소. ≪역사연구≫, 13, 155~188쪽.

메릴, 존(John Merrill). 2004. 『(새롭게 밝혀낸) 한국전쟁의 기원과 진실』. 이종찬·김충남 옮김. 두산동아.

육군본부 전사감실. 1954. 『共匪討伐史』.

육군본부 정보 참모부. 1971. 『共匪沿革』.

이태. 1988. 『南部軍』. 두레.

정지아. 1990. 『빨치산의 딸』 상. 실천문학사.

최정기. 2005. 「국가 형성 과정에서의 국가폭력: 1948년 이후 구례 지역의 민간인 학살을 중심으로」. 『지리산권 주민의 한국전쟁경험과 지역공동체의 재구성』, 전남대학교 호남문화연구소 2005 학술발표대회 자료집.

한국역사연구회 현대사연구반. 1991. 『한국현대사』 1·2. 풀빛.

_____. 1993. 『끝나지 않은 여정』. 대동.

한용원. 1984. 『창군』. 박영사.

홍영기 엮음. 2001. 『여순사건자료집 1: 국회속기록·잡지 편』. 선인.

황남준. 1987. 「전남지방정치와 여순사건」. 박현채 외. 『해방전후사의 인식 (3)』. 한길사.

구례군지편찬위원회 수집 자료.

권경안 취재자료.

구례읍 증언: 유족.

마산면 증언: 유족.

산동면 1 증언: 여순사건 당시 경찰 근무.

산동면 2 증언: 여순사건 당시 산동면 거주.

산동면 3 증언: 여순사건 당시 산동면 면사무소 근무.

산동면 4 증언: 유족.

광의면 증언: 전직 교사, 여순사건 당시 광의면 거주.

간전면 증언: 유족.

토지면 증언: 여순사건 당시 토지면 거주.

한국전쟁 전후 연파리의 사회적 갈등과 제노사이드

지리산 아래 면 소재지에서의 폭력 사례를 중심으로

•

최정기

1. 문제 제기

한국전쟁을 전후한 한국사회 여러 지역에서 비무장한 민간인들이 국가장치(State Apparatuse)로 볼 수 있는 다양한 형태의 무장조직에 개별적 또는 집단적으로 학살[1]당했다는 것은 이제 분명한 사실로 드러나고 있다. 그러나 이와 같이 분명한 사실조차 지금까지는 은폐되어 있었으며, 공식화된 담론이 아니었다. 한국전쟁 이후 형성된 반공규율형 사회에서는 국가권력에 의한 민간인 학살을 언급하는 것 자체가 사상을 의심받을 여지를 제공했기 때문이다. 따라서 1990년대 이후 진행된 한국전쟁기 민간인 학살에 대한 논의는 그 자체가 사회운동의 일환이었으며, 대부분의 논의가 한국의 국가권력 또는 권위주의 정권의 야만성을 비판하는

---

[1] 여기서 학살은 제노사이드(Genocide)를 말한다. 제노사이드는 원래 '한 민족 또는 종족 집단의 박멸'을 의미했지만, 1950년대 이후 정치적 반대자에 대한 학살이 공공연하게 발생하면서 개념이 확장되었다. 즉, 종족 집단에 대한 집단 학살이라는 원래의 의미에서 공산주의자의 박멸 등 정치적 반대자에 대한 학살까지 망라하는 개념이 된 것이다(김영범, 1999: 24~28).

것이었다.

그리고 2005년 5월 3일에 과거사법(「진실·화해를 위한 과거사정리기본법」)
이 국회를 통과했으며, 같은 해 12월 1일에는 '진실·화해를 위한 과거사
정리위원회'가 출범했다. 이 조직의 주요 목적 중 하나가 한국전쟁을
전후해서 발생한 민간인 학살의 진실을 규명하고 피해자의 명예를 회복
하며, 민간인 학살로 일어난 갈등을 해소하고 피해자와 가해자 사이에
사회적 타협을 이루는 것이었다. 즉, 1990년대 이후에 한국전쟁기 민간
인 학살의 최종 책임자로 비난받아왔던 국가가 스스로 이를 인정하겠다
는 것이다. 이러한 상황에서 이 연구는 한국전쟁기 민간인 학살에 대한
인과적 설명을 시도하려는 목적으로 이루어졌다. 국가가 과거에 저지른
국가폭력의 책임을 인정하고 그것을 정리하기 위한 기구까지 만든 상황
에서, 사회과학적 연구도 기존의 사실 발굴 수준에서 한 걸음 더 나아가
야 한다고 판단했기 때문이다.

한국전쟁기에 발생한 민간인 학살의 원인은 대부분 국가폭력을 담당
하는 국가장치들이 통제되지 않은 폭력을 행사했기 때문이었다. 따라서
국가폭력의 야만성은 비난받아 마땅하다. 그런데 좀 더 구체적인 수준에
서 질문을 제기하면, 한국전쟁기 민간인 학살은 피해자들 내부의 갈등이
나 모순이 원인으로 작용한 경우와 그렇지 않은 경우로 대별할 수 있다.
다시 말해, 군대 등 조직된 무장집단이 작전 등을 이유로 특정 지역
주민들을 무차별적으로 살해한 경우와 비록 국가폭력 집단이 주민들을
학살했더라도 그 과정에서 주민들 내부의 갈등이 피해자를 선택하는
기준으로 작용한 경우를 구분할 수 있다. 전자의 경우에는 국가폭력을
비난하는 것으로 충분하겠지만, 후자의 경우에는 학살 과정에 개입한
갈등이나 원인이 무엇인지 규명하는 것이 필요하다.

다른 나라와 비교할 때 한국은 인종적 차이를 발견하기 힘들며 문화적
으로도 균질한 편이다. 그렇다면 한국에서 나타난 민간인 학살은 정치적

입장 차이 및 역사적으로 형성된 갈등 구조가 결정적인 내부 원인이었을 것이라고 추정할 수 있다. 이와 관련하여 기존의 연구들은 대체로 구조적 수준에서는 국가 형성 과정에서 국가권력의 장악을 둘러싸고 전개된 갈등의 표출(김동춘, 2000; 최정기, 2005)로 한국전쟁기 민간인 학살을 설명하고 있다. 그러나 구체적인 마을 단위나 일상생활의 수준에서는 당시의 폭력적인 좌·우익 간 갈등이나 학살이 주로 빈농과 부농 사이의 계급 간 갈등(이용기, 2001)이거나 신분 및 친족 세력 간의 갈등(박찬승, 2000, 2006; 정근식, 2002; 염미경, 2003)의 표출이라고 설명한다. 물론 그 외에도 학살이나 폭력적인 갈등에 대해 큰 산 아래에 산다는 지정학적 요인을 강조하는 설명(권경안, 2000)이나 소수의 사례지만 종교적 갈등이 학살의 원인으로 작용했다는 설명(윤정란, 2005)도 있다. 그만큼 당시의 폭력적인 갈등이나 학살은 다양한 형태와 원인을 보이고 있는 것이다.

이 연구는 여러 선행 연구에서 나타난 신분 및 친족 세력 간 갈등 외에 어떠한 요인이 학살 과정에 개입했는지 밝히고자 한다. 이 연구의 질문은 다음과 같다. 첫째, 한 마을 내부의 정치·사회적 갈등 구조 중 어떤 것이 한국전쟁기 제노사이드에 영향을 미쳤는가? 둘째, 특정 갈등 구조가 학살에 영향을 미쳤다면, 어떤 기제를 통해 어떤 방향으로 작용했는가?

이를 위해 이 연구는 민간인 학살과 관련된 피해자와 가해자를 분석하려 한다. 학살의 과정에서 발견되는 피해자 및 가해자들을 대상으로 경력 사항이나 사회·경제적 지표들을 검토하면서 그들의 특성을 도출하려는 것이다. 이 연구에서 특히 주목한 지표는 두 가지이다. 첫 번째 지표는 마을 내에서 피해자·가해자가 차지하는 사회·경제적 위치이다. 이를 위해 현재 마을 사람들이 기억하는 해당자의 생활 정도(평판적 분류)와 직업을 검토했다. 두 번째 지표는 일제시대부터 해방정국에 이르는 기간, 특히 일제 말의 총동원체제하에서 형성된 지배·피지배 관계이다. 이 시기는 매우 강력한 군국주의적 지배가 행해졌으며, 그만큼 총동원체제에 의한 지배·피지배 관계가 주민들의 일상생활에 결정적인 영향을 미쳤다고 판단되기 때문이다. 마지막으로 두 가지 지표 외에 피해자·가해자의 종교와 이주 시기 등을 검토하려 했다. 이들 요소 역시 영향을 미칠 가능성이 있었다고 판단했기 때문이다.

그런데 이러한 형태의 연구는 광범한 지역을 대상으로 하기보다는, 좁은 범위의 지역을 선택하여 구체적 수준에서 이루어져야만 성과를 거둘 수 있을 것이다. 이 연구는 지리산 아래의 한 시골 마을을 중심으로 진행했다. 이 경우 마을의 지정학적 위치도 매우 중요한 요인이다. 여기서는 학살에 영향을 미친 신분제적 유제 외의 변수를 밝히려는 연구 목적을 달성하기 위하여, 신분제 및 전통 사회의 영향력이 약하며 교통과 상업의 중심지로 일제시대 이후 해당 지역에서 지배의 거점이었던 면 소재지 마을을 대상으로 했다.

2. 조사 대상 지역 개관

1) 사회·경제적 상황

이 연구의 조사 대상 마을은 구례군 광의면 연파리이다. 광의면은 구례에서 남원으로 넘어가는 도로변의 지리산 바로 아래에 위치하며, 연파리는 광의면의 면 소재지이다. 연파리는 일제시대 신작로가 개설될 때까지 경남 하동 포구와 전북 남원·전주를 잇는 도로가 마을 앞을 지나고 있었고, 특히 사람들이 지리산을 넘기 전 중간 정류장 기능을 하던 지역이었다. 따라서 일제시대 이후 한국전쟁에 이르는 동안, 연파리는 농업 지역이면서도 비교적 상업이 발달한 곳이었다.

이는 1930년대 마을에 있던 사업체를 보면 확실히 드러난다. 당시 연파리에는 주점 네 곳와 여관 하나가 있었으며 그 외에도 한약방 두 곳과 이발소, 잡화상, 포목상, 대서소가 각각 하나씩 있었다. 또한 1800년 대부터 1950년에 이르기까지 농악기나 놋쇠 그릇 등을 만드는 방짜점이 유명했으며, 1800년대부터 1933년까지는 화목, 곡물, 어물 등을 사고파 는 연파시장이 개설되었을 정도로 인근 지역의 중심지였다(연파정지 편찬 위원회, 1993: 30, 35). 이런 자료로 판단할 때 연파리는 당시 구례 지역에 서는 다른 곳과 비교할 수 없을 정도로 상업 활동이 활발했음을 알 수 있다.

그렇지만 당시 한국의 산업구조로는 면 소재지 인구 전부가 상업에 종사하기는 어려웠기 때문에 주민들은 대부분 농업에 종사했고 2중 직업 을 가진 가구가 많았다. 1960년대 연파리 주민들의 가구별 직업을 보면 농업에 종사하는 가구가 163가구로 전체 응답자의 72.6%를 차지하며, 상업이 20가구로 8.8%, 공무원이 13가구로 5.8%이다(연파정지 편찬위원 회, 1993: 25). 상업이 발달했으면서도 여전히 농업에 종사하는 주민이 절대 다수를 차지하고 있는 것이다. 그런데 이 연구의 주제와 관련하여 주목할 부분은 공무원의 구성비가 높다는 점이다. 일제시대부터 연파리 에는 면의 행정기관이 집중되어 있었는데,[2] 이들이 총동원체제하에서 직접 지배를 수행한 집단이라는 점에서 연파리 지역의 정치적 세력 분포 에 영향을 미쳤을 것이다.

지금까지 살펴본 바와 같이 연파리는 농촌이면서도 교통과 상업이 발달한 지역이고, 또 행정의 중심지이기도 하다. 따라서 농촌 지역으로

---

2) 광의면은 1914년 행정구역 개편 시 구례현 방광방(放光坊)과 남원부 소의방(所義坊) 을 합하여 광의면(光義面)으로 했는데, 최초의 면사무소는 대전리 413번지에 두었지 만, 1917년에 연파리 628번지로 이전했다. 한편 광의면 지서는 1914년 구례헌병대 광의분견대로 출발할 때부터 연파리에 본부를 두었다.

보기 어려울 정도로 인구 규모가 크다. 한국전쟁 당시의 인구를 알 수 있는 자료는 없지만, 그 직후인 1960년도 자료에는 연파리의 전체 가구 수가 199호로 기록되어 있으며 인구수도 1,172명(남 578, 여 594)에 이른 다(연파정지 편찬위원회, 1993: 25). 그러나 마을의 규모는 크지만 상업과 교통이 발달한 곳이어서 신분제의 유제나 주민들의 텃세는 별로 없었던 것으로 보인다.

구전되기로는 연파리 지역에 마을이 처음 들어선 것은 고려 중기로 인동 장씨, 김해 김씨, 안동 권씨 세 성씨가 들어와서 마을을 열었다고 한다. 하지만 일제시대에는 특별히 세력이 강한 씨족은 없었으며 상업의 중심지인 만큼 외부에서 이주해 온 사람들이 쉽게 정착할 수 있는 마을이 었다. 이는 역대(1882~1992년) 이장 명단3)의 성씨별 분포에서도 드러나 는데, 1992년까지 이장을 역임했던 총 29명(두 번 한 사람은 4명)을 성씨별 로 보면, 권씨 6명, 김씨 5명, 이씨 3명 순이고, 그 외에는 10개 성씨가 각각 한두 번씩 이장을 역임했다. 마을에서 세력을 형성한 성씨가 없다고 보아도 좋을 것이다(연파정지 편찬위원회, 1993: 20). 오히려 일제시대 이 지역의 주요 인물은 외부에서 이주해 온 경우가 많다. 이 점 역시 해방정 국의 정치적 갈등에서 주목해야 할 부분이다. 즉, 토착 세력으로 부를 만한 세력이 없고 신분제의 유제도 별로 없는 상황에서 연파리의 정치적 갈등에는 신분이나 친족 집단 등 전통적 요인이 아닌 새로운 요인이 작용했을 것이라고 추정할 수 있다.

---

3) 1882년부터 1925년까지는 유사(有司), 1925년부터 1945년까지는 구장(區長), 1945 년부터 현재까지는 이장(里長)으로 부르는 직책을 담당한 사람들의 명단을 모았다.

2) 일제하 사회운동과 신간회 구성원들의 분열

일제 시기 구례 지역의 사회운동에서 광의면은 매우 중요한 지역이라 할 수 있다. 매천(梅泉) 황현4)이 1902년 이후 거주하면서 광의면에서 그의 영향력이 상당히 컸다. 그가 한 일 중 가장 큰 영향을 미친 것이 근대적 학교를 설립한 것이었다. 황현은 박태현, 권석호, 왕재소, 권봉수, 왕수환 등과 함께 1908년 광의면 지천리에 호양학교를 세웠다. 이 학교에서 어떤 것을 교육했는지는 분명하지 않지만, 당시에 사용했다는 지구의가 현재까지 남아 있고(권경안, 2000: 122), 일본어 교사가 있었다는 사실(구례군지편찬위원회, 2005: 324)로 미루어 근대적 교육을 실시했던 것으로 보인다. 이 학교는 1920년 광의면 연파리에 광의공립보통학교가 세워지면서 폐교되었다. 이 외에도 광의면 지역은 1923년 연파정에 광의면 청년회 강습소를 설립하여(구례군지편찬위원회, 2005: 325) 한글 등을 가르쳤다고 한다.

한편 구례 지역의 3·1운동을 주도한 곳도 광의면이었다. 광의면 지천리 출신 박경현이 구례읍 장날이었던 3월 24일, 장터에서 만세운동을 주도했던 것이다. 이때 같은 마을의 박해운, 황위현 등이 사전에 논의했다고 알려져 있다. 또 3·1운동 다음 해인 1920년에는 연파리의 마을 주민들이 '경신년 호열자 사건'으로 기억하고 있는 저항운동이 일어났다. 일제 경찰이 호열자를 예방한다는 이유로 병사자의 매장을 금하고 화장을 강요하며 주민들의 교통을 차단하는 등의 활동을 전개하자 주민들이 이에 저항한 사건이었다. 당시 연파리를 중심으로 인근 주민들이 면 지서를 습격하여 경찰 한 명이 사망했으며, 사건을 주동했던 강성묵, 김광진 등 수많은 사람이 구속되었다(연파정지 편찬위원회, 1993: 65). 이 사건은

---

4) 황현은 1910년 한일합방이 일어나자 그에 분격하여 자결한 인물이다.

일제 경찰의 관료적이고 억압적인 통제에 일반 주민들이 저항한 사건으로 판단할 수 있다.

이후 광의면을 중심으로 항일운동 관련 신문 기사들을 정리하면 다음과 같다.5)

1923년 1월 23일, 전남 구례군 광의면·토지면·간전면 3면 단연(斷煙) 동맹

1923년 12월 21일, 광의면 농민 상조회 조직(회장 정해덕, 부회장 박해운)

1925년 2월 3일, 광의면장 학부형을 대표하여 광의공립보통학교 6년제 요구

1925년 3월 13일, 구례 단체 통계: 광의농민상조회, 광의청년회, 광의공보
   동창회 등

1927년 8월 10일, 광의청년회 한글 보급을 목적으로 강습회 개최

1927년 8월 20일, 신간회 구례지회·광의청년회 주최 웅변대회, 주의 중지

1927년 12월 13일, 신간회 구례지회 정기대회

여기서 주목해야 할 조직은 신간회 구례지회이다. 그것은 신간회에 참여했던 주요 구성원들이 이후 구례 지역의 사회운동은 물론이고, 좌·우익 간의 갈등 구조에서도 핵심적인 역할을 하기 때문이다. 신간회 구례지회는 전남 지역에서 두 번째로 빠른 1927년 6월 4일에 조직되었으며, 회장은 양인숙, 간사는 선태섭이었다(이균영, 1990: 71, 83). 이후 신간회 구례지회 조직은 자주 개편되었는데, 예를 들면 1927년 12월 8일에 열린 제1회 정기대회 때는 지회장 고용주, 부지회장 김준, 사무부 총무간사 박준동 등으로 되어 있다.6)

그런데 신간회 구례지회의 구성원 중에서 이 연구의 조사 지역인 광의

---

5) 이하 기사들은 구례향토문화연구회·구례문화원(2004)에서 인용했다.
6) 《조선일보》, 1927년 12월 13일자, 4면.

면 연파리와 관련이 있는 사람은 모두 세 명이다. 창립 시 간사를 맡았다가 제1회 정기대회에서 서무·재정 상무를 맡은 선태섭, 동대회에서 조사연구부 총무간사를 맡은 황위현, 조사연구부 상무를 맡은 김영준이다. 이들은 신간회 구례지회뿐 아니라 구례 지역의 청년운동 등에서도 이름이 자주 발견되며, 1920년대 구례 지역 사회운동에서 중요한 역할을 담당한 것으로 평가할 수 있다.

그런데 1930년대 이후 이들 세 명의 활동 경력을 보면, 확연하게 다른 길을 걷는 것으로 판단된다. 1930년대 후반 광의면 연파리로 이사 와서 주조장을 경영하는 선태섭은 이미 1930년에는 공산당 재건 운동으로, 1932년에는 전남노동협의회 사건으로 각각 구속되어 옥고를 치르는 등 사회주의운동의 핵심 인물로 성장하고 있었다. 연파리에 주조장을 차린 후에도 그 경영은 아내에게 맡기고, 자신은 1920년대 이후 사회운동을 전개하면서 인연을 맺은 사람들과 지속적인 네트워크를 형성하고 있었던 것으로 보인다.[7]

반면 구례청년회, 신간회 구례지회 등에서 활동했던 김영준은 1930년대에는 경찰, 도평의원 등으로 1920년대와는 전혀 다른 경력을 쌓았던 것 같다(주민 K씨[8]의 증언). 이러한 경력을 이용하여 그는 당국이 서시천변에 연파제방을 쌓게 하는 등 여러 가지 지역 사업을 추진했다. 이에 비해 황현의 아들로 신간회에서 주로 활동했던 황위현은 1930년대부터 해방이 될 때까지 별다른 활동 내역이 드러나지 않는다. 아무래도 1930

---

7) 일제 말에 박준규(해방 이후 전라남도 인민위원장 역임) 등이 경찰에 쫓겨 지리산에 숨어 있었으며, 선태섭이 그에게 생활 물품을 지원했다는 정성례(선태섭의 아내)의 증언이나 해방 직후 이들이 바로 공산당 재건 조직을 구성한 것으로 판단할 때 일제 말 전남 지역에는 상당한 정도의 활동가 네트워크가 있었던 것으로 보인다.
8) 증언자는 조사 대상 마을에서 태어나 지금까지 거주하는 인물이다. 한국전쟁 당시에 20대 초반이었으며 인근에서 경찰로 근무하고 있었다.

년대 이후 군국주의가 기승을 부리던 시기에 스스로 활동을 중단한 것으로 보인다.

한편 이런 흐름과는 별개로 연파리는 1930년대 조선공산당 재건 운동을 주도한 활동가가 활발하게 운동을 전개한 곳이기도 하다. 구례 지역의 주요 활동가였던 선동기가 1933년에 조선공산당 재건 전남동맹을 조직할 때, 그 조직의 주요 구성원 중 한 명이 연파리의 이상암이었던 것이다. 당시 그는 연파리에 청천리의 이민계(里民契)와 동일한 형태의 적색농민조합을 조직하려 했으며, 이를 위해 전남동맹의 하부 조직으로 구례농민지도부를 구성했다. 또 그는 전남동맹 기관지 ≪우리 농민≫을 발행하려고 1933년 2월 연파리 자택에서 등사판으로 '메이데이 기념일을 잊지 말라'는 제목의 전단을 인쇄하여 농민들에게 배포하기도 했다. 이러한 활동이 발각되면서 그는 징역 2년에 집행유예 4년을 선고받았다(이기하, 1976: 1426~1432). 이와 같은 이상암의 활동은 선태섭의 활동과 맞물리면서 연파리의 정치 지형에서 매우 중요한 세력을 형성했다고 판단된다.

3. 해방정국의 좌우 대립과 마을에서의 갈등

해방 직후 구례 지역의 정치세력 분포는 좌익 헤게모니하의 좌우 연합체였다. 이는 일제 시기 신간회와 금란회 등에서도 확인되는 구례 지역 사회운동의 특징으로, 해방 직후 건국준비위원회(이하 건준)에서도 그대로 관철되었다. 또 건준이 인민위원회(이하 인위)로 개편되는 과정에서도 좌익 헤게모니가 더욱 강해진 것은 사실이지만, 좌우 연합체의 성격은 그대로 유지하고 있었다(최정기, 2005: 9~12). 그런데 구례 지역민들은 이러한 정치적 상황을 어떻게 받아들이고 있었을까? 해방 직후인 16일 구례면에서 열린 군민대회의 광경이나 미군정이 진주한 후에도 이중권력이 형성된 점(최정기, 2005: 13~16) 등을 고려할 때 다수의 지역민들이 구례 인위를 지지했다고 판단할 수 있다. 그러나 모든 사람이 그런 것은 아니었고 일부는 인위의 활동에 상당한 불안감을 느꼈다. 다음의 인용문은 그런 불안감을 잘 보여준다.

인민위원회가 중앙으로부터 조직되어 전국 각 도·군에 시달되었다. 인민위원회에서는 일인들이 남기고 간 재산을 총관리하도록 했다. 그러나 아직 치안이 확보되지 않아 무법천지였다. 그 재산을 탈취하기도 하고 일인들 앞에서 일을 보던 사람들을 친일파로 추정하여 …… 치안이 약한 틈을 타서 불법행위를 서슴지 않았다. …… 면장 김원식에게 상의도 했지만 불가능했다(구재회, 1999: 93).

해방정국에서 나타난 대립은 인위의 활동에 대해 적극적 지지를 보내는 사람과 불안감을 갖는 사람들 사이에서 시작되었다. 이러한 정치적 태도의 차이가 1945년 말 미군정이 진주하여 인위를 불법 단체로 규정하고 탄압하면서 점차 적대적인 사회세력이 성장하는 토대가 된 것이다. 특히 미군정 당국이 군청과 경찰 등 행정 계통을 통해 통치권을 회복하려 했기 때문에[9) 구례 지역 우파의 핵심 세력은 군청에서 면사무소로, 그리고 경찰서에서 면 지서로 이어지는 선과 그 주변의 인물들로 이루어졌다. 반면 인위를 적극적으로 지지했던 사람들은 합법적 공간에서의 활동 가능성이 점차 적어지면서 지하활동을 강화하기 시작했는데, 이런 비합법 활동의 주요 무대가 지리산이기 때문에 구례 지역의 좌파 세력은

---

9) 미군정은 구례에 진주하면서 그동안 인위가 행사해왔던 행정권을 부정하고, 11월 7일 서정욱을 경찰서장으로, 12월에는 강태주를 구례군수로 임명하면서 전체 구례 지역에 대한 통치권을 장악하려 했다.

처음부터 강력할 수밖에 없었다.

한편 해방 당시 광의면 연파리와 그 일대에는 일제하에서 구례 지역의 사회운동에 주도적으로 참여했던, 그러나 1930년대 이후에는 서로 정치적 태도를 달리 한 인물들이 거주하고 있었다. 앞서 언급한 선태섭, 김영준, 황위현이다. 정치적 비중이나 활동 영역이 서로 다르기 때문에 동일 선상에서 비교할 수는 없지만, 연파리에서는 각자 나름대로의 정치적 영향력을 가졌던 것으로 보인다. 선태섭은 재건된 조선공산당 전남도당의 중앙위원으로 이미 전국적인 활동가였기 때문에 그 정치적 영향력은 거론할 필요가 없다. 하지만 일제 말 일본의 통치에 협력했던 김영준도 지역민의 숙원 사업을 해결하는 데 공헌하면서 나름대로 영향력을 발휘했으며, 황위현도 건준 위원장에 추대될 정도로 상당한 영향력이 있었다.

그런데 일제 말과 마찬가지로 해방정국에서도 이들의 행적은 각기 다르게 나타난다. 선태섭은 해방 직후인 8월 16일에 구례주조 합명회사 마당에서 열린 경축 군민대회 석상에서 해방의 감격을 이야기하면서 장차 독립국가의 민주시민이 된다는 내용의 연설을 하는 등, 곧바로 구례 지역 사회운동의 중심에 자리 잡는다. 또 지역 밖에서는 조선공산당 전남도당 재건을 위한 준비위원회[10]에서 활동하면서 당시 전남에서 가장 큰 귀속재산이라 할 수 있는 종연방직을 관리하는 등(이익우[11]의 증언), 전남 지역의 핵심적 활동가로 떠올랐다.

반면에 황위현과 김영준은 1946년 6월경부터 구례를 대표하는 우익 활동가로 등장했다. 먼저 해방 직후 구례군 건준 위원장을 맡았던 황위현은 이후 건준이 인위로 교체되는 과정에서 위원장을 사퇴하고 말았다.

---

10) 각 계파를 안배하여 15인으로 구성되었다(신주백, 1991: 275).
11) 이익우는 해방 당시 조선공산당 전남도당을 재건한 15인 위원회의 일원이다. 그는 미군정의 추적을 피해 일본으로 피신했다가 그곳에서 살게 되었다. 이 증언은 1990년 그가 잠시 광주에 왔다가 남긴 것이다.

이유는 분명하지 않지만, 교체 과정을 주도했던 김종필이나 선태섭 등과 정치적 입장이 달랐기 때문일 것이다. 한편 김영준은 해방 직후 별다른 움직임이 포착되지 않는다. 아무래도 일제 말에 몇몇 직위를 맡아서 일제 통치에 협력했던 전력이 그를 움츠리게 만들었을 것이다.

그러던 1946년 6월 당시 우파의 핵심 조직이라 할 수 있는 대한독립촉성국민회(이하 독촉) 군지부와 대동청년단(이하 대청) 군지부가 구례 지역에도 결성되었다. 독촉 군 지부장은 황위현, 광의면 지부장은 황유현, 대청 군 지부장은 이판열, 면 지부장은 김영준이 선출되었다. 연파리에서 정치적 역량을 가진 두 사람이 우익 조직의 핵심 세력으로 등장한 것이다. 이 조직들은 스스로 좌익과의 싸움을 자신들의 당면 목표로 설정했다. 다음의 진술은 당시 우익 조직의 기본적인 생각이었다.

> 좌익 세력을 분쇄하여 세계에 인정받는 정부를 수립하는 데 전력을 쏟았다. 좌익 운동권 민애청과 인민위원회와 맞붙어 사상전을 벌이기도 했다. 우리는 전국적으로 활발하게 독립운동을 했지만 좌익들은 지하 아지트를 만들어 우리들의 눈을 피하고 우익 요원들의 암살을 계획하다가 경찰에 발각되는 일이 허다했다(구재회, 1999: 96).

구례 지역의 해방정국에서 한편으로는 조선공산당과 인위로 대표되는 좌익 세력이, 다른 한편에서는 독촉과 국민회로 대표되는 우익 세력이 대립의 주역이었다. 일반 지역민들은 심정적으로 좌익을 더 지지했던 것 같다. 그러나 우익 활동이 미군정 및 경찰의 무력과 군청의 행정력으로 뒷받침되는, 그래서 좌익 활동가에 대한 살인 테러[12]도 묵인 또는

---

12) 여순사건이 일어나기 전에 이미 광의면 대한청년단 단원들의 회합에서 "빨갱이들을 모조리 없애버리자"라는 다짐을 했었다는 증언이 있다(구재회, 1999: 111).

장려되는 상황에서 좌익 헤게모니는 점차 흔들리기 시작했다. 구례 지역 좌익의 핵심 인물인 선태섭은 미군정의 탄압을 피해 1946년 말 월북했다. 그 무렵 선태섭의 아내 정성례는 막내딸을 임신한 상태였는데, 구례읍에서 온 우익 청년단원들에게 서시천변으로 끌려가 생명이 위태로울 정도로 테러를 당하기도 했다. 좌익 활동가에 대한 테러가 이미 1946년 말부터 시작되었음을 보여주는 사례이다. 이제 좌익 활동가들은 지리산으로 숨어들었고 이들과 우익들 사이에 폭력적 공격과 희생의 악순환이 시작되었다.[13)

이러한 악순환 결과, 여순사건 이후 한국전쟁에 이르는 동안 연파리에서만 17명의 인명 피해가 발생했다. 여순사건 이후의 민간인 학살은 사실 해방정국의 폭력적 좌우 대립이 전쟁이라는 특수 상황에서 격렬하게 폭발한 것이었다. 특히 광의면은 여순사건 당시, 좌익에 의한 숙청 사례가 드문 구례군의 다른 지역과 달리 좌익의 폭력으로 9명의 희생자가 발생했다.[14) 그리고 그에 대한 보복으로 또 다른 희생자가 발생했으며, 희생자의 가족들은 좌익으로 몰리지 않으려고 또 다른 폭력을 행사했다. 그리고 이러한 폭력은 좌익의 몰락과 우익 헤게모니의 완성으로 끝을 맺었다.[15)

이를 통해 볼 때 당시 우익은 테러에 별 거부감이 없었던 것으로 보인다.

13) 이때의 폭력이 얼마나 무서웠던지 정성례는 여순사건 직후 광의면 쪽으로 트럭이 들어오는 것을 보자마자 아이들만 데리고 집에서 도망쳐 나왔다고 한다. 그동안의 경험으로 볼 때 잡히면 죽는다고 생각했다는 것이다(정성례의 증언).

14) 세 살 먹은 아이를 포함하여 우익 단체의 활동가와 그 가족들 9명이 맞아 죽었다.

15) 여순사건 이후 연파리는 경찰 제203부대가 주둔하면서(노영기, 2005: 49) 폭력적이고 억압적인 국가장치의 거점이 되었으며, 수용소가 세워져 좌익에게 협력할 가능성이 있는 사람들을 수용하기도 했다(주민 C씨의 증언).

증언자 C씨는 조사 대상 지역 바로 옆 마을에 거주하는 사람으로 한국전쟁 당시 10대 후반이었으며, 집안에 좌익 활동가가 있어 힘든 일을 많이 겪었다.

4. 피해자·가해자 분석과 마을 내 갈등 구조

1) 피해자·가해자 분석

해방정국에서의 정치적 대립 및 여순사건 이후의 제노사이드가 발생한 것은 당시 좌익과 우익이 분열했기 때문이었다. 그런데 좌익과 우익으로 나누어지는 현상이 단순히 개인의 정치사상에 기인한 것으로 보기는 어려우며, 그보다는 다른 구조적인 갈등 요인 또는 일상생활 속에서의 갈등 요인이 중첩된 결과일 가능성이 크다. 여기서는 어떠한 갈등 요인들이 좌우 대립을 가져오는 데 영향을 미쳤는지 알아보기 위하여 당시 연파리에서 좌익과 우익으로 활동했던 사람들을 대상으로 생활 정도(평판적 분류)와 직업, 면과의 관계, 종교, 이주 시기 등을 검토했다.

<표 3-1>은 연파리 출신 중 당시 좌익으로 활동하다가 죽은 사람들을 대상으로 몇 가지 개인적 사항을 정리한 것이다. 그 내용을 보면 먼저 이들의 직업은 대체로 소농 또는 빈농이거나 백정, 고용인 등 사회·경제적 위치가 낮은 직업을 갖고 있고, 따라서 생활 정도는 대체로 하층에 속하는 것으로 평가할 수 있다. 면사무소와의 관계에서도 이들 중 면사무소에서 근무한 경험이 있는 사람은 찾기 어려우며, 오히려 강제징용을 갔다 온 사람이나 백정, 목수 등 행정 체계의 통제 대상이었던 사람을 쉽게 발견할 수 있다. 한편 현재의 자료나 증언으로는 종교나 이주 시기 등에 대해서 별다른 특징을 찾기 어려웠다. 다만 이들 중 기독교인은 없다고 판단해도 무방하겠지만, 당시에는 그것이 일반적이므로 특징이라고 하기는 어려울 것이다.

한편 <표 3-2>는 당시 광의면 대한청년단(한청) 단원들 중 현재 신원이 확인되는 사람들의 개인적 경력 및 특징이다. 이들은 대체로 공직에 있거나 상업 또는 전문직에 종사했으며, 농사를 짓는 경우에도 부농으로

〈표 3-1〉 한국전쟁기에 경찰, 군인, 우익 청년단에게 살해당한 연파리 사람 명단

성명	연령	직업	특이 경력	피해 상황
정○길	26	소농	아버지가 일본 농대 출신, 지방 좌익	한국전쟁 전후 사망
양○동	30	소농	14연대 봉기군 양○용의 숙부, 지방 좌익	한국전쟁 시 형무소에서 학살
박○래	33	소농	박○수의 형	한국전쟁 시 예비검속 후 총살
박○수	30	소농	박○래의 동생	한국전쟁 시 조재미부대가 총살
박○연	?	고용인	선태섭 주조장 고용인, 지방 좌익	한국전쟁 전후 사망
황○○	?	백정		여순사건 후 총살
김○곤	26	빈농	구서칠(이후 도경 보안과장)과 동서지간	사망 장소 불명
양○용	23	소농	양○동의 숙부, 14연대 출신	사망 장소 불명
황○주	24	목수	일제하 징용(규슈탄광), 14연대 출신	사망 장소 불명
김○수	23	빈농	김영준(대한청년단 단장)의 조카, 가난함, 14연대 출신	사망 장소 불명
조○호	?	빈농	삼천포 출신으로 일제 때 이주, 14연대 출신	사망 장소 불명
조○○	?	?		의용군 가담 후 행방불명

주1: 연령은 1950년을 기준으로 했으며, 증언자의 기억에 의존한 추정치이다.
주2: 소농과 빈농의 구분은 엄격한 것이 아니고, 농사가 거의 없다고 한 경우만 빈농으로 분류했다.

분류될 정도로 농토를 상당히 많이 소유했다. 따라서 이들의 생활 정도는 대부분 중류층 이상인 것으로 보인다. 면사무소와의 관계에서도 직접 면사무소에 근무했던 경우가 발견되며, 그렇지 않더라도 소방대나 군대 등 유관 조직과 관련되었거나 최소한 면사무소 주위에서 업소를 경영하면서 자주 접촉하는 경우가 많다. 종교적으로는 열렬한 기독교 신자가 최소 두 명 이상인 것으로 보이며, 이주 여부에 대해서는 별다른 자료를

<표 3-2> 광의면 우익 청년단원들의 사회·경제적 분석

성명	거주지 및 직책	일제하 직업 및 경력	특이 사항
김○준	연파리, 면단장	사회운동, 경찰, 도평의원	반공주의자로 이승만 대통령 면담까지 함
이○구	연파리, 분회장	부농, 소방대장, 도정공장 운영	여순사건 시 좌익에게 구금당함
김○두	대전리, 부회장		의술에 조예가 깊었음
정○곤	연파리, 부회장	면에서 근무	이후 지역사회에서 각종 위원장을 역임
구○회	연파리, 정보부장	상업 및 농업, 기독교인	
김○규	연파리, 단원	일제 시기 군속으로 자원	매우 적극적인 우익, 양약방 운영
김○수	연파리, 단원	돈 벌러 일본에 갔다 옴, 식당 경영	방위군 장교 역임
김○선	연파리, 단원	돈 벌러 일본에 갔다 옴, 기독교인	여순사건 시 좌익에게 구금당함
김○관	대전리, 단원	면에서 근무	
이○옥	대전리, 단원	남원에서 이주해 옴, 한약방 운영	
김○옥	대전리, 단원		여순사건 시 좌익에게 사망
유○현	공북리, 단원		여순사건 시 좌익에게 사망
박○규	? , 단원		
강○석	온당리, 단원		여순사건 시 좌익에게 사망

주: 청년단은 1946년 7월 대동청년단으로 시작되었으며, 다른 청년단체들과 합하여 1949
년 12월 대한청년단으로 바뀌었지만 광의면 지역에서는 구성원에 차이가 없다.
자료: 여기에 나온 명단은 주로 구재회(1999)의 회고록을 근거로 했으며, 주요 경력은
구술로 보완했다.

발견할 수 없었다.

2) 주민 내부의 갈등 구조

<표 3-1>과 <표 3-2>를 비교 분석한 결과 해방정국에서 한국전쟁

에 이르는 동안의 좌우 대립 및 민간인 학살은 사회·경제적 갈등 요인과 구체적인 일상생활에서 형성되어 있던 갈등 요인이 중첩되면서 좌·우익 간의 갈등이라는 현상으로 나타난 것으로 판단된다. 구체적으로는 일제하 총동원체제로 인한 갈등, 빈부 차이로 인한 갈등, 기독교와 사회주의 사이의 갈등, 이주 세력들 사이의 갈등을 들 수 있다.

(1) 일제하 총동원체제로 인한 갈등

독촉과 한청 구성원들 중 상당수가 면에서 근무한 경험이 있거나 그와 밀접한 관련을 맺고 살았던 사람들인 반면, 좌익으로 활동한 사람들 사이에서는 그러한 경험자를 발견할 수가 없었다. 이러한 차이는 이들이 불과 수년 전까지 일제 말의 총동원체제하에서 생활했다는 사실과 결합하면 심각한 갈등 요인이 될 수 있다. 즉, 연파리의 경우 해방정국에서 좌익으로 활동했던 사람들은 일제 말의 총동원체제 때문에 고통을 당했을 가능성이 크다고 판단할 수 있는 것이다. 당시의 생활을 기록한 회고록에 따르면, 면사무소에서 "일본군의 사기를 북돋아주기 위한 축하 필승을 다짐하는 면민 행사에 빠짐없이 참석하라"고 했다고 한다(구재회, 1999: 74). 각종 행사에 일반인의 동원이 빈번했음을 보여준다. 또 일제 말에 시행된 징병 및 징용 역시 갈등의 요인이었다. 징병이나 징용 갈 사람을 선정하는 것은 면사무소의 권한이었기 때문이다.

그런데 해방은 총동원체제로 인한 갈등이 폭발하는 계기가 되었다. 실제로 연파리에서는 해방 직후 징용 갔다 온 사람들이 자기들을 징용 보낸 데 불만을 품고 면사무소 노무계였던 김용진을 죽이려고 쫓아다닌 적이 있었다(주민 K씨의 증언). 총동원체제로 인한 갈등이 상당히 심각했음을 보여주는 사례이다. 달리 보면 이러한 갈등 표출은 면사무소 직원들이나 경찰들이 해방정국에서 생존 수단을 모색하게 만들었고, 다른 한편으로는 해방 직후 헤게모니를 장악한 인위 등에 대해 적대심을 품는 계기가 되었다.

(2) 빈부 차이로 인한 갈등

연파리에서 좌익 활동가와 우익 단체 구성원을 가르는 결정적 차이는 빈부 격차였다. 구성원들의 농지 소유, 직업, 생활 정도 등으로 판단할 때 우익 단체 구성원들은 대체로 전문적 직업을 가졌고 농토나 사업체 등 경제적 자산을 소유했으며 비교적 부유한 층이었다. 반면에 좌익 활동가들은 대부분 빈농 또는 소농이거나 사회적으로 천시되는 직업을 가졌으며 별다른 자산이 없고, 따라서 생활 정도가 하층으로 분류되는 경우가 많았다.[16] 물론 생활 정도나 단순한 직업 분류로 계급 담론을 적용하는 데는 무리가 있다. 일제 말 당시 시골에서의 삶은 80% 이상이 빈곤 상태였다고 생각할 수 있기 때문이다. 다만 이러한 차이는 해방 이후 제기되는 여러 가지 사회·경제적 개혁에 관한 담론들, 예를 들면 토지개혁이나 신분제 타파 등을 바라보는 관점의 차이를 가져왔다. 즉, 주민들 내부에서 빈부 차이에 따라 개혁 담론을 적극 지지하는 세력과 불안한 눈으로 바라보는 세력이 나뉜 것이다. 한 가지 주의할 점은 빈부 차이에서 생긴 이러한 갈등을 기계적으로 적용해서는 안된다는 것이다. 연파리의 좌익 활동가 중 가장 거물이라고 할 수 있는 선태섭이 광의면 주조장의 주인이라는 점은 이와 관련하여 많은 것을 시사한다.

(3) 기독교와 사회주의 사이의 갈등

세계적 수준에서 제노사이드가 발생한 경우에 가장 자주 언급되는

---

16) 이 논문에 대한 토론에서 박찬승은 토지에 대한 적대적인 계급적 요구, 즉 지주들의 토지를 지키려는 요구와 무토지 농민들의 토지 획득에 대한 열망이 당시 발생한 폭력적인 갈등의 원인 중 하나라고 주장한다. 동의할 수 있는 주장이지만 이 연구의 사례에서는 사료의 부족으로 이를 확인할 수 없었다.

갈등 요인은 인종적 차이와 종교적 차이이다. 한국의 경우에는 이 요소들이 그다지 중요하지 않다고 알려져 있지만, 종교적 차이에 대해서는 더 면밀한 검토가 필요하다고 생각한다. 구례 지역의 종교 생활에서는 별다른 특징을 발견하기 어려우며, 여러 종교가 어울려 특별한 갈등 없이 지냈다고 할 수 있다. 광의면도 이와 비슷하지만, 한 가지 특이한 점은 다른 지역에 비해 매우 이른 시기에 기독교가 들어왔다는 점이다. 광의면의 광의교회는 1908년에 양귀례의 집에서 기도처로 시작했는데, 이후 1910년에 인근 대전리에 정식으로 교회를 개설했다(구례군지편찬위원회, 2005: 525). 이는 구례면의 중앙교회를 제외하면 구례에서 가장 먼저 시작된 교회였다. 그런 만큼 다른 지역에 비해 기독교의 교세가 강했을 가능성이 있다.

연파리의 피해자·가해자 분석 결과를 보면 좌익 활동가들의 종교에 대해서는 알기 어려웠지만 우익 구성원에는 기독교 신자가 최소 두 명 이상이었다. 양 조직의 구성원 사이에 종교적 차이가 나타난 것이다. 하지만 이러한 종교적 차이 자체가 서로를 적대한 원인이었다고 보기는 어렵다. 그보다는 종교적 차이가 일종의 매개변수로 작용하면서 개개인의 정치적 태도와 행동에 영향을 미쳤다고 할 수 있다. 종교적 차이가 사회주의에 대한 개인의 관점과 네트워크 및 동원 체계에 영향을 미친 것으로 판단할 수 있는 것이다. 이를 세분해서 검토해보자.

첫째, 종교적 차이가 사회주의를 바라보는 개인의 기본 관점에 영향을 미쳤다. 신을 믿는 기독교도로서 신을 부정하는 사회주의에 절대 동의할 수 없었던 것이다. 실제 연파리의 한 기독교도는 "대동아 태평양 전쟁은 미국 대 일본으로 하나님을 아는 나라와 우상만 아는 나라가 싸우기에 나는 지켜보았다"라고 술회하고 있다(구재회, 1999: 72). 이러한 시각을 갖는 사람이 신을 부정하는 사회주의를 어떻게 볼 것인지는 자명하다.

둘째, 종교 자체가 개인에게 정치적 네트워크 및 동원 체계로 작용했다. 구재회[17])의 회고록에 따르면, 여러 군데에서 기독교 조직이 동원 체계로 작용한 것을 발견할 수 있다. 예를 들면 1946년 6월에 독촉 군지부와 대청 군지부가 결성될 때에 기독교 조직선이 어느 정도 작용했으며, 이승만 박사가 광주에서 연설회를 할 때에도 기독교 조직이 동원 체계가 되었다. 다음 인용문은 그에 대해 더욱 분명하게 설명하고 있다.

> 이승만 박사가 대한독립촉성국민회 총재로 있어서 기독교인 중요 인물들이 정치와 행정을 맡게 되었다. 전라남도 지사로 이남규 목사님이 소임을 맡게 된 것은 초대고시 위원장 배은희 목사의 추천으로 되었고, 구례 지방에서도 기독교인들이 앞장서서 사회에서 활동하게 되어 내가 정치 운동하기에 큰 도움이 되었다(구재회, 1999: 102~103).

3) 일국적 수준의 좌우 대립과 마을 내 갈등 구조의 결합

갈등 요인이 없는 인간 세상은 존재하지 않으며, 마을 내의 갈등 요인은 시기와 지역을 막론하고 항상 존재한다. 따라서 민간인 학살과 이 갈등 요인들이 곧바로 연결되지는 않는다. 그런데 이런 갈등 요인들은 외부적 갈등 요인 및 특수한 정세와 중층적으로 결합하면서 민간인 학살로 치닫는 좌·우 대립과 갈등의 원인이 되었다. 즉, 한 마을의 갈등 요인들이 국가 형성기에 주도권을 둘러싸고 벌어진 구조적 수준의 좌·우 대립과 결합하여 서로 죽고 죽이는 사태의 원인으로 작용하게 된 것이다. 이때 일국적이고 구조적인 수준의 좌우 대립과 한 마을 내의 갈등 요인들

---

17) 연파리에서 처음 기독교를 믿었고, 광의교회를 개척하는 데 가장 중요한 역할을 했던 양귀례의 아들이다. 그는 광의면의 한청에서 정보부장을 역임했으며, 여순사건 직후 좌익들에게 아내와 세 살 된 딸을 잃었다.

이 결합하는 양태는 다음과 같다.

(1) 이데올로기적 정당성 제공

해방 직후 좌익 헤게모니하의 지역 정세에서 주민들 내부의 차이 때문에 여러 형태의 갈등이 표출되고 있었다. 이러한 상황에서 전국적 수준의 좌·우 대립이 지역 주민 개인에게 자신의 성향에 맞는 이데올로기적 정당성을 제공하기 시작했다. 다시 말해 지역 내에서는 전국적 수준의 이데올로기적 담론을 체화하면서 자신들의 정치적 선택에 대한 정당성을 강화하고 있었다. 이와 같은 정당화 기제는 비단 담론 수준에서만 이루어진 것이 아니었다. 우익들의 경우를 보면, 좌익에게 희생당한 사람들에 대한 합동장례식, 희생자 유족들을 위한 각종 모금 활동, 군·경 작전 시의 주민 동원, 좌익 처형 과정에서 주민들의 참여 유도 등 여러 가지 의례를 통해 수시로 우익 헤게모니와 정당화 기제를 강화하고 있었다. 좌익 역시 마찬가지였는데, 이들은 자신의 정당성을 대중의 직접적인 반응에 두었던 것으로 보인다. 인민재판 등이 좋은 예이다.

(2) 불법행위에 대한 승인

일국적 수준의 좌·우 대립이 마을 내에서 형성된 갈등 세력들에게 부여하는 매우 중요한 지지물이 불법행위에 대한 승인이다. 즉, 면대면 관계가 대부분인 농촌 마을에서 평상시에는 갈등의 골이 깊더라도 할 수 없었던 행위들이, 전국적으로 벌어지는 폭력적 좌우 대립에 편승해 공공연하게 벌어지게 된 것이다. 특히 좌우 대립이 격해질수록 불법행위를 비롯해 인간으로서 차마 할 수 없는 행위들이 상위 권력기구를 통해 승인되고 허용되며, 심지어 장려되기까지 한다.

예를 들면 여순사건으로 지리산 바로 아래인 광의면 지역은 한동안 좌익들이 점령했는데, 이 기간에 면 전체에서 우익 요원 8명과 갓난아이

1명이 살해당했다. 이 사건으로 사망한 이들은 전부 독촉이나 한청 등에 소속된 사람이나 그 가족이었지만, 이 사건은 흔한 인민재판조차 거치지 않은 불법적 살인이었다. 죽이는 방법도 사람을 돌이나 몽둥이로 쳐 죽이는 등 매우 잔인했으며, 돌이 갓 지난 어린아이까지 사망했다. 이러한 행위를 좌익 지도부가 허용했는지는 분명하지 않지만 적어도 책임에서 자유로울 수는 없을 것이다.

우익의 경우도 마찬가지이다. 여순사건 이후 군이 진주하고 경찰 203부대가 광의국민학교에 주둔하면서 이제는 우익에 의해 좌익이 살해당하기 시작했다. 군인들이 사주하여, 빨치산과 교전 중에 잡은 2명의 포로를 광의국민학교 교정에서 마을 사람들(사상을 의심받은 사람이나 좌익에 원한이 있는 사람들)이 자발적으로 달려들어 잔인하게 죽인 일도 있었다(주민 K씨의 증언). 그러나 이러한 행위로 처벌받은 군인이나 경찰은 없으며 한청단원들도 마찬가지였다. 오히려 다양한 방식으로 그러한 행위가 장려되었다. 심지어 좌익 활동가들의 재산을 빼앗아 학살 행위에 적극적으로 가담한 사람이나 좌익에게 죽은 사람의 유족에게 분배하기도 했다.

이러한 과정을 거치면서 광의면 전체로는 대략 300명 정도가 군·경 및 우익 청년단에게 희생당한 것으로 파악되며, 연파리 지역에서도 12명 정도가 희생당한 것으로 판단된다. 당시를 기억하는 사람들은 "좌익과의 싸움을 위해서라면 당시는 안 되는 것도 없고, 할 수 없는 것도 없었다"라고 술회한다(주민 C씨의 증언). 그리고 이런 과정을 거치면서 해방 직후인 1945년 말부터 형성되었던 구례 지역의 좌·우 이중권력은 사라지고, 우익 헤게모니가 공고해졌다.

(3) 폭력의 제공

이 시기 중앙 권력이 마을 내 갈등의 대립 구조에 제공한 가장 중요한 지지물은 폭력이다. 구례 지역에서 최초로 좌·우익 사이에 대립이 나타난 1946년 중반의 정세를 보면, 1920년대부터 형성되어온 좌익 헤게모니가 매우 강하게 뿌리내리고 있었으며, 그 이후 미군정의 행정력 장악에도 불구하고 군 소재지 외의 지역에서는 사실상 좌익의 지배력이 관철되고 있었다. 이 때문에 당시 좌익 헤게모니를 공격하려고 조직된 독촉이나 대청 등 우익 단체들은 농촌 지역에 갔다가 봉변을 당하는 경우가 많았다.[18] 물론 연파리와 같은 면 소재지는 행정부서의 장악력이 강하여 그나마 정도가 덜한 편이었지만 지서 등에서 멀리 떨어질수록 정도가 심했다.

이런 상황에서 미군정 등 행정 당국에서 선택한 방식은 합법·불법을 망라한 좌익 활동가에 대한 탄압이었으며, 나아가 폭력 등 백색테러를 통한 좌익 박멸이었다. 그 결과 군·경 및 우익 사회단체들은 좌익 활동가는 물론이고 조금이라도 자신들의 통제에 따르지 않으면 민간인에게도 폭력을 행사하기 시작했다. 이때 마을 내에서의 힘 관계만 본다면 대부분 우익 단체의 힘이 약하다고 판단되지만, 군대 및 경찰지서의 지원은 물론이고 지역 외부에서 지속적으로 나타나는 지원부대가 힘을 실어주었다. 이로써 좌익들은 점차 자취를 감추게 되었고 일반인들은 순종을 내면화하기 시작했다. 즉, 외부에서 제공되는 폭력이 마을 내 갈등 구조의 승패에 결정적인 요인이 된 것이다.

---

18) 예를 들어 토지면 파도리에서는 반공 계몽 강연을 하러 온 청년단장이 마을 청년들에게 심하게 구타당하는 사건이 일어났으며, 구례군의 각 지역에서는 주민들이 지서를 습격하고 전신주를 절단하는 등 여러 가지 형태의 저항이 발생했다(최정기, 1995: 14~15).

5. 맺음말

한국전쟁을 전후한 시기에 구례군 등 지리산권에서는 여순사건이 발생한 1948년에 전쟁 상태가 시작되어, 휴전 이후인 1954년까지 지속되었다. 또 지리산권에서는 인민군이 후퇴한 후 이른바 '빨치산'이라는 비정규군 중심의 무장대들이 대한민국의 군·경과 대치하면서 '또 하나의 전선'을 형성하고 있었다. 따라서 지리산 자락에 살고 있는 지역민들의 전쟁경험은 남다른 것이었다. 이 지역 주민들은 비정규군이 무장해제될 때까지 남한 군·경과 빨치산에게 감시와 통제를 받으면서 자신의 삶의 공간이 언제 소개(疏開)될지 모르는 전장에서 지냈다. 따라서 이 시기 구례 지역을 규정한 가장 강력한 힘은 일국적이고 구조적인 수준에서 국가 형성의 주도권을 둘러싸고 벌어진 좌·우익 간의 대립이었다. 그렇지만 이와 같은 일국적 수준의 규정력은 구체적인 현장에서는 여러 가지 매개 요인과 중층적으로 결합하면서 작용했다.

이 연구는 한 마을을 단위로 하여 어떠한 갈등 요인이 좌·우익 간의 대립과 그로 인한 민간인 학살에 개입했는지를 지역민의 구체적인 삶의 경험을 통해 드러내고자 했다. 기존 연구에서 주로 다루었던 신분제의 잔재나 친족 집단 간의 갈등 요인은 통제하려 했으며, 따라서 동족 마을이나 친족 집단 사이의 갈등이 강한 마을은 연구 대상에서 제외했다. 또 기존 연구가 지배 거점에서 비교적 거리가 있는 지역을 대상으로 이루어졌다는 점을 감안하여 면 소재지의 중심이 되는 마을, 그러면서 동시에 상업적으로도 발달한 마을을 조사 대상으로 선정했다. 그래서 선택된 마을이 광의면 연파리였다.

조사 결과 좌·우익 간의 대립과 민간인 학살에 관계된 마을 내의 갈등 요인은 세 가지로 추정할 수 있었다. 즉, 일제 말의 총동원체제로 인한 갈등, 빈부 차이로 인한 갈등, 기독교와 사회주의 사이의 갈등이었다.

이 갈등 요인들은 일국적 수준에서 국가권력을 둘러싸고 전개되는 좌·우익 간의 대립하에서 중층적으로 결합하여 마을 내의 대립 구조와 제노사이드에 영향을 미쳤다. 나아가 일국적 수준의 갈등 구조는 마을 내 갈등 요인에 이데올로기적 정당성을 제공하고 불법행위를 승인하며 폭력을 제공하는 형태로 결합했다.

이와 같은 조사 결과는 한국전쟁기에 발생한 민간인 학살과 관련해 더 다양한 영역에서 접근할 필요가 있다는 것을 보여준다. 그것은 민간인 학살이 단순히 좌·우익 간의 갈등뿐 아니라 매우 다양한 갈등 요인이 중층적으로 결합하여 발생한 정치·사회적 현상이기 때문이다. 이 연구는 민간인 학살과 관련된 전체 연구에 하나의 사례를 덧붙인 것이라 할 수 있다. 따라서 더 일반화된 이론을 위해서는 좀 더 많은 사례를 연구해야 한다. 그리고 다른 나라의 사례들을 염두에 두면서 한국의 전 지역 사례를 종합적으로 검토해야 할 것이다.

■ ■ ■ 참고문헌

구례군사편찬위원회. 1987. 『구례군사』.

구례군지편찬위원회. 2005. 『구례군지 (중)』.

구례향토문화연구회·구례문화원. 2004. 『일제 강점기 조선일보·동아일보 구례기사 (I)』. 구례향토문화사료집(제18집).

구재회. 1999. 『생명의 불꽃 꺼지지 않으면 – 회고록』. 누리기획.

권경안. 2000. 『큰 산 아래 사람들: 구례의 역사와 문화』. 향지사.

김경학. 2005. 「한국전쟁 당시의 집단학살 및 좌·우익에 대한 기억들」. 김경학 외 4인. 『전쟁과 기억: 마을 공동체의 생애사』. 한울.

김귀옥. 2006. 「침묵의 섬, 교동, 1950: 강화도 교동 주민의 한국전쟁 경험과 지역공동 체의 변화」. 한성대학교 사회과학연구원 부설 전쟁과 평화연구소 『전쟁의 경험과 생활세계의 변화』, 학술진흥재단 기초학문육성지원 1차년도 학술발 표문(2006. 5. 27.).

김동춘. 2000. 『전쟁과 사회: 우리에게 한국전쟁은 무엇이었나?』. 돌베개.

김영범. 1999. 「집단학살과 집합기억: 그 역사화를 위하여」. 『냉전시대 동아시아 양민학살의 역사』, 제주4·3연구소. 제주4·3연구소 창립10주년 기념 국제학 술대회(1999. 11. 21).

노영기. 2005. 「여순사건과 구례: 여순사건 직후 군대의 주둔과 진압을 중심으로」. 한국사회사학회. ≪사회와 역사≫, 통권 68집, 37~67쪽.

노용석. 2004. 「민간인 학살을 통해 본 지역민의 국가인식과 국가권력의 형성: 경상 북도 청도 지역의 사례를 중심으로」. 영남대학교 대학원 박사학위논문.

박명림. 1996. 『한국전쟁의 발발과 기원』. 나남.

박찬승. 2000. 「한국전쟁과 진도 동족마을 세등리의 비극」. 한국역사연구회. ≪역사 와 현실≫, 제39호.

_____. 2006. 「종족마을 간의 신분갈등과 한국전쟁: 부여군 두 마을의 사례」. 한국 사회사학회. ≪사회와 역사≫, 통권 69집(봄).

신주백. 1991. 「8·15해방과 조선공산당 재건」. 한국역사연구회 1930년대 연구반.

『일제하 사회주의운동사』. 한길사.

안종철. 1990. 「해방직후 건국준비위원회 지방조직과 지방인민위원회에 관한 연구: 전남지방을 중심으로」. 전남대학교 대학원 박사학위논문.

연파정지 편찬위원회. 1993. 『연파정지(煙波亭誌)』. 구례군 광의면 연파리.

염미경. 2003. 「전쟁과 지역 권력구조의 변화」. 표인주 외 7명. 『전쟁과 사람들: 아래로부터의 한국전쟁 연구』. 한울.

윤정란. 2005. 「한국전쟁기 기독교인 학살의 원인과 성격」. 김경학 외 4명. 『전쟁과 기억: 마을공동체의 생애사』. 한울.

윤형숙. 2003. 「전쟁과 농촌사회구조의 변화」. 표인주 외 7명. 『전쟁과 사람들: 아래로부터의 한국전쟁 연구』. 한울.

이균영. 1990. 「신간회연구」. 한양대학교 대학원 박사학위논문.

이기하. 1976. 『한국공산주의운동사』 I. 국토통일원 조사연구실.

이용기. 2001. 「마을에서의 한국전쟁 경험과 그 기억: 경기도의 한 '모스크바' 마을 사례를 중심으로」. 역사문제연구소. ≪역사문제연구≫, 제6호.

전남일보 광주전남현대사 기획위원회. 1991. 『광주전남현대사』 1·2. 실천문학사.

정근식. 2002. 「한국전쟁 경험과 공동체적 기억: 영암 구림권을 중심으로」. 역사문화학회. ≪지방사와 지방문화≫, 제5권 2호.

정진상. 2000. 「한국전쟁과 전근대적 계급관계의 해체」. 경상대 사회과학연구소 엮음. 『한국전쟁과 한국자본주의』. 한울.

조선총독부. 1930. 『조선국세조사보고』 5권.

조희연 편. 2001. 『한국 민주주의와 사회운동의 동학』. 나눔의 집.

최정기 외. 1995. 『근현대의 형성과 지역 사회운동』. 새길.

최정기. 2001. 「한국전쟁 전후 민간인 학살의 진상규명을 위하여: 광주·전남 지역의 실태조사에 대한 중간보고」. 한국전쟁전후 민간인 학살 진상규명과 명예회복을 위한 범국민위원회. 『전쟁과 인권』, 2001 민간인 학살 심포지엄(2001. 6. 27) 자료집.

최정기. 2005. 「국가 형성 과정에서의 국가폭력: 1948년 이후 구례 지역의 민간인 학살을 중심으로」. 한국사회사학회. ≪사회와 역사≫, 통권 68집.

커밍스, 부루스(Bruce Cumings). 1986. 『한국전쟁의 기원』. 김자동 옮김. 일월서각.

푸코, 미셸(Michel Foucault). 1976. 『사회를 보호해야 한다』. 박정자 옮김. 동문선.
한국현대사사료연구소. 1989~1990. "현대사 재조명". ≪광주일보≫(1989. 1.
    1~1990. 2. 19).

한 마을에서의 전쟁폭력의 경험과 기억

•

최호림

1. 연구의 배경과 문제

이 연구는 구례 지역의 한 마을의 사례를 중심으로 전쟁과 폭력에 대한 지방민의 역사적 경험과 그 기억 방식을 해석한 것이다. 이 장에서는 전쟁을 단지 국가 대 국가 또는 국가를 대리하는 이념적·물리적 집단 간의 대립으로만 보지 않는다. 그보다는 전쟁 과정에서 자신들의 삶과 생활 세계에 커다란 영향을 미친 극한적 폭력과 공포를 경험한 사람들의 기억과 목소리에 초점을 두고 전쟁을 다루려 한다.

이 연구가 제기하는 기본적인 질문은 구례의 한 마을에서 전쟁 중에 어떤 일이 일어났는가, 그러한 일들은 전쟁을 경험한 사람들의 일상생활과 지역사회에 어떠한 영향을 미쳤는가 하는 것이다. 그리고 이러한 사실 발견적 질문에 더하여 해석을 시도하려는 질문은 전쟁과 폭력을 경험한 사람들은 그 경험을 누가 어떻게 기억하고 구술하는가, 지방민들의 전쟁 경험이란 어떤 의미를 지닌 것이며 그러한 의미는 기억을 통하여 어떻게 재현되거나 또는 변형되는가 하는 것이다.

특정한 역사적 사건이 국가 차원에서 공식적 의미를 부여받았다고 하더라도, 그것을 경험한 사람들이 부여하는 의미는 다양한 사회적 관계의 상호작용 속에서 상호주관적으로 형성되며, 동일한 사건에 대한 주관적 의미는 개인에 따라 다를 수 있다. 문제는 그러한 차이가 특정한 정치적·사회적 상황에서는 억압되어왔다는 점이다. 사람들의 일상 세계의 면면은 '공식적' 역사의 차원에서 다루는 세계와 일치할 수 있지만 전혀 다를 수도 있다. 개인의 경험과 인식에 기초를 둔 개인사는 '공식 역사'의 음모와 포섭에 의해 종종 굴절된 모습으로 투영된다. 그러나 그에 대한 부정과 반작용의 가능성 또한 무한하다. 한국전쟁도 전쟁을 체험한 개인과 가족과 지역사회에 잊어야 하는 기억인 동시에 잊을 수 없는 기억으로 각인되어왔다(표인주 외, 2003: 3).

식민지 이후 국민국가를 형성하면서 한국사회에서는 국가 또는 국민이라는 '상상의 공동체'가 근원적이고 단일한 실체로 간주되었다. 이에 대한 일말의 부정이나 의심이 허용되지 않았던 시대를 살아온 세대의 경험을 연구하는 데는 그들의 기억에 관한 구술연구가 적절한 대안이 될 수 있다. 이 세대에 속하는 개개인의 구체적 삶의 굴곡과 경험의 지평은 다른 세대와 마찬가지로 다양한 편린을 지니고 있었을 터이지만, 그 경험과 기억이 국가 주도의 이념과 관련된 사안일 때는 다양성과 차이가 무시되고 억업되어왔다고 할 수 있기 때문이다.

이들의 경험과 기억에는 마이크나 녹음 장치가 부착될 수 없었다. 당연히 기록도 없었다. 이러한 상황에서 자신들의 목소리를 담을 수 있는 장치나 기회가 거의 없는 피지배계급의 경험과 기억에 관한 구술사(Oral History) 또는 구술증언연구는 문서기록에 의존한 기존 연구의 한계를 넘어설 수 있다. 문헌자료는 경험의 총체적 재현으로 볼 수 없으며, 그것들은 대체로 기층민들의 경험과 기억 및 이야기를 배제하는 경향이 있기 때문이다.[1]

전쟁과 폭력을 직접 겪은 주민들의 기억과 이야기는 정부의 공식적 역사나 지식인들의 이론적 시각과 다를 수 있다. 기억이라는 단어를 사용하는 것 자체가 공식적 차원의 역사에 대한 저항감을 나타내기도 한다. 역사가 권력자의 이해관계를 대변하는 이데올로기라면 기억은 억압되고 잊힌 진실에 해당한다(전진성, 2005: 15~16). 기억은 심리적·신경학적인 작용으로서 개인적이고 주관적이다. 그러나 동시에 사회에서 공유되는 언어로 구조화되고, 시공간 개념에 의해 형성되고 문화적 가치에 영향을 받기 때문에 사회적이다. 즉, 한 개인이 속한 사회나 문화에 의해 특정 과거가 강조되거나 변형되거나 망각된다(권귀숙, 2006: 13). '집합기억'은 이러한 기억의 사회성을 강조하는 개념이다. 즉, 무엇이 기억할 만한 것이 되며 어떻게 그것이 기억되는지는 사회적으로 구성된다는 것이다. 사람들은 자신이 속한 집단의 가치와 태도를 내면화하기 때문에 무엇이 기억할 만한 것인지에 대한 인식을 서로 공유한다.[2]

사람들의 체험과 기억에 투영된 전쟁과 폭력이라는 역사적 사건을

---

1) 과거를 사실로 재구성하는 가장 일반적인 방법이 역사일 것이다. 그러나 역사는 특히 피지배층 또는 하층의 삶을 구체적으로 다루지 못하는 한계가 있다. 이에 대한 대안이 곧 '구술사'와 기억이라는 방법이다. 구술사가 사료에 나타나지 않는 사건들을 구술을 통하여 전체를 사실대로 복원하려고 하는 것이라면, 기억은 한 사회의 다양한 생각이나 감정을 있는 그대로 보려는 것이다. 즉, '그때 무슨 일이 일어났는가'를 묻지 않고 '그때 그 일을 어떻게 기억하고 있는가' 하는 현재와의 관련성을 질문한다. 기억은 현재의 필요에 의해 강조되거나 억압될 수 있고, 만들어질 수도 있기 때문이다(권귀숙, 2006: 34~35 참조). 전쟁 및 학살과 관련된 구술사 연구의 현황과 의의에 관해서는 염미경(2003), 윤택림(2003) 등을 참조할 수 있다.
2) 기억이 형성되는 과정에 한 사회의 이데올로기, 문화적 담론, 집단 간의 권력 배분이 영향을 미친다(Schwartz, 1996). 특히 국가나 권력 집단이 기억을 조작하거나 통제하며, 때로는 기억을 강압적으로 억압하는, 소위 "망각의 행위(acts of oblivion)"(Burke, 1989: 108)를 행사하기도 하므로 기억은 하나의 "사회·정치적 현상"(Hirsch, 1995: 24)으로 볼 수 있다. 따라서 사회적 기억에 관한 관심은 기억의 진실성 여부보다 사회적 맥락과 역사적 경험과의 관련 속에서 형성되는 사회적 과정에 있다(권귀숙, 2006: 36에서 재인용).

자세히 들여다봄으로써 개인과 지역사회가 행위의 주체로서 그것에 어떻게 대응했는지 파악할 수 있다. 기억에 관한 구술을 정리하여 누락되거나 오인된 지역의 역사를 편집할 수 있는 것이다. 전쟁을 체험한 사람들의 이야기는 지역의 역사이다. 전쟁과 학살의 경험과 기억의 파편을 지니고 살아남은 사람들이 죽은 자들을 대신해서 증언하는 이야기들은 당시 지역의 상황과 주민의 삶을 부분적으로나마 복원해줄 뿐 아니라 한 지역의 전쟁기억이 어떻게 사라졌는지도 보여주리라고 기대된다.

연구자는 구례읍 강계리 2구인 학곡(虐谷)마을3)에 2005년 1월부터 6월까지 12차례, 11일간 방문하여 20여 명의 주민으로부터 구술자료를 수집했다. 이 장의 본문의 기술에 활용된 의미 있는 자료를 제공한 주민은 남자 10명, 여자 5명 등 모두 15명이다. 당시 사건 체험자의 딸 1명(1968년생)을 제외한 14명은 1922년에서 1945년 사이에 출생한 사람들이고, 조사 당시 이들 중 60대 2명과 80대 1명을 제외하고 모두 70대의 연령층에 속했다. 이들 중에는 여순사건 직후 가족이나 친척이 집단 학살로 사망한 경우가 5명이었고, 마을이 소개되어 이주한 경험이 있는 사람이 3명 포함되어 있었다.

전쟁과 폭력의 과정에서 지역공동체에서 일어난 일들에 대해 다면적으로 이해하기 위해서는 폭력과 학살의 피해자뿐만 아니라 '가해자'로서의 경험을 지닌 주민의 구술이 중요하다. 따라서 연구자는 '가해'에 동원되거나 참여한 사람의 구술에 주목했다. 조직적 학살 경험이 국가 형성과정에서 '국민 만들기' 프로젝트와 관련되어 있었다는 입장에서 볼 때, 강제로 가해에 동원되었거나 또는 피해자였거나 추가적 피해를 피하기 위해 '자발적' 가해자가 되어야 했던 사람들의 구술이 중요했다. 따라서 어떠한 담론이 공유되면서 가해자 행위에 참여하게 되었는지 주목할

---

3) 이 글에 등장하는 읍면 이하 단위의 마을 이름은 모두 가명이다.

필요가 있었다.

일상생활을 함께하고 있는 사람들이 한국전쟁 당시 발생했던 학살에 대한 기억을 공개적으로 드러내는 일은 매우 드물다. 학살과 폭력의 기억을 들추어내는 것은 면대면의 호혜적 관계에서는 매우 불편하고 위험한 일이 될 수 있다. 따라서 어떤 이유에서건 가해에 참여했던 사람이 이웃으로 남아 있는 한 기억과 구술은 금기시된다. 당시의 경험에 대한 기억은 억압되고 구술은 회피되는 것이다. 이런 점에서 가해에 참여한 사람의 이야기를 들을 수 있었던 것은 귀중한 체험이었다.

2. 마을과 사람들

학곡은 규모가 작은 산촌으로서 각성(各姓) 마을이었다. 강계리는 2개 구(區, 행정리)로 나뉘는데 이 중 제1구에는 2개의 반(班)이, 그리고 제2구인 학곡에는 4개의 반이 있다. 학곡의 마을들은 섬진강을 바라보며 구례읍에서 서쪽 방향으로 완만하게 굽이치는 계곡을 사이에 두고 늘어서 있다. 마을들은 읍의 중심을 지나 산동과 남원에 이르는 지름길을 품고 있는 뒷산을 베개 삼아 계곡을 따라 배산임수 형태로 분포한다. 학곡의 4개 반(班)은 독립적인 자연마을 형태이며, 고유한 이름을 가지고 있어 각각 곡상, 곡중, 곡하, 곡변으로 불린다. 섬진강을 앞에 둔 아랫마을이 곡하와 곡변이고, 곡하에서 계곡을 따라 산 쪽으로 약 700m 정도 오르면 곡중이 있고, 그곳에서 다시 1km 이상 올라가면 곡상이다. 이전에는 같은 행정리에 화멸이라는 마을이 있었으나, 1948년 여순사건 이후 토벌대에게 소개되어 완전히 사라졌다.

곡하에 있는 마을회관은 마을 자치행정의 중심 공간이자 곡하와 곡변 주민들의 휴식 공간으로 기능을 하며, 곡상에는 2003년에 별도로 새로운 마을회관이 건립되었다. 주민들은 곡상에 마을회관이 별도로 건립된 것은 곡상의 주민 수가 적지 않기 때문이라고도 하고, 지리적 조건으로 곡상 주민들이 섬진강변 마을 입구까지 다니기가 불편한 점이 있기 때문이라고도 했다. 실제로 곡상은 '아랫마을', 특히 곡하 사람들과 일상생활을 나누기가 어려울 정도로 멀리 떨어져 있다.

2005년 현재 학곡에는 총 60가구가 거주하는데, 곡하·곡중·곡상에 각각 30개·6개·16개 가구가 있고, 곡변에 8개가 있다. 남녀가 각각 63명, 75명씩 모두 138명이 살고 있다. 2000년 12월의 자료에 따르면 당시 학곡의 세대수는 64세대, 인구는 199명이었다. 지난 5년 사이에 인구가 현저히 감소했음을 알 수 있다. 경지면적은 총 737ha로 이 중 논이 413ha, 밭이 324ha이다. 등록된 경지면적과는 달리 주민들 대부분은 논·밭을 구분하지 않고 배·감·매실 등 과실수를 재배하며, 산비탈을 이용해 밤나무를 재배한다. 일부 가구에서는 전통 방식으로 벌을 키워 꿀을 얻는 한봉을 하기도 했다. 벼농사는 대부분 자급용으로서 소규모 계단식 논에서 한다. 직업별 인구는 농업 122명, 서비스업 2명, 학생 및 기타 4명 등으로 구성된다. 그러나 주민들은 연중으로 또는 계절에 따라서 다양한 부업에 종사하고 있기 때문에 등록된 직업 분포는 주민들의 실제 경제적 배경을 반영하지 못하고 있다. 가구에 따라서 부업거리가 주업인 농업보다 높은 수입을 보장하고 있는 경우도 적지 않았다. 1990년대 후반부터 농촌 테마 마을 지정 및 지원 정책의 영향으로 황토 체험관, 과일 재배 등의 농업 체험 단지, 전통 제지 공정 체험관 등을 만들어 마을과 농업을 관광 상품화하는 중이다. 아울러 곡하의 10여 가구와 곡중·곡상의 일부 가구가 민박이나 펜션 형태로 집을 개조하여 관광객을 유치하고 있지만, 여름철 피서객을 조금 맞이하는 정도에 그칠 뿐 경제적 효과는 그다지 뚜렷하지 않아 보였다.

1948년 이전의 마을로 거슬러 가보자. 전쟁은 마을의 지리적 배치와 함께 물리적 구조를 바꾸어놓는다. 여순사건이 발생하기 전 학곡의 마을 분포와 지정학적 상황은 지금과는 상당히 달랐다. 그때 학곡에서 인구가 가장 많은 중심지는 곡상이었고, 다음으로 규모가 큰 마을이 곡중이었다. 현재는 곡하가 학곡에서 가장 가구수가 많고 중심지 기능을 하고 있지만, 당시에는 주민이 거의 살지 않았다. 단지 일제 말기부터 제지공장과 학교가 있었을 뿐이었다. 해방 전후 학곡에서 마을 수준의 토착 정치와 생계 구조는 골짜기 마을인 곡상과 곡중을 중심으로 형성되어 있었다.

여순사건 이전에는 곡상이 계단식 논을 이용한 벼농사의 중심이었고, 산길을 따라 읍이나 산동, 남원까지 갈 수 있는 교통로가 연결되어 있어서 학곡 전체의 중심지였다. 반면에 곡하에는 마을 앞 섬진강변에 나루터가 있어서 나룻배로 강 건너의 곡성으로 건너갈 수 있는 정도였고, 일제 말에 닦은 신작로를 제외하고는 딱히 교통로가 없었다. 그럼에도 곡하에는 원래 인근 화멸 마을에 살던, 일제시대 지주이자 제지공장을 운영한 가족이 이주해 있었고, 외지에서 온 노동자들의 숙소가 있었다. 그 밖에는 곡하에 마을이라고 할 만한 인구 집단은 없었지만 제지공장 주인 부자가 경제력을 기반으로 1942년부터 1952년까지 이장을 할 정도로 정치적으로 영향력이 있었다.

여순사건 당시 곡상에는 30호 정도가 있었는데, C씨 부계확대가족에 속하는 가구가 절반 정도였다. 따라서 곡상은 동족마을로 간주할 수 있을 정도로 마을 대소사가 대부분 C씨 일가를 중심으로 이루어졌다고 한다. 당시에는 C1씨(1935년생)의 조부 3형제 가족이 각각 이웃해 살고 있었다. 그중 둘째였던 C1씨의 조부는 슬하에 6남 1녀를 두었는데 막내를 제외하고 모두 결혼 후 이웃에 분가하여 집성을 이루고 살았다.

곡상의 C씨 집안은 이 장의 주요 등장인물이 되는 '빨갱이 집안'이다. C1씨 부친의 형제들은 대부분 여순사건 이후 좌익 활동에 연루되어 죽었다. 마을 주민들에게 뭇매질을 당해 죽기도 했고, 산에 들어갔다가 잡히거나 나중에 자수한 후 잡혀 죽는 등 결국 집안 전체가 몰살을 당했다. 이들 중에는 마을 사람들이 '빨치산 대장' 중 한 사람 또는 '남로당의 중요 인물'로 기억하는 사람이 있었다. 당시 형제 대부분이 소학교를 다녀 글을 익혔고, 일부는 2년제 학교 졸업 후 곡성의 서당을 다니며 한학을 익혀 군청에서 계약직 간부로 일한 사람도 있었다. 곡상의 빨갱이 집안은 3정보 이상을 소유한 지주계급은 아니었으나, 마을에서는 경제적으로도 꽤 여유 있는 집안으로 알려져 있었다. C씨 집안뿐 아니라 곡상 주민들이 당시 학곡의 다른 마을 주민들에 비해 농사 규모도 크고 살림이 넉넉한 편이었다.

곡중에는 1948년 당시 15~20호가 거주했는데, G1씨(1935년생) 부친 형제를 비롯하여 G씨 집안 친척들이 다수를 차지했다. 곡상 정도는 아니었지만 곡중에도 중농 수준의 농가가 있었고, 주민들은 주로 곡상 사람들과 친분이 두터운 편이었다. 곡중 농지의 위치가 곡상에서 내려오는 계곡물을 받아 급수를 해결해야 하는 곳이었기 때문에 생계를 위한 농사일 때문에라도 곡중은 곡상 사람들과 관계를 돈독히 유지할 필요가 있었다. 1948년 당시 G씨 집안에는 소학교 교사가 한 명 있었는데, 곡상의 C씨 형제들과 친분이 두터웠다. 그는 여순사건 이후, 좌익사상에 연루되고 '빨갱이 형제'와 접촉이 빈번했다는 이유로 고문을 당한 끝에 아버지와 같이 죽임을 당하게 된다.

일제 말부터 종이 수요가 많아지고 주문이 늘어남에 따라 곡하의 제지 공장에서는 주변 농가에게 닥나무 재배를 비롯하여 종이 제조에 필요한 원료를 가공하는 일을 맡기는 일이 점차 많아지게 되었다. 곡중, 곡상과 화멸의 주민들은 닥나무를 재배하여 공급하거나 공장에 고용되어 종이 재료 가공에 종사하기도 했다. 구례의 다른 면 지역과 곡성, 남원 등 인근 지역에서 계절에 따라 일용직에 종사하는 노동자도 상당수였다. 계곡의 계단식 논농사만으로는 생계의 안정을 보장받지 못하는 상황에서 종이 제조를 통한 부수입은 밀주나 소규모 상업과 함께 주민들의 중요한 소득원이 되었다. 당시 마을의 사회·정치적 관계가 곡상을 중심으로 형성되어 있었지만, 곡하의 제지공장과의 거래를 통한 부수입이 발생하면서 화멸에 거주하며 제지공장을 운영하던 A1씨(1931년생) 부친과 A1씨 집안의 위세가 확대된다. 부업거리를 확보하기 위해 제지공장 주인 집안과 친밀한 관계를 유지할 필요가 있었던 주민들과 인근 지역에서 온 공장노동자들이 지지자가 되어주었기 때문이다.

한편, 곡변은 곡하와 마찬가지로 여순사건 이전에는 마을 형태를 갖추지 못하고 있었으나, 군과 경찰의 반란군 토벌 작전 과정에서 곡상·곡중·화멸 마을이 불타고 주민들이 강제로 이주하여 일시 거주지를 정하면서 마을 형태를 갖추기 시작했다. 전쟁이 새로운 마을을 형성시킨 것이다. 현재 곡변 주민 중 농업에 종사하는 사람은 소수에 불과하고 대부분은 관광 개발의 영향으로 식당이나 숙박 시설을 운영하고 있었다. 전쟁이 끝나자 곡상·곡중에서 일시 이주했던 주민은 대부분 원래 마을로 돌아갔다. 다른 마을에서 강제 이주했던 나머지 사람들도 전쟁으로 사망하거나 이후에 자손들이 아예 타지로 이사를 하여, 곡변에 마을이 형성되었던 당시에 살았던 가구 중 현재에도 남아 있는 가구는 하나도 없었다. 현재 마을을 구성하고 있는 8가구 주민들은 모두 1960년대 이후 이주한 가구여서 마을의 사회적 관계에서는 그다지 중요한 영향력을 미치지 못하고 있는 것으로 보였다. 여순사건 당시에 대해서도 이웃 사람들로부터 전해 들은 파편적인 이야기뿐, 상세한 기억을 가진 주민은 발견되지 않았다.

요약하면, 일제 말부터 여순사건 직전까지 학곡마을의 사회·정치적 관계는 곡상을 중심으로 하는 토착적인 위세와 곡하를 중심으로 하는 토지 및 자본에 바탕을 둔 위세가 공존하는 모습을 취하고 있었다고 볼 수 있다. 곡하에는 마을이 형성되지 않았고 곡하의 공장과 노무자 숙박 시설 및 농토를 소유한 지주는, 지금은 사라진 화멸마을 사람이었다. 마을의 이러한 지정학은 여순사건과 한국전쟁을 계기로 엄청난 변화를 겪게 된다.

　구례 주민들에게 한국전쟁 시기의 경험은 여순사건을 중심으로 한 것이었다. 구례의 노인들은 한국전쟁보다 '여순반란사건' 때가 더 심했다고 말하곤 했다. 마을의 주민들은 6·25가 '별일 없이' 지나갔으며 '인공'이 약 2개월 정도 점령했지만 마을에서 실감하기는 어려웠다고 했다. 마을에서는 '국민보도연맹 사건'도 없었다. 여순사건을 겪은 후 학곡마을의 지정학은 크게 변화했다. 무엇보다도 마을 정치의 중심이 윗마을(곡상)에서 아랫마을(곡하)로 바뀌었다. 좌익 성향의 주민들로만 구성된 마을이 아니더라도 '빨갱이'로 지목되거나 산에 들어간 사람이 있는 마을은 불에 타 순식간에 사라졌다. 이후 마을은 복구되었으나 더 이상 '빨갱이' 마을은 아니었다.

3. 학살의 경험과 기억

1) 피해자로서의 학살 경험

　구례는 일제하 3·1운동과 농민항쟁 등 민족운동과 사회운동이 활발하게 전개된 곳이다(이 책의 최정기의 글 참조). 1945년 해방과 함께 민족주의 세력을 중심으로 새로운 국가를 건설하려는 움직임이 전개되었다. 해방정국에서 가장 두드러진 정치 활동 조직으로는 건국준비위원회(건준)와 인민위원회를 들 수 있다. 그러나 미군정이 실시되면서 새로운 국가 건설을 위한 노력은 위기를 맞게 되었다. 1948년 이승만 세력은 5·10단선을 통해 남한만의 단독 정부를 구성하려 했다. 이를 저지하기 위해 남로당을 비롯한 좌파 세력을 중심으로 무장항쟁이 시작되었고, 대표적으로 제주도에서 4·3항쟁이 시작되었다. 이에 미군정과 이승만 세력은 여수에 주둔하던 제14연대를 제주로 파견하여 항쟁을 진압하도록 했다. 하지만 14연대 지창순 부대가 명령을 거부하고 미군정과 정면으로 맞서면서 여순사건이 벌어지게 되었다. 1948년 10월 19일 밤, 14연대의 좌익계 병사들이 주동한 '반란'으로 시작된 여순사건은 진압군이 27일까지 순천과 여수를 탈환함으로써 표면적으로 일단락된다. 하지만 무장한 반란군들은 지리산, 백운산 등 주변 산악 지대로 도피하여 '빨치산'으로 남았다가 이후 남부군의 주력 부대가 되었다.

여순사건은 구례에 커다란 영향을 미쳤다. 구례는 지리산과 섬진강을 끼고 있고, 특히 지리산으로 들어가는 반군이 반드시 거쳐야 하는 곳이었다. 구례의 여러 마을 주민들은 반군에게 숙식을 제공하고 입산할 때 보급품을 운반하기도 했으며, 일부 주민들은 반군과 함께 입산했다. 반군은 산악을 근거지 삼아 지리산과 맞닿아 있는 주변 지역을 다니며 경찰지서 등 관공서를 습격하거나, 추격하는 정부군을 기습하거나, 지리산 주변 마을에 보급투쟁을 다녔다. 구례에서는 빨치산의 습격과 군경의 진압이 낮밤으로 반복되었다. 경찰은 군부대를 도와 직접 진압 작전에 참가하거나 빨치산의 기습에 대항했고 '부역자 색출' 과정에서 많은 학살을 저질렀다. 소개령으로 산자락의 많은 마을이 불타고, 빨갱이의 협조자로 분류되어 군경에 끌려간 사람들은 가족도 모르게 죽어 시신조차 제대로 수습되지 않았다.

구례에서 군경에 의한 민간인 학살만 있었던 것은 아니다. 여순사건 직후 구례 지역에 인민위원회가 조직되고, 좌익 세력에 의한 경찰과 우익 인사들에 대한 '인민재판'과 습격, 그리고 학살이 있었다. 또 대한청년단 (한청) 등 우익 단체에 의한 학살도 있었다. 여순사건 직후 한청 단원들은 군경을 보조하며 빨치산의 침투에 대비해 마을을 방비 또는 소개하거나, 마을 내부의 좌익 세력이나 부역자를 색출했다. 또 밤이 되면 군경을

대신해 마을의 치안을 유지했고, 반란군 진압에 동원되어 산길을 안내하기도 했다.[4]

1948년 11월 1일, 전남·북 일원으로 계엄령이 확대되자 구례에는 '계엄사령관의 사법·행정권 장악, 야간통행금지, 대한민국 국기 게양, 반란분자 신고, 군사행동 방해 금지' 등을 구체적으로 규정한 포고문이 발포되었다. 또 현지 주둔 중인 군대의 지휘관의 판단에 따라 즉결처분이 이루어질 수 있음을 규정했다. 구례 주민들은 혐의를 입증할 수 있는 어떤 증거나 자백도 없이 갑자기 강제 연행되어 고문을 받고 살해되었다. 또한 남로당 관련 문서에 이름이 올라간 것이 증거가 되어 학살되기도 했다(권경안, 2000: 122~23).

이러한 일들이 반복되던 11월 초 토벌대 연대장 백인기가 사망하면서 지리산 일대에 대대적인 민간인 학살이 시작되었다. 이때 구례 사람들은 '전쟁보다 더한 난리'를 겪게 된다. 많은 병력이 백인기의 시신을 찾는 수색 작전에 동원되었다. 시신이 수습된 후 군인들은 반군에 협력했던 '부역자'를 색출했다. 군대는 마을을 구석구석 뒤지며 가가호호 사람들을 끌어냈다. 마을이 입산한 반란군의 통로가 되었다는 이유로 주민들은 모두 '빨치산의 동조자' 혐의를 받게 되었다. '부역 행위'에 대해서는 현지 지휘관들의 즉결처분이 가해졌다. 학곡을 포함한 여러 마을에서는 이장들조차 죽음을 면하지 못했다.

또 학살이 벌어진 많은 마을들이 전소되었다. 마을 소개로 집을 잃은 마을 사람들은 천막을 치거나 남의 집에 더부살이를 해야 했다. 그 뒤 소개 마을들 중에는 빨치산 진압이 끝난 뒤 주민들이 다시 모여 복원된 곳이 있으나, 흔적만 남긴 채 고향 마을을 아예 떠난 경우도 있다. 현지

---

4) 여순사건 이후 구례의 전반적인 진압 작전 및 좌우 양측에 의한 민간인 학살의 구체적 사례는 이 책의 노영기의 글 참조.

주민들에게 자신들의 마을을 손수 불태우게 한 경우도 있었다.

학곡은 구례의 다른 마을들에 비해 지리적으로 지리산에서 멀리 떨어져 있는 편이지만, 여순사건과 한국전쟁 당시 지리산권 마을들이 겪었던 시대의 소용돌이를 공동으로 겪어야 했다. 학곡에서 건준이나 인민위원회 구성과 활동에 직접 참여한 사람들이 누구였는지는 구술조사로 확인할 수 없었다. 그러나 해방 이후 좌익 성향의 활동에 참여한 마을 청년들이 많았다고 한다. 특히 곡상 C씨 형제를 중심으로 마을 청년들이 소위 '문화활동'을 통해 좌익 지향의 계몽운동과 선전활동을 전개했던 것을 확인할 수 있었다. 곡중 G씨 집안의 소학교 교사도 선전활동에 참여했으며, C씨 형제들 몇몇과 마찬가지로 그 교사도 신망을 두텁게 받은 청년 지식인으로서 매우 '똑똑한 사람'으로 기억되고 있었다. 이들의 선전활동은 주로 연극 공연을 통해 주민들을 모으고 풍자극으로 당시의 세태를 묘사하는 방식이었다.

'반란군'이 토벌대의 포위망에 밀려 지리산으로 입산한 후 학곡에서도 전쟁이 시작되었다. 누구보다도 곡상의 C씨 집안사람들이 '반도 소탕 작전'의 우선 대상이 되었다. C1씨 부친의 6형제 중에서도 막내는 가장 적극적으로 좌익 활동에 참여한 사람이었다. 그는 토벌대에 쫓긴 반란군의 일부가 학곡의 산길을 통해 입산할 때 가족과 함께 입산했다. 장남이었던 C1씨의 부친은 입산한 동생 가족과 계속 연락을 주고받았고 사촌 동생의 좌익 활동을 도와주었다는 혐의로 경찰에 연행되었다가 시체로 돌아왔다. C1씨의 큰형은 막내 삼촌을 따라 입산했다가 토벌대에 붙잡혀 사망했다. 셋째 숙부는 여순사건 이후 토벌 작전이 진행되던 가운데 마을 근처에 숨어 살다가 입산했고, 이듬해 3월경 자수했으나 이후 소식이 끊겼다가 결국 사망한 것으로 전해졌다. 그의 유족으로 딸 셋이 남았다. 넷째 삼촌은 토벌군이 곡상의 농가들을 불태우고 주민들을 강제 이주시키는 과정에서 경찰에 끌려갔다가 서시천변의 시체더미에서 발견되었다.

다섯째 삼촌도 정확한 시기는 알 수 없으나 결국 입산했다가 죽었다고 알려져 있다. 다행이라고 해야 할지, 자녀는 없었다. 구례의 좌익 활동가 중 핵심 인물로 알려진 막내 삼촌은 두 명의 아내과 아들, 딸 등 네 명의 가족과 함께 입산했으나 토벌대에 붙잡혀서 비참한 죽음을 맞았다. 그는 경찰과 함께 토벌 작전에 동원된 마을 주민들의 손에 붙잡혔고 지금의 곡하 앞인 섬진강변 신작로에 끌려와 도끼에 참수되었다. 그의 머리는 '빨갱이'의 비참한 종말의 표본으로 당시 구례읍 신월리에 있었던 파출소 앞의 전봇대에 효수되었다.[5]

'반란군'들이 토벌군에 밀려 학곡의 산길을 통해 입산하는 과정에서 곡상의 C씨 집안 형제들을 비롯하여 주민들의 구술증언에 근거해서 볼 때 마을에서도 최소한 10명의 주민들이 입산한 것으로 보인다. 이후 '빨치산'이 밤을 틈타 보급투쟁을 비롯하여 생존과 저항을 위한 물품들을 훔쳐가거나 얻어 가는 경우가 종종 벌어졌다. 산악 지대에서 연명하자면 무엇보다도 식량이 가장 큰 문제였는데 투쟁이 장기화되면서 자연히 보급이 어려워졌기 때문이다. 모두 입산하여 외부로부터 지원이 제한된 상황에서 빨치산은 부락을 기습해 자기들에게 비협조적인 농민들을 총칼로 위협하여 창고에 있는 곡물을 털어 갔다. 하루는 빨치산들이 집단으로 내려와 소 10여 마리를 몰고 산으로 다시 들어간 경우도 있었다. 주민들은 그 사람들이 비탈길에 소를 몰고 가기 힘겨워 그중 한 마리를 포기하고 놓아주었던 것을 기억했다.

군경이 주둔하면서 주민들은 수많은 고통을 감내해야 했다. 계엄령에 따라 야간통행금지를 실시했고, '산사람'들이 들어와서 징발하는 것을

---

5) C1씨는 집안 어른들이 몰살당하고 '빨갱이 집안'의 오명을 쓰고 살아왔으나, 당시의 일에 대한 구술에 매번 소극적으로 응했다. 다만, C1씨는 "큰 삼촌은 지랄병으로 어렸을 때 죽었기에, 다행히 당시 화를 면했다"라고 했다.

예방한다며 소나 곡식을 한곳에 모아놓게 했다. 하지만 밤중에 반군이 습격해 소가 죽는 일도 있었다. 또 곡상과 곡중의 계단식 논에 출입을 통제해 농사짓는 것을 감시했다. 아침에 지정 장소에 모여 연명부와 대조하고 도장을 찍고서야 농사를 지으러 갈 수 있었고 일을 마치면 다시 지정 장소에 모여 연명부와 대조해 확인을 마친 후 귀가해야 했다. 일행 중 늦게 도착한 사람이 있을 경우 그가 나타날 때까지 나머지 사람들은 귀가할 수 없었다.

11월 백인기의 자살 이후 학곡에서도 마을 소개령과 함께 좌익 세력 색출 작업이 벌어진다. 토벌대와 경찰은 지리산 일대의 많은 마을들에서와 같이 곡상, 곡중, 화면 등 세 개 마을을 소개하여 주민들을 곡하의 제지공장 주변으로 강제 이주시켰다. 폭력에 대항할 힘이 없던 주민들은 이쪽저쪽의 권력에 동원되면서 더욱 위험에 처하게 되었다. 위험한 공간 안에 거주하고 있던 주민들이 모두 위험한 범주의 사람으로 간주되어 그 공간과 함께 진압 대상이 되어버린 것이다. 토벌대는 반군의 '식량보급투쟁'을 막기 위해 마을과 가옥을 모두 불태웠다. 주민들은 소개령에 따라 남은 식량 일부를 땅에 묻고 약간의 식량과 옷가지만 지닌 채 아랫마을로 소개되었다. 예고 없이 들이닥쳐 불을 지르는 바람에 주민들은 가재도구도 미처 챙기지 못하고 화염을 피해 거처를 떠나야 했다.

초겨울이라 해가 일찍 기울어 저녁이 다 되었을 무렵일 거야. 여기저기서 불이 나고 사람들이 우왕좌왕하고 보니 마을 전체가 금방 잿더미로 바뀌었어(H1씨, 1936년생).

예고도 없었어. 갑자기 사람들이 우르르 들이닥치더니 곳간이며 지붕에 불을 대더니 금방 확 타올라 버렸어. 물건이고 돈이고 챙겨서 나올 겨를이 없었어. 무섭고, 일단 몸부터 피하고 보는 것이지(L1씨, 1936년생).

소개 작전이 있고 며칠 후 22명이 총살된 사건이 벌어졌다. 마을 소개를 통해 주민들을 감시 및 통제 가능한 구역에 몰아놓고 적과 아의 경계를 만들었으며, 무엇보다도 복종이 유발되는 엄청난 공포 분위기 속에서 총살이 진행되었다. 소학교에 주민들을 닥치는 대로 소집했다가 먼저 10대 후반부터 40대에 이르는 남자들을 추려서 모두 50여 명을 꿇어앉혔다. 그리고 취조를 하여 자의적으로 즉결 대상을 골라 집단 총살했다.

군인들이 마을로 들어와 주민들을 학교 마당에 모아놓고 모두 눈을 감게 한 후 남로당에 가입한 사람은 손을 들라고 하더군. 그러더니 솔직히 가입했다고 손을 든 사람은 살려주고, 가입 안 했다고 한 사람을 골라 강변에 구덩이를 파게 하여 몰아넣고 그 자리에서 총살해버렸어. 여기 앞 강변에서 말이야(K1씨, 1936년생).

(남로당 입당원서에) 도장을 찍었냐 안 찍었냐고 따지면서 우리를 취조를 한 것이야. 그래 가지고 그 짓(총살)을 한 것이라. 모두 새끼줄로 묶고 꿇어앉힌 상태에서 손을 들어서. 도장을 안 찍었다고 하면 이 사람, 저 사람과 대조를 해보고. (그 사람 도장 찍는 것) 못 봤다고 하면 똑같은 놈이라고 몰아붙이고. 찍었다고 하면 (오히려) 죽음을 면했지(A1씨).

22명이 하루아침에 죽은 날을 기억하고 있거나 그날의 이야기를 전해들은 주민들은 누구나 그중에 가장 참혹하게 죽은 사람에 대하여 유사한 기억을 이야기했다. 바로 곡중의 G 교사 부자의 죽음이다.

학교 안 숙소 실내였지. 아버지보고 아들(G 교사)의 머리를 잡게 하고 옷을 홀랑 벗겨서 취조했어. 아버지 앞에서 칼로 다리 정강이를 이렇게 쑤시고, 살을 쭉쭉 찢어붙고 했다더만. 그렇게 안에서 벌어지고 있는 일을 밖에 있는 우리들은 몰랐어. 그런데 계속 물통이 실내로 들어가고, 아버지더러 머리를 잡게 하고 물을 코에다 부었어. 막상 끝이 나서 본게 피가 아주 버르르해(B1씨, 1930년생).

아버지가 아들이 취조당하고 칼에 살이 찢어지는 것을 다 봤지. 밤새 취조하고 날이 벌겋게 밝으려고 하니까 내보내더라고 사람이 어슴푸레하게 보이는 새벽에 아버지는 살려서 내보냈는데, "내가 살아서 뭐 할 것이냐" 하고 따라가서 같이 죽어버렸지(L1씨).

그때 우리도 사람 죽이는 거 처음 봤어. 초저녁부터 그 선생이 계속한 소리는 '나는 죄가 없다', '살려주라'뿐이었어. 다른 소리는 안 해. 새벽이 되니 취조하던 사람들 손에 붙잡힌 채 밖으로 끌려 나와 땅에 처박히더라고 그러다가 금방 '살려달라'고 하면서 벌떡 일어나. 할랑 벗겨진 사람이 벌떡 일어서 살려달라고 하며 비척비척해. 자꾸 살려달라고 하는데도 군인이 그냥 파바바방 일고여덟 방을 쏴버렸어. 그때 사람이 총으로 죽는 것 처음 봤어(J1씨, 1927년생).

당시에 소집된 주민들 중에는 손을 들지 않아 학살의 대상이 되었으나, 군 입대를 앞두고 있다는 이유로 다른 두 명의 입대 지원자와 함께 풀려나 목숨을 건진 사람이 있었다. 이들은 모두 당시 18, 19세의 소년들이었다. 군대에서 조직적으로 취조를 하는 상황에서 입대를 앞둔 사람은 국가가 국민으로서의 신분을 보장할 수 있는 경우였다. 즉, 군대라는 국가기구에 편입된 확실한 국민으로 분류된 것이었다.

그린(Green, 1994: 227~228)은 이러한 상황을 다음과 같이 설명했다.

공포는 위험에 대한 반응이다. 공포는 단지 개인의 주관적인 경험일

뿐 아니라 사회적 기억에도 침투해 있다. 그리고 그것은 즉각적인 반응 (acute reaction)이라기보다는 만성적인 상태(chronic condition)이다. 공포는 가족, 이웃, 친구들 사이에 불신을 조장하여 사회관계를 불안하게 한다. 공포는 낯선 사람들에 대해서뿐 아니라 서로에 대해서도 의심과 염려로 공동체를 분할한다. 공포는 애매모호함에서 비롯된다. 비난, 험담, 빈정거림, 그리고 죽음에 관한 소문 등이 의심의 분위기를 만들어낸다. 실제로는 아무도 그 누가 바로 그 누구인지 알지 못한다. 고문과 죽음, 그리고 대량학살과 실종의 비참한 관경과 지속적인 위협감을 통해 개인의 몸과 집합적인 상상에 더욱 깊게 새겨진다. 공포는 하나의 삶의 양식이 된다. 공포는 권력의 보이지 않으며, 비결정적이며, 고요한 조정자(arbiter)이다. 공포는 그 안에서 사람들이 살아가는 숨겨져 있는 위급한 상태(the hidden state of emergency)로서 사람들의 선택에서 결정 요인이 된다.

구례의 여러 마을에서 사람들이 실종되고 마을이 불타고 민간인 학살이 공개적으로 진행되면서, 극한적인 공포의 경험을 통해 형성 중인 국가 권력에 복종해야 하는 '국민'의 범주와 '국민의 의무'에 관해 상당히 교육적인 메시지가 전달된 것이다.

2) 가해자로서의 학살 경험

마을 소개와 함께 가족과 친구, 그리고 이웃의 죽음을 겪은 주민들은 군과 경찰의 작전에 동원되거나 참여하게 되었다. 이 과정에서 일부 주민들은 학살과 폭력의 가해자가 되었다. 폭도나 '빨갱이'를 친구나 이웃으로 둔 사람이나 한때 그들에게 동조했던 사람에게는 그 낙인이 지워지지 않았다. 이런 낙인에서 벗어나고 '빨갱이'가 아니라는 정체성을 확인시키기 위해 주민들은 극우적 입장에서 경찰에 협조하면서 예전의 동료들을 '빨갱이'로 몰아야 했다.

학곡에서도 짧은 시간에 일사불란하게 마을을 불태우고 강제로 섬진 강변의 임시 거처로 옮기는 과정에서 주민들은 말할 수 없는 공포에 휩싸였을 것이다. 대대로 삶의 터전을 이루어왔던 집이 하루 저녁에 불에 타 없어지는 것을 목격한 주민들은 살길이 막막해졌고, '폭도'와 '빨갱이'를 소탕하기 위한 작전에 협조하는 것 외에는 다른 생존 방법을 모색하기 어려웠을 터이다. 이렇게 조직적으로 부여된 공포의 교훈은 이후 마을 주민들이 토벌대와 경찰의 작전에 저항하지 못하고 오히려 그 작전에 직접 참여하게 하는 결정적인 계기가 되었다.

'차라리 빨갱이에게 죽는 것이 낫다'는 이유로 가해자가 된 피해자들, 그리고 '빨갱이' 참수, 검거 및 주민에 의한 집단 매질에 참여하게 되었다는 등의 증언 사례는 학곡 주민들이 피해자로서뿐만 아니라 가해자로서의 학살 경험과 기억을 가지고 살아왔음을 보여준다. 주민들은 '한청'의 토벌 조직에 참여했고 경찰의 요구에 따라 입산자들의 '보급투쟁'에 대비하기 위한 '보초 작전'에 동원되었고, 가까운 산이나 다른 마을의 '빨갱이 잔당' 수색 작전에 동원되기도 했다.

22명을 가려내어 총살하는 과정에서 살아남은 사람은 곧 형성 중인 국가의 국민에 포함되게 되었고, 이후 반란자 색출과 가해에 동조하도록 만들었다. 먼저 경찰은 주민들을 조직하여 마을에 보초를 세웠다. 보초 작전을 효율적으로 수행하기 위해 소개된 마을의 농지와 곡하의 주거지 등을 입산자들과 공간적으로 분리하기 위하여 울타리 만들기를 실시했다. 보초는 단순히 반란군들로부터 마을을 보호하기 위한 차원이 아니라, 마을에 들어오는 반란군을 체포하기 위한 작전이었다.

그전에 여기에 C씨들이 많이 살아. 그중에 말하자면 남로당의 이 지역 지도자가 되는 인물도 있었어. 군인들이 보초를 세우는 것은 결국에 C씨 집안사람들과 산에서 왔다 갔다 하는 사람들을 잡으려고 한 것이지. 주로 여기서 많이 잡혔어. 입산한 사람들이 가족이 남아 있으면 가끔 마을에 밥 먹으러 온다는 것을 알고 있었지(D1씨, 1922년생).

군인들한테 습격을 당해놓고 보니 우리가 "반란군한테 죽으면 차라리 이름이라도 있을 것 아니냐" 하며, 전부 나무로 육모방망이를 깎았어. 그전에는 집 울타리를 전부 돌이 아니고 나무로 막았거든. 당시에는 요 집, 저 집으로 건너다니고 해서 울타리에 구멍을 뚫어놨어. 그 구멍에 대나무로 다발을 묶어서 딱 세워놨어. 그곳에 사람이 숨어 있다는 표시여. 그 표시를 신호로 가까이 숨어 있다가 누군가 나타나면 일시에 덤벼서 방망이로 때려서 잡았지. 왜? '빨갱이' 잡다가 죽으면 이름이라도 남지(A1씨).

조직적 학살과 소개 작전 이후 주민들은 '자발적으로' 빨갱이를 잡아 죽이려 했다. 그래서 "너도 나도 방망이질에 참가했다"라고 말했다.

특히 윗마을의 '빨갱이'를 반드시 잡아야 했어. 그 사람이 결국 마을에 와서 어느 집으로 들어갔단 말이여. '그 놈이 나타났다'고 연락이 전해지자 동네 사람들이 모두 함께 (작전을) 짰단 말이여. 전부 다 방망이를 뒤에다 숨기고 일부는 울타리 옆에 한 질로 앉았고 방문 앞으로 튈까 싶어서 방문 앞에도 앉았었고 또 헛간에도 있었고 또 밖에도 있었고 그렇게 보초를 서며 새우잠을 잤어(A1씨).

아, 자발적으로 했지. 왜냐하면 경찰관들이 와서 무조건 죽이니까. 무슨 죄가 있니 없니 하면서. 강압적으로 무조건 남로당에 가입했느냐, 도장 찍었냐 안 찍었냐 하면서 몰아붙이고. 스물두 명이 함께 죽은 날 이후 모두 자발적으로 한 거야(A1씨).

전쟁의 기억이란 지역사회의 지형 속에서 재구성되는 것으로 서로를 잘 아는 마을 내부에서는 폭력의 가해자나 폭력의 원인에 대해서는 일종의 '담합적 침묵'으로 대응한다(정근식, 2003: 223). 다른 주민들의 구술증언으로 볼 때 당시 폭력의 현장을 경험한 것으로 추측되는 주민들은 대부분 구술을 회피하고 침묵했다. 주민들은 특히 가해자가 누구인지 증언하기를 꺼렸다. 마을을 불태우고 폭력을 주도한 자들을 마을 사람이 아닌 익명의 '외부 사람'으로 설정하여 마을 사람 전체가 궁극적으로는 폭력의 피해자라고 설명하려 했다. 마을 사람들도 참여했다고 말하더라도 정확히 누구인지는 증언하지 않았다. 막연히 주민들이 학살과 폭력에 동원되었다고 말할 뿐이었다. 가해에 참여한 사람이 10여 명 있었다고 하나 누구인지는 자세히 설명하지 않았고, 다만 당시의 기억이 전개되는 대로 이후의 행적이 모호한 두세 명의 관련자를 언급하기도 했다. '주민들', '동네 사람들', '장정들', '아주머니들'과 같이 모든 인물이 익명의 3인칭 복수로 표현될 뿐이었다. 빨갱이 집안의 유가족과 가해에 참여한 사람이 일상적인 면대면 관계로 같은 마을에 공존하는 상황에서 학살의 경험을 기억하고 이야기하기란 여간 고충스러운 일이 아니었을 것이다.

나카야마 요시히코는 "가해자의 위치에 있던 사람들이 학살의 기억을 억누르고 있는 반면, 피해 주민들은 자신이 겪은 치욕적인 피해 경험, 즉 '굴욕적 기억'을 억누르고 있다. 다른 대량학살 사건의 증언에서도 볼 수 있듯이, 피해자들은 다른 사람들이 겪은 치욕적 사건은 증언하지만, 자신이 겪은 경험에 대해서는 침묵한다"라고 했다(권귀숙, 2006: 66~67에서 재인용). 또한 피해자 가족이나 이웃은 특정 가해자와 그들의 학살 장면을 생생히 기억하고 있을 것이라고 기대되지만 누구도 가해에 참여한 사람들에 대한 기억을 공개하지 않으려 한다. 더구나 가해자 자신은 가해 과정에 대한 기억을 억압하게 된다. 그러나 A1씨의 경우 가해자로 참여한 당시의 일을 생생히 기억하여 구술해주었다(이하 A1씨 증언).

그것은 그의 형제 중 한 명이 다른 21명과 함께 총살되어 자신도 피해자로서의 경험을 지니고 있기 때문이 아니었을까?

　그때 우리 형님이 이장이었는데, 실탄을 불 옆에 놓으면 총 쏜 것처럼 빵빵 터진다면서 실탄을 화로에다 올려놓았어. 그것을 신호로 하자는 것이었어. 전부 다 그 사람을 잡아서 묶을 새끼를 허리에다가 차고 갔어. 방 안팎으로 모두 열두 명 정도가 같이 있었지. 그놈은 눈치 못 챘지. 밥을 달라는 거여. 그래서 밥을 먹이면서 서로 이야기를 했어. 그때 이 실탄이 팡팡 튀어버렸어. 그러니까 이 사람이 깜짝 놀라서 앉았다 벌떡 일어나더란 말이여. 아, 한번 일어나서 도망치면 잡을 수가 없어. 이 골짝의 대장이야. 기운도 세고 키도 크고 몸도 좋고 우리 같은 놈은 다섯이 붙어봤자 이기지들 못해. 옆 마을에서 일을 나온 한 목수가 있었어요. 그 사람은 여기 학교의 숙소에서 지냈는데, 학교에도 불이 나서 며칠째 마을에서 지냈거든. 그날 저녁에도 잠복하고 있던 사람들과 함께 있었어. 그 사람은 목수 일에 사용하던 망치를 가지고 있었어. 망치를 허리 뒤춤에 몰래 차고 들어가 그놈과 함께 방에서 아무 일 없는 척하고 이야기를 하고 있었어. 그런데 그놈이 서서 밖으로 튀어나가려고 하자 선 놈을 잡아 제지하려고 하다가 그만 놓쳐버렸어. 그 순간 그 목수가 망치를 들고 그놈 대가리를 때린다는 것이 코를 때려버렸다고 코를 때려서 피가 났어. 그 순간 사람들이 덮쳐서 하지를 잡아서 묶었지. 전부 달려들어서. 아, 정신을 못 차리지. 망치에 코를 세게 맞아 피가 쏟아지더라고 그래서 몰려들어 잡았어. 여럿이 달려들어서 몸을 꽁꽁 묶어서 끌고 나왔어. 그러자 그 사람이 끌려 나오면서 "아이고, 아부지" 하고 그냥 아버지를 불러. 바로 지금 마을 정자 밑 사거리에 눕혀놓고 양쪽으로 각각 둘이, 모두 넷이서 육모방망이로 패대기 시작했어. 나도 두들겨 팼지.

이왕 구술을 시작했으니 숨길 것도 없다. 이제 "세상이 바뀌었으니까". 그날의 상황을 다시 자세히 물어보자 A1씨는 매질에 참가한 사람이 더 많았으며, 심지어 여자도 포함되어 있었고 무척 잔인하게 몽둥이질을 했다고 기억했다.

나도 뚜들겼어. 전부 까놓고 이야기하지. 뭐 거짓말 할 것 없이. 저기 산이 쩡쩡 울리게 패댔어, 사람을. 아침에 날이 밝으려고 할 때쯤, 요걸 죽여버리자 했거든. 누군가 성기를 때려버리면 죽지 않겠느냐 하는 이야기가 나왔어. 내가 엎어져 있던 사람을 뒤집어 눕혀보니 양손이 앞으로 묶여 있었는데, 그 위를 사정없이 두들겨 패서 팔이고 손목이고 다 깨져버렸어. 여자고 남자고 모두 달려들어 사정없이 뚜들겨 팼으니. 여자도 왜? 남편이나 집안 남자들이 군인들한테 죽었응게. "느그들 때문에 군인들한테 죽었다"고 해서 여자들도 막 가서 죽창으로 쑤시고 뚜들겨 패고 그랬어.

'가해'에 참여했다는 고백 속에는 자신만이 아니라 심지어 여성들도 포함하여 많은 주민들이 참여했고 당시의 상황이 어쩔 수 없었으며 주민들 다수가 이렇게 하는 것이 당연한 결정이라고 생각했다는 점을 강조하고 있었다. 그러나 그 사람의 목숨을 끊는 결정적인 몽둥이질에는 자신은 참여하지 않았다고 했다.

새벽이 되어 동이 터오자 내가 "이제 없애버려야지" 하며 잡아 일으키려고 하니 손의 뼈가 부서져 흥청흥청했어. 나는 그렇게 말하고는 그대로 눕혀두고 다시 집으로 들어갔어. 그런데 누군가 돌려놓고 거기(급소)를 때려버렸어. 그때 그 순간에는 나는 보지 못하고, 그 말만 해놓고 들어왔는데, 누군가 뒤집어놓고 때렸던 것이야. 그래서 그날 밤 밥 달라고 해서 먹은 것 다 게워 내놓고 죽었어.

구술자 A1씨는 당시가 이미 마을에 많은 피해가 있었던 상황이었고, 매질에 참가한 사람들은 그 피해가 근본적으로 빨갱이와 입산자들 탓이라고 생각했다는 점을 설명하려 했다. 가해에 참여했던 구술자는 동네 사람이 모두 피해자이니 빨갱이를 때려잡는 일에 참여하여 더 이상의 화를 면하는 길 외에 다른 선택이 없었다는 것을 강조했다.

이 부락 사람이 전부 소개당하고 쫓겨 몰려온 것 아닙니까. 세 부락이나 되는 곳에서 몰려온 사람들이 냇가에 사방 간에 오두막을 만들고 천막을 치고 살았어요. 이 동네 사람은 다 피해자지.

가해에 참여한 경험과 기억을 증언하면서도 자신을 명확하게 '가해자'라고 정의하는 사람은 없었다. 가해에 참여한 사람들도 모두 피해자로서 사회적 기억을 형성한 증언만 할 뿐이다. 권귀숙은 경찰, 군인마저도 무고한 '양민'을 도와주려 했던 경험을 강조한다고 했다. 진짜 가해자는 다른 신분의 사람이었고, 자신은 오히려 피해자에 가깝다고 이들은 말한다. 이 기억은 증언 시점의 사회적 맥락에서 재형성된 가해자의 '합리화된 기억'의 형태이다(권귀숙, 2006: 64). 이런 면에서 가해자의 구술은 희귀한 자료로서 의의가 있다.

22명이 사살된 후 이틀 만에 경찰관이 구례에 보고를 한 것으로 기억해. 그러고는 구례에서 처음으로 국민궐기대회를 했어요. 말하자면 반공궐기대회를 한 것이지. 거기에 주민들을 싹 나가게 했어(A1씨).

구례 경찰관들이 시체를 묻은 구덩이를 못 파게 하더라고. 시체를 못 파게 해. 자신들이 죽였으니 못 파게 하는 것이지. '반란군'이라고 하면서 못 파게 하더라고. 죽여버리고 나서 국민궐기하게 하고 난 후 지서에서 오고 군에서 오고, 그러다가 결국 합의를 해서 파묻었어(A1씨).

개인들의 삶이 익명의 권력에 덜 지배받을수록, 즉 그들이 모든 종류의 구조적 폭력에 덜 종속될수록, 그들이 제노사이드 사건에 공범자로 가담하게 될 가능성은 줄어든다. 역으로 모두가 피해자가 되는 사회에서는 모두가 어떤 방식으로든 가해자가 된다. 그러므로 현대인을 지배하는 구조적 폭력과 익명의 권력에서 자유로워지는 것이 제노사이드의 시대를 극복하는 전제조건이다(Wallimann and Dobkowski, 2005: 35~ 36).

4. 맺으며: 전쟁, 학살, 기억, 구술

1948년 10월 '여순반란사건' 이후 구례에서도 '국민이 될 수 없는 민족'을 색출하는 작전이 조직적으로 진행되었다. 이 과정은 동시에 '국민 선출 작업'이기도 했다. 이 과정에서 작전 수행을 원활히 하기 위해 '국민이 될 수 없는 민족'이 거처·은신·이동·활동하거나 이들에게 협조하거나 이들을 지원할 가능성이 있는 마을을 소개했고, 집단적 또는 개별적 학살이 수차례 진행되었다. 조사 마을에서 이를 대표적으로 보여주는 것이 22명의 집단 학살 사례였다. 물리적·폭력적 국가기구인 군과 경찰을 형성 중인 반공국가의 대행하여 수차례의 공개적 학살과 함께 토벌 작전 및 소집 교육의 동원을 통해 국가와 국민 그리고 국민으로서의 이념과 의무를 주입하고자 했던 것이다.

'빨갱이 토벌'로 명명된 작전은 엄청난 공포 상황을 조장했고, 주민들에게 '어느 편'에 서야 할지를 강압적으로 결정하게 했다. 그런데 주민들은 종종 '자발적인 결정'이었다고 구술하기도 한다. 이 과정에서 폭력의 직접적 피해자나 피해의 공포를 가진 사람들이 가해자 역할에 참여하게 된다. 이러한 결정 또한 공포 분위기에서 이루어졌으나, 많은 경우 "차라리 빨갱이에게 죽는 것이 훨씬 낫다"라는 담론을 '자연스럽게' 공유하게 하는 과정이 병행된다. 즉, '국민이 되어' 목숨을 부지하기 위해서는 반란군 토벌에 참여해야 하고, 그 과정에서 '빨갱이'에게 죽으면 국민으로서 이름을 남길 수 있겠다는 판단을 하게 된다. 학살 피해자가 학살 가해자를 대신해 추가적인 학살에 참여함으로써 새로운 국가의 새로운 국민으로서 삶을 영위하는 결정을 하게 된 것이다. 국민국가 형성 과정에서 모든 주민은 국민과 비(非)국민 사이에서 위태로운 줄타기를 하고 있었다.

인류 역사에서 보편적으로 나타나는 제노사이드와 보복의 근원은 인종·종교·지역 요소이지만 한국전쟁기 민간인 집단 학살에서는 이것들이 배경이나 원인으로 작용하지 않았다. 그런데 왜 학살이 일어났을까? 개인이나 집단 간의 상호 증오와 살상 충동·동기는 언제나 존재한다. 문제는 그러한 사회적·역사적 증오와 살상 동기가 실제로 학살이라는 엄청난 비극을 실행에 옮기도록 동원되는 데 있다. 동원 메커니즘은 증오를 심화시켜서 이질성과 갈등이 비폭력 상태에 머물지 않고 파괴와 살상으로 이행되도록 한다. 이러한 동원의 메커니즘은 정치의 영역이라고 할 수 있다. 여러 가지 정치적·이데올로기적 제도를 통한 사회화 과정에서 다른 집단에 대한 증오와 파괴의 이념이 집단적 기억으로 지속되기 때문에 집단적 증오가 영속화된다. 이것이 폭력과 그 절정인 제노사이드의 악순환을 보장한다. 결국 중요한 문제는 집단적 기억의 체계이며 여기에 개입된 정치의 차원이다(이삼성, 1998: 50~51).

그렇다면 구례의 경우에도 '집단적 기억'이 과거의 학살을 정당화하고 학살 피해자의 구술과 기억을 억압하는 도구로 동원되었는가? 1948년 당시 집단적 기억의 정치가 추가 학살을 정당화하고 피해자를 가해자의 입장에 참여하게 하는 요소가 되었던가? 기억의 정치란 곧 기억의 조작, 정치적 신화의 창조와 같은 것을 말한다. 그것은 집단적 기억의 망각과 왜곡, 부인, 조작의 정치를 말한다. 그러나 집단적 기억의 망각과 왜곡, 부인, 조작의 정치는 학살이나 부당한 폭력 사건 이후 상당한 시간이 지나서야 비로소 지배적 정치집단에 의해 기획되고 실행되는 것이 아니라, 학살이나 폭력이 진행되고 있는 동안에도 실행될 수 있다. 여순사건과 한국전쟁기 남한의 지배집단이 행한 '기억의 정치'는 곧 '기억 만들기의 정치'이다. 학살과 국가폭력의 현장에서 국가의 입장에서 필요한 기억과 불필요하거나 위험한 기억을 구분하고 조작하는 일이 이루어졌다고 볼 수 있다. 그것도 조직적인 틀을 갖추고 강압, 공포, 폭력적 분위기를 조장하면서 이루어졌다.

기록물이나 문헌자료도 권력이 개입되면 기억 만들기 정치의 재료가 될 수 있다. 기념비를 비롯한 역사적 구조물도 기록물이나 문헌자료와 같은 배제적 권력과 이데올로기적 성격을 보인다. 그리고 이에 의존한 역사 해석이 민중의 기억에 관한 기술보다 높은 지위를 차지한다는 점이 민중의 기억을 구술하는 데 일정한 제약을 가한다. 구례 산동의 백인기 중령 추념비는 그것에 새겨진 문구 자체가 하나의 객관적·과학적 사실로 인정되었으며, 관련된 사실의 다른 면에 대한 기억과 구술을 제한하는 작용을 했다. 이 책의 공저자인 정호기는 산동의 백인기 중령 추념비 때문에 구례 주민들 다수가 군·경에 의한 학살을 잘못 기억하고 있다고 추론한다. 희생자들이 반란군에게 살해되거나 그들과 교전 중에 사망한 것으로 착각하고 있다는 것이다.

조사 마을에서도 국가적 반공이념이 집단 학살을 정당화하는 강력한 근거였지만, 동시에 특정 개인과 관련된 평가 또는 사적 인간관계가 중요하게 작용한 것으로 기억·구술되고 있었다. 가령 '백인기'는 형성 중인 '국민국가'를 대리하는 토벌대의 수장으로서, 곧 국가권력의 대리자 또는 구례에서 보호되어야 할 국가권력 자체였다. 백인기의 자살은 국가의 입장에서는 타살이나 다름없는, 아니 타살보다 더 참혹한 죽음이었다.

그것은 곧 형성 중인 국가가 태아 상태에서 사망할 수도 있는 위기와 같았기 때문이다. 그를 사망하게 한 원인을 제거하는 작업이 민간인 학살이라는 집단적 마녀사냥으로 실행되고 정당화되었다. C씨 집안의 막내아들은 '빨갱이'의 상징이다. 그러나 당시 국가폭력에 반대하며 '차라리 빨갱이가 나았다'는 입장이 조금이라도 있었던 사람들은 그 인물의 행적에 대해 긍정적인 평가를 부여할 것이다. 곡중의 G 교사에 대해서도 마찬가지이다.

학곡에서 피해자 주민이 가해자로서 몽둥이질 폭력에 참여한 것은 폭력기구를 갖춘, 문명과 대립되지 않는 의미의 근대국가 형성 과정에서 국가권력을 대행하는 폭력의 행사라고 해석할 수 있겠다. 피해자로서 공포를 지닌 국민이 '자발적으로' 국가권력을 대신하여 '내부의 적'을 때려죽이는 행위에 참여하게 된 것이다. 문제는 '가해에 참여한 주민이 근대국가의 국민으로서 국가를 대신하여 폭력에 참여했느냐' 하는 것이다. 우선 주민들은 국가기구의 성원은 아니다. 그리고 근대적 정치체제의 대리자로서가 아니라 전근대적 공포와 분노에 의해 폭력을 행사한 것이다. 형성 중인 근대국가는 전근대적 폭력의 형태를 동원하고 활용한다.

국가가 공공의 이름으로 통제를 전면에 내세운다는 것은 곧 사회 내 특정 세력이나 대표자가 국가의 이름으로 다른 세력을 억압하는 것을 뜻한다. 이것은 거꾸로 지배세력의 사회적 기반과 정당성의 기반이 허약했음을 나타낸다. 따라서 냉전 질서하 국가의 폭력 행사는 사회 내 지배집단과 피지배집단의 세력 관계, 특히 양자 간의 합의 기반이 취약함을 드러내는 사회관계의 양상이라고 할 수 있다(김동춘, 2000b) 학곡 주민들의 기억에는 군대와 경찰이 분명하게 구별되어 인식되지 않았다. 뭉뚱그려져 동질적인 권력기구, 즉 폭력의 행사가 정당화된 국가권력기구로 다가온 것이다.

이제 다시 기억의 재현으로 돌아가보자. 구례 주민들은 오랫동안 기억의 전수를 회피하며 살아왔고 자녀들이 아픈 과거를 알지 못하도록 침묵해왔다. 대량학살의 기억은 스탈린 시대의 억압과 같이 국가에 의해 통제되거나 억압되는 경우가 적지 않다. 그러나 사람들은 국가가 기억을 통제하지 않아도 끔찍한 사건 등 받아들이기 어려운 사건에 대해서는 자발적으로 침묵하는 경향이 있다. 기억하기조차 싫은 것이다(권귀숙, 2006: 19~20).

한국 민중의 전쟁경험과 기억은 "예속적 앎"이다(Foucault, 1997). 이것은 지배적 앎과 마찬가지로 '전투에 대한 기억'을 다른 방식으로 해석한 것이다. 푸코의 말처럼 그 전투가 회복 불가능할 정도로 완전히 패배로 끝나면서 '예속적 앎'은 '불온한 생각'이 되었고 이웃과 자식에게도 감히 발설하지 못하는 것이 되었으며, 심지어는 피해자들이 자신이 체험한 사실을 부인하거나 망각을 위해 몸부림치는 일도 발생했다(김동춘, 2000a: 26~27). 당시를 겪었던 주민들은 대부분 아들, 딸에게 마을에서 있었던 일과 그에 대한 기억을 말하지 않고 살아왔다. 피해만 당한 사람이건 결국 가해에도 참여하게 된 사람이건 당시의 경험과 기억을 가진 사람들은 누구나 57년 만에 처음으로 상세하게 해보는 구술이라고 했다. B1씨 부부는 딸 셋, 아들 둘로 오남매를 두었지만, 지금까지 여순사건과 전쟁 때 겪었던 일에 관해 제대로 이야기한 적이 없다고 했다. 지금은 마흔이 넘은 자식들이 어렸을 때, 그러니까 여순사건을 겪은 지 20여 년 정도가 지난 시절, 마을 노인들은 청장년들이 그때 이야기를 꺼내면 쓸데없는 이야기를 한다며 호통을 쳤다고 한다. 심지어 젊은이들은 그것이 그때에 관한 이야기였는지도 몰랐다고 했다. 부인하거나 망각하기 위해 몸부림치지는 않았다고 하더라도, 망각하지 않고 말하는 것을 금기시했다. 예속적 앎을 공유하는 사람들은 서로를 지배하고, 그럼으로써 예속적 앎은 더욱 단단하게 유지된다.

일상생활을 함께해온 농촌 마을에서 학살 기억이나 경험을 공개적으로 드러내는 일은 매우 드물다. 과거의 전쟁이 현재의 생활 속에 묻혀 있다고 할 수 있다. 어떤 경험을 망각하고 어떤 경험을 회상해야 하는지, 그리고 과거 경험에 대해 어떤 해석을 내려야 하는지에 대해 사람들은 다른 삶과의 관계 속에서 결정하는 경향이 있기 때문이다(Thelen, 1989: 12; 염미경, 2005: 164에서 재인용). 따라서 사람들은 살상이나 폭력이 마을 내의 원한·갈등 때문에 일어난 것이 아니라 '시대' 속에서 발생할 수밖에 없었던 것으로 외적 원인에 책임을 돌린다. 이들의 기억 가운데 일부는 '공식 기억'으로 서사되지만 많은 부분은 망각되거나 '기억의 회피'가 일어난다. 기억의 회피는 회상하고 싶지 않은 과거의 사건이나 체험을 드러내지 않으려는 의식적 노력이라 할 수 있다.

전쟁과 폭력, 학살의 극한 상황에서 생존한 사람들의 기억은, 무엇보다도 생존했다는 경험 자체가 남다르기 때문에 평범한 일상의 기억과 다른 점이 있다. 억압과 공포 속에서 기억은 조각나고 생각과 느낌이 분열된다. 특히 학살 이후 권력자들이 사건에 대해 침묵하게 만들고, 침묵을 부추기면서 이에 따른 보상 제도까지 만드는 과정에서 생존자의 기억은 더욱 손상을 입게 된다. 조각난 기억에는 회상하기조차 수치스럽지만 잊히지도 않는 '굴욕적 기억'이나 영웅적 행동을 하지 못했다는 '자괴적 기억'이 따라다닌다(권귀숙, 2006: 36~37) 군입대를 앞두고 있어서 죽음의 공포를 벗어난 B1씨는 구술을 회피했다. 아니, 기억조차 회피했다. 그는 '굴욕적 기억'을 지니고 살아왔을 것이다. 곡상의 C씨 형제들도 증언하지 않으려 했다. 기억하고 있음이 분명하지만, 기억하기조차 싫은 것이 아닐까? 또는 홀로 살아남았다는 자괴적 기억을 지니고 있는 것일까?

기억은 살아 있는 개인이나 집단에 의해 담보되며 또한 감정적이다. 모든 기억들은 사실과 견해의 혼합물이고 이 모두가 중요하다. 따라서 기억의 문제는 뭔가 상기되어야 할 과거의 사실에 대해 그 진위를 가리는 싸움에 그치는 것이 아니며, 거기에는 기억과 망각의 정치가 존재한다(윤 건차, 2000: 287~300). 그럼에도 기억은 체험자 개인에게는 억눌린 과거 를 되살리는 치유의 계기가 되며 사회적으로는 역사적 진실을 복원하는 방법이 될 것이다. 그리고 무엇보다 기억의 정치학을 이해함으로써 부당 한 폭력과 학살이 더 이상 반복되지 않도록 행동할 수 있을 것이다. 과거를 기억하는 것은 단지 과거의 진실을 규명하는 차원에서 그치는 것이 아니라 현재의 문제로서 미래의 방향까지 결정하는 것이다(권귀숙, 2006: 6~7). 따라서 한국전쟁의 경험과 기억에 관한 연구는 결국 현재에 도 살아 있는 과거에 관한 연구이다.

권경안. 2000. 『큰산 아래 사람들: 구례의 역사와 문화』. 광주: 향지사.

권귀숙. 2006. 『기억의 정치: 대량학살의 사회적 기억과 역사적 진실』. 문학과지성사.

김동춘. 2000a. 『전쟁과 사회』. 돌베개.

김동춘. 2000b. 『근대의 그늘: 한국의 근대성과 민족주의』. 당대.

염미경. 2003. 「전쟁연구와 구술사」. 표인주 외. 『전쟁과 사람들: 아래로부터의 한국
　　전쟁연구』. 한울.

염미경. 2005. 「여성의 전쟁기억과 생활세계」. 김경학 외. 『전쟁과 기억: 마을 공동체
　　의 생애사』. 한울.

윤건차. 2000. 「기억과 사회과학적 인식: 재일동포에게 기억이란 무엇인가」. ≪진보
　　평론≫, 5호(가을).

윤택림. 2003. 『인류학자의 과거여행: 한 빨갱이 마을의 역사를 찾아서』. 역사비평사.

이삼성. 1998. 『20세기의 문명과 야만: 전쟁과 평화, 인간의 비극에 관한 정치적
　　성찰』. 한길사.

왈리만·도브코우스키(Wallimann, I. and M. N. Dobkowski) 엮음. 2005. 『현대사회와
　　제노사이드』. 장원석 외 옮김. 제주: 각.

전진성. 2005. 『역사가 기억을 말하다: 이론과 실천을 위한 기억의 문화사』. 휴머니
　　스트.

정근식. 2003. 「한국전쟁 경험과 공동체적 기억」. 『구림연구』. 경인문화사.

클라인만, 아서(Arthur Kleinman) 외. 2002. 『사회적 고통: 인간의 고통에 대한 사회학
　　적·의학적·문화인류학적 접근』. 안종설 옮김. 그린비.

표인주 외. 2003. 『전쟁과 사람들: 아래로부터의 한국전쟁연구』. 한울.

푸코, 미셸(Michel Foucault). 1976. 『사회를 보호해야 한다』. 박정자 옮김. 동문선.

Green, Linda. 1994. "Fear as a Way of Life." *Cultural Anthropology*, 9(2).

Hirsh, Herbert. 1995. *Genocide and the Politics of Memory: Studying Death to Preserve Life*.
　　Chapel Hill: The University of North Carolina Press.

Sluka, Jeffrey A. 2000. "Introduction: State Terror and Anthropology." in Jeffrey A.

Sluka(ed.). *Death Squad: The Anthropology of State Terror*. Philadelphia: University of Pennsylvania Press.

Thelen, David. 1989. "Memory and American History." *Journal of American History*, 75(4).

Wallimann, Isidor and Michael N. Dobkowski(eds.). 2000〔1987〕. *Genocide and Modern Age: Etiology and Case Studies of Mass Death*. Westport: Greenwood Press.

한국전쟁기 함평 지역에서의 학살 사건[*]

•

양라윤

1. 실태조사 실시 배경

한국전쟁 전후 민간인 학살의 실태는 사실 자체가 은폐되거나 왜곡되어왔다. 전쟁이 수많은 희생자들을 낳는 것이 당연한 사실로 인식되면서도 얼마나 많은 사람들이 어떻게 희생되었는지 그 실태와 양상은 구체적으로 드러나지 못했다. 또한 이 문제를 공론화하는 데도 많은 좌절과 시련이 있었다.[1] 이와 같이 한국전쟁에서 민간인 학살 문제는 비역사적인 것으로 침묵 또는 왜곡되었다. 하지만 최근에 들어 과거청산 문제가 공론화되고 사회적 노력이 모이고 있으며, 이제 역사의 진실을 밝히고 한국전쟁에서 민간인 학살 문제를 역사화시키는 노력이 필요할 것이다.

이러한 문제의식에서 이 연구는 한국전쟁 전후 함평 지역에서 무장조직에 의해 발생한 민간인 피해의 실태를 구체적으로 밝히려 한다. 여기에

---

[*] 이 글은 2006년 (사)한국현대사회연구소 조사팀이 수행한 공동 작업에 기초를 둔 것이다.
[1] 진상규명이 공론화된 것은 세 차례로 1951년 '거창사건' 진상조사, 1960년 4월 혁명 직후 진상조사, 1980년대 후반 민주화가 진행되면서이다(정호기, 2006: 42~43).

서는 사실 발견(fact finding)에 주목하여 함평 지역 민간인 희생자의 대략적인 규모, 학살의 형태, 학살의 지역적 분포, 학살의 수단 및 방법 등을 밝힐 것이다.

연구 대상지인 함평 지역에서 한국전쟁을 전후하여 군인들에 의한 민간인 피해가 있었다는 사실은 비교적 일찍 세상에 알려졌다. 4·19 직후인 1960년 5월, 국회에 '양민학살사건진상조사특별위원회'가 구성되어 같은 해 6월 8일에 전남 반(班)에 속한 세 명의 국회의원이 현지를 조사한 결과, 함평군 3개 면(나산면·월야면·해보면)의 인명 피해가 524명이고 1,454호의 가옥이 소실된 것으로 드러난 바 있다(정찬동, 1999; 김영택, 2001). 그러나 이러한 사실은 조사 직후 발생한 '5·16 군사쿠데타'로 또다시 덮이고 말았다.

한국전쟁을 전후하여 발생한 함평 지역의 민간인 피해 사건이 다시 세상의 조명을 받기 시작한 것은 정치적 민주화가 어느 정도 진행되고 광주민주화운동에 대한 정부의 해결책이 급물살을 타던 1993년부터였다. 그해 11월 22일 나산면·월야면·해보면의 유족들을 중심으로 '함평양민학살희생자유족회'가 만들어졌고, 유족회가 주도해 희생자들에 대한 위령제를 지내는 한편, 정부 측에 진상조사와 명예회복을 요구하기 시작한 것이다.

그 후 여러 가지 우여곡절이 있었지만, 정부에서는 2005년 5월 3일 「진실·화해를 위한 과거사정리기본법」을 제정했으며, 같은해 12월 1일에는 '진실·화해를 위한 과거사정리위원회'를 구성했다. 한편 함평군 내에서도 앞에서 언급한 3개 면 이외의 지역에서 여러 가지 피해 상황을 호소했으며, 면별로 유족회를 구성하기 시작했다. 이러한 상황에 직면한 함평군은 함평 지역의 피해 상황을 사전에 조사해 정부의 조사에 대응할 필요가 있다고 인식하고 유족들을 중심으로 '한국전쟁 민간인 희생자 명예회복 함평군 추진위원회'(이하 추진위원회)를 구성했다.

추진위원회에서는 함평군의 협조를 얻어 한국전쟁기에 함평 지역에서 발생한 민간인 피해 상황에 대해 조사 용역을 시행하기로 했다.[2] 추진위원회에서는 3개월 정도에 불과한 시간적 한계와 조사 비용의 한계, 현실적인 필요성 등을 감안하여 나산면·월야면·해보면의 3개 면을 제외하고 용역을 발주했으며,[3] 그 결과 한국현대사회연구소(조사책임자 최정기)와 조사 용역을 체결했다. 조사팀은 10일 정도의 사전 준비를 거친 다음, 7월 10일경부터 추진위원회의 협조와 도움을 받으며 조사를 개시했다. 먼저 지역 내 유족회의 도움을 받아 현지의 협조자를 소개받은 다음, 직접 마을을 방문하고 구술 채록을 실시하는 현장조사와 더불어, 군(軍) 관련 자료와 신문자료 등 기존의 자료를 통해 사실을 확인하는 방식으로 진행되었다.

2. 조사 대상

1) 시간적 범위

조사는 한국전쟁을 전후한 시기를 대상으로 했다. 당시 함평 등 전남 지역에서는 해방 직후인 1945년 말부터 새로 수립될 국가의 주도권을

---

2) 그런데 함평 지역 내에서도 나산면·월야면·해보면과 같이 당시의 피해 상황에 대해 이미 조사가 많이 이루어져서 더 이상 필요 없다는 지역이 있는 반면에 손불면·대동면 등과 같이 거의 조사되지 않은 지역도 있었다. 또 신광면은 목포대학교 사학과 학생들의 조사가 진행된 적이 있었으며, 그 결과물을 이용할 수 있는 상황이었다(목포대 역사문화학부 역사학전공, 2003 참조).

3) 함평군의 행정구역은 1개 읍과 8개 면으로 구성되어 있다. 이번 조사의 대상은 3개 면(나산면·월야면·해보면)을 제외한 1개 읍(함평읍)과 5개 면(대동면·손불면·신광면·엄다면·학교면)이었다.

둘러싸고 좌·우익 간의 대립이 점차 격화되고 있었다. 이러한 대립은 1948년 8월 15일의 단독정부 수립과 사실상의 분단체제 형성, 이를 둘러싸고 벌어진 각종 정치적 사건들, 특히 1948년 10월의 여순사건을 계기로 거의 전쟁을 방불케 하는 폭력적인 대결로 진행되었다. 그리고 이러한 정치적 갈등과 대결의 와중에 수많은 민간인들이 집단 희생되는 불행한 일이 발생했다. 즉, 1948년 말부터 한국전쟁이 끝나는 1953년까지 함평 등 전남 지역에서 민간인들이 집단적으로 희생당하는 사건이 계속되었던 것이다. 따라서 여기서 '한국전쟁을 전후한 시기'라고 한 것은 1948년 10월부터 1953년 7월까지의 기간을 가리킨다.

2) 공간적 범위

이 조사의 공간적 범위는 기본적으로 함평 지역에 한정한다. 그런데 여기서 함평 지역이라고 할 때에는 함평에 거주하고 있던 주민이 함평 지역에서 피해를 입은 것에 한정한다는 의미이다. 따라서 다음의 몇 가지 경우는 논의에서 제외할 수밖에 없다.

첫째, 타 지역 출신인 특정인이 함평 지역에 와서 피해를 입은 경우는 조사 대상에서 빠졌다. 이번 조사는 기본적으로 함평 지역의 마을을 대상으로 해당 주민들의 피해 여부를 조사하는 것이기 때문에 이 경우는 조사 대상에서 누락될 수밖에 없었다.

둘째, 함평 출신 지역민이 타 지역에 가서 피해를 입은 경우도 기본적으로는 조사 대상에서 빠졌다. 이 경우에는 자신이 적극적으로 타 지역에 가서 활동했거나 피난을 간 경우가 포함된다. 다만 함평에서 특정 정치세력 및 무장세력에 끌려가서 타 지역에서 피해를 입은 경우(형무소 등)나 함평 지역에서 특정 정치세력의 체포 및 공격을 피해 도주하다가 피해를 입은 경우에는 포함시키려고 노력했다.

셋째, 함평 지역 중에서도 나산면·월야면·해보면 지역에 대한 조사는 생략하기로 조사를 기획한 초기에 합의했다. 이 지역의 이른바 '5중대 사건'에 대해서는 이미 김영택(2001)의『한국전쟁과 함평양민학살』등 다수의 연구 결과가 있기 때문이다.[4] 물론 이 지역에서 발생한 또 다른 학살 사건이 있을 개연성이 있지만, 그에 대한 정보가 거의 없어 이 지역의 상황에 대해서는 차후의 정밀조사로 넘기기로 했다.

3) 가해자인 국가권력과 '민간인 피해자' 개념

한국전쟁기에 집단 사망이 발생한 경우를 보면, 국가기관이 민간인을 학살한 경우와 집단적인 무장세력 사이의 충돌로 인한 경우, 개별 민간인이 개별 민간인을 살해한 경우로 나눌 수 있다. 이 중 무장세력 사이의 충돌로 인한 경우는 전투행위로 판단하여 사례에서 제외할 수 있겠지만, 나머지 두 가지 경우는 모두 가해자에 포함될 수 있다.

좌익 측은 당시 북한의 주도로 인민유격대를 조직했지만, 그것을 정규 조직으로 볼 것인지는 매우 논쟁적인 사안이다. 특히 유격대 상층부를 제외하고 지역에서 활동하던 여러 가지 형태의 빨치산들을 국가기관으로 볼 것인지는 분명하지 않다. 하지만 이들이 민간인을 죽인 경우는 물론이고 경찰이나 우익 인사 등을 죽인 경우에도 별다른 사법절차를 거치지 않았다면 그것은 학살로 볼 수 있다.

당시 대한민국의 무력을 구성했던 것은 주로 군과 경찰이었다. 이 중

---

4) 나산면, 월야면, 해보면은 이른바 '함평사건', '5중대 사건'의 대표적 사례로 알려져 있으며 이에 대한 연구들이 어느 정도 이루어져 소개된 상태이다(광주전남현대사 기획위원회, 1991; 정찬동, 1999; 김영택, 2001 참고). 하지만 다른 지역에서는 이러한 조사가 실시된 적이 없었기 때문에 이번 조사를 통해 함평 지역에서 일어난 민간인 학살의 실상을 살펴볼 수 있는 의미가 있다고 본다.

경찰조직은 함평경찰서 소속 경찰부대는 물론이고 경찰기동대, 경찰유격대, 흑호대 등 다양한 명칭의 부대가 존재하고 있었다.[5] 그 외에 토벌대를 구성했던 세력은 어느 지역에서나 볼 수 있는 서북청년단과 대한청년단이 있었으며, 예비군 성격이지만 중학생까지도 포함되었던 호국군, 기존의 학련[6] 조직, 의용대, 소방대 등이 있었다. 이 조직들은 민간인으로 구성되었지만, 군과 경찰의 지휘를 받았으며 토벌 작전 과정에서도 중요하게 고려되는 부대였기 때문에 일종의 국가기관으로 볼 수 있을 것이다(김동춘, 2000: 205). 따라서 이 조직들에 의해 민간인들이 피해를 당했을 경우는 이 조사의 중요한 대상이 된다.

문제는 민간인들이 개별적으로 민간인들을 살해한 경우들이다. 이 경우에는 사건의 사회적 맥락과 가해자인 민간인의 자격 및 위치를 체계적으로 검토해보아야 할 것이다. 그래서 설령 살해의 원인이 개인적인 원한이더라도 가해자가 당시의 정치 상황에서 자신의 정치적 배경을 이용하여 상대방을 살해한 경우에는 조사 대상에 포함했다. 반면 단순히 사적인 원한 관계로 인해 평상시에도 나타날 수 있는 살해 사건이라면 대상에서 제외했다. 하지만 반세기 이상이 지난 시점에서 그 기준이 엄밀하게 적용되기는 어려우며, 이웃 등 사람들의 평판이 기준 적용에 중요하게 작용할 수밖에 없었다.

한편 '민간인 피해자'라는 개념에도 역시 국가기관을 정의할 때 드러났던 모든 어려움이 그대로 나타나며, 그만큼 구체적으로 접근하기 어려운 개념이다. 당시 상황에서 이 개념을 정의하기 위해서는 이를 구성하는 두 개념, 즉 민간인이라는 개념과 피해자라는 개념에 대해 정의해야 한

---

5) 이 부대들에 대해서는 현재 경찰 측에서도 거의 파악하지 못하고 있다.
6) 원래는 1946년 반탁학생연맹으로 출발했지만, 이후 좌우 대립 속에서 전국학련으로 전환하여 우익의 행동대 성격을 갖는 조직으로 성장했다. 함평군은 학련 조직이 매우 강했던 지역으로 알려져 있다.

다. 민간인 개념이나 피해자 개념이 모두 사회적이고 역사적인 개념이기 때문에 사람들이 누구를 민간인으로 부르고, 무엇을 피해라고 하는지는 당시의 맥락에서 구체적으로 검토해야 하는 문제인 것이다.

먼저 피해자 개념은 한국전쟁기의 상황에서 전쟁 상태라는 특수한 상황으로 인해 좌익 또는 우익 세력에게 피해를 당한 사람을 말한다. 원래는 생명의 박탈뿐만 아니라 재산상의 피해와 정신적인 피해 등이 모두 망라되어야 할 것이다. 하지만 이렇게 폭넓은 개념을 취할 경우 당시의 상황에서 피해자가 아닌 사람은 거의 없을 것이기 때문에 여기서는 인명 피해에 국한하여 조사를 진행했다.

다음으로 민간인이라는 개념은 피해자가 당시 국가기관의 구성원인지 여부를 판별하는 문제이다. 단어의 의미만으로는 국가기관의 조직 체계에 속하는지의 여부와 국가 재정의 부담으로 운영되는지의 여부, 또 해당 개인의 행위가 국가권력의 위임 사항인지의 여부 등을 판명하면 된다. 그러나 당시의 사정은 이런 단어적 의미가 별 효용성이 없었던 시기였다. 대한민국 정부에 반대하여 자신들만의 국가를 건설하고자 했던 빨치산은 물론, 대한민국 정부의 무력을 구성하던 각 기구들 역시 매우 다양하게 존재하고 있었으며, 각 기구 별로 국가와 독특한 관계를 맺고 있었기 때문이다. 따라서 피해자가 전투부대에 속한 상태에서 전투 중에 사망한 경우를 제외하고, 가능한 한 모두 조사 대상에 포함시켜 조사를 진행했다. 특히 조사 과정에서 조사팀은 특정인을 거론하면서 그가 좌익 또는 우익과 관련된 인물로 매우 악독한 행위를 했으며, 그런 행위의 결과로 사망했기 때문에 피해자로 볼 수 없다는 개인적인 견해를 접할 수 있었다. 그러나 당시의 상황이 그렇다고 하더라도 법치국가에서 정상적인 형사 절차를 거치지 않은 살해 행위는 정당화될 수 없으며, 전쟁 상태의 즉결 처분권으로 볼 수 있는 사례가 거의 없다는 점에서 그러한 사례 역시 포함시키기로 했다.

3. 한국전쟁 전후 함평 지역의 정치투쟁

함평 지역에서 좌우 간의 무장투쟁이 일어나기 시작한 것은 여순사건 이후 제14연대의 한 무장부대가 불갑산까지 오면서부터이다. 이 부대가 몇 명으로 구성되었는지 현재로서는 불분명하지만, 총수로 볼 때 대략 30~40명 정도의 무장병력에 죽창이나 몽둥이 등으로 무장한 일부 세력을 합친 정도였다. 이들의 주된 활동 무대는 함평의 불갑산과 군유산, 영광의 구수산, 장성의 태청산 등이었는데, 이들의 출현과 이들을 토벌하려는 군·경 및 우익 단체의 등장으로 이 산들 근처의 손불면, 신광면, 대동면, 해보면, 월야면, 나산면 등은 많은 어려움을 겪어야 했다.

그러다가 1949년 10월 30일부터 1950년 2월 28일까지 호남 지역에서는 지리산을 중심으로 이른바 '공비(共匪)'들에 대한 전면적인 토벌 작전이 전개되었다. 이 작전은 3단계로 진행되었는데, 1단계(1949년 10월 30일~11월 30일)에는 공비 근거지를 포위한 상태에서 정보 수집과 대민 공작을 추진하고, 2단계(1949년 12월 1일~12월 15일)는 전투 공세기로 강력한 군경 합동 토벌 작전을 감행하며, 3단계(1949년 12월 16일~1950년 2월 28일)는 건설 공작 및 사상 선도에 치중한다는 것이었다(육본 정보참모부, 1971: 240).

이 시기 불갑산의 빨치산들을 토벌하기 위하여 동원된 병력은 주로 광주에 주둔중인 제20연대[7] 병력과 함평, 영광 등의 경찰기동대, 그리고

---

7) 1946년 2월 전남 광산군에서 창설된 제4연대가 여순사건 진압 중인 1948년 11월 20일을 기해 제20연대로 개칭하고 제6여단에 배속되었는데, 당시 20연대의 주요 임무는 1949년 가을부터 1950년 초에 걸쳐 진행된 '공비토벌 작전'이었다. 그 결과 '공비'에게서 가장 많은 무기를 노획했다고 하여 채병덕 참모총장의 부대 표창을 받기도 했다. 그러나 이때의 20연대는 한국전쟁 때 병력이 감소해 제12연대로 예속되었다가, 1950년 9월 25일 경남에서 재창설되어 제11사단에 예속되었다(보병제11

예비군 성격의 호국군, 우익 청년 조직인 대한청년단 등이 있었으며, 이 외에도 의용대나 소방대원들이 있었다. 군·경의 토벌 작전은 빨치산과의 전투였지만, 그 과정에서 불갑산 인근의 주민들은 말할 수 없는 고통을 받았으며, 이미 이 시기부터 수많은 민간인이 재산 피해는 물론이고, 생명을 잃는 경우도 허다하게 발생했다.[8]

한편 한국전쟁이 발발하고, 인민군이 들어오기 이전에 발생한 매우 중요한 사건이 보도연맹원에 대한 학살 사건이다. 전체 규모는 잘 드러나지 않지만, 함평 지역에서도 한국전쟁이 일어난 직후 보도연맹원들을 함평경찰서로 소집했다. 이들의 총수는 대략 500~700명 선에 이르는 것으로 보이는데, 그들 모두가 함평 지역 출신인지는 분명하지 않다. 이들 중 일부는 목포교도소로 이송되었으며, 나머지는 나산면 넙태산, 학교면 복천리 얼음재, 함평읍 옥산 계두산에서 처형당했다. 목포로 넘어간 사람들 역시 목포가 점령당하기 전에 바다로 끌려가 수장당한 것으로 알려져 있다.

인민군 점령 시절에는 또 다른 측면의 인명 피해가 발생했다. 함평 지역을 점령한 좌익 측에서 이른바 '반동분자'를 색출하여 숙청하는 사례가 빈번했기 때문이다. 이들 중에는 즉결처분된 사람도 있었지만 광주교도소로 넘겨진 사람도 있었다. 또한 비행기의 공습은 또 다른 공포였다. 인민군 점령 지역은 미군기의 폭격과 기총소사가 발발한 사실이 있는바, 사람들이 '호주기'라고 부르는 비행기는 함평읍 지역과 신광면 시장

사단, 1986: 13~14). 함평 지역에서 학살을 주도했던 제5중대는 바로 이 20연대의 예하 부대였으며, 따라서 20연대는 함평과 악연을 맺고 있다고 볼 수 있다.

8) 이와 같은 사실은 당시(1948년 7월~1949년 12월) 이 지역의 신문 기사인 《호남신문》의 자료로 확인할 수 있었다. 아쉽게도 1950년 이후 전쟁 시기의 기사는 발견할 수 없었지만, 함평 지역의 정치폭력에 대한 기사를 중심으로 피해 사실 정도를 참조했다.

터에 기관포 사격을 했으며, 이로 인해 민간인이 사망한 사실이 있다.

한국전쟁 시기에 후퇴했던 군·경이 돌아와서 함평 지역을 탈환한 이후, 즉 1950년 가을 무렵 불갑산에는 전남도당부 불갑지구당이 있었다.[9] 당시 지구당 위원장은 김용우[10](합법 시절 목포시당 위원장, 구빨치[11] 출신) 였으며, 불갑지구 빨치산 사령관은 박정현(합법 시절 나주군당 위원장, 구빨 치 출신)이었다. 불갑산 지구당은 전남 지역에서 영산강 서쪽을 대부분 관할했으며, 서해안의 여러 섬도 관할했다. 지구당부는 불갑산의 오도치 골 안쪽에 있었으며, 함평 군당부는 용천사골에 있었다. 당시 불갑산에 모인 세력은 함평군당 일부, 영광군당 일부, 장성의 3개 면 성원, 목포시 당 일부, 무안군당, 완도군당, 진도군당, 서나주 지구당 일부 등이었으며, 인근 섬 지역에서도 많은 사람들이 불갑산으로 들어왔다.

당시 불갑산에는 대략 2,000명 정도의 사람들이 들어와 있었다고 한 다. 그리고 무장세력이 훈련하는 훈련장이 용천사 앞에 있었으며, 산에는 쌀을 정미할 수 있는 정미소까지 만들어져 있었다. 일종의 생활 근거지를 구축한 것이다. 심지어 부족한 무장력을 보완하기 위하여 자체 단발총을 제작할 정도로 당시 불갑산은 인근 좌익 세력의 중심이었다. 그러나 무장 력은 매우 빈약했으며, 불갑산에서 살아남은 사람의 증언으로는 전체 무장력이 총 40정 이하였다고 한다.

한국정부는 산악 지대를 비롯한 전국 각지에서 발호하고 있던 공산주 의자들을 소탕하기 위해 1950년 10월 2일 경남 삼랑진에서 육군 제11사 단(사단장 최덕신 준장)을 창설했다. 이들은 동년 10월 14일 전북 남원에

---

9) 이하 빨치산의 상황에 대해서는 빨치산으로 활동하다가 체포되어 수형 생활을 했던 김영승(영광군 묘량면 출신)과 김인서(북한 출신)의 증언에 의존했다.
10) 1953년 지하활동 중 체포되었다가 1957년 광주형무소에서 사형이 집행되었다.
11) 빨치산은 한국전쟁을 기점으로 그 이전에 입산하여 활동한 경우에는 '구빨치', 한국전쟁 이후 입산한 경우에는 '신빨치'라고 부르기도 한다.

사단본부를 차리고 제9연대는 10월 6일 상주에, 제13연대는 10월 5일 전주에, 제20연대는 10월 10일 광주에, 공병대대는 10월 11일 남원에 배치했다. 그리고 공병대대를 제외한 3개 연대는 각각 호칭을 바꾸어 지리산전투사령부, 전북지구전투사령부, 전남지구전투사령부로 부르게 했다(김영택, 2001: 49). 이제 제11사단 제20연대가 전남 지역의 좌익 토벌을 책임지게 된 것이다.

그 결과 20연대(연대장 박기병 대령)는 1950년 10월 15일 광주에 도착하여 광주여자중학교에 본부를 차렸다. 이어서 예하 1대대는 담양지구의 소탕전에, 2대대는 장성·함평지구의 소탕전에, 3대대는 2대대의 일부 중대와 함께 나주 지역의 토벌 작전에 투입되었다(육군본부, 1954: 47~51). 이때 함평 지역에 투입된 부대가 2대대(대대장 유갑열)의 5중대(중대장 권준옥 대위)였다. 이 5중대가 이른바 '함평 5중대 사건'의 가해자이다. 이들은 제2공화국 시기의 국회의원 조사단이 확인한 피학살자 숫자만 524명에 이르는 학살극을 저지른 것이다.

이어서 1950년 1월 20일 전투가 벌어졌다. 이른바 '대보름작전'이 시작된 것이다. 토벌대는 광주 20연대와 전남 경찰기동대, 지역 경찰 등으로 구성된 1,500여 명이었으며, 이에 비해 빨치산의 무장력은 총 30여 정과 죽창이나 산에서 만든 단발총으로 무장한 수백 명 정도의 부대였다. 그 외에는 모두 비무장이었으며, 어린아이와 여성, 노인 등 전투할 수 없는 사람도 많았다. 그중에는 좌익 조직으로 볼 수 있는 사람도 많지만, 산 아래에서의 전쟁 상태를 피해 피난 온 사람들이 태반이었다. 이날의 전투로 용천사골에 있던 함평군당부는 몰살당하다시피 했다.

당시의 군 자료는, "20연대 2대대는 함평군 해보면 불갑산에 근거를 둔 공비 350명이 부근 각 고지에 진지를 구축, 계속 출몰하여 갖은 만행을 감행하고 있었으므로 2월 20일 03시 호표리를 출발, 도조리 후방

<표 5-1> 불갑산 작전(일명 대보름작전) 시의 군 조직표

지휘체계	계급	성명	참여 인원
20연대 2대대	소령	유갑열	(총 718명)
5중대	중위	이영오	89
6중대	중위	이용배	115
7중대	대위	강충호	120
8중대	중위	신해희	125
중포중대	중위	강장헌	104
대전차포중대	중위	김운호	112
연대수색대	소위	유삼률	53

자료: 보병제11사단(1986: 181) 재작성.

고지에 도달하여 적의 측방을 위협하는 동시에 부근에 잠복한 적을 발견하여 공격을 가하고 용천사 부근으로 도주하는 적을 계속 추적했다"라고 적고 있다. 그러면서 당시 공격에 가담한 중대별 활약상을 나열했다(보병제11사단, 1986: 179~181).

이후 불갑산지구에서 살아남은 사람들 중 장성 출신 일부는 장성 태청산으로 후퇴했으며, 또 다른 일부는 서나주지구당이 있는 금성산으로 후퇴했다. 그러나 태청산으로 후퇴한 사람들은 이후 3월 3일 2대대 6중대의 공격으로 전멸했으며, 금성산으로 후퇴한 사람들은 1950년 1월 21일 영산강을 건너 동나주지구당 영역에 있는 국사봉으로 이동했다. 이날 전투에 참여했던 사람의 증언에 의하면 당시 불갑산지구에서 사망한 사람의 숫자는 대략 2,000명 정도라고 한다. 이후 불갑산지구당 소속 빨치산들은 두 번에 걸쳐서 불갑산을 뺏으려고 했지만, 모두 실패했다.

당시 제11사단이 1950년 10월 호남 지역에 배치된 이후 1951년 4월 8일 제8사단에게 임무를 넘기기까지 자신들의 전과라고 발표한 것은 <표 5-2>와 같다.

<표 5-2> 전과 및 피해

전과 구분		전과	피해 구분		피해
사살		약 2,000명(추정)	전사		531명
포로 및 귀순		2,178명	실종		85명
부상		4,576명	부상		843명
총기 획득	따발총	156정	총기 분실	M1	22정
	경기관총	66정		LMG	1정
	중기관총	39정		경기관총	1정

자료: 보병제11사단(1986: 181) 재작성.

　그런데 대보름작전이 끝장낸 것은 비단 불갑산 지역의 좌익 무장세력
만이 아니었다. 함평 지역에 한정하여 본다면, 작전의 와중에 불갑산과
군유산 인근의 주민들은 그대로 '적'으로 몰렸으며, 그 과정에서 수많은
사람들이 죽임을 당했다. 죽은 사람의 대부분은 평범한 민간인이었으며,
쏟아지는 총알을 피해 피난 가던 사람들이 대부분이었다. 또 혹자는 집에
있다가 죽기도 했다. 현재 밝혀진 피해의 정도가 산에서 가까울수록 크다
는 사실이 그 이유를 설명해준다. 즉, 토벌대의 입장에서는 작전 과정에
서 발견된 모든 사람이 '적'으로 보였던 것이다.

4. 한국전쟁 전후 함평 지역의 학살 사건 분석

　앞에서 언급한 바와 같이 이 조사는 한국전쟁기 함평 지역의 민간인
피해 사례 중, 이미 조사가 이루어진 나산면과 월야면, 해보면을 제외하
고, 나머지 지역의 인명 피해 사례를 조사한 것이다. 이 조사는 50년
이상이 지난 시점에서 증언자의 구술증언에 의존한 조사이기 때문에
통계 처리를 하기에는 자료의 엄밀성이 떨어진다. 하지만 전체적인 경향

<표 5-3> 성별 사망자 현황

구분	인원(명)	비율(%)
남자	721	82.9
여자	137	15.7
불명	12	1.4
합계	870	100.0

성을 파악하기에는 문제가 없다고 판단해 SPSS PC 통계 패키지를 이용하여 통계 처리했다. 통계 처리 결과 제시된 수치는 정확한 과학적 데이터라기보다는 전체적인 경향을 표현하는 것이라 할 수 있다.

1) 인구학적 분석

먼저 이번 조사에서 파악된 전체 피해자 수는 870명이었다. 이 수치는 최소한도의 피해자라 할 수 있다. 피해자 중 가족이 없거나 피해 사실이 다소 애매한 경우에는 여러 가지 원인으로 조사에서 빠질 수밖에 없었기 때문이다. 피해자들의 성별 분포는 <표 5-3>과 같다. 파악된 피해자 870명 가운데 성별이 확인된 858명을 성별로 분류해보면 피해자의 82.9%에 해당하는 721명의 피해자가 남성이었으며 15.7%인 137명이 여성이었다. 이와 같은 수치에서 전쟁 중의 인명 피해가 남성을 주요 대상으로 한다는 사실을 확인할 수 있다. 하지만 여성 피해가 15.7%에 달할 정도로 많은 것은 당시 살상이 무차별적으로 진행되었다는 것을 보여주는 하나의 지표이다. 전쟁 상태에서 이루어지는 폭력적 대립 과정에서 살상이 이루어졌다면 여성의 인명 피해가 그보다는 훨씬 적어야 하기 때문이다. 또 이 외에도 조사 과정에서 명확하게 드러나지는 않았지만, 여성들이 당한 성적 피해도 적지 않았다는 증언도 들을 수 있었다.

〈표 5-4〉 연령별 사망자 현황

구분	빈도수(명)	비율(%)
10세 미만	14	1.6
10대	88	10.1
20대	278	32.0
30대	139	16.0
40대	108	12.4
50대	49	5.6
60대 이상	39	4.5
불명	155	17.8
합계	870	100.0

<표 5-4>는 피해자의 연령별 분포를 보여준다. 연령이 확인된 피해자의 32.0%가 20대이고, 16.0%가 30대이며, 12.4%가 40대로 활동성이 강한 20~30대가 전체의 60.4%를 차지하고 있다. 전쟁상태의 피해자라는 점을 고려하면 충분히 설명력이 있는 수치라 할 수 있다. 그러나 전체 피해자의 10.1%가 10대이며, 그 외에도 60대 이상과 10세 미만의 피해자가 각각 전체 피해자의 4.5%와 1.6%를 차지하고 있다. 이러한 점 역시 당시 이루어진 살상 행위가 상당히 무차별적으로 진행되었음을 보여주는 것이라 할 수 있다.

한편 한국전쟁 당시의 사회·경제적 상황에서 피해자들의 직업 분포는 큰 의미가 없었다. 거의 대부분의 사람이 농업에 종사했기 때문이다. 특히 함평 지역은 그 정도가 심해서 직업 확인이 가능한 피해자의 91.3%가 농업에 종사했다. 별다른 정치적 이해관계에 얽매일 이유가 없는 사람들이 국가적 수준에서 이루어진 좌우 대립의 와중에 피해를 입은 것이다. 그 외 행정부서의 공무원 등 일부 다른 직업이 눈에 띄지만 의미 있는

〈표 5-5〉 읍면별 사망자 현황

구분	인원(명)	비율(%)
함평읍	29	3.3
대동면	273	31.4
손불면	340	39.1
신광면	122	14.0
엄다면	25	2.9
학교면	81	9.3
합계	870	100.0

정도의 수는 아니다.

2) 지역별 분석

함평 지역은 해방정국 및 한국전쟁기의 정치적 성향으로 볼 때 우익
헤게모니가 강한 지역이라 할 수 있다. 그것은 해방 직후 구성된 건국준
비위원회와 그 뒤를 이어 만들어진 인민위원회의 성격으로 볼 때, 그
주도 세력들이 급진적인 인물들보다는 상당한 재력가나 일제하 관리
출신이 다수라는 사실에서 확인할 수 있다.[12] 또 해방정국에서 우익
진영의 핵심적 행동대였던 학련 조직이 함평 지역에서 매우 강력했다는
점 역시 그러한 사실을 뒷받침한다. 즉, 함평 지역은 해방정국에서 다른
지역에 비해 좌우 대립이 그렇게 심하게 표출되지 않았던 지역이었으며,
특별한 좌익계 거물도 발견되지 않는 지역이다.

그러나 함평 지역의 정치적 성격은 이와 같은 성향만으로 판단하기

---

12) 안종철의 박사학위논문(안종철, 1990)을 참조하라.

<표 5-6> 읍·면별 피해 상황과 연도별 피해 상황

(단위: 명)

구분	1948년	1949년	1950년	1951년	1952년	1953년	합계
함평읍	0 0.0%	27 93.1%	2 6.9%	0 0.0%	0 0.0%	0 0.0%	29 100.0%
대동면	8 3.4%	30 12.9%	184 79.0%	10 4.3%	0 0.0%	1 0.4%	233 100.0%
손불면	3 1.0%	18 5.8%	168 54.0%	121 38.9%	1 0.3%	0 0.0%	311 100.0%
신광면	2 1.7%	0 0.0%	14 11.6%	105 86.8%	0 0.0%	0 0.0%	121 100.0%
엄다면	0 0.0%	1 4.5%	21 95.5%	0 0.0%	0 0.0%	0 0.0%	22 100.0%
학교면	0 0.0%	14 20.3%	54 78.3%	1 1.4%	0 0.0%	0 0.0%	69 100.0%
합계	13 1.7%	90 11.5%	443 56.4%	237 30.2%	1 0.1%	1 0.1%	785 100.0%

어려운 측면이 있다. 그것은 폭력적인 좌우 대립이 발생하는 와중에 비합법 세력의 은신처가 될 수 있는 불갑산이나 군유산 등의 산악 지역이 함평 지역 내에 있기 때문이었다. 나주나 목포 등에서 활동하던 핵심적인 좌익 활동가들이 경찰의 추적을 피해 이 지역에 들어왔으며, 이들의 주도로 매우 강력한 정치적 행동이 나타났다. 이러한 사실은 피해자의 지역별 분포에서도 확인된다(<표 5-5> 참조).

대체로 함평읍을 중심으로 서쪽에 있는 대동면·신광면·손불면 등에서 많은 피해자가 나왔으며, 동쪽에 있는 학교면이나 엄다면에서는 피해자가 그다지 많지 않다는 것을 알 수 있다. 여기에 기존에 조사가 이루어진 나산면·월야면·해보면 지역을 포함해서 생각해보면 산악 지대와 가깝다는 지정학적 요인이 피해 규모와 직접 관련이 있다는 해석이 가능하다. 여기서 면별 피해 발생 상황과 연도별 피해 발생 상황을 교차 분석하면 좀 더 확실한 결과가 나타난다(<표 5-6>).

이에 따르면 불갑산이나 군유산과 가까워서 이른바 '대보름작전'의 소용돌이에서 직접적인 피해를 보았던 손불면과 신광면 지역은 1951년까지 상당한 피해가 발생했으며, 특히 신광면은 피해자의 86.8%가 1951년에 발생했다. 반면 산악 지역에서 먼 함평읍이나 학교면 등은 대부분의 피해가 1950년 이전에 발생했으며, 1951년에는 거의 피해가 없었다.

한편 피해자의 사망 장소는 학살의 또 다른 측면을 보여준다. 사망 장소 분포에서 나타나는 특이한 점은 피해자들이 사망한 장소가 많은 경우 자신이 살던 집 근처라는 것이다. 즉, 사망한 장소가 동네 인근이라고 답한 경우가 유효한 응답자의 40.8%인 322명에 이르며, 심지어 자기 집이라고 답한 경우도 확인 가능한 피해자의 8.4%에 달하는 66명이었다. 전체 피해자의 절반에 가까운 수가 자기가 살던 곳에서 죽음을 맞았던 것이다. 이는 당시 민간인에게 가해졌던 살상 행위가 별다른 이유 없이 이루어졌다는 증거라고 할 수 있다. 즉, 당시의 살상을 정당화하는 논리는 피해자가 좌익 활동을 했다는 것으로, 피해자의 정치적 활동이 그를 사망에 이르게 했다고 주장한다. 군부대에서는 그중 상당수를 공비토벌의 전과로 보고하는 경우도 있었다. 그런데 만약 피해자들이 진정한 좌익 활동가였다면, 한두 명이 자기 집에 있는 것은 가능하겠지만 전체 피해자의 절반에 가까운 사람이 자기 집에서 죽음을 맞이할 수는 없을 것이다. 다시 말하자면 피해자 대부분이 자신은 정치적 대립과 무관하다고 여기고 집에 있다가 갑자기 들이닥친 좌·우 무장세력에 의해 피해를 입은 것이다.

3) 피해자·가해자 분석

먼저 당시 피해자들의 사망 시기별 분포를 살펴보자(<그림 5-1> 참조). 함평 지역의 시기별 피해 발생 상황을 보면 좌우 간의 대립이 폭력적인

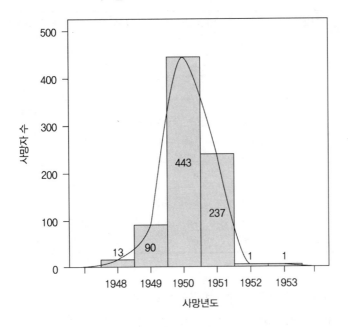

〈그림 5-1〉 연도별 사망자 수 분포

형태로 변해가던 1948년부터 바로 피해자가 발생하기 시작했음을 알수 있다. 그러다가 1949년에는 피해자가 90명으로 급증했으며, 한국전쟁이 일어난 1950년에는 무려 443명의 피해자가 발생했다. 이 수치에는 나산면·월야면·해보면의 이른바 '5중대 사건'이 빠져 있기 때문에, 가장 단순한 수준에서 그 사건의 피해자 524명을 합친다고 하더라도 1,000명 가까운 피해자가 한국전쟁이 나던 해에 발생했음을 알 수 있다. 이와 같은 피해자의 규모는 1951년의 237명을 끝으로 갑작스럽게 감소했다. 이른바 '대보름작전' 시의 피해를 마지막으로 더 이상의 피해가 발생하지 않은 것이다.

한편 유효한 응답만을 놓고 가해자의 종류에 따라 분류해보면 군인이나 경찰 등 대한민국 정부의 무장력을 구성하는 세력이 75.5%로 전체의 3/4에 이르렀다. 반면 좌익 세력의 무장력을 구성하는 세력은 23.1%에

<표 5-7> 가해자 현황

구분	인원(명)	비율(%)	유효비율(%)
경찰	272	31.3	33.1
경찰유격대	119	13.7	15.1
군인	16	1.8	2.0
군경	119	13.7	15.1
군경 및 유격대	80	9.2	10.2
인민군	14	1.6	1.9
지방좌익	170	19.5	21.2
기타	10	1.1	1.4
불명	70	8.0	
합계	870	100.0	100.0

그치고 있다. 대한민국 군과 경찰에 의해 피해를 당한 사람이 좌익에 의해 피해를 당한 사람의 3배가 넘는 것이다. 특히 유의할 사항은 현재 증언자들이 당시 가해자에 대해 정확하게 알지 못한 경우가 많다는 점이다. <표 5-7>의 분류에서 나타나는 바와 같이 '군경'이나 '군경 및 유격대' 등의 표현은 그들에게 가족을 잃는 피해를 당하면서도 정작 그들이 누구인지도 모르는 현실을 반영하고 있다. 당시의 상황이 얼마나 공포문화 속에 있었는지 보여준다고 하겠다.

<표 5-8>은 피해자의 사망 원인별 분포이다. 사망 원인이 밝혀진 피해자 중에서 절대 다수인 72.2%가 총상에 의해 사망했다고 한다. 이 부분 역시 함평 지역에서 이루어진 민간인 피해와 관련하여 의미 있는 시사점을 준다. 대부분의 인명 피해가 함평 지역의 전쟁 상태, 즉 총격이 오고가는 전쟁의 소용돌이 속에서 이루어졌다는 것이다. 물론 이것이 피해가 불가피했다는 의미는 아니다. 조사 과정에서 드러난 바에 의하면 함평 지역의 민간인 피해는 전쟁 상태에서 이루어졌지만, 전쟁과 무관한

<표 5-8> 피해자의 사망 원인별 분포

구분	인원(명)	비율(%)	유효비율(%)
총상	553	64.4	72.2
타살	71	8.3	9.3
자상	61	7.1	8.0
폭살	4	0.5	0.5
수장	4	0.5	0.5
소사	2	0.2	0.3
고문치사	1	0.1	0.1
미상(未詳)	70	8.1	9.1
무응답	93	10.8	
합계	766	100.0	100.0

민간인들을 대상으로 불필요한 무력을 행사하는 과정에서 발생한 것이 대부분이었다. 적으로부터 국민을 보호해야 할 군과 경찰이 오히려 국민을 무차별적으로 살상한 것이 한국전쟁기의 민간인 피해로 이어진 것이다.

5. 맺음말

이 연구는 한국전쟁 전후 함평 지역에서 발생한 학살 사건의 실태와 양상을 살펴보았다. 그 결과 함평 지역에서 민간인 학살이 무차별적이고 조직적으로 이루어졌음을 확인할 수 있었다. 학살의 대상은 주로 남성이 많았지만, 여성·노인·어린아이까지 포함되었으며, 비무장 상태이자 저항 능력이 없는 이들에게까지 불필요한 무력이 행사되었다. 또한 공비와 그 근거지를 토벌한다는 목적은 산악 지역에 살던 지역민들을 죽음으로 내몰았으며, 적을 초토화시키는 작전은 지역민들의 삶 또한 초토화시켰다. 그리고 무차별적이고 불필요한 국가폭력은 역사적 고통과 공포문화를 생산했을 것이라고 판단된다.

이번 조사에서 57년간 지속된 망각과 고통의 역사를 밝히는 문제의 어려움과 한계를 확인할 수 있었다. 이번 조사가 군(郡) 지역을 대상으로 마을별 조사를 실시하여 피해 실태를 밝히고는 있으나, 조사에서 드러난 피해자 수치는 최소한의 것으로 판단된다. 증언할 수 있는 사람이 없는 경우도 많았으며, 여전히 한국전쟁의 충격에서 벗어나지 못한 주민들은 복합적인 태도를 보이거나 증언 자체를 꺼리는 경향이 있었다. 또한 증언자들이 대부분 70~80세의 고령인 상황에서 당시의 기억을 되살리기는 쉽지 않은 일이었다.

이번 조사 과정에서 가장 많이 들었던 이야기가 "너희들은 그런 세상 말해줘도 몰라"라는 말이었다. 사실 전쟁을 경험하지 못한 세대에게 이 말은 맞는 말이다. 하지만 역사적 진실을 밝히는 과정은 사실을 확인하고 이해하는 데 그치지 않는다. 이는 고통스러운 역사적 사실에 직면하는 일이며 관련 문제들을 직시하고 더 나은 미래를 위해 서로의 지혜를 모아야 할 우리 모두의 과제이다. 나아가 한국전쟁 과정에서 일어난 국가폭력과 인권 문제를 반성하는 계기가 될 것이다. 엄청난 규모의 희생과 고통으로 아직도 두려워하는 고통의 흔적을 치유하기 위해서라도 진실 규명을 위해 노력해야 한다. 그리고 이와 동시에 인권의 가치를 확인하고 역사 의식을 성찰하려는 노력을 병행해야 할 것이다.

■ ■ ■ **참고문헌**

광주전남현대사 기획위원회. 1991. 『광주전남현대사 2』. 실천문학사.

목포대 역사문화학부 역사학전공. 2003. 「한국군경의 빨치산 토벌과 함평군 신광면
　　　의 민간인 희생」. 『한국전쟁기 전남지방 '민간인 희생'에 관한 재조명』,
　　　제12회 목포대학교 역사학전공 학술심포지엄(2003. 10. 30.).

보병제11사단. 1986. 『화랑부대전사』.

김동춘. 2000. 『전쟁과 사회』. 돌베개.

김영택. 2001. 『한국전쟁과 함평양민학살』. 사회문화원.

안종철. 1990. 「해방직후 건국준비위원회 지방조직과 지방인민위원회에 관한 연구」.
　　　전남대학교 대학원 정치학과 박사학위논문.

육본정보참모부. 1954. 『공비토벌사』. 육군본부.

정찬동. 1999. 『함평양민학살』. 시와 사람.

정호기. 2006. 「민간인 희생자 유족회의 결성과 진상규명운동: 전라남도 지역을
　　　중심으로」. ≪지방사와 지방문화≫, 제9권 2호.

진실·화해를 위한 과거사정리위원회. 2007. 「2007년 상반기 조사보고서」.

표인주 외. 2003. 『전쟁과 사람들: 아래로부터의 한국전쟁연구』. 한울.

함평군. 2006. 『함평군 한국전쟁 기간 민간인 희생자 피해 연구보고서』.

함평군의회. 1997. 『함평 양민 학살 피해 진상조사 실태보고서』.

제2부

전쟁경험과
재현의 정치

지리산권 전쟁기념물의 지역성과 전쟁담론의 변화

•

정호기

1. 전쟁기념물 연구의 필요와 중요성

한국전쟁은 일반적으로 1950년 6월 25일에 발발하여 1953년 7월 27일에 종결된 것으로 정의되어왔다. 그러나 이러한 관점으로는 해방 이후 약 10년간 전개되었던 수많은 사건들을 단절적으로 파악할 가능성이 많다. 이 때문에 근래에는 더욱 확장된 근·현대사의 국면 속에서 한국전쟁을 분석하려는 흐름이 점차 공감을 얻고 있다. 이는 해방 이후 크고 작은 충돌이 계속되던 중 제주4·3사건과 여순사건 등 수많은 내전이 일어났고, 1950년 6월 이후 국제전으로 발전했으며, 휴전 이후에도 남한 곳곳에서 비정규군인 빨치산이 계속 활동했음에 주목하는 것이다. 더욱이 일제시대 중반부터 조선이 전시체제로 재편되었다는 점을 감안하면, 한반도에서의 전쟁 상황은 더 이전으로 거슬러 올라간다.

한국전쟁은 한반도의 분단을 고착화하고 전쟁의 재발 가능성을 상기시킴으로써 '안보 이데올로기'에 의존하는 두 체제가 성립하게 한 결정적 사건이었다. 해방 이후 한국전쟁에 이르기까지의 전쟁 상황은 무차별적 죽음에 대한 공포를 만연하게 했다. 이 과정에서 사람들은 적(敵)과

아(我)를 구분하는 기준이 무엇인지 충분히 고민할 겨를도 없이 죽어갔다. 전쟁은 생존 방법을 선택할 기회도 주지 않았다. 자신의 활동과 삶을 스스로 결정한 사람들도 있었으나 대다수는 죽음과 삶의 기로에서 전전긍긍했다. 이렇게 형성된 전쟁에 대한 공포는 위기와 안보 의식으로 표출되었고, 국민통합의 중요한 수단이 되었다(니시카와, 2001: 306). 한국전쟁은 일제하의 전쟁 공포와 달리 반공주의의 확대·강화로 나타났고, 전쟁에 대한 다른 주장과 기억의 표출을 봉쇄해왔다(김동춘, 2000: 25~33). 여기에는 전쟁과 관련된 각종 의례, 기념, 교육 등이 활용되었다.

해방 이후 한국에서 가장 많이 건립된 기념물의 주제가 한국전쟁과 전후 시기에 발생한 사건들과 관련한 것이라는 사실도 이 전쟁의 충격과 영향이 얼마나 큰지 말해준다. 1980년대 말에 이미 "전쟁기념물이 적다고 할 수 없다"라는 주장이 있었을 만큼 많은 전쟁기념물이 건립되었는데(김행복, 1989: 3), 오늘날에도 새로운 전쟁기념물은 계속 만들어지고 있다. 전쟁기념물은 전쟁기억을 영속화하는 매개체가 효과적으로 작용하도록 하고, 그 자체가 전쟁기억의 매개체이기도 하다. 따라서 기념물로 보면 한국전쟁은 다른 어떤 역사적 사건보다 특권적 위치를 갖는 사건이라고 할 수 있다.

한국전쟁이 종료된 이후 반세기가 지났는데도 여전히 기념물이 건립되는 것은 이 전쟁의 영향과 효과가 우리 사회에서 지속되고 있음을 의미한다. 전쟁기념물은 전쟁의 역사와 흔적을 후대에 전승하고 전쟁의 공포를 상시화하는 주요 매개체이다. 이 기념물들은 전쟁에 대한 공식 기억으로서 이와 관련을 갖고 있는 사람과 집단들 사이에 굳건한 공동체적 연대감을 형성하게 한다. 그러나 "기념비의 기능은 망각의 심연을 넘는 가교이기도 하면서 망각의 심연이 있음을 나타내는 것"이라고 정의되듯이(아스만, 2003: 69), 전쟁기념물은 전쟁기억의 일부만을 전달할 뿐이다.

전쟁기념물은 집단묘지, 기념관, 조형물, 탑, 비(碑) 등 다양한 형태가 있으며 전승 기념, 희생자 추모, 공적 숭상 등이 주요 내용을 구성한다. 일상에서 흔히 접할 수 있는 것은 탑과 비이지만, 효과의 측면에서는 집단묘지와 기념관이 중요한 의미를 갖는다. 전쟁기념물은 폭력의 재현 이미지와 서사를 담고 있다. 이 가운데 절대 다수를 차지하는 것이 '죽음'이다. 전쟁에서의 다양한 죽음에 집합적 상징의 의미를 부여하는 것이 기념물이다(Winter, 1995: 51). 그러므로 설사 개인적 죽음이었다고 해도 전쟁기념물에 포함되는 순간 집합성을 띠게 되고 신성한 권위를 획득한다. 죽음에 이르게 한 사건과 배경은 소멸되거나 미화되고, 전쟁에서 죽었다는 사실만이 이데올로기로 포장되어 힘을 발휘한다. 엄밀하게 말하면 이 힘은 죽은 자의 힘이 아니라, 전쟁기념물을 건립한 사람과 집단이 기억과 정체성을 구성해낸 권력이다. 즉, 과거의 이미지들이 현재의 사회질서를 정당화하기 위해 이용된다고 할 수 있다(Connerton, 2004: 3). 전쟁기념물은 건립 당시의 정치·사회·이데올로기적 권력구조를 반영하며, 다양한 형태로 권력을 행사한다. 이와 같이 전쟁기념물은 죽음을 매개로 과거와 현재를 연결하며, 전쟁에 대한 공식 기억과 경험을 의심하지 않고 수용하도록 강제한다.

전쟁에서 죽었다는 사실만으로 기념물의 주인공이 되는 것은 아니다. 전쟁기념물은 전쟁에 대한 공식 기억이 공간상에 물질로 투영되는 것이므로, 기념과 추모의 대상은 선별되고 죽음을 가져온 사건은 개별화된다. 그렇지만 이는 어디까지나 국가적 전쟁담론 또는 전쟁기억과 평가를 지배하는 공식적 전쟁담론 내에 있어야 한다. 비공식적 전쟁담론과 기억이 기념물로 등장하는 것은 정치·사회적 변화가 이루어질 때이다. 은폐되었거나 억압된 전쟁담론이 투사된 기념물은 전쟁담론에 균열을 가져오고, 나아가 재구성한다. 그러므로 전쟁기념물의 건립과 존속은 전쟁의 기억을 둘러싼 기억의 전쟁이 이루어지는 장이라고 할 수 있다.

전쟁기념물에 대한 연구는 그다지 주목받지 못한 주제였다. 이 연구는 크게 두 가지 유형으로 나누어진다. 하나는 전쟁기념물 전반 또는 일정한 지역에 있는 전쟁기념물을 대상으로 한 연구이고(김행복, 1989; 이은봉, 1995; 박영현, 2001; 김미정, 2002; 차문준·김승태, 2003; 김창수, 2003), 다른 하나는 특정한 전쟁기념물을 집중적 또는 부분적으로 연구하는 경우이다(김영나, 2002; 정근식, 2002; 정근식, 2004; 윤정란, 2004; 박현정, 2005). 전자의 연구는 전쟁기념물의 현황, 실태, 내용, 성격, 관리, 유지 등 국가적 관리 및 운영 방향을 고찰하는 데 역점을 두고 있다. 반면, 후자의 연구는 특정한 전쟁기념물의 등장 배경, 사실과 왜곡, 기념 주체의 의도와 기억을 둘러싼 갈등 등을 분석함으로써 전쟁경험이 어떻게 기념물화되는지 밝히는 데 초점을 두었다. 전자가 표층적 실태조사 또는 종합적 분석의 성격이 강한 연구라면, 후자는 특수 맥락적 연구여서 일반화하기 어려운 측면이 있다. 그리고 후자의 연구들은 상대적으로 과거에 건립된 전쟁기념물보다는 근래에 건립된 것을 주로 다루고 있다.

이러한 측면에서 이 장은 '지리산권'[1]이라는 중범위 수준에서 전투 형태와 전쟁기념물의 지역성이 어떻게 상관관계를 맺고 있는지 분석할 것이다. 그리고 전쟁기념물에 기록되거나 새겨진 주요 용어를 통해 전쟁담론이 어떻게 변화해왔으며, 어떠한 서사 구조로 재구성되어 있는지 고찰했다. 이를 위해 먼저 정치체제 및 사회변동과 국가적 전쟁기념사업이 어떤 관계 속에서 추진되었으며, 지역사회에서는 어떻게 작동했는지

---

1) 지리산에 인접한 지역은 전라북도, 전라남도, 경상남도의 1개 시와 4개 군, 즉 남원시, 구례군, 하동군, 함양군, 산청군이다. '지리산권'은 지리산을 정점으로 하여 정치·사회·문화적으로 상호 밀접한 관계와 경험을 공유한 지역을 지칭한다. 넓은 의미에서는 더 많은 지역이 포함될 수 있으나, 이 장에서는 지리산에 직접 닿아 있는 곳으로 한정했다. 한편 국민대학교 국사학과(2004)에서는 '지리산문화권'이라는 개념으로 이 연구의 대상 지역을 정의하고 있다.

살펴보았다.

2. 연구 대상 및 방법과 조사 과정

지리산권을 연구 대상으로 선정한 이유는 크게 세 가지이다. 첫째, 지리산권은 여순사건부터 한국전쟁이 종료된 이후까지 전투와 학살이 계속되었던 전장이었다는 점이다. 한국전쟁 당시 지리산권은 '제2전선'으로 명명될 정도로 비정규군과 정규군 및 경찰, 민간인 전투부대 사이에 헤아릴 수도 없을 정도로 많은 전투가 벌어졌다. 둘째, 지리산의 비정규군은 특정한 곳에 주둔지를 두기도 했으나, 수시로 이곳저곳으로 이동하면서 작전을 수행했다. 따라서 진압군에게는 지리산권 주민들과 빨치산이 명확하게 구분되지 않았을 것으로 보인다. 빨치산 진압부대들 역시 지리산 전체를 작전지역으로 두고, 지리적 요건을 고려하여 작전을 전개했다. 그런데 지리산권 전쟁기념물은 균일하게 나타나지 않고 지역별로 상당한 차이를 보인다. 셋째, 한국전쟁 당시 지리산권에서 발생한 군인에 의한 민간인 희생자를 추모하는 집단묘지와 유적비들이 국가 차원에서 건립되는데, 동시에 기존의 시각과 동일 선상에 있는 시설도 건립되고 있다는 점이다.

이 연구는 전쟁기념물에 대한 선행조사 결과의 탐색으로 시작했다. 참고한 것은 국방군사연구소(1994), 국가보훈처(1996), 국가보훈처 홈페이지('국가수호시설탐방'[2]))의 자료였다. 앞의 두 책자는 행정기관 등을 통해 실태와 내용을 수집한 것으로, 각각 577개소와 702개소의 전쟁기념물

---

[2] 국가보훈처 현충시설 정보 서비스(http://narasarang.mpva.go.kr/hyunchung/hyun_chung/)로 개편되었다(2008. 5. 20. 검색).

을 수록하고 있다. 두 책자가 수적인 차이를 보이는 것은 후자의 책자가 국외까지 조사 범위를 확장했기 때문이다. 한편 국가보훈처 홈페이지는 전쟁기념물을 추가 발굴하고, 최근 건립되고 있는 것까지를 포괄하여 훨씬 많은 전쟁기념물을 소개하고 있다. 그러나 현지조사 결과, 이보다 더 많은 전쟁기념물을 발견할 수 있었다. 마을 또는 면 단위에서 건립된 전쟁기념물, 공적비 등과 같이 죽음과 관련되지 않은 전쟁기념물, 전쟁기 국가폭력에 의한 희생자들의 추모를 위해 건립한 시설 등 다수가 누락되었던 것이다.

수집된 기본 정보를 바탕으로 2005년 1월부터 5월초까지 각 시설물에 기록된 내용 등을 검증하고, 풍부화하는 현지조사를 했다. 현지조사는 이후에도 간헐적으로 이루어졌다. 이 과정에서 각 시설물을 관리하고 있는 관공서의 담당자와 건립에 참여한 사람들 다수를 면접조사 했다. 그러나 관련자들이 이미 사망했거나 이주한 경우가 많아서 당시 상황을 확인하는 것이 용이하지 않았으며, 관리 형태 또한 천차만별이었다. 기존 자료에서 확인되지 않은 시설물은 지역 인사와 거주민을 통해 탐문·확인했다.

이렇게 조사된 지리산권의 전쟁기념물은 총 71개였다.[3] 전쟁기념물들은 탑, 비, 각, 기념관, 집단묘지 등 여러 가지 형태였는데, 규모와 크기가 다양한 탑과 비가 63개로 주류를 이루고 있었다.[4] 탑과 비가 많은 이유는

---

3) 전쟁기념물은 현존하는 것에 국한했다. 복합적인 기념물이거나 주요 사건을 설명하기 위해 부가적으로 건립된 것이 아닌 한 별개로 분류했다. 2004년에 조성된 '산청·함양 사건 희생자 합동묘역'은 2개 군의 인접 지역에 위치하지만, 동일 사건이므로 한 개로 간주했다. 남원의 '전적기념관'은 재건립 공사 중이었다.

4) 탑은 유해나 유품, 위패 등을 안치할 수 있는 공간이 갖추어진 것임에 비해, 비는 이러한 것들이 포함되지 않는 것을 지칭한다. 이 기준에 적합한 탑은 그리 많지 않았다. 탑이라는 명칭의 사용은 개념의 혼란이거나, 2단 또는 3단의 기단 위에 비를 올린 경우 탑이라고 명명하고 있기 때문으로 보인다.

상대적으로 건립이 용이하며, 건립 배경이 된 사건이 지역과 밀접하게 결합되어 있었기 때문이었다. 전쟁기념물을 건립한 주체가 대부분 지역 (군, 면, 마을)을 단위로 형성되어 있어서, 중앙정부의 지원을 받았다고 해도 행정구역을 넘어서지 않은 경우가 많았다.

3. 정치체제의 변동과 전쟁기념물의 건립

전쟁기념물이 가장 많이 건립된 시기는 한국전쟁기와 전쟁 직후였다. 이승만 정권 후기보다 전기에 집중적으로 건립되었는데, 전쟁에 대한 생생한 기억과 경험에 기반하여 희생자들을 추념할 시설이 필요했던 것이다. 이승만 정권은 1952년에 '충혼탑건립중앙위원회'를 결성하고 전국에 모형을 공모했다. 당선된 충혼탑 모형 및 전우탑 시공계획도는 시민들이 볼 수 있도록 전시되었다.[5] 국가가 적극적으로 전쟁기념물 건립 분위기를 확산시켰던 것이다. 전쟁기념물은 국가의 전사자 숭배를 보여줌으로써 전쟁 동원과 적과 아에 대한 명백한 구분선을 제시하는 효과를 발휘했다. 이렇게 건립된 전쟁기념물은 추모 의례를 위한 상징 장소로 적극 활용되었다.

<표 6-1>이 보여주듯이, 지리산권의 전쟁기념물 역시 산청을 제외하면 많은 수가 이 시기에 건립되었다. 1950년 6월 이전에 지리산권에 건립된 전쟁기념물은 총 2개였고, 나머지는 모두 이후에 건립되었다. 구례와 남원에서만 지역 출신의 희생자 전체를 추모하는 기념물이 건립되었고, 다른 기념물들은 대부분 면 또는 마을 단위 희생자를 추모하는 것이었다. 그리고 집단보다는 개인을 대상으로 한 기념물이 다른 시기에

---

5) ≪동아일보≫, 1952년 4월 20일자.

〈표 6-1〉 지리산권 전쟁기념물의 건립 시기별 특성(2006년 6월 현재)

시기 지역	1955년 이전	1956~ 1960년	1961~ 1974년	1975~ 1979년	1980~ 1987년	1988~ 1992년	1993~ 2002년	2003~ 현재	합계
구례군	3			1	(1)		2(1)	2	8(2)
남원시	7		1	4	1(2)		4(3)		17(5)
하동군	7		3(1)	1(1)	2	2	2(2)	1(1)	18(5)
함양군	3	2	3		1(1)	1(2)		4.5(1)	14.5(4)
산청군		1	1		4(1)		2	2.5	10.5(1)
합계	20	3	8(1)	6(1)	8(5)	3(2)	10(6)	10(2)	68(17)

주1: 최초 건립 시기를 기준으로 계산했다. ( )는 재건립했거나 위치를 이동한 사례이다.
주2: 건립 시기가 분명하지 않은 하동군의 전쟁기념물 3개는 통계에서 제외했다.
주3: 면밀하게 현지조사 했으나 전쟁기념물 일부가 누락되었을 가능성은 있다.

비해 월등하게 많았다.[6] 이는 전쟁 영웅이 필요했던 당시의 분위기를 반영한 것이라고 할 수 있다.

전쟁기념물이 두 번째로 많이 건립된 시기는 박정희 정권 후반기, 특히 1975년 유신헌법이 통과된 이후였다. 박정희 정권은 베트남 패망을 이용하여 '안보 정국'을 조성하고, 1975년 5월 13일 '대통령긴급조치 9호'를 발동하여 공개적 독재체제로 신속하게 전환했다. 또 그해 6월 30일 전투예비군부대 창설, 7월 16일 사실상의 전시 입법인 사회안정법 공포를 비롯해 방위세법, 민방위기본법, 교육관계법 개정안 등 각종 통제법 제·개정, 학도호국단 부활 등을 통해 전시체제를 강화했다(이광일, 1998: 181~183).

---

6) 개인을 대상으로 한 비는 희생자 추모물과 공적 기념물로 분류된다. 전자는 여순사건 진압 전투 중 자결한 백인기(구례)와 사망한 김영수(하동), 북한군과의 전투 중 사망한 채병덕(하동), 북한군에 맞서 지역을 방어하다 사망한 이승관·제일봉(하동) 등이고, 후자는 지리산 빨치산 진압부대의 책임자였던 백선엽·최치환·신상묵·차일혁 등이다.

권위주의 체제가 강화될수록 대중의 저항도 급격하게 고조되었다. 박정희 정권은 정세를 반전시키기 위해 다양한 방법을 모색했다. 그 가운데 하나가 한국전쟁에 대한 기억을 새롭게 부각시켜 안보 및 전시체제를 확립하는 것이었다. 1976년에 시작된 '국가 전적지 사업'이 대표적인 사례였다. 이 프로젝트는 박정희의 교통부 연두 순시에서 시작되었는데, 그해 12월 대통령령(제8308호) 제정 등에 힘입어 강력하게 추진되었다(김미정, 2002: 275~276). 이 사업은 박정희 정권이 몰락하면서 중단될 위기에 처하기도 했으나, 신군부가 쿠데타로 집권하면서 1981년까지 12개 지구에서 이루어졌다. 호남 지역에서는 단 한 군데, 남원시 산내면 부운리 소재 지리산 뱀사골에서만 실행되었다. 뱀사골은 여순사건 주동자들이 살해된 곳이며 전북도당과 통신대가 위치했고 전남도당 위원장이었던 박영발이 진압부대에 포위되자 자살하는 등 빨치산과 관련된 수많은 사건들이 발생한 곳이다.

　　전두환 정권하에서는 전쟁기념물의 보수 또는 재건립이 광범위하게 이루어졌다. 그간의 전쟁기념물이 급조되어 조잡하거나 노후화되었기 때문이었다. 더 크고 권위적인 기념물이 희생자에 대한 추모의 효과를 높일 것이라는 생각에 새로운 전쟁기념물은 대규모화되었다. 전두환 정권은 박정희 정권과 유사한 전쟁기념물 건립 사업을 추진했다. 대통령의 구두 지시(1984. 6. 9.)로 '6·25 피학살 영령 추모 사업'이 전국적으로 시행되었다(심재기, 1993: 398~399). 한국방송공사가 주관한 이 사업은 '호국영령을 추모하고 국민의 반공의식을 고취'하는 것이 목적이었다. 함양군 서상면에 건립된 '위령탑(호국영령되시어 조국 품에 영원하소서)'은 이 사업의 일환이었다.

　　노태우 정권[7])과 김영삼 정권하에서 건립된 지리산권의 전쟁기념물은

---

7) 노태우 정권하에서 전쟁과 관련된 기념사업 가운데 전무후무한 대규모 프로젝트였

소수였다. 한국의 민주화가 급속하게 진전되었고, 민간 출신이 대통령이 되었다는 점이 영향을 미친 것으로 보인다. 그러나 김대중 정권이 들어서면서 전쟁기념물 건립이 다시 늘어났다. 한국전쟁 50주년을 맞이하여 2000년부터 3년간 국가 차원에서 대대적인 기념사업과 행사를 추진한 분위기가 반영되었던 것이다(강인철, 2000: 340~341). 이 시기 전쟁기념물 건립은 기념관과 같이 더욱 대규모화된 형태로 이루어지고, 집결지가 정비되기도 했다. 시와 군 단위의 전쟁 유공자 또는 참전자를 대상으로 하는 기념비가 건립되기 시작했다는 점도 특징이다. 이러한 현상은 노무현 정권에서도 계속되었다.

1990년대 초반부터는 기존의 전쟁기념물과 성격이 다른 기념물이 등장했다.[8] 이것은 권위주의 정권들의 전쟁담론 일변도의 기념물에 변화를 가져오는 시발점이었다. 김대중 정권에서는 이보다 진전된 의미를 갖는 기념물이 속속 건립되었다. 대표적인 예가 정전협정 49주년을 기념하여 구례에 건립된 '민족분단희생자위령탑'이다. 노무현 정권에서는 산청·함양 민간인 학살과 관련된 추모 시설들이 완공되면서 전쟁담론의 균열과 변화를 더욱 실감할 수 있게 되었다. 민간인 희생자를 대상으로 하는 전쟁기념물은 수가 많아지고 규모가 커지는 추세이다. 따라서 1990년대 중반부터 등장한 지리산권의 전쟁기념물은 참전한 희생자들과 그들의 전투 내용, 그리고 군을 비롯한 각종 정규 전투부대에 학살된 민간인을 추모하는 시설들이 동시에 건립되는 과정이라고 할 수 있다. 민간인 학살과 관련된 추모 시설은 학살의 내용을 상세하게 기록하여 희생자들의 무고한 죽음을 호소하고 있다.

던 '전쟁기념관' 건립이 시작되었음을 염두에 두어야 한다.
8) 1992 1월 18일 함양군 수동면 도북마을에 건립된 32인의 희생자 합동묘지와 합동위령비가 그것인데, 이는 남한군이 민간인을 학살했음을 주장한 지리산권의 첫 추모물이다. 2007년 9월에는 군비를 지원받아 위령각이 추가로 건립되었다.

4. 전투 양상과 기념물의 지역성

1) 지리산권의 전투 양상

지리산에는 여순사건이 발발하기 이전부터 이른바 '야산대'가 활동하고 있었다. 야산대는 1946년 10월 전국에서 발생한 일련의 사건 이후에 남로당이 불법화되면서 입산한 사람들이었다. 구례는 야산대 활동이 특히 두드러진 지역이었다(김영택, 2003: 129). 1948년 남한만의 단독정부 수립에 반대하는 활동이 전국에서 전개되던 무렵에도 지리산은 야산대의 핵심 근거지였다. 세력은 점차 약화되었으나 지역별로 이들의 활동은 계속되고 있었다(안재성, 2007: 281~333).

여순사건이 발발하면서 지리산권의 전투 양상은 크게 바뀌었다. 여순사건 관련자들은 진압군을 피해 지리산과 백운산 등지로 이동했다. 주력부대가 구례를 거쳐 화엄사골과 문수골을 통해 지리산으로 입산한 것이다. 여순사건 진압 작전은 빨치산을 추적하면서 벌인 전투, 빨치산이 인근 마을에 등장한 것을 차단하는 과정에서 발생한 전투, 빨치산의 공격으로 희생자가 발생한 데 대처하는 과정에서의 전투 등 세 가지로 정리되는데, 지리산권 전역에서 전개되었다. 이 과정에서 많은 진압부대와 빨치산이 사망했고 민간인의 대량학살이 자행되었다.

따라서 구례는 지리산권에서 가장 먼저 여순사건의 소용돌이에 휘말리게 되었고, 여러 곳에서 민간인 집단 학살이 자행되었다. 당시 여순사건 진압부대(지리산지구 전투사령부)는 지리산 인근 지역, 특히 구례를 좌익에 점령된 감시와 통제의 지역으로 파악하고 있었다(국방부 전사편찬위원회, 1988: 95). 군과 경찰은 구례 주민들을 신뢰할 수 없었을 뿐 아니라, 사실상 적과 동일시했던 것이다. 따라서 다른 지역과 마찬가지로 구례에서도 민간인 전투부대가 구성되어 활동했으나, 이들은 구례를 방어하는 작전에 주로 투입되었다. 구례에서의 민간인 학살은 여느 지역과 마찬가지로 전쟁이 종료될 때까지 계속되었지만 특히 두 번에 걸쳐 크게 발생했다. 한 번은 지리산으로 이동한 여순사건 관련자들을 뒤쫓던 진압부대가 부역자를 색출한다는 미명으로 민간인을 무차별 학살한 것이다. 다른 하나는 구례에 주둔하고 있던 전투사령부 소속 제12연대 연대장 백인기 중령이 산동면 시상리 시랑마을 앞에서 여순사건 관련자들의 공격을 받고 자살한 사건(1948. 11. 14.)이 빌미가 되어 이 일대에서 민간인들이 학살된 사건이다. 이때의 희생자는 수백 명에 달하는 것으로 추정된다.

여순사건과 관련하여 구례 외 지역에서 민간인 집단 학살이 자행된 사건은 크게 두 가지였다. 하나는 산청군 시천면에서 빨치산의 공격을 받아 진압부대 37명이 사망한 사건(1949. 7. 18.)이 발단이 되었다. 진압부대는 1949년 7월 22일부터 1950년 1월까지 이 일대에서 민간인을 빨치산 협력자로 몰아 학살하고, 가옥 수백 채를 소개했다. 이때의 희생자가 수백 명에 달하는 것으로 추정된다. 다른 하나는 이른바 '거창사건'으로 알려져 있다. 이 사건은 거창군 신원면에서 자행된 집단 학살 이외에 함양과 산청에서의 집단 학살도 포함한다(강희근, 2004: 83).

이러한 상황에서 볼 때, 남원은 특별한 지역이었다. 여순사건 진압부대는 구례를 비롯하여 지리산권에 인접한 모든 지역에 장기 또는 임시 주둔하면서 작전을 수행했다. 이때 진압부대의 본거지, 즉 사령부가 주둔한 곳이 주로 남원이었던 것이다. 남원은 지리산과 직접 접한 곳과 여순사건 이래로 북한군이 낙동강까지 진출해 점령하던 짧은 기간을 제외하면, 군과 경찰 등 각종 전투부대 사령부가 주둔했던 전략적 요충지였다.[9] 남원에 주둔한 전투부대의 주요 임무는 지리산권의 빨치산 진압이었다.

_____

9) 여순사건 이래 한국전쟁 후까지 빨치산을 토벌하기 위해 주둔 및 창설된 약 17개 부대의 본부 또는 예하 부대 사령부가 남원에 주둔하고 있었다. 가장 먼저 남원에

그래서 진압부대에는 남원의 지역민이 다수 동원 및 편입되었다. 이들은 군과 경찰의 척후병이나 길잡이로 전투에 참가했고, 그 결과 많은 사람들이 희생되었다. 이로 인해 남원은 다른 지역에 비해 적과 아가 분명하게 구분될 수 있었다. 또한 진압부대에 가담한 사람들이 집단으로 사망했기 때문에 전쟁에 대한 기억 공동체의 형성과 강화가 용이했다고 할 수 있다.

한편, 지리산권에서 북한군과 남한군의 전투가 있었던 곳은 하동뿐이었으며, 이곳에서 두 번의 전투가 발생했다. 첫 번째는 1950년 7월 25일에 화개면 탑리에서 남한군 제5사단 15연대 1대대와 북한군 제6사단이 충돌한 것이다. 이 전투에서 남한군 약 40명이 사망했다. 이 가운데 26명이 전남 동부 6개 군 등지에서 지원한 학도병이었다(육군본부 군사연구실, 1994: 108~121).[10] 두 번째 전투는 1950년 7월 27일 화동군 화개면 적량면 동산리에서 발생했다. 이 전투는 영남관구 편성사령관이었던 채병덕이 지휘하는 남한군 및 모트(Harold W. Mott) 중령이 지휘하던 미 제29독립연대 3대대와 서남진하던 북한군 제6사단 사이에서 벌어졌다. 이 전투에서 채병덕을 비롯하여 남한군 100여 명과 미군 313명이 사망했다.

지금까지 정리한 전투 양상은 대규모로 충돌했거나 희생자가 집단으로 발생한 사건들이고, 일반적인 전투는 빨치산의 공격과 방어 또는 빨치산 진압 작전이었다. 후자의 전투 양상은 1956년 말까지 점점 약화되면서 지속되었다. 따라서 지리산권 주민들의 전쟁경험은 북한군과의 전투

주둔한 부대는 1948년 10월에 설치된 '호남방면 전투사령부' 북지구 사령부였고, 마지막으로 주둔한 부대는 1956년 9월 7일 해체된 경찰기동대였다(국방부 전사편찬위원회, 1988).

10) 국방부 유해발굴감식단은 2007년 4월에 이들의 유해를 발굴했다. ≪조선일보≫, 2007년 4월 25일자.

사진 6-1
경상남도 하동군 화개면 탑리의
'6·25참전학도병위령비'

보다 빨치산과 이들을 진압하기 위해 주둔했던 각종 군·경 및 동원된 민간인 전투부대의 작전, 이 와중에 발생한 수많은 사람들의 죽음과 삶의 통제라고 할 수 있다.

2) 전쟁기념물의 지역성

이러한 특성을 지닌 지리산권의 전투 양상은 전쟁기념물의 건립 배경 및 지역별 특성과 일정한 관련성을 보여준다. 먼저, 전쟁기념물이 가장 많이 건립된 하동을 살펴보자. 이곳에서는 여순사건 직후부터 전쟁기념물이 건립되었는데, 지리산에 인접한 거의 모든 면(面)에서 이루어졌다. 하동에 전쟁기념물이 많은 이유는 앞서 살펴본 것처럼 정규군 간의 전투 때문이었다. 이와 관련된 전쟁기념물은 총 7개로 모두 전투 현장에 세워졌다. 특히 첫 번째 전투와 관련된 것이 5개로, 단일 사건으로는 지리산권에서 가장 많다(<사진 6-1>). 이는 전사자 다수가 학도병이었던 데 기인

사진 6-2 경상남도 하동군 적량면 '우치공원'의 전쟁기념물들과 무기

한다. 학도병은 인근 지역에서 모집되었기 때문에 전투 현장과 지리적 근접성이 있었고, 학생이면서 전우라는 특별한 정체성이 형성되어 있던 집단이었다. 그래서 전투의 생존자들이 희생자를 추모하는 기념물을 계속 건립했고, 지리산권에서 전쟁기념물이 밀집된 장소 가운데 하나가 되었다.

두 번째 전투와 관련된 기념물은 2개이다.[11] 이 기념물들은 50여 년이라는 시차를 두고 건립되었다(<사진 6-2>). 이는 같은 전투의 희생자이더라도 추모 대상에 따라 전쟁기념물 건립 시기가 다름을 말해준다. 하동의 또 다른 특징은 여순사건 희생자만을 대상으로 하는 추모비가 있다는 점이다. 지리산권에서 오로지 여순사건과 관련된 전쟁기념물 3개 중 하

---

11) 하나는 1954년에 건립된 채병덕 전사비이고, 다른 하나는 2002년에 건립된, 지리산권에서 유일하게 발견되는 유엔군 희생자에 관한 위령비이다. 유엔군 위령비의 건립을 계기로 전투 현장이었던 곳에 '우치공원'이 조성되었다. 이곳에 채병덕의 전사비를 이건하면서 주요 전적지가 되었다.

사진 6-3 전라북도 남원군 산내면 뱀사골에 소재한 3개의 공적비. 전쟁 중에 건립되었다.

나인 이 비는 유일하게 민간인 희생자를 추모 대상으로 한다. 1950년 3월에 건립된 이 비는 하동에서 가장 오래된 전쟁기념물이며, 북한군 점령기에도 훼손되지 않았다.

하동은 남원과 달리 전쟁기념물 건립에 국가가 크게 관심을 기울이지 않았다. 그런데도 1955년 이전에 남원과 더불어 가장 많은 전쟁기념물이 건립된 지역이다. 전쟁기념물이 집중적으로 건립되었던 것은 희생자를 추모하는 긍정적 분위기가 형성되어 있었음을 반영한다. 이는 남한 측에 가담한 사람들이 많았다는 것과 민간인 전투부대원이 많았다는 것을 뜻할 수도 있다. 실제로 하동에 건립된 전쟁기념물 가운데 지리산 및 지역에서 발생한 전투의 희생자를 대상으로 한 것이 18개로 절대다수를 점한다.

지리산권에서 두 번째로 전쟁기념물이 많은 남원에서는 하동만큼은 아니지만 꾸준히 기념물이 건립되었다. 가장 많이 건립된 시기는 한국전쟁 직후와 박정희 유신체제하에서였다. 남원은 국가 차원의 전쟁기념사

사진 6-4 '지리산 충혼각'과 '지리산지구 전적비'[12]

업 지역으로 선호되어왔다. 또한 다른 지역과 달리 빨치산 토벌부대 지휘관들의 공적비 3개가 전쟁 중에 건립되었던 것이 특징이다(<사진 6-3>). 남원의 전쟁기념물은 지리산 뱀사골 일대에 집중되어 있다. 처음부터 이곳에 전쟁기념물이 집중적으로 건립되었던 것은 아니다. 박정희 정권 말기에 지리산권에서 전쟁과 가장 관련이 깊은 곳으로 선정되면서 전쟁기념물이 건립 및 집결된 것이다(<사진 6-4>).

전쟁기념물 건립지로 남원이 선호되고 지역 단위에서 활발하게 전쟁기념물 건립이 이루어졌던 중요한 이유는 앞서 살펴본 것과 같이, 여순사

---

12) 전라북도 남원군 산내면 뱀사골에는 다수의 전쟁기념물이 집결되어 있다. '지리산 충혼각'은 이승만 정권 아래에서 국가가 직접 건립한 대표적인 전쟁기념물이다. 충혼각은 1955년 5월 30일 광한루원에 건립되었는데, 1987년 6월 6월 뱀사골로 이전했다. '지리산지구 전적비'는 박정희 정권 아래에서 국가 주관으로 건립된 대표적인 전쟁기념물이다. 이 전적비는 1978년 12월 30일에 지금의 위치인 지리산 충혼각 옆에 건립되었다.

사진 6-5 '산청·함양 사건 추모공원'과 희생자 위령탑

건에서 한국전쟁 이후까지 지리산 등을 근거지로 활동하던 빨치산을
토벌하던 각종 부대들이 사령부를 두고 있었기 때문이다. 이를 반영하여
남원에 건립된 전쟁기념물 가운데 15개가 지리산권 및 지역에서 발생한
전투 및 활동과 관련되어 있다. 13개는 빨치산 토벌 과정에서 발생한
희생자 또는 관련자를 위한 시설물이고,[13] 2개는 빨치산의 공격을 방어
하다가 사망한 사람들을 위한 추모비이다. 반면에 남원과 구례의 접경
지역으로 남원에서 학살된 민간인이 가장 많았던 주천면에는 전쟁기념
물이 건립되지 않았다.

　세 번째로 전쟁기념물이 많은 함양에서는 1960년대 이전에 절반 이

---

13) 남원에 공적비가 건립된 경우는 1949년 9월 28일부터 1950년 3월 15일까지 주둔한
'지리산지구 전투경찰대'(최치환 경무관), 1950년 12월 16일에 설치된 '지리산지구
전투경찰대'(신상묵 경무관), 1951년 11월 26일에 창설된 '백야전 전투사령부'(백
선엽 중장)의 지휘관 등이었고, 추모 시설물을 건립한 주체는 '서남지구 전투경찰대'
사령관(박병배 경무관), '지리산지구 전투경찰대'(신상묵 경무관) 등이었다.

사진 6-6 함양군 함양경찰서 내의 전쟁기념물

상의 전쟁기념물이 건립되었고, 2004년에 들어 기존과 추모 대상이 다른 전쟁기념물이 집중적으로 건립되는 특징이 발견된다. 1985년까지는 빨치산의 진압 또는 전투 과정에서 사망한 사람들을 위한 추모물이 건립되었다. 그러다가 앞서 살펴본 것처럼 1992년에 민간인 희생자를 추모하는 공간이 조성되었다. 이후 한동안 소강상태를 보이다가 2000년대에 다시 전쟁기념물들이 건립되고 있는데, 대부분 여순사건 당시 남한군에 학살된 민간인들을 추모하는 시설물이다(<사진 6-5>). 함양은 지리산과 덕유산 중간에 위치해서 빨치산과 관련된 전투도 두 지역으로 나뉘어 전개되었다. 따라서 전쟁기념물도 두 지역의 전투 내용을 모두 담고 있으며, 1개를 제외하면 지역에서 발생한 전투 및 학살과 직접 관련되어 있다. 전쟁기념물은 여순사건 및 한국전쟁 당시 경찰로 재직했던 사람의 노력과 육십령이라는 지리적 조건으로 인해 서상면의 인접 장소에 집중 건립되었다. 다른 전쟁기념물 집결지인 마천면은 남원시 산내면에 인접한 지리산 주변 지역이다. 그리고 최근 민간인 학살 사건

사진 6-7 함양군 함양읍의
'순직경찰관합동묘지'

사진 6-8 경상남도 함양군 서상면의
'6·25피학살현장비'

을 대상으로 하는 추모공원 및 학살장소보존지역비가 휴천면과 유림면 등에 건립되었는데(<사진 6-5>), 이곳은 두 면의 접경 지역이면서 산청 군과의 접경 지역이다.

함양의 전쟁기념물들은 지리산권에서 볼 때, 몇 가지 특성을 보여준 다. 첫째, 전쟁기념물이 가장 먼저 건립된 지역이었다. 이것은 지리산에 서 활동한 여순사건 관련자들을 진압하는 과정에서, 또는 이들에게 공격 을 받아 사망한 경찰관들을 추모하는 비였다(<사진 6-6>). 둘째, 경찰 희생자 합동묘지가 가장 먼저 조성된 곳이다(<사진 6-7>). 셋째, 북한군 에 의해 집단 학살 된 민간인 희생자들을 추모하는 비가 유일하게 건립 된 곳이다(<사진 6-8>). 넷째, 군과 직접 관련된 전쟁기념물이 없다는 점이다. 다섯째, 국군에 의해 살해된 민간인 희생자들을 추모하는 공간 이 지리산권에서 가장 먼저 조성된 지역이다(<사진 6-9>).

산청은 전쟁기념물이 상대적으로 적은 지역이며, 1959년에 전쟁기념

사진 6-9 함양군 수동면 도북마을의 희생자 합동묘지와 합동위령비 그리고 위령각. 지리산권에서 처음 건립된 민간인 희생자 추모 공간이다.

물이 처음 건립되었다. 다수의 전쟁기념물은 전두환 정권 아래에서 건립 되었다. 산청은 2001년 5월에 건립된 '지리산빨치산토벌전시관'을 제외 하면, 1990년대 중반 이후에 건립된 모든 전쟁기념물이 군에 의해 자행 된 민간인 학살을 기억하고 추모하는 시설이라는 특징이 있다. 1990년대 중반 이전에 건립된 전쟁기념물은 경찰 및 민간인 전투부대 희생자를 추모하는 탑과 비가 주류를 이루며, 군의 전투만을 담은 기념물은 없다.

지리산빨치산토벌전시관은 근래에 건립되었는데도 과거의 전쟁담론 이 변함없이 관철되고 있다(<사진 6-10>). 이것은 전시관의 내용이 국가 정보원, 군 기무부대, 경찰 등의 승인을 받아 구성되었고, 시공사가 '거제 도포로수용소기념관'을 건립했던 회사였기 때문이었다. 다른 측면에서 보면 기존의 국가 독점적 전쟁담론을 대체할 조사와 연구가 충분하지 않았기 때문이라고도 할 수 있다. 서로 다른 전쟁담론의 구조를 지닌 전쟁기념물이 동시에 건립되면서도 서로를 부정하지 않은 것은 여순사

사진 6-10
경상남도 산청군 시천면 중산리의
'지리산빨치산토벌전시관'

건과 빨치산에 대한 공통된 통념, 즉 적대감과 부정적 인식에 기반하고 있기 때문으로 보인다.

구례에 전쟁기념물이 가장 적은 이유는 여순사건 이후의 전쟁 양상을 반영한 것이다. 전쟁기념물이 건립되기 위해서는 적과 아를 분명히 구분할 수 있어야 하며 죽음에 대한 일정한 동의 구조가 형성되어야 하는데, 이것이 구례에서는 용이하지 않았다. 구례의 전쟁기념물 수는 인접 지역인 하동에 비하면 2/5 수준이다. 그나마 다른 지역과 동등한 수준에서 의미를 갖는 것은 7개뿐이다. 1955년 이전에 3개, 1998년에 1개, 그리고 2002년 이후에 3개가 건립되었다. 이것은 한국전쟁 이후 약 40년 동안이 지역에서 어떠한 전쟁기념물도 건립할 수 없었던 분위기가 지배적이었음을 의미한다.[14) 이 지역의 전쟁기념물 가운데 그나마 한국전쟁 전·

---

14) 1998년 6월 구례군 화엄사 내에 건립된 '차일혁 총경 공적비'는 이 지역과는 무관하다고 한다. 차일혁은 하동에서 빨치산을 진압한 사람이다. 이 비는 특이하게 불교계에 의해 건립되었다. 화엄사에는 '서남전경사령관 신상묵 실적비'도 있다. 이 두 공적비가 화엄사 내에 세워진 것은 빨치산 토벌에 관련해서라기보다 화엄사가 소각될 위기에서 구했다는 점 때문이다. 같은 내용이 두 비에 모두 기록되어 있는데, 진상은 확실하지 않다고 한다(구례노인회장 면접, 2005. 5. 9.).

후기의 전투 상황을 기록한 것은 2006년 3월 21일에 건립된 '여순사건희생자위령탑'뿐이다. 다른 지역에서 광범위하게 발견되는 민간인 전투부대의 활동을 기념하고, 희생자를 추모하는 독자적인 전쟁기념물 또한 존재하지 않는다.

5. 전쟁기념물의 건립 주체와 전쟁담론

1) 건립 주체의 변화

지리산권의 전쟁기념물은 한국전쟁 전반을 대상으로 한 것과 지역에서 발생한 사건과 관련된 것으로 구분할 수 있다. 전자는 한반도 전역에서 이루어졌던 전투와 전사자들을 대상으로 하는데, 일반적으로 시와 군을 대표하는 상징적·종합적 전쟁기념물로 건립되었다. 이 기념물들은 여러 전선에서 사망했던 전사자들을 지역을 매개로 다시 집합시킨다. 자치단체를 대표하는 전쟁기념물이 건립된 시기는 일정하지 않으나 주로 1950년대였다. 이 기념물들은 '충혼탑'이라는 명칭을 사용하는 것이 일반적이며 건립 주체는 '추진위원회' 등으로 명명되었다. 그러나 실제로 이 사업들을 주관한 것은 지방정부와 전쟁 관련 단체들이었다.

지역적 연고가 있는 전투와 관련된 전쟁기념물 건립 주체들의 성격도 이와 거의 유사했다. 다만 진압부대 지휘관, 면장, 대한청년단 등과 같이 건립 주체를 좀 더 구체적으로 명기한다는 점에서 차이가 있다. 이러한 특성을 지닌 전쟁기념물은 전자와 비교하면 절대다수이다. 이것은 지리산권 사람들의 전쟁경험이 매우 구체적인 지역의 사건으로 기억되고 있으며, 이를 기억하는 전쟁기념물의 건립 주체가 지역적 연고를 매개로 형성되었음을 보여준다. 전투는 군의 지휘 아래 경찰, 대한청년단 등이 보조적인 역할을 수행하는 것이 일반적이었다. 그러나 군과 관련된 전쟁 기념물은 매우 적은 반면, 경찰 및 대한청년단 관련자들을 대상으로 한 것은 많다. 이러한 특성도 역시 지역적 연고라는 맥락에서 이해할 수 있다. 군은 작전이 종료되면 다른 전투지역으로 이동하거나 본 주둔지로 복귀하기 때문에 지역적 연고를 갖기 어려웠다. 그러나 경찰은 지역에 주둔하는 전투부대이고, 민간인 전투부대 역시 지역에서 모집 또는 동원 되었기 때문에 확실한 지역적 연고가 형성되어 있었다. 이것은 지역과 연계성을 갖고 있는 주체가 지리산권의 전쟁기념물 건립을 주관했음을 의미한다.

전투 수행자와 전쟁기념물 건립자가 동일한 경우는 전쟁 중이거나 전쟁이 끝난 직후였다. 1960년대 이후에는 전투 참가자들이 주체가 되어 건립한 전쟁기념물은 매우 적었다. 대신 개인이나 지역민 또는 전우들이 결성한 모임에 의해 건립되는 것이 일반적이었다. 건립 주체에 참여자들 의 이름을 구체적으로 명기하는 경우도 있으나, 단체 및 조직의 명칭을 기록하여 익명화하는 경우가 더 많았다. 최근에는 '추진위원회'가 결성 되어 지역적 연고를 갖는 기념물들이 건립되고 있다. 이를 좀 더 구체적 으로 살펴보면, 참전자들이 결성한 조직 및 단체가 사업을 주관하고, 자치단체와 지역의 정치인 및 경제인, 교육계 등이 지원하는 형태를 띤 다. 과거에 비해 민간단체의 주도성이 전면화하는 형태로 변화한 것이다.

1970년대 말부터는 국가가 전쟁기념물 건립의 주체로 등장하는 경우 가 점점 많아졌다. 앞서 살펴본 바와 같이 박정희 정권, 전두환 정권에서 국가 프로젝트로 전쟁기념사업이 추진되었기 때문이다. 근래에도 국가 또는 광역자치단체가 전쟁기념물 조성 프로젝트를 진행하고 있으나, 그 간의 기념물들에 담긴 내용과 달리 민간인 학살을 주제로 한 것이 점차 많아지고 있다. 이 전쟁기념물들은 국가가 사건의 진상을 규명하고 이를 공식화한 후 희생자들의 명예를 회복하는 절차의 한 방편으로 건립되고 있다. 그러므로 아직 진상이 규명되지 않았거나 공식적으로 인정되지 않은 사건의 경우에는 연고자들이 진상을 고발하는 차원에서 기념물을 건립하고 있다.

2) 전쟁 용어의 변화

지리산권의 전쟁기념물에 기록된 용어는 전쟁에 대한 인식 구조를 보여주는 좋은 예이다. 전쟁기념물에 새겨진 용어는 기념물이 해체되지 않는 한 유지되므로 전쟁기억과 담론의 변화를 잘 알려준다. 먼저 살펴볼 것은 '여순사건'에 대한 호명의 변화이다. 이를 지시하는 명칭이 처음 명기된 것은 앞서 살펴본 '지리산 충혼각'이었다. 이 충혼각은 이승만이 '충혼'이라는 휘호를 내리고, 내무부장관이 제막식에서 이승만의 추도사를 대독할 정도로 중요한 의미를 지녔다.[15] 여기에 명기된 용어는 '여수 반란사건'이었다. 이후 건립된 다른 많은 전쟁기념물들은 여순사건을 포함한 용어인 '6·25 전후' 등으로 기록했다. 그러나 분명하게 용어를 명기한 것을 살펴보면, '반란'이 지속적으로 사용되었음을 알 수 있다. 이는 진압 주체들의 주장과 기록이 그대로 관철되었음을 의미한다(노영기, 2004: 254). 최근 들어서는 '여수10·19사건', '14연대반란', '여순사건' 등과 같은 새로운 용어가 등장하고 있으나, 여전히 '여순반란사건'이라는 용어의 힘은 건재하다. 그리고 2006년에 들어서야 비로소 여순사건이 발생한 이유와 이들의 주장을 기록한 위령탑이 건립되었다.

둘째, 전쟁기념물에서 가장 많이 언급되는 '한국전쟁'을 지칭하는 용어이다. 이 용어가 처음 명기된 것은 1952년 7월에 건립된 '경찰관 신상묵 공적비'였다. 이 비에는 '6·25사변'으로 기록되어 있는데, 이 용어는

---

15) ≪동아일보≫, 1955년 6월 4일자.

<표 6-2> 전쟁기념물에 기록된 주요 용어의 변화

	여순사건	한국전쟁	빨치산
휴전 이전		6·25사변	반도(叛徒), 공비, 비도
1950년대	여순반란(2), 여순반란사건	6·25동란(3), 6·25, 난(亂)	공비(2), 공산비적(2), 토비
1960년대	여순사건	6·25	패잔 적구 떼
1970년대		6·25(2), 6·25동란, 6·25자유수호전쟁	공비(2), 적도(2), 적구(赤狗)
1980~1992년	여순반란, 여수·순천반란	6·25동란(4), 6·25(4)	공비(4), 공산비적, 적괴, 공산적괴, 붉은 폭도
1993~2002년	여순반군, 여순반란사건, 여수10·19사건, 14연대반란	6·25전쟁(3), 6·25동란(2), 6.25, 6·25사변, 한국동란, 6·25한국전쟁	공비(4), 빨치산(3), 공산비적, 패잔병, 유격대, 적도
2003년 이후	여순사건, 여수10·19사건, 여순반란사건	6·25, 6·25동란, 6·25전란, 한국전쟁, 6·25한국전쟁, 6·25전쟁,	공비, 잔당, 반란군

주1: ( ) 안의 숫자는 용어가 나타난 빈도이다.
주2: 전쟁기념물이 재건립되면서 추가 기록이 이루어진 경우는 별개로 반영했다.

이후 한동안 사용되지 않았다. 1950년대 이후부터 노태우 정권까지 주로 사용된 용어는 '6·25동란' 또는 '6·25'였다. '동란(動亂)'은 '난리'와 동일한 의미이다. '난리'는 '전쟁이나 재변(災變) 따위로 세상이 어지러워진 상태, 또는 그러한 전쟁이나 재변'을 말한다. 이는 질서가 파괴되고 혼란스러워졌다는 것을 뜻한다. 한편 '6·25'라는 용어는 사건의 발발 시점을 명기한 것이기는 하나, 성격을 분명하게 한 것이라고 할 수는 없다.

한국전쟁을 지칭하는 용어가 점차 바뀌기 시작한 것은 김영삼 정권에 들어서면서였다. 일단 용어가 다양화되었고, 새로운 용어도 등장했다.

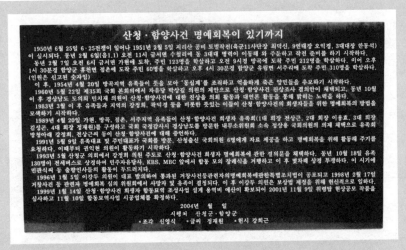

사진 6-11 '산청·함양 사건 추모공원' 희생자 위령탑의 탑문

이것은 한국전쟁에 대한 획일적 평가에 균열이 발생했음을 의미한다. 특히 '6·25전쟁'이라는 용어가 등장하여 빈번하게 사용된 반면, 이전에 주로 사용되던 용어들은 잘 선택되지 않았다. '전쟁'이라 함은 '국가 또는 교전 단체 사이에 서로 무력을 써서 하는 싸움'이다. 이는 북한에 대한 인식이 변했으며 당시의 상황을 적어도 두 세력들 간의 무력 충돌로 본다는 것을 뜻한다. 이러한 변화는 용산에 건립된 전쟁기념관 건립 계획에서 용어가 바뀐 것과 상관적인 것으로 보인다.[16) 노태우 정권 시기에 이미 용어가 전환되고 있었던 것이다. 한편 수십 년 동안 사용되지 않던 '6·25사변'이라는 용어가 다시 등장했다. 이 용어는 구례의 '차일혁 총경

---

16) 1988년 7월 초 청와대 안보보좌관실에서 작성한 계획서에서는 명칭이 '한국동란 기념사업 계획'이었으나, 이를 전달받아 국방부가 그해 9월에 작성한 계획서에서는 '한국전쟁 기념사업 추진계획'이었다.

사진 6-12
'고 김영수 영령탑'

사진 6-13
'육군 중장 백선엽 공적비'

공적비'와 2004년 6월 6일에 재건립된 하동군 금남면에 소재한 '영령탑'
의 안내문에서 발견된다.

노무현 정권 시기에는 그동안 전혀 사용되지 않았던 '6·25전란'이라
는 용어가 등장했다. 이 용어는 '산청·함양 사건 추모공원'의 위령탑에서
발견된다. 이 탑문에는 희생자들은 '영문도 모르고 죽어간 양민'으로,
빨치산은 '공비'로 기록되어 있다(<사진 6-11>). 그리고 '헌시'에는 학살
을 한 군인을 '무차별 사살했던 이상한 부대'로 표현하고 있다. 이를
통해 희생자들의 무고함과 억울함을 주장하고 있는데, 여기에서 '전란'
이라는 용어가 사용되고 있는 것이다.

셋째, '빨치산'에 관한 용어의 변화이다. 이에 관한 용어가 가장 처음
확인되는 것은 1950년 3월 하동군 악양면에 건립된 '고 김영수 영령탑'
이다(<사진 6-12>). 이 탑에서는 한국전쟁 이전의 지리산 빨치산을 '반

사진 6-14 경상남도 하동군 악양면의 '충혼탑'과 탑문

도'로 지칭하고 있다. 한국전쟁기 지리산 빨치산을 지칭하는 용어가 기록
된 첫 기념물은 1952년 7월에 건립된 '육군 중장 백선엽 공적비'였다
(<사진 6-13>). 이 비에는 '비도창궐'이라는 용어가 등장한다. '비도(匪
徒)'가 바로 한국전쟁기 빨치산을 지칭하는 용어이다. 백선엽은 수차례
창설 또는 편성되어 지리산권 빨치산을 진압한 부대들 가운데 가장 큰
규모였던 '백야전 전투사령부' 사령관이었다. 따라서 이 용어는 빨치산
에 대한 진압부대의 인식이라고 할 수 있다. 이듬해 건립된 '경찰사령관
신상묵 공적비'는 비교적 소상하게 당시의 상황을 기록했다. 이 비에
'공비(共匪)'라는 용어가 등장하는데, 공비는 빨치산, 반란군, 인민군 패
잔병으로 구성되어 있다. 그리고 공비가 활동한 시점을 6·25사변 전후라
고 기록함으로서 여순사건에 대한 내용을 분명하게 밝히지는 않았다.[17]

---

17) '공비'는 '중국에서 공산당의 지도 아래 활동하던 게릴라를 비적(匪賊)이라고 칭했
    던 것'에 유래한다. 즉, '공산당의 유격대'를 이르는 말로 명확하게 사상적 평가가
    담겨 있고, '떼를 지어 돌아다니면서 살인·약탈 등을 일삼는 도둑'이라는 뜻을

<표 6-3> 지리산권의 전쟁기념물로 본 전쟁기억

추모 내용	지역	전남 구례군	전북 남원시	경남 하동군	경남 함양군	경남 산청군	합계
전투 참여 희생자	여순사건	1		1	1		3
	한국전쟁(전체)			1			1
	한국전쟁(지역)	2	9	15	3	3	32
	여순사건· 한국전쟁(전체)			1	1		2
	여순사건· 한국전쟁(지역)	1	6	2	4	4	17
민간인 희생자	군경에 의한 학살	1			2.5	4.5	8
	북한군, 빨치산에 의한 학살	1			1		2
전쟁 및 참전 기념		1	2	1	1		5
기타(전쟁 전반)		1					1

    1950년대에 한 번 사용된 '토비(土匪)'는 토구(土寇)와 같은 말로 '시골
에서 일어난 도둑 떼'를 뜻한다. 토비는 1955년에 건립된 남원의 '지리산
충혼각'에서 발견된다. 이 기념물은 전쟁 이후의 상황을 잘 보여주는데,
토비와 공비라는 용어가 함께 사용되고 있다. 한편 1960년대 말에는
이후 한 번도 사용되지 않은 '패잔 적구 떼'라는 용어도 등장했다. '적구
(赤狗)', 즉 '붉은 개'라는 극도로 부정적인 용어까지 사용된 것이다. 이
용어는 1968년 6월 하동군 악양면에 건립된 '충혼탑'에 기록되어 있다
(<사진 6-14>). 이 비는 '여순사건'과 '6·25'라는 용어를 사용하면서도
빨치산에 대해서는 매우 부정적인 용어를 선택했다고 할 수 있다.

───────────

    지닌다. '공산비적'도 동일한 용어라고 할 수 있다.

사진 6-15
경상남도 산청군
시천면에 건립된
'난몰주민위령비'(1995년)

　1970년대에는 '도적의 무리'라는 뜻을 지닌 '적도(賊徒)'라는 용어가
등장한다. 이 용어는 빨치산의 기원 및 성격과는 무관하게 이들로부터
받은 피해만을 크게 부각시킨다. 1980년대에 들어서는 '적괴(赤傀)'라는
용어도 등장했다. '적괴'와 '공산적괴'라는 용어를 사용하는 기념물들은
인접한 지역인 산청군 시천면과 삼장면에 각각 1983년과 1987년 건립되
어 시기적으로도 근접성을 보여준다. 이와 비슷한 시기인 1986년 산청군
단성면에 건립된 비에서는 '붉은 폭도'로 기록하고 있다. 이 용어는 여순
사건 관련자들만을 지칭하는 것이고, 이들이 '6·25동란'이 터지자 '공산
침략군'과 한 무리가 되었다고 표현하고 있다.
　김영삼 정권에서는 이전과 달리 '빨치산'이라는 용어가 사용되었다.
'공비'라는 용어는 대부분의 시기에 광범위하게 사용되었는데, 이와 거
의 같은 빈도로 '빨치산'이라는 용어가 사용되었던 것이다. 또한 '패잔
병'과 '유격대'라는 용어도 등장하면서 과거와 다른 모습을 보여준다.
이것은 군사정권 시기와는 용어가 달리 사용되기 시작했음을 의미한다.

공비라는 용어는 노무현 정권에서도 계속 사용되고 있다. '산청·함양 사건 희생자 합동묘역'의 위령탑과 소개문 등에서 공비라는 용어가 발견된다. 공비라는 용어는 오랜 생명력을 갖고, 민간인 학살 희생자를 추모하는 묘지에서도 여전히 통용되고 있는 것이다. 또한 공비는 민간인 희생자를 추모하기 위해 지리산권에 건립된 두 번째 추모물인 산청군 시천면의 '난몰 주민 위령비'에서도 확인된다(<사진 6-15>). 노무현 정권 시기에 이 지역에 세워진 기념물은 용어상으로는 기존의 전쟁기념물과 차이를 발견하기 어렵다. 어떤 경우에는 같은 비문 내에서 빨치산과 공비라는 용어가, 공비와 적도라는 용어가 혼용되기도 했다. 그러나 이 정도는 양호한 편이다. '지리산 빨치산 토벌 전시관'의 내용을 보면, 여순사건 관련자들을 '반란군', '패잔병', '빨치산' 등으로 혼재하여 지칭하고 있으며, 구(舊)빨치산은 '골수 게릴라'라고 표현하고 있다. 또한 제주4·3사건은 '제주도의 폭동', '제주도에서 준동 중인 무장폭도들'이라고 기록하고 있어 최근 국가 차원에서 이루어진 제주4·3사건에 대한 진상규명 및 명예회복이 무색한 실정이다.

3) 전쟁담론의 재구성

한동안 전쟁기념물에 담긴 기록은 권위주의 정권하에서 생산된 이데올로기를 반영하여 타자를 분명하게 구분하고, 전쟁의 배경과 발발 원인 및 전쟁으로 인한 피해의 책임을 북한군과 빨치산에게 지우는 논리 구조를 유지해왔다. 그러나 한국사회의 민주화가 진전되고 억압되었던 전쟁의 실상들이 공론화 되면서 새로운 기록들이 등장했다. 이 기록들은 두 가지 방향으로 정리된다. 즉, 기존의 전쟁담론에 기반하고 있으나 국가폭력과 이로 인한 피해자가 존재함을 드러내는 소극적 방법이 있고, 외세에 의한 해방과 식민지 유산의 지속 그리고 분단체제의 형성 과정에서 발생한 억울한 죽음들을 함께 추모하는 적극적 방법이 있다.

　다른 지역의 전쟁기념물과 달리 지리산권의 전쟁기념물 내용은 여순사건에서부터 시작된다. 그리고 북한군과의 전투보다는 빨치산의 출현, 군·경 및 민간인 전투부대와 빨치산의 사이의 전투 및 진압 과정에서 발생한 희생자를 추모하는 내용이 주류를 이룬다. 이러한 전쟁담론은 빨치산 활동이 두드러졌던 지역의 전쟁기념물에서 주로 발견된다. 전쟁 국면에 대한 상황 기술은 극단적 형태에서 사건 자체만을 기록한 형태에 이르기까지 다양하다. 전쟁기념물에 기록된 전쟁기억은 크게 네 가지 담론으로 재구성할 수 있다.

　첫째, 한국전쟁 전·후기 빨치산과 북한군의 공격을 방어하는 과정에서 발생한 희생자를 추모하는 내용이다. 주요 골자는 적으로부터 향토를 수호하여 평화를 되찾았다는 것이다. 좀 더 구체적으로 정리하면, '민족이 갈망하던 해방 이후 평화로웠던 고장에 여순사건 및 한국전쟁기에 형성된 공비들이 침범하여 지역민의 생명과 재산을 약탈했기에 국군과 경찰 및 민간인 전투부대가 악전고투를 무릅쓰고 이를 막아냈으며, 이 과정에서 많은 사람들이 희생되었으므로 이들의 죽음을 추모하고 정신을 본받아야 한다'는 논리 구조이다. 이 논리 구조는 적을 극도로 부정적인 용어로 묘사하고, 아를 가장 긍정적인 용어로 표현함으로써 희생자의 죽음이 지닌 의미를 부각시킨다. 이러한 전쟁담론은 특히 민간인 전투부대 희생자를 추모하는 전쟁기념물에서 자주 발견된다.

　둘째, 한국전쟁 전·후기 빨치산 진압 과정에서 발생한 희생자들을 추모하는 내용이다. 전투 내용은 극적으로 묘사되고, 희생자는 영웅화된다. 즉, '한국전쟁을 전후하여 빨치산과 후퇴하지 못한 북한군이 지리산에 집결하여 후방 치안을 불안하게 했으므로 이를 토벌하기 위한 군·경 및 민간인 전투부대가 창설 또는 동원되어 소탕했으며, 이 과정에서 많은 사람들이 희생되었던 바 이들의 호국정신과 무훈 및 공적을 널리 찬양해

사진 6-16
전라남도 구례군 구례읍
봉서리에 조성된
'민족통일공원'과
'민족분단 희생자 위령탑'

야 한다'는 구조로 정리된다. 이러한 전쟁담론은 군, 경찰, 민간인 전투부대의 희생자를 동시에 추모하는 전쟁기념물에서 주로 발견된다. 빨치산 토벌에 관한 내용은 근래에 건립 또는 재건립된 것일수록 구체적이다. 특히 최근 건립된 전시관들에는 빨치산의 토벌과 관련된 전투 상황을 상세하게 보여주는데, 다양한 영상매체와 사진, 전시물, 자료 등이 활용됨으로써 탑 또는 비와 같은 전쟁기념물에 비해 효과가 높다.

셋째, 북한군에 의한 민간인 학살을 강조하는 내용이다. 이 내용은 북한군과 빨치산의 비인간성과 민간인의 일방적 희생을 부각시키기 위해 가장 선호되는 논리 구조이다. 그러나 이 내용으로 건립된 전쟁기념물은 1개뿐이다. 이러한 논리 구조는 대부분 전쟁의 참혹성과 죽음의 무차별성을 보여주는 배경으로 사용되고 있기 때문이다. 그리고 전쟁기념물이 일방적 희생자가 아니라, 전투에서 사망한 사람을 대상으로 주로 건립되었기 때문이기도 하다.

넷째, 1990년대 초반에 등장한 전쟁담론으로, 군에 의한 민간인 집단 학살에 관한 것이다. 민간인 집단 학살은 전쟁 중에도 논란이 되었고, 4월혁명 직후 다시 공론화되었다가 수십 년간 억압되었다. 그러나 처음

사진 6-17
전라남도 구례군 구례읍에 건립된
'여순사건 희생자 위령탑'

전쟁기념물에 기록된 내용은 기존의 전쟁기념물에 기록된 여순사건에
대한 기록과 거의 차이가 없다. 사건이 일어난 책임을 여순사건 가담자와
비이성적 토벌군에게 전가한 것이다. 이것은 최근 건립된 산청·함양 사
건 희생자 추모공원에서도 거의 동일한 담론으로 재연되었다. 다만 여기
에서는 한국전쟁의 정황은 최소로 언급되고, 사건 자체의 내용과 진상이
공론화되기까지의 활동이 상대적으로 많이 기록되어 있다.

한국전쟁기 민간인 희생자들의 죽음에 대한 추모를 통해 더 적극적으
로 전쟁담론을 표상한 것은 2002년 7월 7일 전라남도 구례군 구례읍
봉서리에 조성된 '민족통일공원'과 '민족분단 희생자 위령탑'이다(<사
진 6-16>). 이 탑에는 아무런 내용도 기록되어 있지 않지만, 이를 보도한
자료에서는 '분단 세월 동안 좌·우익을 망라한 억울한 죽음 모두를 추모'
하기 위해 조성한 것이라고 했다.[18] 또한 구례군에서는 2006년 3월에
여순사건으로 희생된 민간인을 추모하는 위령탑을 지리산권에서 처음

---

18) 김보근, 2002, "평화탑 쌓기", ≪사람이 사람에게≫(2002년 8월호).

건립함으로써 한국전쟁 전·후기에 발생한 비극을 위로하고 있다(<사진 6-17>). 이와 같이 한편에서는 희생자의 추모 대상 및 내용이 더욱 확대되고, '분단 극복', '화해', '평화'라는 용어를 통해 새로운 전쟁담론이 수면 위로 부상하고 있는 것이다.

6. 맺음말

전쟁은 항상 죽음을 동반한다. 전쟁은 자연재해 및 사고와 더불어 집단적 죽음을 양산하는 대표적 사건이다. 그렇지만 전쟁에서 발생한 모든 죽음이 기억되지는 않는다. 전쟁으로 인한 죽음 가운데 집단으로 기억되는 것은 매우 한정되어 있다. 그 기준은 전쟁의 결과 누가 영토를 지배하게 되었는가와 앞으로의 전쟁에 국민을 동원하는 데 기존의 전쟁경험을 어떻게 활용할 것인가 하는 점이다. 따라서 일부 예외가 있기는 하지만, 전투에 참가하지 않은 민간인의 죽음과 적의 죽음은 집단으로 추모되지 못하고, 그들은 전장을 떠도는 원혼으로 남게 된다.

우리 주위에는 전쟁에서 죽은 사람들의 영혼을 위로하는 많은 시설들이 있다. 특히 한국전쟁과 관련된 기념물들은 우리의 일상 공간에서 어렵지 않게 찾을 수 있고, 사람들은 이곳에 대한 나름의 기억과 경험을 갖고 있다. 그렇지만 이러한 기념물들이 어떻게 건립되었는지, 기념물들이 표상하는 내용이 무엇인지, 기념의 원초적 대상 및 사건과 기념물의 내용이 어떤 차이를 갖고 있는지 인지하는 사람은 매우 드물다. 많은 사람들, 특히 전쟁경험을 갖지 못한 사람들은 공식적 전쟁담론에 입각하여 이를 해석하거나, 그저 바라볼 뿐이다. 국가 차원에서 대대적으로 조성한 국립묘지나 사람들의 방문과 교육을 목적으로 건립한 기념관 등과 같이 특별한 장소와 공간이 아닌 이상 사람들은 전쟁기념물을 거의 찾지 않는다. 추모와 기억을 위해 전쟁기념물을 건립하지만, 죽음과 전쟁은 살아 있는 사람들에게 여전히 두렵고 무서운 것이다.

정치체제의 변동과 전쟁기념물의 건립은 밀접하게 관련되어 있다. 전쟁기념물의 건립은 정치적 목적으로 이루어지기 때문이다. 전쟁기념물을 건립하는 이유와 그것에 담긴 내용이 다를지라도 그것이 정치적 행위의 산물임은 명백하다. 지리산권의 전쟁기념물들은 이를 잘 보여주었다. 비록 마을 단위 또는 면 단위에서 건립되는 전쟁기념물이더라도 정치·사회적 변동과 전쟁담론의 변화에 민감하게 반응한다. 또한 전쟁의 상처와 양상은 전쟁기념물의 건립에 영향을 주는 주요한 변수였다. 지역별로 전쟁기념물의 수와 특성에 차이가 있고, 건립 대상과 주체가 다른 것도 이 때문이라고 할 수 있다.

전쟁기념물은 전쟁에 대한 공식적 기록의 일부이다. 전쟁기념물은 당시의 상황을 소상하게 기록한 것이 있는 반면, 희생자와 건립 주체만 명기함으로써 죽음 자체만 기록한 것도 있다. 전쟁기념물에 기록된 용어들은 많은 변화를 거듭했지만, 과거의 국가적 전쟁담론에서 자유롭지 못하다. 전쟁기념물에 기록된 내용은 사실과 부합하지 않고, 과장 또는 축소 해석된 점이 상당수 발견된다. 그렇지만 시간이 흐르면서 이것이 사실로 굳어지고 있다. 관련자들이 사망하고 전쟁기념물에 세월이 켜켜이 쌓이면서 기록된 내용이 번복할 수 없는 역사의 무게를 갖게 된 것이다. 더욱이 전쟁기념물과 관련된 사람들과 유족들은 전쟁 이후 국가와 사회의 보호를 받아왔고, 전쟁에서의 죽음을 매개로 공고한 연대를 형성했기 때문에 억압된 비공식 기억을 표출하는 것은 쉬운 일이 아니었다. 이러한 과정을 겪으면서 지리산권 전쟁의 기억과 담론은 전쟁기념물들을 중심으로 재구성되고 획일화되는 경향이 지속되어왔다.

그렇지만 정치·사회적 변화와 더불어 전쟁에 대한 다른 주장과 기억들이 표면화되고, 다른 의미를 갖는 전쟁기념물이 건립되면서 전쟁담론이 새롭게 재구성될 수 있는 기회가 펼쳐지고 있다. 1990년대 중반 이후 건립되고 있는 전쟁기념물은 기존의 전쟁기념물에 투사된 담론과 충돌하기보다는 새로운 담론을 공간 속에 투사하는 데 역점을 두고 있다. 반면에 여전히 과거의 전쟁담론 주위를 벗어나지 못하는 사례도 발견된다. 이것은 한국전쟁에 대한 그간의 지배 기억이 계속해서 상당한 힘을 갖고 작동하고 있음을 보여준다고 할 수 있다.

■ ■ ■ **참고문헌**

강인철. 2000.「전쟁의 기억, 기억의 전쟁: 한국전쟁 50주년에 즈음하여」. ≪창작과
　　　비평≫, 제108호.

강희근. 2004.『산청·함양 사건의 전말과 명예회복』. 산청·함양 사건 희생자유족회.

국가보훈처. 1996.『참전기념조형물도감』. 국가보훈처.

국민대학교 국사학과. 2004.『지리산문화권』. 역사공간.

국방군사연구소. 1994.『전적기념물 편람집』. 국방군사연구소.

국방부 군사편찬연구소. 2002.『건군사』. 국방부 군사편찬연구소.

국방부 전사편찬위원회. 1998.『대비정규전사(1945~1960)』. 국방부 전사편찬위
　　　원회.

김미정. 2002.「1950·60년대 한국전쟁기념물」. ≪한국근대미술사학≫, 제10호.

_____. 2004.「끊임없이 재생산되는 전쟁의 기억」. ≪월간미술≫, 6월호.

김동춘. 2000.『전쟁과 사회』. 돌베개.

김영나. 2002.「워싱턴DC 내셔널 몰의 한국전 참전용사기념물과 전쟁의 기억」.
　　　≪서양미술사학회논문집≫, 제18권 1호.

김영택. 2003.「한국전쟁기 남한 내 적색 빨치산의 재건과 소멸(1950. 10. 5.~1954.
　　　4. 5.)」. ≪한국근현대사연구≫, 제27집.

김창수. 2003.「기억과 망각: 인천의 전쟁기념물과 냉전 유산들」. ≪인천문화비평≫,
　　　제12호.

김행복. 1989.「전적기념물의 실태 및 그 발전방향에 관한 연구」. ≪삼사논문집≫,
　　　제28집.

노영기. 2004.「여순사건과 육군의 변화」. ≪전남사학≫, 제22집.

박명규. 2001.「역사적 사건의 상징화와 집합적 정체성: 기념비, 조형물의 문화적
　　　기능을 중심으로」. ≪한국사회과학≫, 제23권 2호.

박영현. 2001.「한국전쟁 전적기념물의 실태분석 및 발전방향」. ≪군사≫, 제42호.

박정석. 2004.「전쟁과 폭력: 영광 지역 한 마을 사람들의 기억을 중심으로」. ≪사회
　　　와 역사≫, 제66집.

박현정. 2005. 「집단적 전쟁경험의 기억과 기념: 봉황양민학살희생자위령비 건립 과정을 중심으로」. 전남대 석사학위 논문.

심재기. 1993. 『6·25와 민간항쟁』. 한국전쟁민간인희생자기념사업회.

안재성. 2007. 『이현상 평전』. 실천문학사.

육군본부 군사연구실. 1992. 『한국의 전쟁영웅들』. 육군본부.

_____. 1994. 『한국전쟁 시 학도의용군』. 육군본부.

윤정란. 2004. 「한국전쟁과 염산면 기독교 순교비의 사회·종교적 역할」. ≪호남문화 연구≫, 제35집.

이광일. 1998. 「'반체제운동'의 전개 과정과 성격」. 『박정희를 넘어서』. 푸른숲.

이은봉. 1993. 「군사재란 무엇인가」. ≪군사≫, 제26호.

_____. 1995. 「전적기념물의 보존관리 방안」. ≪군사≫, 제31호.

정근식. 2002. 「한국전쟁경험과 공동체적 기억: 영암 구림권을 중심으로」. ≪지방사 와 지방문화≫, 제5권 2호.

_____. 2004. 「지역정체성, 신분투쟁 그리고 전쟁기억: 장성에서의 전쟁경험을 중심으로」. ≪지방사와 지방문화≫, 제7권 1호.

차문준·김승태. 2003. 「충혼의 현장」. ≪제주도≫, 제106호.

니시카와 나가오(西川長夫). 2001. 『국민이라는 괴물』. 윤대석 옮김. 소명출판.

아스만, 알라이다(A. Assmann). 2003. 『기억의 공간』. 변학수 외 옮김. 경북대학교 출판부.

Connerton, P. 1989. *How Societies Remember*. Cambridge University Press.

Winter, J. 1995. *Sites of Memory, Sites of Mourning*. Cambridge University Press.

민간인 학살 희생자 유족회의 결성과
진상규명운동

●

정호기

1. 전쟁과 민간인 희생자

　민간인 희생자가 발생하지 않은 전쟁이 없는 것처럼, 한국전쟁을 전후한 시기에 희생된 민간인은 100만여 명 이상으로 추산된다(한국전쟁전후민간인학살진상규명범국민위원회 엮음, 2005: 12). 그러나 조직적으로 전쟁에 동원되어 전장에서 사망한 사람에 비해 민간인 희생자는 항상 뒷전이었다. 그나마 민간인의 죽음이 사회적으로 조명되는 경우는 북한과 좌익의 비인간성과 무자비함을 부각시키거나, 전쟁의 비참함을 드러내어 안보이념을 강화시키려 할 때였다. 그러므로 남한의 군대와 통치 기구 등에 의해 희생된 민간인은 오직 가족과 친족 내에서 추모될 뿐이었다. 더구나 민간인 희생자의 사망 이유가 이데올로기의 담론으로 덧칠해진 경우에는 가족으로부터도 외면을 당했다.

　민간인 희생자는 '적과 아'라는 이분법적 사고와 '절멸주의'가 지배하던 한국전쟁 전후 시기에 발생할 수밖에 없었던 사회구조적 비극의 산물이었다. 이들의 죽음이 공공 영역에서 공론화된 것은 세 차례였다.[1] 처음 사회적 조명이 이루어진 시기는 한국전쟁이 한창이던 1951년이었다.

'거창사건'이 국회에서 폭로된 것을 계기로 진상조사단이 조직되어 조사가 이루어졌고, 관련자들이 처벌받았다. 그러나 가해자들은 얼마 지나지 않아 석방되었으며, 이 사건은 잊혀졌다. 두 번째로 공론화된 시기는 1960년 4월혁명 직후였다. 경남·경북을 중심으로 진상규명운동[2]이 시작되어 마침내 국회가 경남·경북·전남의 일부 지역을 대상으로 진상조사를 했다. 이 진상조사들은 이후 여러 연구와 자료들에서 밝혀진 것처럼 형식적으로 진행되었다(한상구, 1990: 188~189; 김기진, 2002: 272~279). 그리고 진상규명운동을 주도하던 사람들은 5·16 군사쿠데타로 집권한 군부에 의해 사법적 처벌을 받았다.[3] 세 번째는 한국사회의 민주화가 진전되었던 1980년대 후반부터 현재에 이르는 시기이다. 이때에 들어서야 진상규명운동의 흐름이 조금씩 재개되었고, 1990년대 말이 되면서 전국적·전면적 진상규명운동으로 발전했다. 이러한 활동의 성과로 2005년 5월에는 「진실·화해를 위한 과거사정리기본법(이하 진실위법)」이 제정되었으며, '진실·화해를 위한 과거사정리위원회(이하 진실위원회)'가 출범

---

1) 노영기(2004: 72~80)는 민간인 학살 진상규명 활동을 주제와 쟁점에 따라 다섯 시기로 구분했다.

2) 국가폭력에 의한 피해를 치유하는 구체적 방안들은 5·18민중항쟁의 제도적 치유와 과정을 논의하는 과정에서 정립되었다. 진상규명, 책임자 처벌, 명예회복, 피해보상, 기념사업으로 정리된 이 방안들은 추후 등장한 과거사 청산 운동의 배경과 조건에 따라 취사 선택되었다. 가장 우선하여 제기되었던 방안들은 진상규명과 명예회복이었다. 현재 민간인 학살 희생자 유족회와 시민단체 등에서 진상규명운동이라고 일컫는 것도 이 두 가지가 주된 것이다. 두 가지 방안들이 충실하게 추진되어 정치적·사회적 공감대가 형성되면 가해자 또는 책임자의 처벌이 쟁점으로 부상할 조건이 성립될 것이고, 피해의 원상회복을 위한 보상과 기념(추모)사업이 진행될 것으로 파악한 것이다. 사건 또는 지역 단위로 위령제의 개최와 추모 시설의 건립이 속속 진행되고 있으나, 이와 관련된 집합행동들은 진상규명운동의 일환이지 제도적 치유 방안의 실현이라고 하기는 어렵다.

3) 1960년에 이루어진 진상조사의 과정과 결과 가운데 경남·경북 지역의 상황은 김기진(2002)의 연구에, 전남의 상황은 김영택(2001)의 연구에 잘 정리되어 있다.

했다.

　민간인 학살 희생자에 관한 진상규명운동에 참여한 주체들은 다양하다. 이 가운데 가장 두드러진 활동을 한 것은 '유족(bereaved families)'이었다. 유족들은 개인으로 또는 '유족회'를 결성하여 집합행동(collective action)[4]을 수반한 진상규명운동을 전개했다. 그러나 민간인 학살 희생자로 추산되는 규모에 비해, 자신이 유족임을 드러내고 집합행동까지 동참한 사람들은 소수였다. 유족들은 지배체제의 균열과 새로운 사회질서의 재편이 이루어지는 시기 또는 그 이후에 모습을 드러냈다. 이것은 전쟁의 상처를 사회의 공공 영역에서 치유하려는 적극적 활동이었다. 이 활동은 유족 개개인의 삶에도 적지 않은 변화를 가져왔다. 또 유족회의 진상규명운동은 사회가 민간인 학살 희생자의 문제에 관심을 갖도록 했다. 그리하여 지역별로 차이는 있으나 지역사회에서 유족회가 갖는 지위도 점차 상승했다. 유족회의 진상규명운동은 진실위법의 제정에도 불구하고 계속되고 있다. 진상규명운동은 이전의 사회운동과는 달리 권력과 질서의 변화를 목표로 하지 않았다. 그렇다고 사회구조와 정책의 변화를 통해 공공성 확보에 역점을 둔 신사회운동적 성격(오페, 1993: 90)을 지닌다고 하기도 어렵다.

　근래에 학계에서 이루어지는 한국전쟁 연구들은 일반 민중의 경험과 기억, 삶의 변화 등과 같이 과거에는 잘 다루지 않았던 미시적 주제들로 확산되었다(표인주 외, 2003: 3~8; 박찬승, 2006: 5). 이 연구들은 한국전쟁의 상처와 경험이 어떻게 개인, 유가족, 가문, 마을 공동체에 충격과 변화를 주는지 살피고 이에 적응하거나 이를 극복하는 다양한 삶의 모습을 고찰했다.[5] 이러한 연구 흐름에 발맞추어 전쟁 국면에서 희생된 민간

---

4) 이 장에서의 '집합행동'은 '기존의 규범, 제도, 정책, 가치 등의 변화를 지향하는 다수 개인들의 공동 행동'이라는 임희섭(1999: 4)의 정의를 따랐다.

인 희생자 문제를 부분적으로 또는 전면적으로 다루는 연구들도 발표되었다. 이와 같은 연구가 많아진 것은 은폐 또는 왜곡된 한국의 과거사를 재조명하고, 희생자들의 명예를 회복하려는 운동이 활발하게 전개되는 것과 무관하지 않다.

그렇지만 민간인 학살 희생자 유족회와 진상규명운동을 주제로 한 연구는 미흡한 수준이다. 일단 유족회의 활동과 진상규명운동을 정리한 자료와 글들이 적다.6) 그나마 발표된 글들도 학술적 연구라고 하기 어렵다. 그러므로 1960~1961년에 전개된 유족회의 활동을 분석한 한상구(1990)의 연구와 국가권력의 형성과 유족들의 삶, 유족회의 대항 담론을 논문의 일부에서 살펴본 노용석(2004)의 연구, 위령비 건립을 둘러싸고 전개된 지역권력과 유족회 내외의 갈등 및 담론을 고찰한 박현정(2005)의 연구는 소중하다고 하지 않을 수 없다. 특히 한상구의 연구는 당시의 유족회 결성과 활동 전반을 충실하게 정리하고 있어 많은 시사점을 준다. 그는 1960년에 유족회의 활동이 활발한 지역과 그렇지 않은 지역의 차이를 '인민군의 점령 여부'와 희생자 유가족의 생존 기반 및 피해의식으로 인한 활동 구심점의 부재 등에서 고찰했다(한상구, 190: 187). 그런데 한상구의 주장은 이 장에서 관심을 갖는, 약 5~6년 전부터 전남에서 활성되고 있는 민간인 학살 희생자 유족회 결성과 활동을 설명하기에는 한계가 있다. 그 이유는 첫째, 2006년 현재 전남에 결성된 17개의 유족회 가운데

---

5) 이와 관련된 연구들은 표인주 외(2003)와 김경학 외(2005)에 다수 실려 있다. 이 외에도 윤택림(1997), 박찬승(2000, 2006), 이용기(2001), 정근식(2002), 이령경(2003), 김귀옥(2006)의 연구 등이 있다.
6) '한국전쟁전후 민간인학살 진상규명과 명예회복을 위한 범국민위원회'가 발간한 여러 책자에 유족회의 결성 계기와 활동이 소개되어 있다. 김기진의 연구(2002)는 1960년에 전개되었던 진상규명운동에 초점을 맞추어 당시 유족회의 활동과 국가의 탄압을 정리했다. 그리고 정찬동의 연구(1999) 등에서 유족회에 관한 내용을 살펴볼 수 있다.

5개가 '여순사건' 관련 유족회인데, 이 사건은 한국전쟁 발발 이전에 일어났기 때문에 인민군의 점령 여부와 직접 관련짓기 어렵다는 점이다. 둘째, 인민군 점령지라는 공통점이 있는데도 유족회의 결성과 활동이 지역별로 편차를 보이는 이유를 밝히기 위해서는 다른 분석 기준이 필요하다는 점이다. 셋째, 최근의 진상규명운동은 유족회와 시민단체, 연구자 집단 등이 연대하여 추진하고 있기 때문에 1960년과 주체가 다르다는 점이다.

대부분의 민간인 학살 희생자 유족회는 2000년 전후에 결성되어 역사가 짧지만, 급속하게 성장하여 많은 회원을 확보하고 있고 사회적 영향력도 크다. 특히 전남에서는 다른 어느 지역보다 유족회가 많이 결성되었으며 왕성한 활동을 하고 있다. 이러한 점들이 민간인 학살 희생자 유족회와 진상규명운동에서 전남의 상황을 한층 더 구체적으로 조사하고 연구해야 하는 필요성이라고 할 수 있다.

이 장에서는 전남의 민간인 학살 희생자 유족회를 사회운동 조직의 결성 구조와 과정이라는 측면에서 고찰하고, 구성원의 충원과 정체성의 형성이 이루어지는 방식을 분석하려 한다. 그리고 전남의 유족회가 진상규명운동의 구체적 방식인 사실조사, 추모 행사, 추모 사업 등에서 어떤 역할을 하고 있으며, 이 운동에 참여한 여러 조직 또는 기구와 어떤 관계를 맺고 있는지에 대해서도 살펴볼 것이다.

이 연구는 앞서 간행된 책자, 보고서, 홍보 자료, 신문 기사 등을 수집하여 관련 내용을 정리하는, 텍스트의 내용 분석에서 시작했다. 문자화된 다양한 자료를 통해 사건별·지역별 민간인 학살 희생자 유족회와 시민단체 및 협력 주체들이 어떻게 결성·분포되어 있으며, 이들이 현재까지 추진해온 활동과 주장에 관한 개략적인 내용을 고찰했다. 이를 토대로 연구 대상자들에 대해 면대면 또는 전화 면접과 구술조사를 실시하고, 내부 관리 자료들을 살펴보았다. 면접 또는 구술조사는 사전에 정리한

〈표 7-1〉 전남 지역 민간인 학살 희생자 유족회의 결성

(2006년 9월 현재)

연도	유족회 명칭(설립 일자)	지역(관련 사건)	기타
1993	함평양민희생자유족회(11. 22.)	함평(함평사건)	1998년 사단법인 등록
1998	나주동창교양민학살희생자유족회(10. 4.)	나주세지면 동창교 사건	
2001	여순사건유족회(6. 12.)	여순사건 관련 희생자 유가족 전체	
	여순사건여수유족회(6. 12.)	여수(여순사건)	2004년 사회단체 등록
	여순사건순천유족회(8.)	순천(여순사건)	2005년 사단법인 등록
	여순사건구례유족회(8. 8.)	구례(여순사건)	
	봉황양민희생자유족회(8. 30.)	나주봉황면 민간인 희생자)	
	여순사건보성유족회	보성(여순사건)	순천유족회 지회
	여수남면양민학살유족회	여수남면 안도리 미군 폭격 사건)	
2003	한국전쟁후민간인학살진상규명범국민위원회해남군유족회(11. 27.)	해남(전체 민간인 학살 희생자)	2002년 창립한 전남기점 학살사건유족회의 확대
2004	해방후완도민간인학살유족회(10.)	완도(전체 민간인 학살 희생자)	
2005	양림양민학살희생자유족회(6. 26.)	함평(함평읍 진양리 양림 학살 사건)	
	여순사건광양유족회(10.)	광양(여순사건)	순천유족회에서 분리
	여순사건고흥유족회(10.)	고흥(여순사건)	
2006	순불양민학살희생자유족회	함평(순불면 민간인 학살 희생자)	
	신광양민학살희생자유족회	함평(신광면 민간인 학살 희생자)	
	한국전쟁민간인희생자명예회복동함평군추진위원회(3. 7.)	함평(전체 민간인 학살 희생자)	

주: 고딕체로 표기된 곳은 지역 또는 사건별 연합유족회이다.

218 제2부__전쟁경험과 재현의 정치

표준화된 질문을 공통으로 하고, 이에 응답하도록 하여 조사 결과가 일관성을 유지하도록 했다. 조사는 피조사자가 자유롭게 자신의 의견을 피력할 수 있도록 내용과 형식을 제약하지 않았다. 조사에서 분명하게 확인하지 못한 사항이나 피조사자들 사이의 견해가 상충한 경우는 보완 조사를 실시했다. 조사는 2005년 말부터 2006년 10월까지 이루어졌는데, 집중적으로 조사를 한 시기는 1월과 6월이었다.

연구 대상은 전남 지역에서 활동하고 있는 민간인 학살 희생자 유족회와 이들의 활동이다. 그런데 진상규명운동은 유족회뿐 아니라 시민단체, 연구자, 지역 언론 등과 긴밀한 관계를 맺으며 이루어진다. 따라서 유족회의 결성, 활동, 역할 등에 관한 더욱 정확하고 객관적인 자료 수집을 위해 유관 단체 책임자 및 실무자들에 대한 조사도 함께 진행했다. 그리하여 면접 또는 구술조사 대상자에 각 유족회의 전·현직 회장, 연구자, 시민단체 관련자, 지역 언론인 등을 포함시켰으며, <표 7-1>에서 제시한 유족회들 가운데 손불유족회를 제외한 모든 유족회의 전·현직 회장을 대상으로 조사했다.[7] 한편 조사가 이루어진 유관 단체 및 관련자가 소속된 기관은 '여수지역사회연구소', '여순사건 화해와 평화를 위한 순천시민연대', '광양 참여연대', '한국민족예술인총연합 고흥지부', '나주시문화원', '해남신문사', '한국전쟁 전후 민간인학살 진상규명 범국민위원회', '광주인권운동센터' 등이었다.

---

7) 2006년 3월에 결성된 '한국전쟁 민간인희생자 명예회복 함평군 추진위원회'는 단체의 명칭만으로는 유족회라고 생각하기 어렵지만, 지역 내 여러 유족회가 가입해 있고 유족회가 활동을 주도하므로 연합 유족회로 파악했다.

2. 유족회의 결성과 정체성 형성

1) 유족회 결성 구조와 과정

민간인 학살 희생자 유족회는 1990년대 말부터 광범위하게 결성되기 시작했다. 이러한 현상에는 정치·사회적 기회 구조가 유리하게 형성되었던 것이 주요하게 작용했다. 기회 구조는 민주화의 진전, 국가폭력 희생자에 대한 국가 차원의 명예회복과 보상 작업의 개시, 이러한 흐름을 촉발시키고 추동하는 시민단체와 연구자들의 활동 등이 복합적으로 전개되면서 형성되었다. 특히 거창사건과 '제주4·3사건'의 진상규명 및 희생자의 명예회복을 목적으로 한 법률의 제정과 '노근리 사건'에 대한 언론의 조명은 진상규명운동을 촉진시킨 주요 요인이었다(한국전쟁전후 민간인학살 진상규명 범국민위원회, 2006a: 40). 또한 4월혁명 직후와 달리 시민·사회단체 및 연구자들이 유족회 결성에 직·간접적으로 결합했던 것도 큰 힘이 되었다(노용석, 2004: 212).

전남에서 유족회 결성이 활발했던 데에는 다음 세 가지의 요인이 작용했던 것으로 보인다. 첫째, 5·18민중항쟁 피해자에 대한 명예회복 및 보상이 이루어지는 과정과 '5월 운동'을 지근거리에서 목격하면서 민간인 희생자에 관한 진상규명운동도 가능하다는 자신감을 갖게 되었다. 둘째, 전남에서 가장 먼저 결성된 '함평사건' 유족회의 활동이 다른 유족회의 결성과 진상규명운동의 촉발을 자극했다. 셋째, 시민단체의 역동적인 활동에 힘입어 여순사건 관련 유족회들이 대거 결성되었기 때문이었다.

전국의 민간인 학살 희생자 유족회들은 세 가지의 범주로 집단화되어 있다. 첫째, 2000년 9월 7일에 공식 출범한 '한국전쟁전후 민간인학살 진상규명과 명예회복을 위한 범국민위원회(이하 범국민위원회)'[8)]와 동시

에 출범한 '전국유족협의회'의 회원 단체로 가입되어 있는 유족회들이
다.9) 둘째, 전국유족협의회와 여기에 가입하지 않은 유족회들이 모여
2001년 11월에 결성한 '전국유족회'이다(한국전쟁전후 민간인학살 진상규
명과 명예회복을 위한 범국민위원회, 2006b: 82). 그러나 통합입법 투쟁이
본격화된 직후 전국유족회에서 전국유족협의회가 탈퇴하면서 활동이 위
축된 상태이다. 이 조직은 '미군범죄 진상규명 전민족 특별조사위원회'
와 긴밀한 관련을 맺고 있다.10) 셋째, 위의 조직들 어디에도 가입하지
않고 독립적으로 활동하는 유족회들이다.11)

전국유족협의회는 가장 많은 유족회를 회원 단체로 두고 있고,12) 왕성
하게 진상규명운동을 전개했다. <표 7-1>과 같이 전남에는 2006년
9월 현재 총 10개 지역에 16개의 유족회가 결성되어 있는데, 4개를 제외
하고는 모두 이 단체에 가입해 있다. 결성 시기로 보면, 전국유족협의회
가 출범하기 이전에 2개의 유족회가, 이후에 나머지 유족회가 결성되었
다. 유족회의 결성 순서는 민간인 학살 희생자가 발생한 사건의 특성과

---

8) 범국민위원회는 2002년 10월 4일에 '한국전쟁전후 민간인학살 진상규명 범국민위
   원회'로 개칭했다. 이 단체는 전국유족협의회와 전국사회단체협의회 및 연구자협
   의회 등이 회원 단체로 가입한 전국 조직으로, 진상규명운동을 실질적으로 주도하
   고 있다. 전국유족협의회의 활동은 대부분 범국민위원회와 함께 이루어졌다. 그러
   나 2007년에 범국민위원회와 전국유족협의회가 분리되어 각각 독립된 사무실을
   운영하고 있다.
9) 정식 명칭은 '한국전쟁전후 민간인학살 진상규명 범국민위원회 전국유족협의회'
   이다.
10) 최근에 범국민위원회와 미군범죄진상규명전민족특별조사위원회 사이의 연대 활
    동 방안이 논의되었는데, 현재까지 구체적인 성과는 없다. 범국민위원회 사무처장
    면접(2006. 9. 27.).
11) 2006년 6월 현재 8개의 유족회가 독자적인 활동을 하는 것으로 파악된다.
12) 2006년 6월 현재 전국유족협의회에는 총 38개의 유족회가 회원 단체로 가입해
    있다.

이에 대한 국가의 이데올로기적 탄압 및 공격 강도와 매우 상관적이다. 반공 이데올로기에서 상대적으로 자유로우며 1960년대에 국회의 진상조사가 이루어진 사건들의 유족회가 먼저 결성되었고, 김대중 정권 중반에 들어서 한층 더 다양한 사건들의 유족회들이 결성되었던 점이 이를 말해준다. 범국민위원회와 전국유족협의회의 출범은 지역에서 유족회가 활발하게 결성되도록 추동했다. 전국적 단체가 먼저 결성됨으로써 반공 이데올로기의 공격에 보호막이 되었고, 유족들의 불안감을 해소하면서 유족회를 결성할 자신감과 시기적 적절성을 일깨워주었다. 이러한 특성이 가장 잘 나타난 사례가 여순사건 관련 유족회의 결성이다. 여순사건은 사건 전체를 아우르는 '여순사건유족회'가 출범한 후 지역별 유족회의 결성이 이루어졌다.[13]

유족회의 결성에 선행하여 진행되는 것은 사실조사였다. 사실조사의 결과는 유족회의 결성에 필수적인 인적 자원의 결집과 외부 지원의 근거로 활용되었다. 사실조사는 논리적 인과성과 신뢰성 그리고 타당성을 증명할 수 있는 수준까지 도달해야 했다. 따라서 희생자 가족의 증언뿐 아니라 공문서와 신문을 포함한 다양한 기록과 영상자료 등이 광범위하게 수집되었다.

사실조사가 선행되었는지 여부에 따라 유족회 결성 시점이 달라졌다. 이를 잘 보여주는 사례가 함평사건과 '나주 동창교 사건'이다. 함평사건은 1960년에 국회에서 진행한 진상조사 결과가 보고서로 남아 있었으나,[14] 나주 동창교 사건은 조사 대상에서 누락되었다. 함평사건 유족들은

---

13) 이와 다른 방식으로 유족회가 결성된 경우도 있다. 해남에서는 일명 '갈매기섬 학살 사건' 유족회가 먼저 결성된 이후 지역 전체를 포괄한 유족회로 발전했고, 함평에서는 제각각 결성된 유족회들이 연합체를 구성했다.
14) 국회 '양민학살진상조사특별위원회'는 함평사건을 제11사단 20연대 2대대 5중대가 1950년 12월 6일부터 1951년 1월 14일까지 함평군 월야, 해보, 나산 등지에서

정치적 민주화가 어느 정도 진전되고 유관 사건인 거창사건의 유족회가 결성되자 당시의 조사 결과를 토대로 즉각 유족회를 결성했다. 그러나 나주 동창교 사건은 '진상조사 추진위원회'가 구성되어 사실조사를 한 이후에야 유족회를 결성할 수 있었다.[15]

사실조사는 유족회가 결성되는 조건이었을 뿐 아니라, 유족회를 발전시키는 힘이기도 했다. 여순사건 관련 유족회들이 일시에 결성될 수 있었던 것은 바로 이 때문이었다. 즉, 사실조사 과정에서 희생자의 유족들이 모습을 드러냈고, 여수지역사회연구소 등은 이 유족들을 연계시켜 유족회가 결성될 수 있도록 했다. 유족회가 결성된 이후에도 사실조사가 계속되어 회원 증가와 조직 안정화에 긍정적으로 작용했다.

또한 유족회의 결성에는 이를 추진할 구심이 존재하는지 여부가 관건이었다. 사실조사가 선행되었다고 해서 반드시 유족회가 결성되는 것은 아니었다. 사실조사가 이루어졌더라도 조직화를 위한 구심을 형성하지 못한 사건과 지역은 유족회 결성이 지연되거나 추진되지 못했다. 유족회가 결성된 사건·지역보다 사실조사가 이루어진 사건·지역이 훨씬 많은 점이 이를 잘 증명해준다. 유족회는 계나 동우회 같은 친목 모임과는 결성 배경이나 목적이 다르다. 따라서 유족회가 결성되기 위해서는 조직화할 수 있는 전문성과 구심이 필요했다. 그러나 이러한 조건을 갖춘 유족들은 거의 없거나 소수였고, 조직화를 역동적으로 추진하기에는 나이가 많았다.

이로 인해 함평사건 유족회와 완도유족회 등 일부를 제외하고는 유족의 힘만으로 유족회가 결성된 사례는 거의 없다. 유족들이 구비하지 못한

524명의 인명을 집단 학살한 사건으로 발표했다.

15) 나주 동창교 사건의 사실조사 보고서의 제목은 '한국전쟁에서 같은 부대, 같은 병사가 저지른 나주시 세지면 동창 양민 학살과 함평 양민 집단 학살 사건은 왜 다르게 취급되었는가'이다.

능력은 기존의 유관 유족회, 시민단체, 연구자단체, 언론 등이 결합하여 채웠다. 지방정부와 의회의 직·간접적 지원으로 결성되는 경우도 있었는데, 이는 함평의 유족회 연합 조직과 나주 동창교 사건 유족회의 결성에서만 발견된다.

2) 유족회의 회원 되기와 정체성의 형성

유족회의 회원은 사실조사로 밝혀진 희생자 규모에 비하면 극히 일부이다.[16] 이러한 현상이 나타날 수밖에 없는 근원적 이유는 희생자의 후손이 없는 경우, 가족 전부가 사망하여 연고자가 없는 경우, 여러 가지 이유로 가족들이 본래의 거주지를 떠난 경우 등에서 찾을 수 있다. 유족회의 회원은 진실위법의 제정과 진실위원회의 사건 접수가 시작되면서 점진적으로 증가하는 추세이다. 그렇지만 여전히 많은 유족들이 사회의 부정적 낙인을 두려워하여 회원 가입을 주저하고 있었다. 또한 유족회에 가입할 의사는 있으나 가입 후 '진상규명운동'에 참여하는 등 회원의 의무를 다할 수 있는 경제적 또는 삶의 조건이 갖추어져 있지 않다는 이유로 가입하지 않은 사람들도 적지 않았다. 따라서 유족회에 가입하는

---

16) 유족회의 회원 수는 유동적이다. 조사 당시에 파악한 것에 의하면, 함평사건 유족회는 196명, 여순사건 여수유족회는 150여 명, 여순사건 순천유족회는 110여 명의 회원이 가입해 있었다. 완도유족회의 회원은 약 300명 정도인데, 진실위원회에 신청 접수를 한 유족들에게 연락을 하여 유족회에 가입한 것으로 간주했다고 한다. 가장 적은 회원으로 구성된 유족회는 '여수남면양민학살사건' 유족회로 3명이다. 구례군 산동면에서 발생한 민간인 희생자는 600명 이상일 것으로 추정되지만 유족회에 가입한 사람은 1명뿐이다. 후손이 없거나 가족이 전부 사망한 경우, 이주를 한 경우 등을 감안한다고 해도 극히 적은 수라고 하지 않을 수 없다. 고흥에서는 시민단체가 사실조사를 진행하고 있음을 다른 시민단체 간부가 인지했음에도 불구하고, 한동안 자신이 유족임을 밝히지 않기도 했다. 고흥의 경우 500~600명이 사망했던 것으로 추정되나, 유족회의 회원은 10여 명뿐이다.

것은 이러한 문제들을 어느 정도 극복했음을 의미했다. 유족회 회원들의 소속감과 정체성이 뚜렷한 것은 바로 이러한 배경에 기인한다.

유족회의 회원 가입은 조직별로 약간씩 차이가 있는데, 예상보다 절차가 간소했다.[17) 회원의 자격으로 요구되는 핵심 사안은 희생자가 전쟁 국면에서 비자연적으로 사망했음을 입증하는 것이었다. 함평사건과 같이 국가의 기록이 있는 경우는 이에 근거하여 회원 가입 대상 여부가 결정되었다. 이 사건의 유족회는 국가의 기록에 누락된 사람들이 있음을 알고 있으나, 현재까지는 당시의 조사 결과를 기준으로 삼고 있다. 그러나 아무런 기록이 남지 않은 희생자들은 오로지 주변인과 목격자의 증언에 의존하여 죽음을 입증할 수밖에 없었다. 설사 국가가 관련 기록을 갖고 있다고 해도 유족이 직접 이 자료를 확인하는 것은 거의 불가능했다.

한편 유족회의 명칭에는 사건 또는 지역이 포함되어 있어 조직의 가입 대상이 누구인지를 가시적으로 보여주고 있다. 그러나 회원 가입 시에 작성한 자료들은 이에 부합하지 않은 경우가 많았다. 여순사건 관련 유족회들이 바로 이러한 사례이다. 유족회의 명칭으로 보면, 회원들은 여순사건에서 희생된 민간인의 가족들로 제한되어야 한다. 그러나 유족회는 한국전쟁 전·후기 지역에서 발생한 다양한 사건의 민간인 희생자 가족을 모두 회원으로 가입시키고 있었다. 단체의 명칭만 여순사건이지, 실제로는 한국전쟁 전·후기 민간인 학살 희생자 유족회였던 것이다.

그런데 유족회의 가입 대상과 시기가 확대된 것이 회원들의 결속력을 약화시키는 원인이 되기도 했다. 특히 문제가 되는 것은 남로당에 가입하여 활동한 경력으로, 자의든 타의든 북한군 또는 좌익에 직·간접적으로

---

17) 회원에 가입할 때, 여순사건 순천유족회에는 희생자 이름, 유가족 이름, 주소, 사건 발생 일시와 장소 등을 기록하는 유족 카드와 이를 입증해줄 보증인 3명이 증언한 내용을, 여수유족회에는 희생자의 호적등본과 인우보증인의 진술 등을 제출해야 한다.

도움을 준 것이 빌미가 되어 희생된 사람들이었다. 일방적 희생자의 유족들은 이러한 유족들이 회원으로 가입하는 것을 달가워하지 않았다.[18] 일례로 나주시 봉황면에서 민간인 학살 희생자 위령비를 건립하던 과정에서 이러한 갈등이 표면화되었다. 건립 과정에서 추모 대상자 선정을 둘러싸고 의견이 대립했는데, 협의한 결과를 수용한 사람들과 거부한 사람들로 나뉜 것이다.

희생자의 죽음을 어떻게 정의할 것인가는 유족회들 사이의 연대 활동을 가로막는 장벽이 되고 있다. 민간인 학살 희생자의 유족회라는 정체성은 공유하고 있으나, 그 안에서는 희생자가 발생한 사건의 성격을 부각시키면서 차별화하는 담론이 작동하고 있는 것이다. 대표적인 것이 이른바 '양민논쟁'이다. 2000년 이전까지만 해도 '민간인 학살'보다는 '양민 학살'이라는 용어가 일반적으로 통용되었다. 그러나 '양민'이라는 용어가 분단체제에 구속되어 있다거나, 국가의 지배담론을 강화하는 데 기여한다는 문제의식이 공감을 얻으면서 '민간인'이라는 용어로 대체되었다.[19] 그러나 여전히 기존의 입장을 고수하는 유족회들이 적지 않다. 전남에서 양민이라는 용어를 가장 강력하게 주장하는 단체는 함평사건 유족회였다. 이 유족회는 현재에도 이 용어의 적합성과 타당성을 고수하고 있으며, 이 사건 관련 희생자들의 죽음이 다른 사건들과 달리 특별하다고 강조한다.[20] 이러한 경향은 함평사건 유족회에 직·간접적인 영향을 받은 다른 유족회들에서도 발견된다. 이 유족회들은 양민이라는 용어를 고수

---

18) 여순사건 여수유족회장 면접(2006. 1. 17.).

19) 2000년 6월에 개최된 심포지엄에서 발표된 김동춘의 글을 두고 '양민논쟁'이 공개적으로 격렬하게 전개되었다(김동춘, 2000a; 홍영기, 2001: 52~55; 노용석, 2004: 213~223; 한국전쟁전후 민간인학살 진상규명과 명예회복을 위한 범국민위원회, 2006b: 9).

20) 전 함평양민학살사건유족회장 면담(2006. 8. 2.).

하여 희생자가 발생한 사건의 성격을 좀 더 안전한 제도권 담론의 틀 내에 위치시킴으로써 혹여 발생할지 모를 피해를 예방하고, 진상규명운동의 제도적 효과를 극대화하려는 복합적인 의도를 갖고 있었다.

진상규명운동은 유족회의 정체성을 형성하고 강화하는 데 가장 중요한 활동이었다. 진상규명운동은 유족회의 결성 목적과 지향, 그리고 회원의 의무와 역할을 각인하는 장이 되었다. 진상규명운동은 회원들 서로의 고통과 상처를 이해하고 치유하는 효과가 있어서 공동체 의식을 강화시키는 데 긍정적으로 작용했다. 그러나 이 운동으로 파생되는 부정적 효과도 발견된다. 진상규명운동에 적극 참여한 유족회 및 회원들과 그렇지 못한 유족회 및 회원들 사이에 거리감과 불협화음이 발생하고, 상대적으로 불충분한 조건을 갖고 있는 집단이나 사람들과 구별되고자 하는 경향이 생겨나고 있기 때문이다.

'친목 도모'는 유족회 회원들의 연대 의식을 강화하기 위해 역점을 두었던 활동이었다. 유족회는 총회 이외에도 수차례의 공식·비공식 모임을 갖고 있었다. 이러한 모임들은 회원의 소속감을 높이는 데 긍정적으로 작용했다. 회원들은 이 모임들을 통해 진상규명운동에 관한 다양한 소식과 정보를 전달받았다. 또한 모임은 서로의 고통을 공유하고, 애·경사를 부조하는 연계망을 구축하여 상처를 치유하는 자리였다. 그러나 이것이 과도할 경우에 나타날 문제들을 지적하는 사람들이 있었다. 이들은 사건과 지역별 유족회가 강화되고 확대될수록 다른 유족회들과의 연대 의식 및 사회운동적 지향은 축소되고 이익집단의 속성이 강화되는 것 같다고 했다.

3. 유족회와 진상규명운동

1) 사실조사

사실조사는 수행 주체에 따라 두 가지로 구분할 수 있다. 구분의 기준은 사실조사가 법률에 근거하여 진행되는가 여부이다. 법률에 의거하지 않은 사실조사의 주체들은 주로 유족(회), 시민단체, 연구자, 지방의회 등이었고 법률에 의거한 사실조사의 주체는 진실위원회이다. 사실조사의 주체는 전자에서 후자 중심으로 전환되었다. 정확하게 말하면, 진실위원회가 출범하면서 비(非)법적 주체들의 사실조사 활동은 중단되거나, 최소화되고 있다.

진실위원회가 출범하기 이전에 이루어진 사실조사에서 유족회는 능동적이기보다 수동적 조력자에 가까웠다. 유족 또는 유족회가 사실조사를 주도한 경우는 함평, 완도, 나주 등의 일부 지역과 사건에서만 찾을 수 있다. 일반적으로 유족회는 사실조사에서 거둔 성과에 토대하여 구성되었다. 사실조사를 위해서는 일정 기간 동안 이 일을 수행할 전문가 또는 연구자와 경제적 비용이 수반되어야 하는데, 대부분의 유족들은 이를 감당할 수 없었다. 유족들은 오랫동안 계속된 이데올로기의 억압 속에서 자기검열을 해왔기 때문에 상처를 드러내는 데 주저했다. 그들은 민간인 학살 희생자 유족으로서 겪은 고통이 자기 세대에서 끝나기를 바랄 뿐이었다. 게다가 대다수의 유족들은 이른바 '성공'하지 못했기 때문에 정치·사회적 지위도 낮고, 경제적으로도 취약했다. 이러한 열악한 조건에 있는 유족들이 사실조사를 주체적·능동적으로 추진하는 것은 극히 어려웠다.

이로 인해 시민단체, 연구자, 지방의회, 지역 언론 등이 주도하여 사실조사를 진행한 사례가 많았다. 여순사건 관련 지역은 여수지역사회연구소, 전남동부지역연구소, 여순사건 화해와 평화를 위한 순천시민연대에서 주관했다.[21] 전남 서부권은 광주인권운동센터의 민간인 학살 진상조사단이 주로 담당했는데, 지역별로 다소 차이가 있다(최정기, 2004). 나주는 문화원, 시민단체 및 지역 언론사 등이 긴밀하게 결합하여 조사했고, 해남은 해남신문사의 역할이 주요했다. 화순과 나주의 일부 사건들은 지방의회가 사실조사를 실시했다. 이들은 민간인 학살 희생자에 대한 사실조사를 사회운동의 관점에서 또는 지역에 드리운 역사의 고통을 해소한다는 차원에서 접근했다. 정치적·사회적 조명을 받지 못하던 시기에 사실조사의 관건은 무관심과 두려움의 높은 장벽을 어떻게 극복할 것인지였다. 조사자들은 전쟁의 소용돌이에서 최소한의 권리도 보장받지 못한 채 죽어간 사람들의 존재를 기록함으로써 망각되고 왜곡된 한국 현대사를 복원하는 데 일조한다는 자부심을 갖고 있었다. 사실조사의 결과는 어떻게 이와 같은 참혹한 일들이 생겨났고 오랫동안 은폐될 수 있었는지를 공론화하는 데 활용되었다. 그러면서 민간인 학살 희생자에 대한 정치적·사회적 관심과 청산의 필요성에 대한 공감대가 형성되었다.

사실조사는 사건과 지역에 따라 '실태조사', '진상조사' 등으로 명명되어 사실조사 결과를 정리한 보고서의 이름에 명기되었다. 조사의 목적이 어디에 있느냐에 따라 선택한 용어가 달랐다고 할 수 있지만, 연구논문의 형태를 제외하고는 내용이나 구성이 대동소이했다. 현재까지 전남에서 사실규명이 진행된 사건 또는 지역을 살펴보면, 여순사건을 매개로 조사가 이루어진 동부 지역의 여수·순천·구례·광양·고흥, 지역을 단위로 민간인 희생자 전반에 대한 조사가 이루어진 함평·화순·완도·해남, 그리고 일부 사건들에 국한하여 조사가 이루어진 나주·영광·영암·진도 등으로

---

21) 사실조사는 지역별로 순차적으로 진행되었다. 1997년과 1998년에는 여수, 1999년과 2000년에는 순천, 2001년에는 광양, 2002년과 2003년에는 구례를 집중적으로 조사했다. 2006년에는 순천을 더욱 집중적으로 조사한 보고서가 출간되었다. 자세한 내용은 홍영기(2001), 박종길(2004), 여순사건진상조사위원회(2006) 등을 참조.

분류할 수 있다. 사실조사는 다양한 형태로 발표되었다. 여순사건의 주요 배경이 된 곳들과 함평·해남 등은 종합적이고 광범위한 내용을 포괄한 조사 보고서를 책자로 발간했다. 반면, 화순·나주·완도 등에서는 일정 기간에 실시한 사실조사들을 토대로 진상 보고서를 간략하게 작성했다. 그리고 논문의 조사 대상으로 연구되어 그 실상이 발굴 정리된 사건과 지역도 있다.

유족회는 진실위법을 제정하도록 요구하는 집합행동을 통해서 사실조사에 기여했다. 법률에 근거한 사실조사가 이루어질 수 있도록 10여 년 동안 집회와 시위, 청원운동이 전개되었는데, 여기에 시민·사회단체와 연구자 집단 등도 참여했으나 유족회의 역할이 가장 중요했다. 국회 또는 국가가 사실조사의 주체로 나설 것을 요구하는 집합행동은 사건별·지역별 청원운동에서 전국적 진상규명운동으로 발전했고, 집합행동의 강도는 점점 상승했다. 전국적 연대 조직의 출범은 진상규명운동이 급격한 변곡점을 이루면서 급진전되도록 자극했다. 또한 앞서 전개되었던 국가폭력 피해자와 그 가족들의 진상규명운동도 집합행동에 많은 영향을 미쳤다.

국가를 상대로 한 집합행동은 청원운동에서 시작되었다. 전남에서 국회에 지속적으로 '명예회복' 청원과 헌법소원청구를 한 경우는 함평사건이었다. 함평사건 유족회는 제14대 국회(1994. 11.), 제15대 국회(1996. 9.), 제16대 국회(2000. 7.)에 매번 청원서를 제출했고, 2000년 8월에는 '문경사건 유족회'와 '백조일손 유족회' 등과 더불어 헌법소원을 제출했다. 나주 동창교 사건은 1998년 12월에 국회에 진상조사를 요구했다. 이때 유족회가 아닌 나주시의회 명의로 진상조사를 요구한 것은 더욱 강력한 의지를 표명하기 위해서였다.

한편 민간인 희생자 발생과 직접 관련된 국방부와 경찰청 등 정부기구에 자료를 공개할 것을 요구하기도 했다. 여순사건의 경우는 시민단체와 연구단체들이 협력하여 2000년부터 관련 정부기구에 정보공개를 청구했다. 이들은 정부기구들이 정보공개에 소극적으로 대응하자 행정심판까지 벌였다. 완도에서는 유족회가 결성되기 전부터 유족회장이 국회와 중앙정부 및 지방정부 등을 상대로 정보공개와 사실조사를 요구하는 청원을 10년 이상 계속했다.

두 번째 단계는 사실조사와 희생자의 명예회복이 제도적으로 추진될 수 있도록 '통합입법'을 요구하는 것이었다. 2002년 당시 국회에 입법 청원을 요구한 사건은 총 9건이었다. 여기에는 함평사건, 여순사건, 나주 동창교 사건, 나주 봉황 사건 등이 포함되어 있었다.[22] 통합입법 청원운동은 2001년 1월 19일 이후 10여 차례 이상 이루어졌다. 이 단계에서는 관련 지역 국회의원들의 역할이 중요했다.

세 번째 단계는 통합법률이 제정되도록 촉구하기 위해 집회와 시위, 증언대회, 농성 등과 같은 강도 높은 집합행동을 전개하는 것이었다. 이 단계에서는 유족 및 유족회의 역할이 컸다. 집합행동은 범국민위원회와 전국유족협의회가 출범하여 구심을 형성하면서 더욱 발전했다. 전체적으로 보면 전남의 유족회들은 다른 지역에 비해 적극적으로 집합행동에 참여했으나 내적으로는 편차가 있었다. 이를테면 여순사건 관련 유족회, 해남 유족회, 완도 유족회 등은 적극적으로 참여한 반면, 함평과 나주의 유족회들은 소극적이었다. 이러한 차이는 민간인 희생자가 발생한 사건 배경과 이에 관한 정치적·사회적 인식, 유족회의 조직화 수준 등에서 비롯되었다.

전국적 집합행동은 사건별 또는 지역별로 분리되어 활동하던 유족회

---

22) 함평사건은 2000년 7월·8월, 여순사건은 2000년 7월·12월과 2001년 4월, 나주 동창교 사건은 2000년 12월, 나주 봉황 사건은 2001년 12월에 각각 법률 제정을 요구하는 청원을 했다(국회행정자치위원회, 2002: 3).

사진 7-1
2004년 12월 5일
여의도 공원에서
개최된 전국 합동위령제

들의 연대감과 정체성을 강화시켰다. 집합행동은 유족회 회원들에게 진
상규명운동에 실질적으로 참여하고 있다는 자부심과 긍지를 갖게 했다.
그러나 한편으로는 부정적 효과도 있었다. 집합행동에 소요된 경제적
재원은 적극적으로 참여한 유족과 유족회의 부담으로 남았다. 또한 집합
행동에 임하는 자세와 활동 여부 등을 둘러싼 미묘한 갈등 기류가 형성되
어 유족회의 확대와 활성화를 저해하는 걸림돌이 되었다.

2) 추모 행사

추모 행사는 민간인 학살 희생자의 죽음을 위로하는 상징적 행위이다.
추모 행사의 개최는 민간인 학살의 실체를 공공 영역에서 드러낼 수
있는 정치적·사회적 조건이 갖추어졌음을 의미한다. 유족회와 관련 단체
들은 희생자가 발생한 사건을 폭로하고 국가 차원의 신속한 진상규명을
주장하는 공간으로 추모 행사를 활용했다. 집합적 추모 행사는 합동위령
제, 문화행사, 학술행사, 전시회, 영화제, 사건 현장 답사 등의 프로그램들
로 채워졌다. 그 가운데 합동위령제는 관심이 가장 집중되는 상징적 행사
였다. 합동위령제는 희생자가 발생하게 된 사건의 경위와 추모 대상을

사진 7-2
2006년 12월 6일에 개최된
한국전쟁 함평군 민간인희생자
합동위령제

사전에 확인하고 선별하는 작업을 토대로 진행되었다. 그러므로 합동위
령제는 희생자의 넋을 위로하는 원론적 의미를 넘어 사실조사의 결과를
공공 공간에서 공식화하는 집합행동의 성격을 띠었다(<사진 7-1>).

전남에서의 첫 추모 행사는 1993년 11월 27일에 개최된 '함평양민학
살희생자합동위령제'였다. 함평사건의 경우는 유족회 결성과 합동위령
제 개최가 상보적인 관계였다. 합동위령제를 추진하는 과정에서 유족회
가 결성되었던 것이다. 함평사건의 추모 행사가 가장 먼저 이루어졌던
것은 사실조사의 결과가 있었고 반공 이데올로기의 표적이 되지 않았기
때문이었다. 1995년부터 함평양민학살희생자합동위령제에 국회의원을
비롯해 군수, 도의원 등이 참석했고, 2001년부터는 군수, 군의회의장,
문화원장이 각각 초헌관, 아헌관, 종헌관 역할을 맡았다. 중앙 정치인,
지방자치단체장, 지방의회 의원들이 합동위령제에 참석하면서 지역의
중요한 연례행사로 정착했다. 이러한 흐름이 발전하여 2006년에는 함평
에서 발생한 모든 민간인 학살 사건을 포괄하는 합동위령제가 개최되었
다(<사진 7-2>). 합동위령제는 함평사건이 언론매체에 기사화되고 방송
프로그램으로 제작되는 데 크게 기여했다. 한편 함평군은 1996년부터
함평사건의 진상규명운동에 대해 인적·경제적 지원을 해오고 있는데,

사진 7-3
2004년 10월 19일
구례에서 개최된
여순사건 합동위령제

이는 다른 사건과 지역과 비교하면 매우 앞선 것이었다.[23] 그리하여 함평사건은 아직 사실조사도 착수하지 못한 사건과 지역들의 선망의 대상이 되고 있다.

다음으로 추모 행사가 개최된 것은 여순사건이었다. 여순사건은 사건 발발 이후 좌익 또는 빨갱이의 반란과 난동으로 규정되어왔기 때문에, 매우 조심스럽게 추모 행사를 개최했다. 합동위령제는 사실조사를 시작한 다음 해인 1998년에 처음 이루어졌다. 이것은 여순사건에 대한 과거의 지배적 인식에 균열이 생기기 시작했음을 의미한다. 유족회가 결성되기 이전에는 시민·연구단체가 추모 행사를 주관했으며 유족들은 개인적으로 참석했다. 그러나 지역별로 여순사건 관련 유족회들이 결성되고 조직이 안정되던 2002년 이후부터는 유족회에 역할이 부여되었다. 이때부터 합동위령제는 여순사건의 배경이 되었던 지역들을 순회하면서 개최되고 있다(<사진 7-3, 7-4, 7-5>).[24] 합동위령제의 순회 개최는 이 행사

---

23) 함평군은 1996년 6월 1일에 '함평양민학살명예회복전담기구'를 설치하여 3명의 공무원을 배속했다. 이 기구의 책임자는 함평사건의 유족으로, 그는 2000년 4월부터 2004년 1월까지 유족회장으로 활동했다.

24) 여순사건 합동위령제는 2000년부터 여수와 순천 지역에서 활동하는 20여 개의

사진 7-4
2005년 10월 19일
광양에서 개최된
여순사건 합동위령제

를 주관한 지역 유족회의 회원이 증가하고 정체성이 강화되며 지역회에서의 위상이 재정립되는 데 많은 도움이 되었으며, 자치단체와 지방의회의 지원과 관심을 촉구하는 계기가 되었다. 추모 행사의 내용은 해를 거듭하면서 약간씩 바뀌고 있다. 이를테면 2004년 이전에 개최된 여순사건 합동위령제에서는 국가가 사실조사의 주체가 되어 희생자의 명예를 회복시켜주어야 한다는 것이 주요 내용이었다. 그러나 2005년부터는 여순사건의 의미를 적극적으로 해석하려는 주장이 등장했다.25) 이러한 변화는 전국적 진상규명운동이 활발하게 전개되고, 사실조사 결과가 축적되었으며, 진실위법이 제정된 것 등에 바탕을 둔다.

시민단체들이 '여순사건추모행사위원회'를 결성하여 개최했다. 유족회가 이 연대모임에 참가한 것은 2002년부터였다. 합동위령제는 2002년에는 여수, 2003년에는 순천, 2004년에는 구례, 2005년에는 광양, 2006년에는 고흥, 그리고 2007년에는 보성에서 개최되었다.

25) 이러한 변화는 여순사건에 대한 호명의 변화에서도 발견된다. 2005년부터 여순사건 추모 행사 프로그램 가운데 하나인 문화제전에서 '여순항쟁'이라는 용어를 사용했다. 2006년 행사위원회 위원장(2006. 10. 21. 면접)은 이 명칭을 사용하는 이유를 여순사건에 대한 진실위원회의 사실조사가 더 적극적으로 추진되도록 하기 위함이라고 말한다.

사진 7-5
2006년 10월 19일
고흥에서 개최된
여순사건 합동위령제

　이 외에 중소 규모의 추모 행사들이 사건 또는 지역별로 개최되었다. 이 추모 행사들은 사실상 합동위령제가 전부이다. 초기의 추모 행사는 비교적 다양한 프로그램과 규모를 갖추었으나 점차 합동위령제로 축소되는 추세이다. 여기에는 유족회의 역량과 시민·사회단체 등의 결합 여부가 변수로 작용했다. 예를 들면 1999년부터 합동위령제를 개최한 나주 동창교 사건의 경우에는 유족회의 역량이 극히 미약하여 지역의 여러 단체와 지방의회의 지원을 받아 '진상조사추진위원회' 주관으로 위령제를 지내고 있다. 반면 위령비의 건립과 동시에 첫 합동위령제를 지낸 나주 봉황은 2002년 첫해에는 유족회와 시민·사회단체 등이 연대하여 희생자 91명의 죽음을 추모하는 문화행사 등이 어우러진 위령제를 개최했으나, 이후에는 유족회 주관으로 조촐한 추모식만 지낸다. 한편 해남에서는 2006년 4월에 유족회 주관으로 첫 합동위령제를 개최했다(<사진 7-6>). 현재까지 조사된 해남 지역의 희생자 466명을 대상으로 진행된 이 행사는 이 지역의 사찰인 대흥사와 지역 신문의 협조로 이루어졌다.

　이와 달리 추모 행사가 일회적 또는 비계획적으로 개최된 지역도 있다. 고흥과 완도가 대표적인 사례이다.[26] 두 지역에서 진상규명운동을 하고 있는 주요 인사들은 공통적으로 유족회의 힘과 결속력이 약하며 지역의

정서가 다른 곳보다 보수적이라고 평가했다. 이 두 경우는 엄밀하게 보면 공식적 추모 행사라고 하기에는 부족한 점이 많지만, 추모 행사를 개최했다는 점에서 그렇지 못한 사건 및 지역과 구분된다. 한편 위령제의 개최일은 필요에 따라 임의로 선정되었으며, 유족회와 관련 단체들은 지역사회에서 희생자에 대한 관심을 촉구하는 기회로 위령제를 활용했다.

　비록 민간인 학살 희생자를 추모하는 행사의 규모와 수준은 다양했으나, 다른 국가폭력 희생자의 추모 행사와는 다른 점이 있다. 즉, 이들의 추모 행사에서는 사건을 계승하는 측면이 전혀 등장하지 않는다. 앞서 살펴본 바와 같이 일부에서는 사건에 새로운 해석과 의미를 부여하려는 움직임이 있기는 하지만, 추모 행사들은 전반적으로 희생자의 죽음을 위로하고 이들의 신원을 회복하는 데 초점이 맞추어져 있다. 또한 희생된 민간인의 성격이 '양민'임을 강조할수록 '추모'와 '의례'적 내용이 강조되었다.

---

26) 고흥에서는 2005년에 도법 스님이 도보 행진을 할 무렵 한국민족예술인총연합 고흥지부와 유족회가 공동으로 주관하여 위령제를 개최했으며, 완도에서는 2006년 초에 지역 연고 국회의원의 관심을 촉구하기 위해 유족회가 급박하게 위령제를 지냈다.

〈표 7-2〉 전라남도 민간인 학살 관련 추모 시설의 건립 시기와 현황

연도	추모 시설의 명칭 (건립 일자)	건립 주체	지역(장소)
1999	여순사건 희생자 합동 묘지 및 묘비(10. 18.)	여수지역사회연구소	여수
2000	국군 전사비(12. 2.)	(사)함평양민학살희생자유족회	함평(월야면 정산리)
2002	봉황양민학살희생자위령비(3. 20.)	봉황양민학살희생자위령비건립추진위원회	나주(봉황면 철야마을)
2004	국군 전사비(6. 25.) 함평양민학살희생자합동위령비(10. 30.) 여순사건 관련자 표지판(11.) 여순사건 관련자 표지판(11.)	(사)함평양민학살희생자유족회 (사)함평양민학살희생자유족회 여순사건화해와평화를위한순천시민연대 여수지역사회연구소, 여수시	함평(월야면 정산리) 함평(월야면 월야리) 순천(집단 학살지 6개소) 여수(집단 학살지 10개소)
2005	양림양민학살희생자위령비(8. 27.) 동강양민학살희생자위령비(11. 25.) 함평양민학살○○희생장소(12. 9.)	양림양민학살희생자위령비건립추진위원회 동강양민학살희생자진상조사추진위원회 (사)함평양민학살희생자유족회	함평(함평읍 진양리) 나주(세지면 동창교) 함평(집단 학살지 8개소)
2006	형제묘 비석(3.) 여순사건위령탑(4. 1.) 여순사건희생자위령탑(6. 20.) 6·25희생자위령탑(11. 12.)	여수지역사회연구소 여순사건화해와평화를위한순천시민연대 구례군 금정면(6·25희생자위령탑건립추진위원회)	여수(만성리 형제묘) 순천(팔마경기장 내) 구례(구례읍 서시천) 영암(금정면 연보리)

주: 이 밖에도 한국전쟁 전·후기에 발생한 모든 희생자를 추모하는 시설들이 화순, 광양, 구례 등에 건립되어 있다. 이 추모 시설들은 모두 개인이 건립한 것이다.

3) 추모 사업

추모 행사의 효과는 시간의 제약을 받는다. 그러나 추모 사업은 장기간 효과가 지속되며 시간의 제약을 덜 받는다. 추모 사업이 지닌 더 큰 효과는 사건이 발생한 경위와 희생자의 명단 등이 기록된다는 점이다. 이 기록들은 비록 공식적이고 제도적인 인정을 받지 못한 것일지라도 일정한 힘을 발휘한다. 따라서 국가는 민간인 학살 희생자와 관련된 추모 사업을 억압했고 건립된 추모 시설을 해체했다. 1961년에 6월에 거창사 건 희생자의 합동묘가 파헤쳐지고 위령비가 파괴되었던 것이 대표적인 사례이다. 그래서 유족회는 희생자들의 위령비 또는 추모 시설의 건립에 각별한 관심을 가졌다. 공공 공간에 건립된 추모 시설은 유족들에게 큰 위안을 주었다. 유족들은 추모 사업의 성사가 곧 진상규명이 이루어졌음을 의미하는 것은 아니라고 말한다. 그렇지만 추모 사업의 주체와 무관하게 추모 시설이 건립된다는 것은 진상규명운동이 성과를 거두었음을 상징적으로 보여주는 것이다. 이런 점에서 추모 사업은 민간인 학살 희생자를 위로하기 위한 것이면서 동시에 그 유족과 유족회의 상처를 치유하는 것이라고 할 수 있다.

<표 7-2>에서 알 수 있듯이, 전남에서의 추모 사업은 위령비 또는 위령탑과 같이 죽음을 추모하는 데 강조점을 둔 '위로형' 시설의 건립과 희생자가 발생한 주요 현장에 알림석(<사진 7-7>) 또는 표지판(<사진 7-8>)과 같은 '사실 폭로형' 시설을 세우는 두 가지 방식으로 진행되었다. 전체적으로 보면 함평사건과 이 사건에 영향을 받은 사건 및 지역은 위령비 건립이 주요한 추모 사업이었던 반면, 여순사건 관련 지역에서는 먼저 표지판을 설치한 후에 위령비 또는 위령탑을 건립했다.

추모 시설의 숫자와 규모는 진상규명운동의 수준을 가늠하게 해준다. 사건으로 보면 가장 많은 추모물이 건립된 것은 여순사건이고 그 다음이

(좌)
사진 7-7
2005년 12월 9일에
건립된
'함평양민학살 희생
장소' 알림석

(우)
사진 7-8
2004년 11월에 건립된
여순사건 관련지
표지판

함평사건이었다. 실제로 이 두 사건에서 유족회와 시민단체의 진상규명
운동이 가장 활발하게 이루어지고 있다. 전남 지역에서 사실조사를 통해
가장 많은 민간인 희생자가 밝혀진 것도 이 두 사건이다. 한편 추모
시설의 명칭은 유족회와 추모 사업의 추진 주체들이 민간인 학살 희생자
가 발생한 사건들을 어떻게 정의하고 있는지를 나타낸다. 대체로 전남의
동부 지역은 함평사건 추모 시설(<사진 7-9>)의 영향을 받아 양민이라는
명칭을 사용하고 있는 반면, 여순사건 관련 추모 시설들은 사건의 명칭을
부각시키고 있다.

추모 사업은 사건 또는 지역 단위의 진상규명운동을 주도하는 주체가
누구인가를 보여주는 지표이다. 유족회가 추모 사업을 주관하는 경우와
그렇지 않은 경우로 구분되지만, 후자의 형태로 추진되는 경우에도 유족
회의 의견은 우선적 고려 대상이었다. 추모 사업을 유족회가 주관한 것은
함평사건, 함평의 '양림사건', 구례의 여순사건이었다. 그리고 유족회와
시민단체 등이 협의를 통해 추모 사업을 진행한 곳은 나주 봉황, 순천의
여순사건이었고, 그 외의 사건과 지역은 시민단체 또는 특정인의 주도로
추모 사업이 진행되었다.

(좌)
사진 7-9
2004년 10월 30일에
건립된
'함평양민학살희생자
위령비'

(우)
사진 7-10
2004년 6월 25일
함평군 월야면
정산리에 건립된
'국군 전사비'

　추모 시설의 건립에 소요되는 재원의 확보는 지역별로 차이가 있다. 이 차이는 진상규명운동을 주도하는 주체의 역량 및 추모 사업의 규모 등과 관련이 있다. 함평사건과 같이 유족회의 규모가 크고 안정된 지역은 유족회가 재원을 전부 부담했다. 반면 나주와 구례의 여순사건 추모 사업 은 자치단체의 지원을 받아 이루어졌다. 진상규명운동을 주도한 이들이 지방의회의 전·현직 의원이었던 점 등이 주요했던 것으로 보인다.[27] 반면 여수와 순천에서의 여순사건의 추모 사업 재원은 유족회, 지방정부, 시민·사회단체 등이 공동으로 마련했다. 지방정부의 지원을 받는 경우, 순천은 유족회의 역할이, 여수는 시민·사회단체의 역할이 주요했다.[28]

　희생자의 추모 사업이 가장 먼저 진행된 곳은 여수의 여순사건이었다. 여수지역사회연구소는 1998년부터 1999년까지 희생자 유골 발굴 사업 을 했는데, 이 사업에서 발굴된 희생자 유해들을 한곳에 안장하면서 합동

---

27) 지방정부의 지원을 이끌어낸 것은 유족회의 역량이라기보다 유족회 대표의 인맥과 시민단체의 영향력이었다.
28) 순천에서는 추모 시설 완공식에서 유족회장이 시민단체 대표에게 공로패를 준 반면, 구례에서는 유족회장이 자치단체장에게 공로패를 주었다.

(좌) **사진 7-11** 2002년 3월 20일에 건립된 '봉황양민학살희생자위령비'
(우) **사진 7-12** 2005년 11월 25일에 건립된 '동창양민학살희생자위령비'

분묘를 만들고 묘비를 건립했다. 다음으로 이루어진 추모 사업의 대상은 민간인 학살 희생자가 아니라, 빨치산 토벌군이었다(<사진 7-10>).[29] 함평사건 유족회는 민간인 학살 희생자의 추모 사업보다 이를 자행한 부대 군인들의 추모 사업을 우선하여 추진했던 것이다. 이 비의 건립을 주관했던 유족회의 한 임원은 "우리가 먼저 화해의 손을 내민 것이며, 양민 희생자 추모비의 건립이 늦어진 것은 유족회 내부의 이견 때문이었다"라고 말한다.[30]

따라서 본래적 의미의 민간인 희생자 추모 사업을 먼저 추진한 곳은

---

29) 군인전사비는 함평사건 직전에 사망한 토벌군 2명의 죽음을 추모한 것이다. 이 비는 2000년 12월에 처음 건립되었으나, 추모비에 새겨진 2명 가운데 1명이 잘못된 것으로 확인되어 2004년에 재건립하게 되었다. 함평사건 유족회는 이들의 죽음을 함평사건의 발단으로 본다.
30) 민간인 학살 희생자의 진정한 추모는 국가에 의해 이루어져야 한다는 견해와 이에 앞서 유족회가 주관하는 추모 사업이 필요하다는 견해가 대립해 추모 시설 건립이 지연되었다고 한다.

사진 7-13
2006년 3월에 건립된
형제묘의 비석
(여수의 민간인 집단 매장지)

사진 7-14
2006년 4월 1일 순천에 건립된
'여순사건위령탑'(팔마경기장 내)

나주시 봉황면이라고 할 수 있다(<사진 7-11>). 봉황의 위령비 건립 사업
은 약간의 시차는 있지만 유족회 결성과 거의 동시에 착수되었다. 위령비
의 내용과 추모 대상을 결정하는 과정에서 발생한 갈등과 대립은 희생자
의 활동과 죽음을 둘러싼 '색깔 논쟁'으로 표출되었다. 이 갈등은 현재까
지도 해소되지 않은 상태이다.

추모 사업은 지역별 또는 사건별로 진행되고 있다. 추모 사업을 공동으
로 추진하기 위해 협의체를 구성하고 통일된 단체의 명칭을 사용하고
있는 여순사건도 추모 사업은 지역별로 진행되었다. 여순사건의 희생자
전체를 아우르는 추모 시설은 건립되지 않고, 유족회와 시민단체의 활동

이 활발한 지역을 중심으로 추모 시설들이 건립되고 있는 것이다(<사진 7-13, 7-14>). 추모 사업이 지역별로 진행되는 이유는 추모 대상에 대한 정체성이 지역을 단위로 형성되었고, 추모 사업에 소요되는 재원의 마련이 지역별로 이루어지고 있기 때문이다. 한편 나주의 경우 봉황과 동창은 인접한 지역이고, 비슷한 시기에 추모 사업이 진행되었으나 공동으로 추진되지 못했다(<사진 7-11, 7-12>). 두 사건의 유족회는 교류도 없을 뿐만 아니라 각기 다른 사건적 특성을 갖는다고 생각하고 있는데, 이러한 성향들이 추모 사업에까지 영향을 미쳤다.

추모 시설이 건립되는 장소는 완전히 일치한다고는 할 수 없으나, 대부분 민간인 희생자들이 집단으로 살해된 현장이었다. 유족회와 추모 사업을 추진한 주체들은 사건의 현장성과 추모 시설의 상징적 효과를 일치시키는 것이 중요하다는 점을 이전에 추진된 국가폭력 희생자의 추모 사업을 통해 인지하고 있었다. 그렇지만 추모 시설에 기록될 학살 현장이 다양한 경우에는 더 많은 수의 희생자가 발생한 장소, 추모 사업을 주도한 주체들의 이해관계, 추모 사업에 필요한 다양한 자원의 동원 능력 등이 장소 결정에 영향을 주었다. 추모 사업이 이루어진 곳은 진상규명운동, 즉 추모 의례와 현장 답사 등의 교육 프로그램을 진행하는 장소로 활용되고 있다.

4. 맺음말

전쟁에서 발생한 죽음의 효과와 상징은 오랫동안 특정 집단과 세력의 전유물이었다. 그러나 민간인 학살 희생자의 유족회가 속속 결성되고 시민단체 등과 더불어 활발한 진상규명운동을 전개하면서 전쟁에서 생겨난 다른 성격의 죽음이 있음을 인지하게 되었다. 이러한 현상이 처음 나타난 것은 아니다. 그러나 현재 진행되고 있는 상황은 방법, 규모, 진정성에서 1960년대와 많이 다르다. 이 장에서는 민간인 학살 희생자 유족회의 결성 배경, 정체성 형성 및 강화 또는 약화, 진상규명운동에서 의 역할과 그것이 가져다준 효과, 관련 단체들과의 연계 활동 등을 전라 남도를 대상으로 분석했다.

민간인 학살 희생자 유족회가 결성되는 구조와 과정은 다섯 가지 특성 으로 정리할 수 있다. 첫째, 유족회는 정치적·사회적 민주화가 진전되고, 다양한 과거사에 대한 재평가가 사회적 쟁점으로 부상하여 제도적 청산 이 추진되는 과정에서 결성되었다. 유족회는 이데올로기의 공격으로부 터 안전권에 있는 사건과 지역에서부터 구성되었다. 그리고 김대중 정권 중반 이후부터는 안전권 밖에 있던 사건들의 유족회가 결성되기 시작했 다. 둘째, 사실조사의 선행 여부는 유족회의 결성 여부와 시점을 규정하 는 매우 중요한 요인이었다. 사실조사는 유족회의 정체성 형성에 토대가 되었고, 진상규명운동을 전개하는 데 소요되는 여러 자원들의 동원에 긴요한 것이었다. 그리고 유족회의 결성 계기를 제공하고, 촉진시키는 역할을 했다. 셋째, 사실조사의 선행 여부와 더불어 유족들을 결속시키고 조직하는 구심의 형성 여부가 유족회 결성의 주요 변인이었다. 유족회 결성의 구심은 유족들 내에서 형성된 경우도 있었으나 대부분은 시민단 체, 연구자단체, 언론 등의 지원과 협력을 통해 이루어졌다. 넷째, 일반적 으로 상급 단위의 유족회 결성이 선행된 이후 사건 및 지역 단위의 유족 회가 결성되는 경향을 보여주었다. 특히 범국민위원회와 전국유족협의 회의 출범과 활동은 사건별 또는 지역별 유족회 결성을 자극하고 현실화 하는 데 큰 힘이 되었다. 다섯째, 유족회들 사이에는 희생자가 발생한 사건의 성격을 부각시키면서 차별화를 꾀하고, 제도적 청산 작업의 효과 를 극대화하겠다는 담론이 작동하고 있다. 또한 차별화 논리는 특정 유족 회 내에서도 전개되고 있다. 이러한 구별짓기는 '양민논쟁'으로 표출되었다.

유족회 회원은 민간인 희생자의 추산 규모에 비하면 극히 소수였다. 회원이 된다는 것은 혹여 발생할 수도 있는 피해와 탄압을 극복할 수 있는 의지와 활동에 필요한 경제적 자원을 부담할 수 있는 기반을 갖추었음을 의미했다. 유족회 가입에 요구되는 절차와 구비 자료는 간소했으나, 희생자의 죽음을 입증하는 방법은 논란이 될 소지가 있었다. 그리고 유족회의 진상규명운동과 친목 도모 행위는 회원들의 정체성을 강화하는 요인이었다. 반면 희생자의 생전 활동과 사망에 이르게 된 직접적 인과관계를 세분하고, 진상규명운동에 참여하는 정도에 따라 차이를 두려는 행위는 정체성을 약화시키는 요인이었다. 한편 유족회들 사이의 연대 활동은 일부 지역을 제외하면 매우 미약한 수준이며, 전국유족협의회가 허브로 기능하고 있었다.

진상규명운동의 핵심은 사실을 규명하는 것이었다. 따라서 유족회와 시민단체, 연구자 등의 민간 부문과 지방의회는 사실조사에 많은 힘을 기울였다. 그러나 현재는 진실위원회의 조사를 주시하고 있으며, 민간 부문과 지방의회의 사실조사는 일부 사건과 지역을 제외하면 휴지기에 들어간 상태이다. 사실조사는 유족 또는 유족회보다는 사회운동적 목적과 지향을 갖는 시민단체와 연구단체, 언론 등에 의해 적극 추진되었다. 국가를 상대로 한 사실조사 요구는 법률의 제정을 의미했다. 민간인 희생자의 진상규명을 요구하는 집합행동은 처음에는 사건별로 입법을 청원하는 방식으로 진행되다가 유족회들이 전국적 연대 구조를 갖게 되면서 통합입법을 추진하는 단계로 발전했다. 이 과정에는 지역 출신 정치인의 역할이 주요했다. 세 번째 단계는 통합입법이 현실화될 수 있도록 다양한 형태의 집합행동을 전개하는 것이었다. 유족회는 이 집합행동에서 큰 힘을 발휘하고 지대한 역할을 했으며 이를 통해 유족회 내부의 결속력이 강화되고 회원들의 소속 의식이 높아졌다. 그러나 유족이 감당해야 하는 경제적 부담도 적지 않았고, 소극적인 회원 또는 유족회와 위화감이 형성되기도 했다.

추모 행사는 전반적으로 활성화되는 추세이고 다양한 프로그램들이 실행되고 있다. 이 가운데 큰 비중을 갖고 상징적 의미를 갖는 것은 합동위령제였다. 합동위령제는 희생자와 유족의 존재를 공공 영역에 드러내는 적극적 집합행동이다. 추모 의례의 개최는 다양한 자원의 동원이 가능한 수준에 이르렀음을 의미한다. 항상 그러한 것은 아니지만 합동위령제의 준비 과정은 유족회의 결성과 강화에 기여했고, 지역의 여러 시민·사회단체와 활동가들이 연대하는 장이 되었다.

추모 사업은 명예회복과 기념사업의 차원보다는 진상규명운동의 일환으로 간주되었다. 추모 사업을 주관한 주체는 지역과 사건별로 다양했으나, 전체적으로 보면 유족회가 많은 관심을 가지고 중요한 역할을 했다. 현재까지 건립된 추모 시설들의 내용과 모습은 방어적이고 소극적인 형태에서 적극적이고 다양한 형태로 점점 변화하고 있다. 추모 사업은 지역 내 또는 유족회 내에서 민간인 희생자에 대한 이견이 대립·갈등·타협하는 과정이었다.

현재까지 진행된 민간인 학살 희생자 유족회의 진상규명운동은 사회운동적 활동 방식과 지향을 갖고 있었고, 그러한 맥락 속에서 진행되어왔다. 그러나 이익집단들이 보이는 부정적 성향도 적지 않게 발견된다. 즉, 유족회는 민간인 학살 희생자 문제에 대해서는 진보적 입장을 갖지만, 다른 사안들에 대해서는 보수적이거나 무관심했다. 진상규명운동에 참여하고 있는 시민단체 활동가들은 이것이 초래할 문제들을 우려하고 있었다. 이들은 민간인 학살 희생자에 관한 진상규명운동의 성패가 우리 사회 전반에서의 민주화의 진전과 개혁적 변화에 따라 좌우된다는 것을 유족회가 간과하고 있다고 지적했다. 민간인 희생자의 진상규명운동에 적극 참여하고 있는 시민단체의 한 회원은 2006년 10월 21일에 개최된 추모 행사에서 유족회 회원들에게 세 가지를 부탁했다. 첫째, 유족회 회원들이 이제는 자신의 고통을 호소하는 수준을 넘어 우리 사회가 안고 있는 다양한 문제를 해결하는 데에도 관심을 가져야 한다는 것이었다. 둘째, 민간인 희생자 문제를 단절적으로 생각하지 말고, 한국 근·현대사의 큰 흐름 속에서 파악할 수 있는 안목을 길러야 한다는 것이었다. 셋째, 진상규명운동에 더 많은 사람들이 참여할 수 있는 방법을 모색하고, 시민·사회단체나 활동가들에게 의존적인 활동 방식에서 독립할 준비를 하라는 것이었다. 이 발언은 완곡한 방식으로 전달되었는데, 민간인 학살 희생자 유족회가 지닌 한계와 나아갈 방향을 잘 지적한 것이라고 할 수 있다.

■ ■ ■ **참고문헌**

광주인권운동센터 민간인 학살 진상조사단. 2001. 「해남군 민간인 학살 1차 조사
　　　보고서」.

국회행정자치위원회. 2002. 「과거청산 입법의 문제점과 입법 방향」.

김경학 외. 2005. 『전쟁과 기억』. 한울.

김귀옥. 2006. 「지역의 한국전쟁 경험과 지역사회의 변화」. ≪경제와 사회≫, 제71호.

김기진. 2002. 『국민보도연맹』. 역사비평사.

김동춘. 2000a. 「민간인 학살문제 왜, 어떻게 해결되어야 하나」. 한국전쟁전후민간인
　　　학살진상규명을위한모임 외. 『전쟁과 인권』, 한국전쟁전후 민간인학살 심
　　　포지엄 자료집.

김동춘. 2000b. 『전쟁과 사회』. 돌베개.

김보희·광주인권운동센터 민간인 학살 조사팀. 2002. 「완도 지역 민간인 학살 실태
　　　와 현황」. 한국전쟁전후 피학살자 유족 증언대회 자료집(2002. 7. 5).

김영범. 2003. 「한국전쟁 전후의 민간인 학살, 어떻게 청산할 것인가」. 민주화운동기
　　　념사업회. ≪기억과 전망≫, 제4호.

김영택. 2001. 『한국전쟁과 함평양민학살』. 사회문화원.

나주시문화원. 2003. 『나주 이야기: 근·현대편』.

나주시세지면동창양민학살사건진상조사추진위원회·유족회. 2001. 「나주시세지면
　　　동창양민학살사건(보고서)」.

노영기. 2004. 「한국전쟁기 민간인 학살에 관한 자료 실태와 연구 현황」. 한국역사연
　　　구회. ≪역사와 현실≫, 제54호.

노용석. 2004. 「민간인 학살을 통해 본 지역민의 국가인식과 국가권력의 형성」.
　　　영남대학교 박사학위논문.

민예총 고흥지부·고흥군 여순사건조사위원회. 2005. 『여순사건과 고흥의 민간인
　　　피해: 고흥 지역의 민간인 희생을 중심으로』.

박문규 2001. 「갈매기 떼무덤 전설」. 진도문화원. ≪예향진도≫, 제36호.

박문규. 2002. 「갈매기섬 유기인골에 관한 전설」. 진도문화원. ≪예향진도≫, 제37호.

박영자. 2005.『이데올로기에 갇힌 해남의 근·현대사』. 해남신문사.

박종길. 2004.「여순사건 피해자 실태조사와 문제점」. 제노사이드 연구회.『제1회 제노사이드 연구회 워크숍 자료집』.

박찬승. 2000.「한국전쟁과 진도 동족마을 세등리의 비극」. 역사문제연구소. ≪역사 와 현실≫, 제38호.

박찬승. 2006.「종족마을 간의 신분갈등과 한국전쟁: 부여군 두 마을의 사례」. 한국사 회사학회. ≪사회와 역사≫, 제69집.

박현정. 2005.「집단적 전쟁경험의 기억과 기념」. 전남대학교 석사학위논문.

여순사건진상조사위원회. 2006.『여순사건 순천 지역 피해실태조사 보고서』, 여순 사건화해와평화를위한순천시민연대.

윤택림. 1997.「구술사와 지방민의 역사적 경험 재현」. 한국문화인류학회. ≪한국문 화인류학≫, 제30권 2호.

이령경. 2003.「한국전쟁 전후 좌익 관련 여성 유족의 경험 연구」. 성공회대학교 석사학위논문.

이용기. 2001.「마을에서의 한국전쟁 경험과 그 기억」. 역사문제연구소. ≪역사문제 연구≫, 제6호.

임희섭, 1999,『집합행동과 사회운동의 이론』. 고려대학교출판부.

정근식. 2002.「한국전쟁경험과 공동체적 기억」. 역사문화학회. ≪지방사와 지방문 화≫, 제5권.

정찬동. 1999.『함평양민학살』. 시와 사람.

조성구. 1990.「경남·전라 지역의 보도연맹원·양민학살」. 역사문제연구소. ≪역사 비평≫, 여름호.

최정기. 2004.「한국전쟁기 민간인 학살에 대한 조사 현황 및 문제점」. 제노사이드연 구회.『제1회 제노사이드 연구회 워크숍 자료집』.

표인주 외. 2003.『전쟁과 사람들』. 한울.

한국전쟁전후 민간인학살 진상규명 범국민위원회 엮음. 2005.『한국전쟁전후 민간 인 학살 실태보고서』. 한울.

한국전쟁전후 민간인학살 진상규명과 명예회복을 위한 범국민위원회. 2006a.『민간 인 학살 진상규명 길라잡이』.

한국전쟁전후 민간인 학살 진상규명과 명예회복을 위한 범국민위원회. 2006b. 『진실 과 정의를 향한 전진』.

한상구. 1990. 「피학살자 유가족 문제」. 『한국사회변혁운동과 4월혁명 ②』. 한길사.

함평군의회 양민학살진상조사특별위원회. 1997. 「함평 양민학살 피해 진상조사 실 태 보고서」.

홍영기. 2001. 「문헌자료와 증언을 통해 본 여순사건의 피해현황」. ≪4·3과 역사≫, 창간호. 각.

화순군의회 화순양민학살사건진상조사특별위원회. 1999. 「화순 양민학살 실태 진 상조사 결과 보고서」.

오페, 클라우스(C. Offe). 1993. 「새로운 사회운동 : 제도 정치의 한계에 대한 도전」. 정수복 편역. 『새로운 사회운동과 참여민주주의』. 문학과지성사.

전쟁기억의 영화적 재현*

한국전쟁기 지리산권을 다룬 영화들을 중심으로

●

김권호

1. 머리말

인류 역사에서 전쟁은 끊임없이 발생했다. 그때마다 국가 또는 민족은
여러 문화·예술적 재현을 통해 전쟁을 '기록'하고 '기억'하는 일을 주도
해왔다. 이러한 '작업'을 하는 이유 가운데 하나는 아마도 전쟁 과정에서
동원하는 자신의 힘을 과시하기 위함일 것이다(변인식, 2003: 186~187).
서구의 고대국가 수립에서부터 근대적 민족국가 수립에 이르는 지난한
과정에서 일찍이 문학이 전쟁기억의 제도화를 담당하는 첨병이었다면(김
영목, 2003 참조) 지금은 점차 영상물, 특히 영화가 그러한 역할을 이어받
고 있다. 20세기에 접어들면서 전쟁기억의 영상적 재현은 새롭게 등장한
민족국가의 신화를 유포시키는 스크린과 극장을 '국가 신전'(주은우, 2002:
91)으로 전환시키는 데 지대한 공헌을 했다. 이 과정에서 해당 국가·민족
성원들로부터 정통성과 정당성을 확보하기 위해 필요한 집합적 기억(들)
을 선택하고 그것(들)을 조합하는 일이 중요했다.[1]

---

* 이 글은 김권호(2005)의 내용을 수정·보완한 것이다.

현재까지의 연구들은 한국영화에 나타난 기존의 전쟁기억이 지배 이데올로기의 정통성과 정당성을 확보하는 중요한 수단이었음을 밝히고 있다. 최근에는 영상물이 지닌 바로 이러한 힘을 정반대 방향에서 활용하려 했던 의식적인 움직임에 관심을 두는 연구들이 활발하다. 이런 연구들은 특히 해방과 분단, 한국전쟁으로 이어지는 과정에서 발생하는 사건들과 그 연장선상 또는 자장 안에 있는 국가폭력의 경험에 대한 기억, 그리고 이러한 기억을 재현하는 방식에 관심을 보인다. 이러한 일련의 관심들이 증폭되는 양상은 목적의식적이면서도 실용적인 지향에서 비롯되었다. 즉, 영상물을 통해 사건을 소개하고 그 사건의 진상 또는 '진실'을 규명하려는 차원에서부터 그것들이 지닌 의미와 의의를 밝히고 이를 후대에 전달하기 위한 기술적이면서도 교육적인 수단을 탐색하려는 차원에까지 이른다(권귀숙, 2004; 정근식, 2004).

이러한 접근은 기존의 공식적·지배적인 역사 서술과 기억의 '주입 방식'을 거부하거나 비판적으로 재해석함으로써, 이에 맞설 수 있는 '대항' 역사와 기억을 끄집어내려는 입장에서 전개되고 있다. 하지만 이 논의들은 주로 '저항과 대안'을 도출하기 위한 기억 방식에 치중한 나머지, 영상물을 통해 공식적인 역사적 기억을 재현하는 방식에는 비교적 관심을 덜 기울이고 있는 것으로 보인다. 그러나 전쟁에 관한 기억의 재현 양상 전반을 검토하기 위해서는 기존의 지배적인 재현 방식과 이에 대한 '저항' 또는 '대안' 제시를 위한 재현 방식 양자 모두를 체계적으로 살필 필요가 있다.

이러한 문제의식을 염두에 두면서 이 장에서는 지리산권의 한국전쟁

---

1) 주은우(2005, 2006)는 미국의 초기 영화들을 분석하면서 문자를 중심으로 했던 19세기까지의 '인쇄 자본주의'를 지나 20세기의 대표적인 대중매체로 등장하기 시작한 무성영화, 그리고 이를 둘러싼 영상 산업에서 구현한 미국적 정체성의 탄생에 대해 살피고 있다.

전개를 다룬 영화들을 중심으로 살펴보려 한다. 이 장에서 던지는 질문은 다음과 같다. 먼저, 전쟁기억의 영화적 재현 작업이 갖는 일반적 특징에는 어떤 것이 있는가? 둘째, 이 과정에서 도출한 일반적 특징을 지리산권의 한국전쟁을 다룬 영화들에서 어느 정도 확인할 수 있을까? 셋째, 만일 이 과정에서 일정한 변화 양상을 찾을 수 있다면 그러한 변화는 어떠한 사회적·정치적 맥락에서 비롯되었는가? 마지막으로, 이러한 변화 양상을 기존의 전쟁기억으로부터 '저항' 또는 '대안' 기억을 끌어내려는 어떤 적극적인 노력을 통해 비롯되었다고 할 수 있는 수준의 것일까? 이러한 질문들에 대한 답을 구하는 과정을 통해 기존의 재현 방식은 한국전쟁의 기억을 어떻게 영상화했으며, 이러한 기억 방식은 언제, 어떻게, 어떤 세력이 주도하는 일종의 '변화' 또는 '도전'에 직면하는지 살펴보려 한다.

이를 위해 이 장에서는 다음 두 가지 방법(사회사적 분석과 텍스트 분석의 방법)을 사용하고자 한다. 본격적인 분석에 앞서 우선 전쟁영화의 개념과 특징을 간략하게 살펴볼 필요가 있다. 다음으로 영화에서 한국전쟁을 어떻게 표현했는지 몇 개의 특징적 시기로 나누고 사회적 맥락을 살피면서 이에 대한 사회사적 분석을 시도할 것이다. 마지막으로 지리산권의 전쟁 상황에 대한 기억을 해당 영화에서 어떻게 재현하고 있는지 텍스트 분석[2]을 통해 살펴볼 것이다.

---

2) 커밍스(Cumings, 1992: 9~16)는 전쟁을 다룬 텔레비전 프로그램을 분석하면서, 역사를 다룬 영상물에 대한 사회과학적 분석은 직관과 같은 방식을 끌어들여 텍스트가 담고 있는 정서적 내용이나 반응에 대한 해석을 동반하며, 때로는 '하나의 관점(a point of view)'에서 분석하게 된다고 본다. 이 장에서 사용하는 '텍스트 분석'이란 이러한 전제를 차용한 방법으로 사용하고자 한다.

2. 한국전쟁과 전쟁영화

1) '전쟁영화'의 개념

한국전쟁의 기억을 다룬 영화들을 살펴보기에 앞서 '전쟁영화'의 개념을 확인할 필요가 있다. 그동안 국내에서 전쟁영화를 다루려는 시도들이 있었지만, 무엇을 '전쟁영화'로 볼 것이냐에 대해서는 그다지 큰 의미를 두지 않았기 때문이다. 이경화(1992)는 남북한 전쟁영화의 영화 양식들을 비교함으로써 양측 모두 전쟁영화를 지배 이데올로기 확산에 이용했다는 것을 밝힌다. 권명아(2005)는 한국전쟁의 경험이 어떻게 '공식 기억'에 영향을 미치는지를 '문예영화'에 대한 분석을 통해 밝힌다. 노명우(2004)는 한국전쟁을 다룬 영화들의 계보를 추적하면서 한국전쟁 기억에 대한 '지배적'인 관리 방식을 살핀다. 그러나 이 연구들은 '전쟁영화'의 개념과 특성을 본격적으로 다루지는 않았다.

이에 비해 김의수(1999)는 이 문제를 우선하여 살피고 있다. 그는 "단순히 전쟁 상황을 소재로 하고 총격전이 벌어지는" 영화를 전쟁영화로 보는 것은 '소극적'인 규정이라고 보고, 이보다 '포괄적'인 개념을 제시한다. 즉, 전쟁영화란 "세계대전 및 국지전을 소재"로 삼으며 "전쟁의 전후 맥락에서 발생하는 인간 본질에 관한 의문을 던져줄 수 있는" 영화라는 것이다(김의수, 1999: 17~18). 가령 이광모 감독의 <아름다운 시절>(1998)은 영화 중에 총격전은 벌어지지 않지만 한국전쟁 직후 어려운 시절을 겪었던 사람들이 경험하는 사건들을 다루었다는 점에서 전쟁영화로 볼 수 있다는 것이다.[3]

---

3) 이러한 관점은 미국의 '전쟁소설'을 다루는 정영신의 입장과 맥을 같이하는 것으로 보인다. 정영신(2002: 9)은 전쟁소설을 "전쟁과 군대와 또 그것들이 인간에게 미친

여기서 '전쟁영화'를 바라보는 두 가지 특징을 발견할 수 있다. 우선, 전쟁영화는 전쟁을 소재로 삼기는 하지만 반드시 전쟁 또는 전투 상황을 직접적으로 다루는 것은 아니며, 따라서 등장인물 또한 반드시 전쟁에 직접 종사하는 인물일 필요는 없다는 점이다. 다음으로, 전쟁을 소재로 다루면서 동시에 전쟁이 인간과 사회에 관련해 제기하는 문제들을 성찰적으로 고찰하는 것이어야 한다는 점이다. 이 두 번째 특징은 작품의 사회적 영향력을 고려하는 입장, 즉 연구 대상 작품이 지닌 미학적 특징을 어느 정도 고려하는 입장에서 출발한 것으로 볼 수 있다.

그러나 이 개념을 그대로 수용하기에는 몇 가지 문제가 있다. 첫 번째 규정에 따라 전쟁 상황을 직접적으로 다루지는 않지만 전쟁의 전후 맥락에서 비롯되는 이야기를 다루는 영화들을 전쟁영화로 정의할 때, 그 범위가 지나치게 포괄적이라는 문제가 발생한다. 김의수는 일단 전쟁영화를 상위개념으로 보고, 그 하위개념인 '분단영화' ― 분단 모순, 즉 분단과 한국전쟁이 가져온 사회적 문제를 다룬 영화 ― 를 연구 대상으로 삼는다. 그러나 '분단영화' 모두를 '전쟁영화'로 규정하기에는 무리가 있다. 만일 이런 관점에서 본다면 남한 사회의 현실과 문제들을 다루는 모든 영화를 분단영화 또는 그 상위개념인 전쟁영화에 포함시켜야 하는 난점이 발생할 수 있기 때문이다.

다음 문제는 두 번째 전쟁영화 개념에서 비롯한다. 전쟁영화가 전쟁에서 발생하는 인간과 사회에 관한 문제를 미학적 또는 성찰적으로 제시하고 있다는 것인데, 과연 기존의 전쟁영화 전반이 이러한 접근을 '의도적으로' 했다고 전제할 수 있느냐의 문제이다. 이러한 문제를 제기하는 것은 전쟁을 다루는 영화가 어떤 문제의식을 의식적으로 다루고 있는지

영향을 묘사하는 소설이며 그러한 과정에서 전쟁과 군대로 인해 야기되는 사회적·심리적·도덕적·이념적·형이상학적 제반 문제를 고찰"하는 것으로 본다.

는 구체적으로 따져봐야 하기 때문이다. 일반적으로 전쟁영화는 지나치게 단순화된 서사 구조와 영웅주의가 특징이다(Hayward, 1997: 305~307 참조). 그렇다면 전쟁영화 일반이 전쟁과 인간 사회에 대한 의도적인 성찰적 태도를 담고 있다고 전제하기보다는, 오히려 이러한 특징을 통해 특정 서사 구조와 영웅주의를 도입하려는 의도를 가진 복합적 텍스트라고 보는 것이 자연스럽다.

이 장에서는 '전쟁영화'를 전쟁 당시의 직접적인 상황들과 이를 둘러싼 등장인물들을 서사 구조의 중심에 놓는 영화들로 한정하되, 그 특성상 전쟁에서 비롯하는 인간과 사회에 문제들을 읽어낼 수 있는 어떤 특징들을 내포하고 있다고 규정한다. 또한 가급적 한국전쟁 당시의 상황과 관련한 내용들을 '직접 다룬' 극영화들을 중심으로 다루려 한다.

그러나 이러한 영화들이 대량으로 제작되는 일반적 상황이나 시기에서 나타나는 일정한 영화제작 경향을 설명하기 위해 때로는 분석 과정에서 불가피하게 '반공·전쟁영화'라는 개념을 사용하기도 할 것이다. 국가가 정책적으로 반공 내용을 담은 영화를 장려하는 가운데 일정한 제작 추이가 나타나는데,4) 이때 '전쟁영화'와 '반공영화'의 범주로 포함시킬 수 있는 영화들이 대부분 서로 겹치기 때문이다.5)

---

4) 노명우(2004: 158~159)는 일정한 추이를 보이는 것을 '반공영화'들이 정부의 전폭적인 정책적 지원 아래 생산되었고, 강력한 이데올로기적 장치의 존재나 영향력에 따라 편수 및 내용의 변화를 보이며, 남북관계와 국제관계의 변화 양상에 따라 텍스트의 내용이 영향을 받기 때문이라고 본다.
5) '전쟁영화'의 개념과 그 특성에 대한 더 자세한 논의는 이어지는 김권호의 「한국전쟁 영화의 발전과 특징」에서 시도하고 있다.

2) 한국전쟁 경험과 한국영화

영화는 분단 이후 한국사회에서 근대적 국가 성립에 필요한 국가주의 기획을 대중에게 내면화하는 중요한 이데올로기적 수단이었다. 이것은 일제가 대중에게 영화, 특히 전쟁영화를 선동과 교화의 수단으로 이용했던 경험(이준식, 2004)과 제1차·제2차 세계대전을 통해 전쟁영화가 대중에게 미치는 영향을 잘 인식하고 있었던 미군정 당국의 지원(김종원·정중헌, 2001: 229 참조)이 결합한 데서 비롯되었다.6) 이후 영화는 텔레비전이 등장하기 전까지 한국인들에게 기억을 조직하고 감수성을 통합하는 중요한 기제였다(권명아, 2005: 340~341).7)

전쟁영화의 본질적인 두 가지 요소는 전투 장면의 스펙터클과 전쟁에 내포된 인간적인 면을 부각하는 것이다. 이 중 인간적인 요소는 이데올로

---

6) 한편 전쟁 이전과 전쟁 기간 동안 월남한 인사들이 영화제작 현장에 유입되기도 했는데, 그들 가운데는 일찍이 소비에트의 혁명영화 전통을 이어받아 1947년 2월 설립된 '북조선국립영화촬영소'에서 활동한 경험자도 있었다(한국영상자료원 엮음, 2004: 117). 또한 전쟁 당시인 1950년에는 평양촬영소에서 노획한 필름과 기자재를 이용해 전황 보도와 다큐멘터리 제작에 사용하기도 했으며, 이때 노획한 조명기기는 일제시대의 조명기기와 함께 1960년대까지 제작 현장에서 사용했다고 한다(한국영상자료원, 2002: 89).

7) 전쟁영화를 대중에 대한 선전·선동 전략으로 활용하기 시작한 것은 제1차 세계대전 전후로 거슬러 올라간다. 특히 멜로드라마 형식으로 포장한 전쟁영화는 전쟁의 명분과 정당성을 '직설적'으로 강조함으로써 국가 성원들의 동참과 지지를 도모하는 '선전영화'의 형태라고 할 수 있다(이경기, 1998: 379; Hayward, 1997: 297~305 참조). 더욱 근본적으로 전쟁서사를 재현하는 사회사에 대해서는 김권호(2006b) 참조. 영화를 비롯한 영상물이 전쟁(특히 제1차 세계대전 당시)에 '복무'한 전반적인 내용과 그 함의에 대해서는 비릴리오(Virilio, 1989) 참조. 제2차 세계대전 당시 미국의 할리우드 영화계의 활동에 대해서는 신들러(Shindler, 1979)와 주은우(2002: 70~81) 참조. 선전술이 영화와 문학에서 갖는 정치·사회·문화적 영향력에 대한 분석으로는 조에트와 오도넬(Jowett and O'Donnell, 1999) 참조.

기적인 동시에 멜로드라마적인 성격을 띤다. 특히 한국전쟁을 다룬 영화의 이데올로기는 국가주의, 반공주의 또는 '자유 대한의 따스한 품' 등을 노골적으로 표방하는 것이었고, 그것은 전쟁에서 발생하는 인간적 갈등이나 인간애를 통해 관철되었다. 이 때문에 한국영화에서 전쟁을 다루는 방식은 '휴머니즘'을 표방한 '애국주의적 멜로드라마' 형식이 지배적으로 나타났다. 이러한 감상적인 요소는 정당성을 확보하고, 국가 또는 정치 지도자들의 과오나 실수, 그리고 전쟁 중에 저질렀던 여러 행위를 망각하게 해주는 기제이기도 했다. 이러한 요소는 남한 국민들의 공동체적 결집에 기여했으며, 전쟁이 준 상처를 치유하는 과정인 동시에 상대방에 대한 적개심을 통해 자기정당성을 획득하는 과정이기도 했다(이효인, 2003: 199~201).

또한 한국의 전쟁영화는 북한을 명확한 적으로 규정하고, 자유민주주의 수호를 위해 없어져야 하는 이와 같은 악과의 전쟁은 명백한 정당성을 갖는다고 설명한다. 특히 선악의 이분법적인 구조는 협동과 단결로 일체가 된 남한의 군인이나 우익 인사들이 분열과 어리석음으로 일관하는 북한군 또는 빨치산에게 승리하는 모습을 통해 반공 이데올로기를 주입하는 역할을 했다(정수완, 2000: 66~67). 이러한 이분법적 대결 구조는 '타자'를 설정하고 모든 악의 요소를 그것의 속성으로 부여한 다음 사태의 모든 책임을 귀속시킴으로써 자신의 정당성을 확인하고 확보하려는 강박관념에서 비롯된다(김경욱, 2002: 31~41 참조).

이처럼 한국전쟁을 다룬 '전쟁영화'들은 한국전쟁이 본격적으로 발발하기 전부터 이미 꾸준하게 제작되어왔으며, 당시의 사회적·정치적 맥락에 따라 전쟁의 경험과 기억을 재현하는 '작업'에서 국가가 주도하는 가운데 영화인들의 참여를 적극적으로 유도 또는 유인했다. 전쟁영화는 전쟁과 분단에 관한 차별적이고 갈등적인 경험을 은폐하면서 '국민' 통합의 기제를 만들어냄으로써 국가의 정당성을 확보하는 데 중요한 역할을 담당했으며, 국가 지도층의 과오와 실수는 고의적으로 망각 또는 "삭제된 채 '한국적 서사'의 전범으로 작용"(권명아, 2005: 95)해왔던 것이다.

3. 지리산권 전쟁영화의 제작 양상[8]

1) 출발기(1948~1960)[9]

1948년 단선 실시 및 단정 수립 이후부터는 공산주의 체제의 현실과 만행을 폭로하는 내용을 담은 기록영화들과 이념 갈등을 겪던 인물들이 결국 자유민주주의 체제에 귀화한다는 계몽성 내용을 담은 '반공영화'들이 제작되기 시작한다. 이러한 영화들은 반공영화의 효시로, 이후 한국전쟁을 소재로 한 영화들이 어떤 성격과 방향을 갖게 될 것인지를 미리 가늠할 수 있게 해준다.

이 시기에 지리산을 소재로 제작한 최초의 반공영화들로 여순사건을 소재로 한 김학성 촬영기사의 기록영화 <여수순천 반란사건>(1948)과 한형모 감독의 극영화 <성벽을 뚫고>(1949)를 들 수 있다. 또한 국방부 정훈국에서 제작을 후원한 안종화 감독의 <나라를 위하여>(1949)와 전북경찰국의 후원을 받아 제작한 이만흥 감독의 <애정산맥>(1953)이

---

8) 이 장에서는 한국전쟁기에 지리산권을 중심으로 하여 벌어지는 사건들을 다룬 영화들의 제작 경향을 살펴볼 것이다. 따라서 한국전쟁을 다룬 영화의 전반적 경향에 대한 것은 아니라는 점을 염두에 두어야 한다. 이에 대한 분석적 시도는 이 책에 실린 김권호의 「한국전쟁 영화의 발전과 특징」을 참고하기 바란다.
9) 김권호(2005)는 이 시기와 1950년대를 구분하고 1950년대를 '집중기'로 보았으나, 이는 잘못된 접근이었던 것 같다. 이후 시기(1970~1980년) 동안 지리산권에 대한 영화적 재현이 조금씩 이어졌던 경향을 미처 파악하지 못함으로써 1950년대에 지리산권에 대한 재현이 집중했다고 보는 실수를 저질렀다.

라는 제목도 발견할 수 있다.[10]

이 시기에는 한국영화에서 향후 전쟁·반공영화를 제작할 인적·물적 토대가 마련되었고 동시에 반공·전쟁영화가 담아야 할 내용에 대한 기준이 함축적으로 제시되기도 했다. 국가 형성기에 반공을 주된 내용으로 하는 초기 영화가 여순사건과 이로 인한 빨치산을 소재로 다루었다는 점은 매우 의미심장하다. 특히 이때부터 반공·전쟁영화 제작에 필요한 인적·물적 자원을 군 또는 경찰 당국이 직·간접적으로 지원하기 시작했는데,[11] 이러한 지원 방식은 이후 시기 반공·전쟁영화 제작 관행에도 그대로 이어졌다.

한편 한국전쟁이 발발하자 대부분의 영화인들이 진해·부산·대구의 군부대 등에서 종군 다큐멘터리 제작에 참여했다.[12] 급박하게 전개되는

---

10) 당시의 영화들은 현재로서는 볼 수가 없고 기록으로만 남아 있다. <성벽을 뚫고>는 대학 동기생인 처남·매부 간에 빚어지는 이념의 대립과 갈등을 다룬다(정종화 엮음, 1993: 16). <나라를 위하여>는 한 지리산 빨치산 토벌대원이 빨치산 대장을 사로잡아 극진하게 보살펴 마침내 전향시킨다는 내용이다(네이버 백과사전, http://100.naver.com/100.nhn?docid=749768). <애정산맥>의 내용은 다음과 같다. 전투경찰 이집길과 빨치산 유춘은 같은 마을 친구로서 이희숙을 사랑하는 삼각관계에 놓여 있다. 어느날 유춘 일당이 마을에 내려와 양민을 학살하고 양곡을 약탈해간다. 이희숙은 이 사실을 이집길에게 알리고, 그 정보로 전투경찰대는 유춘 일당을 소탕하는 데 성공한다(한국영화데이터베이스, http://www.kmdb.com/).

11) 1948년에 군정청 공보부 내에 '국립영화제작소'가 발족해서 일본인들이 사용하던 기자재와 공보부 영화과에 배속되었던 '미군 제502부대'의 기자재로 만든 <조선시보>를 30호까지 배포했다. 정부 수립 후에는 공보처에서 공보국으로 전환하여 내부 부서로 영화과를 설치했고, 1949년에는 영화과에 '대한영화사'를 설치했다. 이 시기 중요한 역할을 했던 미군 제502부대는 해방 후 중앙청에 주둔하면서 매월 두 번씩 뉴스영화 <전진대한보>를 동시녹음으로 제작했다. 특히 좌익 성향의 '영화인연맹'에서 탈퇴한 우익 인사들이 '극동영화사'를 만들어 여기에 들어갔다(한국영상자료원, 2002: 18; 이효인·정종화, 2003: 132 참조).

12) 종군 다큐멘터리는 국방부 정훈국 촬영대(<국방뉴스>), 미군 제502부대와 미공보원(<전진대한보>와 이를 1953년 5월 1일 개칭한 <리버티뉴스>), 공군 정훈

전쟁 상황과 국군 및 유엔군의 승전 소식을 전함으로써 국민들에게 정당성과 지지를 확보하려는 국가의 활동이, 전황을 기록하려는 노력(종군 다큐멘터리)과 전쟁의 기억을 환기해 체제와 전쟁의 정당성을 선전하려는 노력(극영화)으로 사회에 전면화하기 시작한 것이다.

휴전 후 본격적인 극영화 형태의 전쟁영화는 1954년부터 등장한다. 1950년대 후반의 전쟁영화에는 직·간접적으로 한국전쟁을 소재로 한 작품이 압도적이다. 이런 영화들의 주제는 공산주의는 '반(反)인간주의'적인 이데올로기이고 북한은 침략의 도발자라는 것을 내세우면서, 자유와 평등의 민주주의 사상과 적대관계에 있다는 것을 드러낸다. 또한 1960년대의 전쟁영화가 오락성을 결합하기 시작하는 데 비해, 이 시기에는 전쟁영화를 단순한 오락거리로 취급하지 않고(이영일, 2004: 280), 한국전쟁의 기억을 사실주의적으로 담아내려고 애쓴 흔적들을 엿볼 수 있다(이효인·정종화, 2003: 99). 이러한 경향이 나타난 것은 1950년대가 한국전쟁의 기억이 비교적 생생하게 남아 있던 시기였기 때문이다.

이 시기에 지리산권을 다룬 영화로는 이강천 감독의 <피아골>(1955)이 있다. <피아골>은 친공성 논란을 겪으면서 국가기구와 민간 제작자 사이의 충돌을 거쳐 일반에 공개된 텍스트로, 국가가 원하는 한국전쟁 기억 방식과 이를 재현하는 이데올로기적 내용 및 형식을 최초로 제시했다. 즉, '상영 불가' 통보와 삭제 및 보완이라는 엄격한 국가 통제가 진행되었다는 점에서 이후 제작될 전쟁영화에 전형을 제시하는, 보이지 않는 기준을 담고 있다. 따라서 이 영화의 제작과 상영 배경을 살펴보는

감실 촬영대(<공군영화>), 해군 촬영대 그리고 협동영화제작소 등이 주축이 되어 제작했다(정종화, 1997: 138~145; 이효인·정종화, 2003: 93~107, 132~139; 김화, 2003: 116~117 참조). 민간영화사들은 1951년부터 여러 편의 극영화도 제작했다. 극영화의 절반 가량은 "북한 공산주의 체제에 환멸을 느껴 남한으로 귀순하여 국군이 된다"라는 내용이 주를 이룬다(김차호, 2001: 46).

것은 의미가 있겠다.

이 영화는 전쟁 직후 제작된 것인데도 빨치산들의 활동을 중심으로 다루었다는 점에서 매우 이례적이다. 특히 이 영화에는 처음부터 끝까지 국군이나 경찰이 등장하지 않고 오직 빨치산들만 영화 내내 등장하며, 인근 주민들은 빨치산들이 보급투쟁을 위해 마을을 습격하는 단 한 시퀀스에서만 등장한다. 이는 관객들에게 외면받을 만한, 판에 박힌 내용을 담은 기존 방식 대신에 영화 기법을 최대한 활용하려는 '작가 정신'에서 비롯되었다고 볼 수 있다. 결국 당시의 영화들이 보이는 '휴머니즘적 반공영화'라는 경향을 이 영화에서도 확인할 수 있다.

그런데도 이 영화는 엄연히 반공·전쟁영화의 전형으로 볼 수 있다. 이강천 감독은 회고록에서 "경찰관이나 군인을 보이지 않게 하는 게 이 작품의 특색"이지만, "산 속에서 그 빨치산들과 함께 동고동락하면서 그들의 주의나 주장이 현실과 유리되어 있으며 얼마나 비인간적이고 부조리한가를 끄집어내는 데 주제를 두"었으며(이강천, 1991a: 87), 기획 단계부터 "반공을 기점으로 출발"(이강천, 1991b: 58)했다고 밝힌다. 원작 시나리오를 쓴 김종환은 당시 전북경찰국 공보실 과장으로 재직 중이던 경찰관(당시 경위)이었다. 덕분에 제작 전부터 관계 당국으로부터 적극적인 협조와 지원(빨치산들에게 노획한 무기와 탄약 협조)을 받을 수 있었다. 제작진은 검열을 담당하던 공보부에도 사전에 시나리오를 제출했고, 공보부에서는 시나리오 중 "위대한 우리 영도자 김일성 장군"이라는 대사를 "우리의 김일성 장군"으로 바꾸는 것만 지적했다.

아이러니한 것은 반공·전쟁영화의 전형을 보여주는 이 영화가 검열을 거치면서 용공성 논쟁에 휘말렸다는 점이다. 당시의 논쟁은 표현의 자유 대(對) 반공 이데올로기 진작이라는 반공영화 장려 정책의 대결뿐 아니라 반공영화를 둘러싼 검열 기준이나 상영 허가와 관련한 지침 등이 채 갖추어지지 않은 시점에 전개되었다는 점에서 주목할 만하다.

영화가 완성된 후 경찰 시사회에서는 격찬을 받았으나, 공보부로부터 검열 업무를 막 넘겨받은 문교부 측은 '영화 내용이 특이하고 공비들이 등장한다'는 이유로 자체 판단을 유보하고 국방부 정훈국에 의견을 요청했다. 이에 국방부 정훈국은 이 영화가 "민심에 악영향을 끼칠 염려가 있다"라는 이유로 문교부에 '상영 불가' 의견을 보냈다. 이 일은 표현의 자유와 사상성 문제를 둘러싼 논쟁으로까지 확대되었다.

이 영화를 '친공영화'라고 규정하는 데 큰 입김을 작용했던 당시 국방부 정훈국장 김종문[13]은 이 영화가 '상표만의 반공'영화일 뿐이며, "일체의 문화활동은 오직 '반공'이라는 세계적인 과제를 완수하는 데 기여하는 것이어야 한다"라는 원칙을 지키지 않고 오히려 "'빨치산을 영웅화'하는 맹점을 내포"하고 있어 "적에게 이(利)를 주는" 과오를 범하고 있는, "반국가적이며 반민족적인" 영화라고 신랄하게 비판했다.[14] 이 비판 내용을 뒤집어 보면 "경찰관이나 군인들을 실제적인 영상으로 표현하여 공격이나 직접 공비를 토벌하는 장면 등이 있음으로 해서 반공의 실효를

---

13) 김종문은 한국전쟁 당시 활동한 종군기자 출신의 소설가이자 문학이론가로, 일찍이 전시 상황에서 문인들의 역할을 강조했다. 즉, 현대전은 무력·정치력·경제력·선전력의 4대 요소를 동원해 수행해야 하는데, 따라서 선전전(宣傳戰)은 무력전의 보조 수단이 아니라 문화적 기술(技術)로서 전쟁을 수행하는 하나의 독립적 전투 수단이라는 것이다. 또한 현대전에서는 전 민족의 정신적 단결 여하가 전쟁의 승패를 좌우하는 유력한 요소이므로 문화인들은 현대전에서 중요한 기능을 하는 선전 임무를 수행해야 한다는 것이다(신영덕, 2002: 20에서 재인용). 한편 1950년대 한국전쟁기 소설을 연구한 유학영은 '종군작가' 또는 '종군기자'라는 용어 자체가 어느 한쪽의 군을 따라가는 작가나 기자로서, 군에 종속된 입장에서 시각이나 이데올로기를 전하기 때문에 객관성을 잃은 표현이라고 지적한다. "전쟁의 본질과 의식을 파헤치고 고발하는 본래적 기능을 담당하는 자로서는 적절하지 않"을 수 있기 때문이다(유학영, 2004: 32의 각주 38). 따라서 김종문은 이미 특정 이데올로기에 편향된 관점을 가지고 있음을 알 수 있다.

14) 김종문, "국산 '반공영화'의 맹점: <피아골>과 <죽음의 상자>에 대해서", ≪한국일보≫, 1955년 7월 24일자; 한국영상자료원(2006: 14~16)에서 재인용.

인정하고 명분을 세우려는"(이강천, 1991b: 50) 의도를 확인할 수 있다. 그뿐만 아니라, 비록 개인 명의로 일간지에 기고한 영화평 형식이긴 하지만, 이 내용은 반공영화란 어떤 것이어야 하는지를 당시 검열을 담당하는 국가기구가 명확히 제시한 것이라고 볼 수 있다. 이는 한국전쟁의 경험과 기억의 영화적 재현 작업에 대한 사실상의 첫 번째 지침이었다.

2) 부재기(1960년대)

1960년대는 한국영화사의 전성기이며, 전쟁영화 역시 양적으로 증가했던 시기다. 특히 5·16 군사쿠데타로 집권한 군사정권의 필요에 따라 '전쟁영화' 제작이 이전 시기에 비해 늘어났기 때문이다. 당연히 용감한 국군이 비인간적 만행을 저지르는 공산군을 격퇴한다는 단순한 '반공'을 주제로 한 내용이 주를 이루었으며, 국가는 엄격한 심의와 검열뿐 아니라 '반공법'까지 동원하여 전쟁영화의 내용적 한계와 획일성을 조장했다(이경화, 1992: 10~11). 또한 1965년부터는 대종영화상에 '우수 반공영화상' 부문을 신설해 수상작을 제작한 영화사에 외화 수입 쿼터를 추가로 허가하는 등의 유인책을 쓰기도 했다. 국가가 직접적 통제 또는 간접적 유인책을 통해 반공·전쟁영화 제작을 독려했던 것이다. 이제 한국전쟁에 대한 기억의 재현은 점차 국가관리의 통제 영역을 벗어날 수 없게 되었다(노명우, 2004: 159~160). 또한 이 시기에 양산된 반공·전쟁영화들은 전쟁영화의 일반적 특징과 같은, 지나치게 정형화되고 단순한 서사 구조와 인물 성격을 유지했다.

그러나 특기할 만한 것은 1960년대에 접어들면서부터는 지리산의 상황을 다룬 영화를 찾아볼 수 없다는 점이다. 왜 이 시기에 꽤 오랫동안 지리산권의 전쟁기억을 내용으로 하는 영화들이 제작되지 않았을까? 아마도 이전 시기에 <피아골>을 둘러싼 사상성 논쟁과 같은 사건을 경험했기 때문에, 빨치산이라는 특수한 소재를 정면으로 다룰 때 발생할 수 있는 '위험한 모험'이나 사건을 피하려고 했을 것이다. 영화계에서는 지리산 지역의 빨치산을 언급하지 않고 다른 소재로도 한국전쟁의 기억을 다룰 수 있었다. 따라서 이후 지리산권과 빨치산에 대한 기억은 사실상 금기시된 소재가 되었을 것이다.

3) 산발적 유지기(1970~1980년대)

1970년대 영화는 훨씬 더 강력한 국가의 지배적 공식 기억과 이데올로기를 반영하는 양상을 보인다. 그러나 이러한 특징은 관객들에게 외면받기 시작한다. 또한 우수 반공영화상만 타면 된다는 제작 관행으로 반공·전쟁영화의 질적 수준이 저하된 구조적 문제도 더해졌다. 그뿐 아니라 이때는 텔레비전의 보급으로 한국영화가 전반적으로 침체기에 접어든 시기이기도 했다. 이와 함께 반공·전쟁영화가 제작되는 수 역시 감소하기 시작한다.[15]

그런가 하면 1970년대에는 산발적이기는 하지만 지리산을 다룬 영화가 조금씩 다시 나타나곤 했다. 이 시기에 한국전쟁기의 지리산권을 다룬 영화로는 <사랑의 원자탄>(1977), <짝코>(1980), <최후의 증인>(1980) 세 편을 들 수 있다.[16]

---

15) 그러나 국가가 공식적 전쟁기억을 재현하는 작업을 전면 중단했던 것은 아니었다. 유신정부는 제4차 영화법 개정(1973. 2. 16.)을 단행해 철저한 통제적 영화 정책을 더욱 강력하게 시행하는 한편, 영화진흥공사를 설립해(1973. 4. 3.) 대형 전쟁영화들을 직·간접으로 지원했다. 또한 1970년부터 1989년까지 '배달의 기수' 시리즈가 매 주말마다 공중파 TV를 통해 안방까지 전달되었다는 것을 감안한다면(정동주, 2003 참조), 이 시기의 공식 기억이 부재했다고 할 수는 없을 것이다. 아직까지 정확한 기록이나 통계는 없지만, 이 중 상당수가 지리산권의 상황을 내용으로 다루었을 것이라고 추측할 수 있다.

<사랑의 원자탄>은 여순사건 당시 두 아들을 잃고도 그들을 살해한 범인을 양자로 삼았다가 한국전쟁 때 인민군과 지방 좌익들에게 목숨을 잃은 손양원 목사의 실화를 소재로 한 영화이다. 이 영화에서 손양원 목사의 이야기는 일제강점기의 신사참배 반대투쟁자, 원수를 사랑하라는 가르침을 실천한 사랑의 목회자, 공산주의에 맞선 순교자라는 세 가지 키워드가 중심이다.[17) 특히 해방정국의 이데올로기적 갈등과 '혼란기'에서 여순사건·한국전쟁에 이르는 비극적 사건들을 설명하는 방식은 당시 한국영화의 전형을 그대로 따르고 있다. 그리고 이 전형은 '한국전쟁의 기원'과 대한민국의 정통성에 대한 남한의 보수적·반공적·기독교적 관점을 반영한 것이었다.

　　임권택이 감독한 1980년의 <짝코>는 주목할 만한 영화이다. 평론가들은 임권택 감독의 <짝코>를 '인식론적 단절'로 평가한다. 한국 현대사 전반에 아픈 상처로 남아 있는 이데올로기적 분열을 중점적으로 묘사한 1980~1990년대 임권택 감독의 작품 세계를 <짝코>에서 미리 엿볼 수 있고, 그런 점에서 이 영화는 이후 시기 영화들의 서곡에 해당한다는 것이다. 그래서 이 영화는 "우리들의 근대사"(정성일 엮음, 2003a: 403)에 대한 이야기인 동시에 "예민한 역사적 주제를 다루면서 역사적 범죄와 인간의 탐욕 뒤에 가려진 진실들을 탐구"(김경현, 2005: 36)하는 텍스트이다. 비록 1980년 반공영화상을 받았으나 "<짝코>는 한국영화에서 빨

---

16) 영화 목록 가운데 광복 25주년을 기념하여 영화진흥공사가 제작한 <태백산맥>이 있다. 1973년 4월 3일에 출범한 영화진흥공사가 만든 여섯 편의 국책영화 중 하나이다. 이에 대한 자세한 설명은 김권호(2006a: 94의 각주 28)를 참조. 물론 이 영화는 1994년에 개봉한 임권택 감독의 <태백산맥>과는 전혀 다른 영화이다. 더군다나 지리산에 준동하는 '잔비들'에 대한 언급이 몇 차례 있을 뿐 내용에서는 큰 비중을 차지하지 않기 때문에 분석에서 제외했다.

17) 신광철, "강대진 감독의 '사랑의 원자탄'", ≪종교신문≫, 2003년 3월 19일자, 제1353호, 10면.

갱이를 공개적으로, 공식적으로 인간으로 본 첫 번째 영화"(정성일 엮음, 2003a: 430)이며, 영화의 주제는 "과거에 좌익과 우익으로 서로를 적대시 해온 사람들 사이의 화해에 관한 것"(佐藤忠男, 2000: 149)이다.

또한 이 영화부터 "공동체적 가치를 잃지 않은 작은 마을, 희생양이 된 여성 주체들, 한국사가 간직한 역사적 폭력 등 임권택의 고유한 상상 력을 풀어내고 특징짓게 되었"고, 나아가 "한국 민족영화의 상상력을 풀어내고 특징짓게 되었다"(김경현, 2005a: 45). 임권택 감독 스스로도 이 영화가 자신이 직접 겪었고 기억하고 있는 한국전쟁을 담고 있다고 술회한다.

저는 이들 작품[18]에서 제 할아버지와 아버지에 관해 얘기하고자 했습니 다. 역사와 이데올로기, 시간과 기억, 명예와 굴복, 회한과 증오, 그것들이 사라진 후에 남은 여운과 조화, 그리고 인간적인 유대와 내재적인 감정 등이 이들 작품에 표현되어 있습니다.

이들 작품은 지식으로서의 역사와는 아무런 관계도 없습니다. 이는 한국 근대사에 있어서의 하나의 기억입니다. 그 속에서 살아 나온, 그리고 앞으로 도 계속 살아가지 않으면 안 되는 사람들의 감정 가운데서 무한히 생성되고 재구성되는 '현재'라는 시간에 관한 것입니다. 실로 한국은 근대를 거치는 과정에서 넘칠 정도의 많은 기억을 갖게 되었습니다. 그리고 갖가지 기억은 많은 상처를 남겨놓았습니다. 그렇기 때문에 상처는 사라지지도, 교과서 속에 고정될 수도 없으며, 일상생활 가운데 남아 우리를 몇 번이고 슬픈 기억 속으로 되돌려놓곤 합니다. 저는 영화의 이미지라는 것은 이렇게 만들어져야만 된다고 생각합니다(佐藤忠男, 2000: 134~135에서 재인용,

---

18) <족보>(1978), <깃발없는 기수>(1979), <짝코> 세 편을 일컫는데, 평론가들은 이 영화들을 '임권택의 근현대사 3부작'이라고 부르기도 한다.

강조는 재인용자).

이두용 감독의 <최후의 증인>(1980)은 김성종의 동명 추리소설을 영화로 옮긴 것이다. <짝코>에서처럼 지리산 공비와 토벌대·우익들이 얽힌 비극적 사건을 중심으로 한 이야기이지만, 극은 한국전쟁이 끝난 30여 년 뒤인 '현재'를 배경으로 진행된다. '하드보일드'한 성격의 주인공 형사가 살인사건 피해자의 주변을 탐문하는 과정에서 과거의 흔적들과 관련한 사건의 실체를 파헤치게 되는 추리극 형식이다.[19] 영화에서 지리산 공비토벌대 출신 인사는 당시의 전과를 등에 업고 부를 누리다가 원한을 사서 살해당하고, 이와 반대로 사로잡힌 공비는 목숨은 부지했으나 제대로 대접받지 못하고 모진 현실의 세파를 감내해야 하는 모습으로 그려진다. 물론 <최후의 증인>은 정책 당국의 구미에 맞추기 위해 어색하게 짜맞춘 반공영화의 조악한 틀에서 완전히 벗어나지는 못했다.[20] 그러나 그림자에 가려졌던, 한국전쟁이 남긴 비참한 현실을 살짝 들추어 냈다고 볼 수 있다.

이후 이어지는 1980년대에는 전반적으로 전쟁영화가 급격히 감소하는 경향이 가속화되었다. 특히 1985년부터는 한국전쟁 영화의 존재 이유이기도 했던 대종상 우수 반공영화 부문이 폐지되었으며, 수상작에게 주었던 외화 수입권도 배제되었다. 그러나 무엇보다도 영화 자체의 작품성과 흥행성이 절대적 과제로 부상한 상황에서 반공이라는 천편일률적

---

19) 주지하다시피 김성종의 『여명의 눈동자』도 역시 TV 드라마로 제작되어 큰 파장을 불러일으켰다. 한편 <최후의 증인>은 2001년에 배창호 감독이 <흑수선>이라는 제목으로 리메이크했다. 하지만 리메이크된 영화의 원초적 사건이 일어난 배경은 지리산이 아니라 거제도 포로수용소로 설정되었다.

20) 김영진, "거장 이두용을 만난다: 걸작 <최후의 증인>과 이두용의 영화세계", ≪필름 2.0≫, 2006년 1월 17일.

인 주제가 갖는 획일성과 사실성 부족으로 전쟁영화는 점점 더 관객들에게 외면받을 수밖에 없었다.

4) 재생기: 공식 기억과 대항 기억의 경합(1990년대 이후)

이 시기부터는 국가가 주도했던 방식과는 다르게 다소 새로운 각도에서 한국전쟁을 재현하는 영화들이 제작되기 시작했다. 물론 이러한 경향은 전쟁영화 일반의 발전 양상과 어느 정도 맥을 같이한다. 국가의 충실한 선전도구였던 전쟁영화가 점차 시간이 지나면서 어느 정도 반성적인 태도를 보이며 전쟁기억을 다루기 시작한 것이다(Hayward, 1997: 310~311 참조).

한국전쟁을 다룬 이전 시기의 영화들과는 달리 이 시기의 영화들은 북한 사람들을 적으로 상정하는 묘사가 달라졌다. 모든 북한군 또는 빨치산을 악으로, 반대로 모든 남쪽 인사들을 고결한 승리자로 단순화하는 이분법적 묘사를 관객들이 점차 구태의연한 것으로 여기기 시작했다. 사회 전반적인 민주화의 진전과 함께 영화계에서도 과거와 같이 국가가 주도하는 형식의 제작 관행에서 탈피해 민주화된 영화제작 및 관리 정책을 요구하기 시작했고, 새롭게 등장한 '새로운 경향'의 신인 감독들이 생생한 소재를 선택하고 표현의 영역을 넓혀 진지하게 작품을 제작하려는 의욕적인 움직임이 있었기 때문이었다(김차호, 2001: 59). 또한 반공 일변도의 국가 이데올로기에 저항하는 역사학계의 수정주의적 시각을 수용한 이들이 보인 반발과, 이에 따른 새로운 전쟁영화에 대한 갈망이 있었다(이효인, 2003: 207). 이러한 변화 양상의 원인은 국가권력의 성격이 변했고, 민중기억으로 전쟁경험·기억을 재현하려는 움직임이 한국사회에서 붐을 이룬 데서 비롯된 것으로도 볼 수 있다(노명우, 2004: 161~162).

지리산권의 전쟁기억을 다룬 영화들은 이 시기에 비로소 다시 전면에 등장했을 뿐만 아니라 이 경향을 주도했다. 우선 <남부군>(1990)은 <피아골>이 제작된 이후 45년 만에 등장한 빨치산 소재의 전쟁영화이다. <피아골>이 당시 현직 경찰관이 만든 시나리오를 바탕으로 하고 있다면, <남부군>은 실제 빨치산 활동을 직접 체험했던 이태의 원작을 바탕으로 만들어졌다는 데 기본적인 차이가 있다. 또한 이 영화는 빨치산들의 활동을 중심으로 다루었기 때문에 군이나 경찰 등 관계 당국의 지원 없이 만들어졌다는 점에서 이전 시기의 전쟁영화들과 다른 양상을 보인다. 그뿐만 아니라 기존의 제작 방식과는 달리 독립제작사가 제작했기 때문에, 비록 정치적 검열은 여전했지만 영화사 내부의 검열은 받지 않을 수 있었다(변재란, 1997: 183). 또한 감독이 구속된 상황[21]에서도 제작을 중단하지 않음으로써 국가의 개입 의지에 굴복하지 않았다. 바로 이러한 차이들이 이전의 반공·전쟁영화와는 다른 시각을 견지할 수 있게 만든 원인이었다.

임권택 감독의 <태백산맥>(1994)은 <남부군>이 시작한 지리산권의 상황을 다룬 영화의 계보를 잇지만 <남부군>과 차별점을 발견할 수 있다. 우선 다양한 인물과 사건, 해방정국에서 한국전쟁기에 이르는 전반적인 상황을 상세하게 설명하고 있다. 또한 이 영화는 직접적 검열과 같은 국가의 개입이 <남부군> 때보다 적기는 했으나 사회적 검열 때문에 큰 파장과 논쟁을 불러일으켰다.

하지만 국가의 공식적 전쟁기억은 여전히 쉽게 변하지 않았다. 1990년에 제작된 <지리산의 성난 토끼들>이라는 영화는 제목만큼이나 '황당'하다. 지리산 자락에 고향을 둔 아버지를 따라 서울에 살던 한 가족이 시골로 내려온다. 초등학교에 다니는 남매는 동네 어른들에게 아버지의

---

21) <남부군>을 촬영하던 1989년의 한국 영화계는 UIP 직배 반대투쟁을 벌이고 있었다. 당시 정지영 감독은 이와 관련해 6개월간 구속되었다.

일화를 듣는다. 한국전쟁 당시 마을에 공비들이 출몰해 주민들을 괴롭혔 는데, 당시 어렸던 아버지가 친구들과 함께 기지를 발휘해 공비들을 소탕 하는 데 일익을 했다고 한다. 이런 이야기를 듣고 나서 남매와 시골에서 새로 사귄 친구들이 산으로 놀러가던 길에 무장 간첩을 만나 여동생이 인질로 잡히기도 하지만, 역시 이번에도 아이들과 아버지, 당시 친구들이 었던 마을 주민들, 경찰과 예비군 등이 힘을 모아 펼친 '합동작전'으로 문제를 해결한다.

한편 국방홍보원에서 제작한 두 편의 전쟁영화 <잊혀진 세월>(1996) 과 <님의 침묵>(1996)²²)도 지리산권의 한국전쟁 기억을 담고 있다. <님의 침묵>은 여순사건과 이후 지리산 지역에서 전개된 공비토벌 당 시 야전사령관을 지냈던 제5여단장 김백일 대령에 관한 내용을 극화했 다. <잊혀진 세월>은 인천상륙작전과 서울 수복으로 패주하던 한 인민 의용군이 지리산 지역에서 빨치산 생활을 하다가 지리산 주민들의 도움 으로 산 생활에서 벗어나는 내용을 담고 있다.

국방홍보원은 전황 보도를 위해 1950년 7월에 영화인들을 동원해 급 조했던 국방부 정훈국의 후신인 국가기관으로, 이곳에서 제작된 영화들 은 주로 군사교육과 군 홍보를 위해 현역·예비역 군인들의 정신교육 등에 영상교재로 활용한다. 따라서 이 영화들은 아직도 국가의 공식적 전쟁기억을 담고 있으며, 과거에 국가가 영화를 통해 전쟁기억을 다루던 전형적 방식을 거의 그대로 답습하고 있다. 주목할 것은 민간 부문에서 새로운 경향의 전쟁영화를 제작하기 시작한 뒤에도 이런 영화들이 여전 히 제작된다는 점이다. 따라서 이 영화들은 한국전쟁에 관한 공식 기억을

---

22) 이 영화들은 국방홍보원 인터넷 홈페이지(http://www.dema.mil.kr/home/jinjoong cinema/)에서 볼 수 있다. 군 당국은 이러한 유형을 '국군영화'라고 부르는데, 장병 들의 정신교육용으로 제작되는 '교육영화'와 '대민홍보영화' 그리고 극영화로 구 분한다(정동주, 2003 참조).

대변하면서 새로운 경향의 전쟁영화들이 다루는 기억과 경합한다.

4. 전쟁기억의 재현 양상

1) 적대적 대결 구도의 첨예화

<피아골>은 빨치산들이 토벌대의 포탄을 피해 지리산 계곡으로 달아나는 장면으로 시작한다. 첫 장면에서 대열에서 뒤처진 한 대원을 '아가리' 대장이 사살한다. 피아골로 근거지를 옮긴 아가리 부대는 현황을 보고하는데, 이때 한 대원이 소총을 분실했다고 보고한다. 이에 아가리 대장은 돌을 들어 그 대원을 잔인하게 살해한다. 좌익끼리 폭력을 행사하는 장면은 북한 공산주의가 내부에 분열 요소를 내재하고 있으며 그들 대부분이 이중인격자임을 암시한다. 이러한 설정은 그들이 이데올로기적 신념 때문이 아니라 '천성적 잔인성' 때문에 폭력을 행사한다는 인상을 심어준다. 보급투쟁과 악질분자 처단을 명목으로 '무고한' 민간인을 죽창이나 총으로 학살하고 재산을 강탈하는 장면은 관객들에게 분노와 적개심을 불러일으키는, 반공·전쟁영화에서 빠질 수 없는 설정이다. 또한 이것은 내부 성원들 사이의 갈등을 증폭하는 계기가 되어 악질적인 인물과 갈등을 일으키는 내부 성원이 대립하게 된다. 대립과 갈등을 겪는 인물은 '자유 대한'에 투항하거나, 그렇지 않고 끝까지 저항하는 경우에는 처참한 결말을 맞는다.

전쟁영화는 선과 악이라는 이원대립적 구분을 통해 영화를 보는 관객들에게 어느 편에 설 것인지 선택하도록 은연중에 종용한다. 이러한 특징은 국방홍보원이 제작한 <님의 침묵>과 <잊혀진 세월>에서도 고스란히 드러난다. 특히 <잊혀진 세월>은 이러한 수법을 거의 그대로 이어받

아서 '<피아골>의 1996년판'이라고 부를 수 있을 정도이다. 인근 주민들은 그저 순박하기만 한 사람들이지만, 전쟁을 만난 탓에 고생을 하고 있다. 반면 인민군 장교는 끊임없이 주인공 명한을 의심하고, 자신의 처사에 번번이 제동을 걸면서 명한을 감싸는 여성 정치지도원까지도 눈엣가시로 여기다가 결국 부상의 고통을 덜어준다는 명목으로 사살하는 악랄한 인간으로 그려진다. 이는 명한이 이러한 모습들을 참다못해 탈출을 감행하게 만드는 요인이 된다.

  <님의 침묵>에서도 이러한 경향을 쉽게 발견할 수 있다. 이 영화는 김백일을 전쟁영화에서 흔히 볼 수 있는 전형적인 영웅으로 묘사한다. 시작부터 그는 '일제 치하에서 겪었던 고통을 다시 겪지 않기 위해서는 믿을 만한 국가의 군대가 있어야 한다'고 다짐한다. 신혼인데도 창군에 매진하며, 나라와 군의 미래 그리고 북의 도발을 염려하는 애국지사나 선각자의 모습— 그는 동료 장교와 함께 군 내부에 공산 프락치들이 암약하고 있으며, 언젠가는 어떤 준동을 벌일 것이라고 염려한다 — 으로 그려진다. 영화에는 여순사건의 발생과 그 원인을 설명하는 장면들이 이어지는데, 이 장면의 내레이션은 여순사건에 대한 국가의 공식 기억을 반복한다.

  제주도 폭동을 진압하기 위해 여수항을 출발하려던 14연대는, 침투했던 공산 프락치들의 준동으로 총부리를 돌려, 저항하는 반공 장교들과 사병들을 즉석에서 사살했다. 군중심리란 참으로 묘한 것이어서 타오르는 불길처럼 부화뇌동하여 반란군에 참여한 병력은 2,500여 명, 여수와 순천 일대의 관공서와 경찰서 등이 일거에 그들의 손아귀에 들어가고 말았다. 인공기를 게양하고 인민위원회를 조직한 반란군은 지역 빨갱이를 앞세워 반동 색출이라는 미명하에 무고한 양민을 끌어내고, 남아서 항전하던 군경들은 탈출자들을 제외하고 모조리 체포되었다. 역사 이래 한 번도 자행된 적이 없는 기만과 오류 속에서, 동족이 동족을 살해하고 약탈하는 만행을 저질렀던

것이다. 즉각 투입된 토벌군에 의해 2주일여 만에 반란은 진압되었지만, 그 2주일 동안 민가 2,000여 가옥이 파괴되고 저항하던 군경과 무고한 양민이 수도 없이 피살당하는 등 처참한 살육 행위는 눈 뜨고는 볼 수 없었다.

내레이션이 진행되는 동안 화면은 준동하는 반란군들, 방화된 관공서와 민가, 이들이 지나가는 길거리와 지리산 자락에 널린 민간인의 시체들, 고문을 벌인 듯한 지하감옥과 여기에 유기된 민간인의 시체들을 나열한다. 반면 김백일 대령은 '여순반란'의 주동자 중 한 사람인 박동한 하사가 입대할 때 자신이 직접 선발했다는 죄책감 때문에 그를 반드시 자신의 손으로 잡겠다는 각오로 야전사령관 수행을 자청한다. 여기에서 선악은 극명하게 대조되며, 이를 통해 김백일은 조국과 민족을 사랑하고, 강직하면서도 따뜻한 성품을 지닌 영웅적 군인의 표상으로 재현된다. 이는 김백일이 박동한에게 사격술을 지도하는 과정을 회상하는 장면에서 잘 드러난다.

> 김백일: 귀관의 총 끝엔 살기가 있다. 그걸 꺾지 않고서는 절대 좋은 군인이 될 수 없다.
> 박동한: 적을 잘 죽이는 군인이 훌륭한 군인이 아닙니까?
> 김백일: 단순히 죽이기로만 한다면 살인이나 다를 바 없다. 군인이 총을 드는 건 적을 죽이자는 목적 하나 때문이 아니라 조국을 지키는 이유 때문이다.
> 박동한: 그게 그거 아닙니까?
> 김백일: 천만에! 군인은 가장 가슴이 따뜻한 사람이어야 한다. 총 끝엔 살기가 아니라 사랑이 담겨 있어야 한다. 내 나라 내 땅에 대한 무한한 사랑. 군인이 전투에서 목숨을 초개처럼 버릴 수 있는 것도

바로 그런 애정이 있기 때문이다. 그게 아니라면 총을 들 자격도 없는 거다.

　또한 김백일은 야전까지 자신을 찾아온 아내를 애써 달래 귀가시킨 뒤, 야전사령관이 아내를 만나 토벌군의 군기가 빠져 있을 것이라는 거짓 정보를 흘려 적들이 기습하도록 유인해 반란군들을 섬멸하는 기지를 발휘한다. 그리고 그는 치명상을 입은 반란군 주동자 박동한을 발견하고는 입대 심사 때 자신 앞에서 했던 다짐 — "36년 동안 일제로부터 받은 설움을 당하기 않기 위해서"라는 다짐 — 을 상기시키며 마지막까지 돌이킬 기회를 주려 애쓰는 자애까지 보인다. 그런데도 반란군 주동자는 자신은 남로당 당원이며, 처음부터 군에 잠입하기 위해 거짓을 말했을 뿐이라고 강변한다. 하지만 결국 마지막 숨을 거두기 직전에는 김백일과 같은 유능한 지휘관과 함께했다는 사실이 영광스러운 기억이었다며 울먹이는 모순적인 모습을 보여준다.[23]

　이러한 대결 구도에서 승리하는 것은 언제나 '아군'이다. 빨치산들은 '자유 대한'에 투항하거나 비참한 최후를 맞는다. 경찰과 군은 혁혁한 전과를 세우는 듬직한 모습으로 그려진다. 우익 인사들은 불의에 맞서 저항하다가 학살당하기도 하지만 그들의 죽음은 흡사 '순교자'의 모습과도 같이 장렬하며 그들이 마지막으로 남기는 말은 언제나 영화의 주제와

---

23) 극화를 위해 각색을 거쳤다는 점을 염두에 두더라도, 이와 비슷한 일이 실제 있었는지는 의문이다. 김백일은 항일 빨치산 토벌을 위해 일제가 창설한 간도특설대 출신으로, 해방 직후 월남해 제3연대장, 후방 부대 사령관 등을 지냈다. 제3연대장 시절에는 비리와 가혹한 훈련, 남한 사람을 무시하는 발언 등으로 연대원들의 퇴진 시위를 불러일으켜 한때 부연대장으로 좌천되었다. 그가 지리산 공비토벌 작전 당시 야전사령관에 발탁된 것은 만주군 시절 항일 빨치산 토벌 경험이 있었던 까닭이었다(노영기, 2004: 266~268).

교훈을 암시한다. <피아골>에서 구장은 죽창에 찔려 죽을 것임을 알면서도 아가리 대장에게 다음과 같이 호통친다.

죽여라, 잔인무도한 빨갱이놈들아! 죄 없는 사람을 죽이는 것이 공산주의냐? 내 죽어 혼백이 되어서라도 만천하에 네놈들의 행위를 알리리라.

이러한 재현을 통해 관객들은 전쟁의 참상 자체보다는 '북괴'와 '빨갱이'들의 잔인함을 무의식중에 내면화한다. 그리고 북과 대치하고 있는 상황에서 '남한 사람'으로 북한 공산주의자들과 맞설 수 있는 내적 정서를 품는다. 결국 이러한 서사 구조는 관객 자신은 악에 대항하는 '자유 대한'의 국민임을 다시 한 번 확신하게 만드는 것이다.

2) 적대적 대결 구도의 균열

<남부군>과 <태백산맥>은 '절대악'으로만 그려지거나 생존의 문제만 염려하고 이념 갈등에 빠진 빨치산의 모습 대신, 보통 사람과 별반 다를 바 없이 평범하거나 어느 정도는 신념에 따라 활동하는 빨치산을 그리는 데 많은 부분을 할애한다. 동시에 '절대선'과 영웅으로 그려졌던 군경 또는 우익 인사들의 추악한 이면을 밝히기를 꺼리지 않는다. 이것은 기존 영화를 통해 각인된, 남과 북이 서로 대치하는 이미지에 균열을 가하는 효과를 발휘한다.

우선 이 영화들은 이전의 반공·전쟁영화가 외적 상황을 도입부에서 단도직입적으로 제시했던 것과 달리 자막(<태백산맥>) 또는 화자의 주관적 내레이션(<남부군>)으로 설명한다. 허구인 영화에 당시 상황을 알리는 자막을 삽입하는 것은 다큐멘터리처럼 사실성을 전달하는 느낌을 준다. 기존의 전쟁영화는 대부분 '지금부터 하는 이야기는 한국전쟁에서

있었던 일이므로 별다른 설명이 필요 없을 것'이라고 전제하여 구체적 맥락을 망각했다. 이것은 구체적 상황 제시의 부재 또는 고의적 누락이라 할 수 있다. 그러나 <남부군>과 <태백산맥>은 기존의 전쟁영화들이 제시하는, 북한군이나 빨치산들이 있는 곳에서는 모두 이런 일들이 벌어졌다는 '묻지 마'식 도입 방식을 지양하고, 대신 당시 상황에 대해 비교적 자세한 설명을 곁들임으로써 왜 이러한 대립과 갈등이 발생하게 되었는지 설명하려는 태도를 보인다.

따라서 이 영화들은 한국전쟁에 대한 담론에서 쟁점으로 부각하고 있는 학살의 기억을 적어도 있는 그대로 재현하려고 한다. 앞의 세 영화는 공산군과 빨치산을 인간의 목숨을 파리보다 못하게 여기는 존재로 그린다. <피아골>의 빨치산들은 임무 수행에 방해가 되면 반동이라 규정한 민간인은 물론이고 자신의 동료마저 잔인하게 살해하고, 여자 동지에게 윤간을 일삼으며 심지어는 시간(屍姦)을 저지르기까지 한다. <님의 침묵>은 길거리와 산자락에 널려 있는 시체를 보여주고, 별다른 이유 없이 부녀자들을 살해하는 빨치산 무리의 흔적을 묘사한다.

반면 <태백산맥>은 기존의 영화들이 보이는 민간인 학살에 대한 책임의 화살을 좌익뿐만 아니라 우익에게도 돌린다. 기존의 전쟁영화들에서 좌익이나 빨치산에 협조한 민간인을 처벌하는 장면이 가끔 등장하긴 했으나, 군경이나 우익에 의한 본격적인 학살을 담은 것은 이 영화가 처음이었다. 이 영화에서 민간인 학살은 두 시퀀스에서 볼 수 있다. 첫 번째는 보도연맹 가입자들 중에서 입산자 가족을 주민들이 손가락으로 색출해내면 경찰 토벌대가 그들을 처형하는 장면이다. 두 번째는 낮에는 대한민국, 밤에는 인민공화국의 영향력 아래 놓이는 상황이 반복되는 칠범리 마을에서 빨치산에게 협조한 주민들을 남한 군인들이 학살하는 장면이다. 또한 이 영화에서 주된 대립 가운데 하나는 좌익과 빨치산 활동을 이끄는 염상진과 우익 청년단원 염상구 형제의 갈등이다. 이것은 형제가 이데올로기 차이로 서로 총칼을 겨눈다는 설정을 통해 이데올로기가 과연 민족보다도 우선해야 하느냐는 문제를 제기하고 있다.

<남부군>의 대결 구도는 비교적 빨치산의 입장에서 그려진 것처럼 보일 수 있다. 그러나 이 영화는 빨치산의 오류를 지적하는 데 꽤 많은 부분을 할애하며, 또한 그에 못지 않게 남과 북이 한핏줄임을 은연중에 드러낸다. 가장 대표적인 경우가 빨치산과 군이 전투를 벌이고 있는 한가운데 고립된 사내아이를 보여주는 시퀀스이다. 총소리에 놀라 달아나는 강아지를 쫓다가 고립된 꼬마를 발견한 양측은 사격을 멈춘다. 그들은 서로 꼬마에게 자신들 쪽으로 피하라고 종용하지만, 결국 꼬마는 "여기서 뭣 하고 있냐?"라며 놀라 소리치는 어머니의 품속을 택한다. 어머니를 따라 집안으로 들어간 꼬마를 안심하며 바라본 양측은 그래도 인정머리가 남아 있다며 서로를 치켜세운다. 그리고 자기 편 숫자가 훨씬 많은 것처럼 보이기 위해 큰 소리로 노래를 부르기 시작한다. 빨치산들이 먼저 손뼉을 치며 「눈물 젖은 두만강」을 부르기 시작하자, 이에 질세라 토벌군 역시 큰 소리로 따라 부르며 대응한다.

그러나 이러한 영화들이 보여주는 대립적 대결 구도의 균열 조짐은 앞의 세 영화들이 보여준 만큼의 영향력을 발휘하지는 못했을 것이다. 앞의 세 영화가 대결 구도를 선명하게 함으로써 관객들에게 둘 중 한쪽을 선택할 것을 암묵적으로 종용한다면, 후자의 영화들은 이러한 선택을 종용하기보다는 한가운데에 머물러 과거의 경험과 기억을 다른 관점에서 환기하려는 태도를 취하기 때문이다. 특히 서로에게 총칼을 겨눈 형제의 상황처럼 한핏줄을 나눈 '민족의 비극'을 강조하는 경향이 나타나는데 이는 자기모순적 양상을 드러낸다. '새로운' 전쟁영화들의 서사 구조를 끌고 가는 기본 동력은 정작 멜로드라마의 낡은 관습을 반복하는 스타일인데, 이로 인해 논쟁적 부분을 지적하기보다 '민족주의적' 주제와 같은 감상적 문제를 건드리는 것으로 직결되고 말기 때문이다(김경현b,

2005: 251). 이러한 멜로드라마적 요소는 전쟁영화의 출발기부터 자주 볼 수 있는 특징이었다. 새로운 관점과 해석을 드러내려고 노력하고 있음에도 그것을 표현하는 양식과 서사 구조는 여전히 전통적 제작 방식에 기대고 있는 것이다.

3) '양민' 또는 '민간인'과 '국민'의 암묵적 구분

거의 모든 전쟁영화가 전쟁에 직접 참여하지 않는 민간인들에 대해서는 대체로 비슷하게 그리고 있다는 점은 특기할 만하다. 지리산 인근 주민들은 전쟁을 일으키고 주도하는 이데올로기와 그다지 상관이 없는 것처럼 보이며, 오직 전쟁 통에 삶이 더 팍팍해졌다며 푸념하는 모습으로 자주 나타난다. 이러한 설정은 자연스럽게 당시 주민들을 이데올로기 싸움이나 전쟁과는 상관이 없는 순박한 민간인, 즉 '양민'으로 설정한다. 이들이 전쟁에서 고통당하거나 학살로 참상을 경험하는 모습이 등장할 때마다 관객들은 분노와 증오를 느낀다. 반대로 당시 의식적으로 좌익이나 빨치산 활동을 했던 이들은 전적으로 잘못된 이데올로기를 주입받아 만행을 저지른 '공비'나 '부역자'에 불과한 존재로 각인된다.

한편 <잊혀진 세월>은 '양민'과는 성격이 조금 다른 인물을 암묵적으로 제시한다. 명한은 지식인 출신이기는 하지만 전쟁 전에는 남이나 북 어느 쪽 이데올로기에도 적극적으로 동참하지 않았던 인물이다. 어쩔 수 없이 인민의용군이 되고 급기야 빨치산까지 되었던 그는 지리산에서의 혹독한 경험과 '선량한 양민들'의 도움 ─ 빨치산 부대를 피해 달아난 자신을 신변 위협을 무릅쓰면서까지 숨겨주거나, 동사 직전인 그를 발견한 무당이 자신의 체온으로 몸을 녹여 살려내는 등 ─ 을 받는 와중에 국민의 한 사람으로서의 '본분'을 '자각'하는 '깨달음'을 얻는다. 그리고 국군으로 자원입대해 인민군과 전투를 벌이며 자신의 과오를 씻으려 한다. 이와 같은 행동은 "자신이 '빨갱이'가 아님을 입증하기 위한 방편이었을 뿐만 아니라 국가권력에의 편입을 의미한다"(박정석, 2003: 172).

세월이 지난 뒤에 명한은 자신을 회장님이라고 부르는 운전기사를 동반한, 성공한 노년의 신사로 나타난다. 그의 아들(이야기를 끌어가는 화자) 역시 그런 기억을 가진 아버지를 자랑스럽게 여기며 '의젓하게' 군복무를 다하고 있다. 명한은 참전으로 국가에서 당당한 시민권을 얻었고 전쟁 후에는 경제개발의 역군으로 참여했으며 그 결과 성공한 사업가로 성장했다. 자신의 경험과 기억을 후대에 물려줄 수 있는 '떳떳한 국민'(과 그 가족)의 전형적인 모습이다.

<태백산맥>은 전쟁을 경험한 다양한 군상들의 기억을 다루고 있다. 특히 임권택 감독은 이 영화가 자신의 체험에서 비롯된 것이라고 말한다(정성일 엮음, 2003b: 314~329).[24] 또한 당시의 한국인들에게 이데올로기 투쟁이 얼마나 치열하고 가혹한 것이었는지를 리얼하고도 노골적으로 보여준 최초의 작품이었다(佐藤忠男, 2000: 289). 현대사의 한 결정적 국면의 의미를 깊이 천착한 영화이며 걸작이라는 평가도 있다(佐藤忠男, 2000: 291).

그러나 이러한 모습들이 전쟁 당시를 살았던 지리산권 주민들의 경험을 반영하고 있지는 않은 것 같다. 개인 또는 집단의 창작품인 소설이나 영화가 여러 층의 인물들이 간직하고 있는 기억을 토대로 제작된다는 것은 주지의 사실이다. 그러나 적어도 한국전쟁기 지리산을 다룬 영화들에서 전쟁기억은 주로 국가가 규정하려는 — 위로부터의 — 수준, 다시 말해 국가적이고 전체적인 수준에서 '평균적'인 전쟁기억이다. 따라서 그

---

24) 한국전쟁 당시 임권택 감독의 집안사람이 빨치산 활동을 한 이력이 있는데, 그 대가로 끊임없이 연좌제에 시달려야 했다. <태백산맥>에 나타난 좌익의 '악행'에 대한 신랄한 비판과 인간주의적 선택은 바로 이러한 체험에서 나온 '내부 검열'에서 비롯되었다고 할 수 있다(정성일 엮음, 2003b: 314).

것은 아직까지는 지리산권 주민들이 체험한 — 아래로부터의 — 경험이나 기억과는 거리가 있어 보인다.[25]

4) 사실주의와 휴머니즘의 불안한 동거

전쟁영화의 주제는 대체로 등장인물의 대사를 통해서 잘 드러난다. 기존의 전쟁영화가 '적화통일'이나 '무장투쟁'을 주장하는 북한 측 인물과 그것의 당위성이 허위임을 설득하려는 남한 측 인물 사이의 전형적 발언을 중심으로 한다면, 새로운 경향의 전쟁영화는 이를 좀 더 구체화한다. <태백산맥>의 마지막 대목에서 김범우는 국군과 유엔군의 반격으로 벌교에서 후퇴하게 된 염상진에게 좌익 세력이 일삼는 사적 보복을 비판한다.

> 김범우: 도처에서 사람들이 죽어가고 있소. 어서 중지시키시오, 어서! ⋯⋯
> 당신들은 실패했소, 아주 철저히 말이오.
> 염상진: 난 마르크스를 처음 읽었을 때의 감격을 지금도 기억하고 있네.
> 더 이상 계급과 착취가 없으며 모든 사람들이 완전한 평등 속에서
> 인간적인 삶을 누리면서 사는 세상⋯⋯. 그 세상을 만들기 위해
> 내 평생을 바치겠다고 맹세했었지. 그런데 대체 어디서부터, 무엇
> 이 잘못된 걸까? 할 수만 있다면 처음부터 다시 시작하고 싶네.

---

25) 이는 한국전쟁에 대한 국가의 공식 기록, 일반인의 기억이나 인식, 그리고 이에 대한 학술적 논의들이 지금 여기 한국사회에서 어떤 지형에 있는지를 잘 반영한다. 따라서 당시 전쟁을 경험했던 주민들이 전쟁을 어떻게 기억하고 있으며, 이러한 기억이 지금의 공동체에 어떤 영향을 미치고 있는가에 대한 학술적 연구를 확장해 나간다면, 이러한 문제를 어느 정도 극복할 수 있을 것이다. 최근 <태극기 휘날리며>(2003)나 <웰컴 투 동막골>(2005) 등의 영화에 대해 관객들이 보여준 긍정적인 반응과 평가에서 이러한 가능성을 엿볼 수 있다.

김범우: 너무 늦었소. 그러기엔 형님의 손엔 너무 많은 피가 묻어 있소.

염상진: 반동의 피일 뿐일세. 러시아 혁명도 숙청의 피 위에서 이루어졌네.

김범우: 다시 한 번 그 손을 보시오! 반동이기 전에 그건 인간의 피요.
　　　　사람을 수단으로 삼고 상호 간의 증오에 토대하고 있는 한, 그
　　　　어떤 사상도 사람들을 구원할 순 없습니다.

영화 속의 김범우는 좌우 어느 한쪽에 서지 않고 양자 모두를 비판하면서 민족주의적 성향을 유지하는 인물이다.[26] 이 장면을 보는 관객들은 한국전쟁을 재현하는 기존 영화들과 별반 차이를 느끼지 못한다. 결국 좌와 우 모두 똑같지만 현재 벌이고 있는 좌익의 과오는 너무도 큰 것이며(김범우), 이러한 과오가 도대체 어디서 비롯되었는지 알 수 없고 어떻게 해야 할지 판단이 서지 않는다는, 단호한 성격으로 보이던 인물의 갑작스러운 체념(염상진)은 결국 관객들에게 기존 전쟁영화에서 각인했던 반공 이데올로기의 흔적을 되살린다. 김범우의 마지막 대사는 <피아골>에서 마을 구장이 반동으로 몰려 처형당하기 직전에 내뱉은 대사와 매우 닮았다. 이러한 장면은 기존의 전쟁영화들과는 다른, 훨씬 더 새로운 관점을 원했던 관객들에게는 당황스러운 결말을 가져다주었다. 이 때문에 이 영화는 "인본주의라는 함정에 빠지고 말았다"라는 비판(변인식, 1994: 85~87)을 피할 수 없었다.[27]

---

26) 그리고 동시에 임권택 감독 자신의 모습이기도 하다.

27) 이 영화는 사회적 검열을 받아 제작 전부터 큰 파장을 불러일으켰는데, 이 때문에 임권택 감독은 2부작 영화로 예정했던 애초 계획을 수정해 1부작 형태로 '서둘러' 마감할 수밖에 없었다. <태백산맥>은 상영 시간 2시간 40분 중 2시간은 우익 쪽의 악행을 보여주는 데 할애하고 있지만, 나머지 30분 정도는 인민군 점령 시기를 다룬다. 문제는 이 마지막 대화 내용이 앞서 2시간 동안 할애했던 기조와 확연히 다르다는 점이다. 정작 임권택 감독은 이 마지막 대사를 중요하게 생각했다고 한다(정성일 엮음, 2003b: 319~325 참조).

<남부군> 역시 비슷하다. 이 영화에 대한 주된 비판은 "누가 그들이 빨치산 활동을 하도록 만들었는가?"라는 질문을 끄집어내지 못했다는 것이다. 이 영화에 등장하는 빨치산 중 공산주의 사상을 옹호하기 때문에 입산한 사람들은 극소수이고, 대다수는 로맨티스트로 그려지거나 투철한 목적의식 없이 어쩌다 죽음의 대열에 휩쓸린, '운 나쁜' 젊은이들로 묘사된다. 그리고 이것은 곧바로 이들에 대한 휴머니즘적 태도로 귀착되고 말았다(변재란, 1997: 190).

결국 이 영화들이 비교적 기존의 전쟁영화와는 다른 방식으로 한국전쟁에 접근하고 다른 차원의 문제를 제기했다는 측면에서는 '새로운 경향'이라고 부를 수 있을지 몰라도, 과연 '민중의 기억'을 본격적으로 재현했다고 볼 수 있을지에 대해서는 평가를 보류하게 된다. 다소 경향을 달리하는 형태이기는 하지만 멜로드라마적 요소를 지닌 휴머니즘에 입각한 전쟁영화의 경향을 여전히 견지하고 있는 것으로 보이기 때문이다. 오히려 한국전쟁에 대한 국가의 공식 기억은 과거와 크게 달라지지 않았으며, 그러한 공식 기억과 공식 이데올로기가 필요한 곳에서는 언제나 <님의 침묵>이나 <잊혀진 세월>과 같은 영화들이 상영되고 있다. 따라서 현재까지도 국가의 전쟁기억과 이에 대한 대안적인 기억은 끊임없이 경합하는 양상을 보이고 있다고 할 수 있을 것이다.

5. 맺음말

전쟁을 기록으로 남기고 재현함으로써 전쟁의 명분과 정당성을 확보하려는 노력은 영화로 재현하는 것으로 이어지고 있다. 특히 전쟁을 통해 뚜렷한 위상을 정립한 근대국가에서 전쟁영화의 기능은 그 서사 구조를 수용하는 관객들에게 '국민됨의 정서'를 전달하고 이를 수용하게 만드는 주요한 기제가 된다. 전쟁영화의 이러한 특성은 한국전쟁을 다룬 영화 일반에서도 잘 관철되고 있으며, 그 중심 주제는 '휴머니즘'과 '반공 이데올로기'가 절충적으로 결합되어 나타났다.

지리산권의 상황을 다룬 영화들 역시 이러한 기본적인 특징을 잘 드러 낸다. 대한민국 정부가 수립된 직후 처음 나타난 전쟁영화는 여순사건을 소재로 한 것들이었다. 한국전쟁 직후 지리산권의 전쟁기억을 재현하는 것과 관련해 문제가 된 것은 빨치산 등장을 놓고 벌어진 국가의 검열 및 사상 논쟁과 이로 인한 표현의 수위 조절이었는데, 이 문제는 이후 지리산권을 다룬 영화들의 제작 관행에 중요한 영향을 미친다. 이로 인해 전쟁영화의 양산기인 1960~1980년대에는 오히려 지리산권을 다룬 작 품이 자취를 감춘다. 한국전쟁기에 매우 민감한 사건이 발생했던 지역의 경험과 기억에 대한 재현은 금기시되고 망각 속에 묻히게 되었던 것이다.

한편 전쟁과 역사에 대해 어느 정도 비판적인 시각이 형성되자 공식적 전쟁기억과는 다른 대안적 전쟁기억을 제시하려는 '새로운' 영화적 재현 이 시도되었다. 지리산권이 다시 영화에서 재현되기 시작한 것은 바로 이 시기, 한국전쟁을 반성적인 시각으로 바라보기 시작한 1990년대 초반 부터이다. 이러한 '새로운' 영화들에서는 선하고 영웅적인 주인공이 악 한 공산군의 만행에 맞서 반드시 승리를 거둔다는 내용이 주를 이루는 기존의 반공 이데올로기를 극복하려 하는 노력은 역력해 보인다.

그러나 전쟁기억에 대한 새로운 경향의 영화적 재현 노력은 바로 그 지점에서 자기모순에 봉착한다. 그것은 휴머니즘이라는 주제를 멜로드 라마적으로 표현한 데서 비롯되었다. 이 때문에 사회적·내적 검열과 제 작 여건상의 여러 가지 제약이 여전한 상황에서 의욕적인 관점만큼 새로 운 해석을 이끌어낼 풍부한 텍스트를 만들지 못했던 것이다. 이것은 기본 적으로 영화의 특성, 그 가운데서도 특히 어느 정도 방대한 규모를 요구 하는 전쟁영화의 특성에서 비롯된 문제일 것이다. 그동안 한국사회에서 전쟁영화는 국가의 의도적이고 정책적인 주도와 지원, 그리고 이에 편승해 이윤 창출을 꾀한 영화제작 자본의 결합을 거쳐 제작되고 수용되었다. 그러나 이제는 이전과 같은 지원 대신 관객들의 자발적 지지로 어느 정도의 흥행과 이윤이 창출될 때에야 비로소 새로운 관점과 해석을 동반한 전쟁영화의 확대·재생산이 가능하다. 이러한 현실적 제약이 또 다른 부담으로 작용하고 있는 것이다.

바로 이 지점에서 또 하나의 어려움이 나타난다. 지리산을 소재로 한 기존의 전쟁영화에서는 전쟁 당시를 살았던 이들의 경험과 기억을 구체적으로 반영하기보다는 한국전쟁에 대한 공식 기억에서 그리 크게 벗어나지 않는 수준에서 재현하는 양상이 지배적이다. 문제는 이러한 경향이 새로운 경향의 전쟁영화에서도 여실히 드러난다는 점이다. '무고한 양민'이라는 개념을 암묵적으로 설정하고 당시의 현실이나 민중의 생활을 전쟁에 동원되는 이데올로기와는 전혀 상관이 없는 것으로 치부하고 만다. 이것은 한국전쟁에 대한 경험을 새로운 관점에서 새롭게 해석하려는 지평을 갖는 영화가 여전히 안고 있는 또 하나의 자기모순이다.

한편 공식적인 전쟁기억과 지리산권에 대한 고정된 이미지는 기존과 크게 달라지지 않았다. 여기에서도 공식적 전쟁기억과 이에 대항하는 전쟁기억 간의 경합이라는 사회적 양상이 영화적 재현에서도 그대로 드러나고 있음을 확인할 수 있다.

■ ■ ■ 참고문헌

논문 및 단행본

권귀숙. 2004. 「4·3의 대항 기억과 영상」. 나간채·정근식·강창일 외. 『기억투쟁과 문화운동의 전개』. 역사비평사.

권명아. 2005. 「문예영화와 공유기억(commemoration) 만들기: 한국전쟁의 경험과 역사의 재구성」. 동국대학교 한국문학연구소 엮음. 『전쟁의 기억, 역사와 문학(상)』. 도서출판 월인.

김경욱. 2002. 『블록버스터의 환상, 한국 영화의 나르시시즘』. 책세상.

김경현. 2005a. 「한국영화와 임권택: 개관」. 김경현·데이비드 E. 제임스 외 엮음. 『임권택, 민족영화 만들기』. 한울.

_____. 2005b. 「이것이 전쟁이 기억되는 방식일까: <태백산맥>에 나타난 현혹적 성과 민족의 재남성화」. 김경현·데이비드 E. 제임스 외 엮음. 『임권택, 민족 영화 만들기』. 한울.

김권호. 2005. 「전쟁기억의 영화적 재현: 한국전쟁기 지리산권을 다룬 영화들을 중심으로」. ≪사회와 역사≫, 제68집, 101~135쪽.

_____. 2006a. 「한국전쟁 영화의 발전과 특징: 한국전쟁에서 베트남전쟁까지」. ≪지방사와 지방문화≫, 9(2), 77~108쪽.

_____. 2006b. 「전쟁서사의 상품화와 '전쟁매니악'」. 한국산업사회학회. 『경제위기 이후 10년 한국사회의 변동과 전망』, 제9회 비판사회학대회 발표논문집, 168~178쪽.

김영묵. 2003. 「기억과 망각 사이의 역사 드라마와 과거 구성」. 최문규 외. 『기억과 망각: 문학과 문화학의 교차점』. 책세상.

김의수. 1999. 「한국 분단영화에 관한 연구: 분단영화의 장르적 정의와 진화 과정을 중심으로」. 서강대학교 석사학위논문.

김종원·정중헌. 2001. 『우리 영화 100년』. 현암사.

김차호. 2001. 「한국 반공영화 연구: 반공이데올로기의 의미체계와 사회 문화적 기능을 중심으로」. 동국대학교 석사학위논문.

김화. 2003. 『새로 쓴 한국영화전사』. 도서출판 다인미디어.

노명우. 2004. 「새로운 기억관리 방식: 기억산업의 징후」. ≪문화과학≫, 제40호, 151~169쪽.

노영기. 2004. 「여순사건과 육군의 변화」. ≪전남사학≫, 제22집, 253~277쪽.

박정석. 2003. 「상이군인과 유가족의 전쟁경험」. 『전쟁과 사람들: 아래로부터의 전쟁기억』. 한울.

변인식. 1994. 「인본주의라는 깃발 있는 기수 임권택」. ≪영화평론≫, 제6집, 73~ 87쪽.

_____. 2003. 「정전 50년, 불타는 한반도의 탱크와 이데올로기: 한국 전쟁영화론」. ≪영화평론≫, 제15집, 183~213쪽.

변재란. 1997. 「<남부군>의 시대적 의의와 역사해석의 한계」. 『영화언어: 1989년 봄에서 1995년 봄까지 I 』. 시각과언어.

비릴리오, 폴(Paul Virilio). 2004. 『전쟁과 영화: 지각의 병참학』. 권혜원 옮김. 한나래.

사토 다다오(佐藤忠男). 2000. 『한국영화와 임권택』. 고재운 옮김. 한국학술정보(주).

신영덕. 2002. 『한국전쟁과 종군작가』. 국학자료원.

우드, 마이클(Michael Wood). 1994. 『영화 속의 미국』. 시찬주·성미숙 옮김. 현대미학사.

이경기. 1998. 『영화 예술 용어 사전』. 도서출판 다인미디어.

이경화. 1992. 「남북한 전쟁영화 비교연구」. 한양대학교 석사학위논문.

이영일. 2004. 『한국영화전사』. 도서출판 소도.

이준식. 2004. 「문화 선전 정책과 전쟁 동원 이데올로기: 영화 통제체제의 선전 영화를 중심으로」. 방기준 엮음. 『일제 파시즘 지배정책과 민중생활』. 혜안.

이효인. 2003. 『영화로 읽는 한국 사회문화사: 악몽의 근대, 미몽의 영화』. 개마고원.

이효인·정종화. 2003. 『한국영화의 풍경: 1945~1959』. 문학과사상사.

주은우. 2002. 「문화산업과 군사주의: 할리우드 영화산업을 중심으로」. ≪진보평론≫, 제14호(겨울), 58~93쪽.

_____. 2005. 「미국 무성영화와 국가 정체성의 형성: 미국 영상대중문화와 정체성 정치의 관계에 대한 연구」. ≪경제와 사회≫, 제65호(봄), 121~154쪽.

_____. 2006. 「미국 무성영화와 백인 국가의 탄생: <국가의 탄생>과 초기 미국

영화 속의 인종정치」. ≪미국사연구≫, 제24집, 81~116쪽.

정근식. 2004. 「항쟁의 기억과 영상적 재현: 5·18다큐멘터리의 전개 과정」. 나간채·
　　　정근식·강창일 외. 『기억투쟁과 문화운동의 전개』. 역사비평사.

정성일 엮음. 2003a. 『임권택이 임권택을 말하다 1』. 현문서가.

_____. 2003b. 『임권택이 임권택을 말하다 2』. 현문서가.

정수완. 2000. 「전후 일본영화와 한국영화의 비교: 전쟁과 근대화 경험을 중심으로」.
　　　≪영화평론≫, 제12집, 55~74쪽.

정영선. 2002. 『미국전쟁소설: 남북전쟁으로부터 월남전까지』. 서울대학교 출판부.

정종화 엮음. 1993. 『한국의 영화포스터: 1932~1969』. 범우사.

정종화. 1997. 『자료로 본 한국영화사 1: 1905~1954』. 열화당.

한국영상자료원. 2002. 『한국 영화기술사 연구』, 한국영상자료원 연구자료집 2002-1.

한국영상자료원 엮음. 2004. 『한국영화를 말한다: 1950년대 한국영화』. 이채.

헤이워드, 수잔(Susan Hayward). 1997. 『영화 사전: 이론과 비평』. 이영기 옮김. 한
　　　나래.

Cumings, Bruce. 1992. *War and Television*. London & New York: Verso.

Jowett, Gorth S. & Victoria O'Donnel. 1999. *Propaganda And Persuasion*. Sage Publica-
　　　tions, Inc.

Shindler, Colin. 1979. *Hollywood Goes to War: Films and American Society 1939~1952*.
　　　London, Boston and Henley: Routledge & Kegan Paul.

Virilio, Paul. 1989. tr. by Patirck Camiller. *War and Cinema: The Logistics of Perception*.
　　　London & New York: Verso.

신문 · 잡지 기사 · 인터넷 및 기타 자료

김영진. 2006. 1. 17. "거장 이두용을 만난다: 걸작 <최후의 증인>과 이두용의 영화
　　　세계". ≪필름 2.0≫.

네이버 온라인 백과사전. http://100.naver.com/100.php?id=749768, 2005. 4. 20. 검색.

신광철. 2003. 3. 19. "강대진 감독의 '사랑의 원자탄'". ≪종교신문≫, 제1353호,
　　　10면.

이강천. 1991a. "역경을 딛고 피어난 영화 <피아골>을 말한다 ①: 각본집필에서
　　　현지 지리산 화엄사 도착까지". ≪영화예술≫, 1991년 3월호, 84~89쪽.

_____. 1991b. "<피아골>을 말한다 ④: 예기치 않은 논쟁으로 3개월 만에 검열통
　　　과". ≪영화예술≫, 1991년 6월호, 44~59쪽.

정동주. 2003. "지상의 독창적 콘텐츠 개발에 나선 국군영화: 다큐멘터리 '휴전선을
　　　말한다' 민영 TV 방영 시청자 호평". ≪국방저널≫, 2003년 11월호, http://
　　　www.dapis.go.kr/jour/200311/j82.htm, 2005. 7. 15. 검색.

한국영상자료원. 2006. 「피아골」, 한국영상자료원 고전영화 컬렉션(DVD) 안내책자.

한국영화데이터베이스. http://www.kmdb.or.kr/.

한국전쟁 영화의 발전과 특징*

한국전쟁에서 베트남전쟁까지

●

김권호

1. 머리말

최근 한국사회는 그동안 일그러졌던 과거의 모습을 다시 회복하고, 이러한 지난한 과정을 가능하게 했던 여러 계기와 관련 인물들을 기념하는 일에 큰 힘을 기울이고 있다. 일그러졌던 여러 영역 가운데 전쟁으로 요동쳤던 현대사의 흔적들을 되찾아 이를 다시 바로잡으려는 노력 역시 활발하다. 이런 노력의 일환으로 잊혀진 당시 사회의 상(像)을 떠올려보기 위해 여러 가지 영상매체로 기록된 '자료', 특히 영화에 대해 관심을 갖기도 했다. 이러한 맥락에서 해방 후 한국사회가 경험한 두 전쟁, 즉 한국전쟁과 베트남전쟁을 영화로 '재현'하는 것에 대한 관심이 늘어나고 있다.

적절한 분석 방법과 관점을 선택한다면, 한국영화는 한국사회를 읽는 최적의 텍스트가 될 수 있다(황혜진, 2005: 10). 이 연구는 한국에서 생산한 전쟁영화들을 분석해보려 한다. 전쟁을 소재로 영화를 만든다는 것, 다시

---

* 이 글은 김권호(2006a)를 수정·보완한 것이다.

말해 전쟁을 영화로 재현한다는 것은 (영화적 메커니즘은 물론이고 재현하는 모든 행위가 그러하듯) 전쟁의 재현을 다시 재현하는 작업, 다시 말해 재현의 재현이다(Heath, 2003: 17~18). 그런데 재현이라는 행위는 어떠한 입장에서, 즉 특정한 정치적 입장에서 시작할 수밖에 없다. 왜냐하면 재현이란 단지 객관적 대상을 투명하게 반영하거나 작가나 화자가 의도하는 무엇을 의지적으로 표현하는 데서 그치는 것이 아니기 때문이다. 재현은 오히려 역사적으로 만들어진 재현 형태들이 특정 시점과 공간에서 배치되고 그 결과 사회적 공간 속에 자리 잡는 것이라 할 수 있다(Hall, 1997: 6, 15). 따라서 전쟁을 재현하는 것 역시 정치적 입장에서 비롯하는 하나의 사회적 실천으로 파악할 수 있다. 다만 전쟁영화가 제시하는 내용이나 그것의 효과는 명시적이라기보다는 잠재적이며, 의식적이라기보다는 무의식적(영화 자체가 무의식적으로 영향을 미친다)이기 마련이다. 따라서 전쟁영화를 분석하는 것은 무의식적인 부분에 대한 해석적 작업, 즉 텍스트 분석을 동반한다. 물론 명시적인 부분도 다루어야 할 것이며, 그뿐만 아니라 전쟁영화가 만들어지는 경향과 그 제작 주체를 잘 가늠해서 정치적·사회적·역사적 상황과 함께 분석해야 할 것이다. 이것은 곧 전쟁영화가 담고 있는 이데올로기에 대한 분석일 뿐만 아니라 전쟁의 영화적 재현이라고 하는 특정 정치·사회적 맥락에서 이루어지는 실천에 대한 분석이기도 해야 한다는 뜻이다.

그렇다면 해방 이후 한국사회가 경험한 한국전쟁과 베트남전쟁은 철저하게 정치적이고 사회적인 과정이었으며, 이 전쟁들을 특정한 위치에서 재현하는 것 역시 그러하다고 생각해볼 수 있다. 따라서 이 영화들의 '실천' 방식이 담고 있는 정치적·사회적 상황과 맥락도 검토해볼 수 있을 것이다. 마지막으로 그 재현 내용들이 담고 있는 이데올로기적인 내용들을 확인해볼 수 있을 것이다. 이 장은 이런 점들을 고려하면서 다음과 같은 질문들에 대한 답을 구하고자 한다. 두 전쟁을 다룬 영화들은 어떠한 양상으로 전개되었는가? 또한 한국영화가 이 두 전쟁을 다루는 양식에는 과연 어떠한 특성이 있으며, 그것은 어떤 사회적 상황을 반영하는 것일까? 또 한국영화는 두 전쟁을 어떻게 담고 있으며, 그 내용이 반영하는 것은 무엇일까?

2. 연구 대상 및 연구 방법

1) 연구 대상

(1) 전쟁영화의 개념

최근 한국사회의 전쟁경험과 관련한 영화들을 분석하려는 시도들이 눈에 띈다. 이러한 경향은 매체가 갖는 역사적 특성을 다루는 것인 동시에 현재 한국사회 스스로의 모습을 확인하는 과정이라고 할 수 있다. 이러한 연구들은 대체로 '전쟁영화', '반공영화', '분단영화' 등의 용어를 사용하는데, 이는 전쟁영화의 한국적 특성을 보여준다. 일반적으로 전쟁영화란 전쟁을 소재로 한 영화이며, 주된 주제는 전쟁의 참상을 폭로함으로써 반전(反戰)을 강조하는 데 주력하는 영화라고 하지만, 다양한 줄거리나 장르와 결합되기 때문에 전쟁을 소재로 삼는다는 점 외에는 분류 기준이 모호하다(김학용, 1990: 62에서 재인용). 전쟁영화 자체가 지닌 이러한 장르적 잡종성 외에도, 분단 상황이라는 현실 인식과 이를 통해 반공 이데올로기 진작을 목표로 삼는 전쟁영화를 양산하는 한국적 상황이 존재한다. 이 때문에 한국적 상황에서 생산된 전쟁영화를 분석하기에 앞서 그 일반적 쓰임새를 일별할 수 있는 개념의 가지치기 작업이 필요하다.

김의수는 전쟁영화를 상위개념으로 두고 그 하위 장르인 분단영화를 대상으로 다룬다. 그는 먼저 전쟁 상황을 소재로 하여 총격전을 보여주는 영화를 전쟁영화로 보는 것은 '소극적'인 규정이라고 본다. 그래서 좀 더 '포괄적'인 개념, 즉 세계대전 및 국지전을 소재로 삼되 전쟁의 전후에 발생하는 이야기들을 다루는 영화를 전쟁영화로 본다(김의수, 1999: 17~18). 그리고 전쟁영화의 하위개념으로 '분단영화'를 설정하고 한국 상황의 특수성인 분단 모순, 즉 분단과 한국전쟁이 가져온 사회적 문제를 담은 영화를 본격적으로 다룬다.

이러한 접근법은 최근에 만들어진 새로운 경향의 전쟁영화들과 분단 현실을 소재로 한 영화들을 설명하는 데는 도움이 될 수 있다. 그러나 이 방법은 지나치게 포괄적이라는 단점이 있다. 즉, 분단된 현실에서 남한 사회의 현실과 문제들을 다루는 모든 영화를 분단영화에 포괄할 수 있다는 것인데, 이때 분단영화의 상위개념인 다양한 영화를 전쟁영화라는 하나의 범주에 포함시킬 수 있느냐 하는 문제가 발생하기 때문이다.

조준형은 분단영화의 하위개념으로 '반공영화'를 별도로 구분하여 분석 대상으로 삼는다. 그는 반공영화를 "공산주의 이데올로기에 대한 환멸을 강조하거나 공산주의자들에 대한 투쟁 의욕을 고취하는 영화"라고 정의한다. 그리고 반공영화는 1960년대와 1970년대에 한국영화 담론 내부에서 소통되면서 일정한 실정성을 획득했고, 특히 산업과 정책이 밀착되어 당시 영화계를 상징적으로 드러내는 명칭이라고 본다(조준형, 2001).[1]

이 접근법의 장점은 반공영화 텍스트가 생산되는 사회·정치적 메커니즘을 보여주는 데 매우 유용하다는 것이다. 또한 특정 정권에서 정치적

---

[1] 한편 전쟁영화의 '본산지'인 할리우드에서조차 반공을 노골적으로 주제로 삼은 영화는 쉽게 찾기 힘들다. 오히려 냉전을 배경으로 한 첩보물과 같은 형태로 우회적으로 표현하는 경우가 대부분이다. 따라서 한국의 전쟁·반공영화는 군사독재 시대의 선전영화가 지닌 특수성이었다기보다는 '한국적'인 기형적 형태라고까지 부를 수 있다.

필요에 따라 해당 영화들을 만들게 하는 정책적 장려 등을 파악할 수 있게 해주는 장점이 있다. 그러나 이러한 접근법은 지나치게 이데올로기적인 부분에 한정함으로써 최근에 생산되는 전쟁영화들을 반공영화의 유형에 포함시키지 못하는 단점이 발생한다. 또 반공영화를 과연 하나의 영화장르로 다룰 수 있느냐 하는 문제가 있다. 비록 장르적 규칙성이 나타난다고 하지만, 반공영화는 지배 이데올로기의 진작을 목적으로 국가가 전폭적인 정책적 지원을 벌이면서 전쟁의 경험이나 기억을 독점적으로 활용한 결과물이었다는 주장으로 해석하게 될 여지가 있기 때문이다.[2] 조준형은 1980년대 초반에 이르면 한국영화계에서 반공영화가 사실상 "수명이 다했다"라고 보고, 그 이후에 제작된 전쟁영화를 분단영화로 불러야 한다고 본다(조준형, 2001: 346). 그러나 이 표현은 반공영화의 장르적 속성이 분단영화로 바뀌었다고 할 수 있는지에 대해서는 분명한 설명은 아니다. 더 중요한 문제는 과연 한국사회에서 특정 유형의 영화가 만들어지는 과정과 이를 관객들이 수용하는 과정을 간과해도 좋은가 하는 의문을 자아낸다는 것이다.

전쟁영화를 내용상으로 구분하는 데 유용한 이영일의 분류를 참고할 수 있다. 그는 1950년대 한국전쟁을 소재로 삼은 영화들을 분석하면서, 전장이나 전투 등을 직접 다룬 '전형적인 전쟁영화', 전쟁 중 군인들의

---

2) 김소연과 이순진 역시 이 점을 지적한다. 그들의 연구는 한국전쟁을 다룬 1950년대의 영화들이 직접적인 전쟁경험으로 형성된 '전후 의식'을 표현한 것이라는 점에 주목하려 한다. 마치 제2차 세계대전 이후 이탈리아에서 새로운 사실주의가 탄생했던 것과 같은 양상이 한국영화계에서도 나타났다고 보려는 것이다. 여기서 '전후 의식'의 표현이란 1950년대를 다룬 영화평론가 이영일의 작가주의적 영화미학에 근거한 것이다. 물론 이러한 지적은 분명 '한국적' 전쟁영화를 연구하는 데 그냥 지나칠 수 있는 대목은 아니다. 문제는 1950년대 이후의 전쟁영화들에서도 전후의식을 발견할 수 있을 것인가라는 또 다른 까다로운 고민이 뒤따르는 것이다(김소연, 2003; 이순진, 2003).

행동 또는 적군의 행동 묘사를 통해 휴머니즘 또는 반휴머니즘을 표현하는 '전쟁 휴머니즘', 사회에 돌아온 군인들을 중심으로 하는 '전시(戰時) 사회극', 전쟁을 상황으로 삼는 스릴러 형식이나 서스펜스 드라마의 유형(첩보물), 1960년대에 주를 이루는 '오락성 위주'의 전쟁영화 형식으로 구분한다(이영일, 2004: 280). 이와 비슷한 구분으로 김종원의 내용상 분류를 참조할 수 있다. 비록 반공영화라는 상위개념에서 분류하는 것이기는 하지만, 전쟁을 배경으로 한 군사 액션물, 멜로드라마의 형식을 빌린 반공물, 이데올로기 갈등과 휴머니티를 부각하는 내용, 분단의 비극이 주제가 된 사회 드라마 등으로 나누고 있다(김종원, 1975: 249~255).

한편 김권호는 '전쟁영화'를 전쟁 당시의 직접적 상황들과 이를 둘러싼 등장인물들을 서사 구조의 중심에 놓는 영화로 한정하되, 그 특성상 전쟁이 가져오는 사회적 문제를 읽어낼 수 있는 어떤 특징을 내포하고 있다고 규정한다. 그는 전쟁 상황을 직접적으로 다룬 영화들을 위주로 지나치게 소극적으로 정의한다(김권호, 2005). 이 때문에 직접적으로 전쟁을 표현하는 영화들 외에 전쟁경험이 한국사회에 미친 영향을 표현하는 (간접적인 방식으로 전쟁을 전달하는) 상당수의 영화들을 분석에서 제외하는 한계를 노출하고 있다.

영화사전에서 전쟁영화(war film)는 "영화의 주된 활동(action)을 전쟁으로 두거나 영화의 배경으로 삼는 모든 영화"를 지칭한다(Konigsberg, 1987: 404). 다시 말해 비록 싸울 준비와 실제의 무장 충돌에 일차적으로 초점을 두는 '전투영화'를 전쟁영화라고 생각하긴 하지만, 이 장르는 전쟁에 직접 관련이 있거나 전쟁의 결과인 여타의 상황 유형을 포함한다. 예를 들면 탈출 상황과 성공 여부에 초점을 두는 전쟁 포로 이야기, 점령지의 레지스탕스와 같은 지하투쟁 활동, 국내 또는 외국에서 벌어지는 첩보원들의 모험을 다루는 이야기까지도 포함시킬 수 있다.

한편 넓은 의미의 전쟁영화와 좁은 의미의 전쟁영화를 구별할 수 있다.

넓은 의미의 전쟁영화는 전쟁문학 또는 전쟁소설 연구에서 차용한 것이다. 전투와 액션 시퀀스로 가득 찬, 남성만 등장하는 전투영화의 세계는 전쟁영화의 전부가 아니다. 전쟁을 바라보는 다양한 시점의 스펙트럼 중 한쪽 끝에 불과하기 때문이다. 특히 할리우드의 전쟁 코미디, 전쟁 뮤지컬의 존재 때문에 더욱 그러하다(Belton, 2003: 201~203). 전쟁영화는 전투영화의 경계선을 넘어서며, 우리 시대가 아닌 과거와 미래를 내다보기도 한다. 어떤 의미에서는 전시에 만들어진 모든 영화뿐 아니라 전쟁을 묘사하거나 언급하는 모든 영화는 전쟁영화의 기능을 한다. 즉, 유용한 전쟁영화의 개념은 "전쟁 때문에 인생에 영향을 받은 사람의 시점에서 전쟁을 묘사한 것"(Belton, 2003: 203)이 될 것이다.

이에 비해 어떤 평론가들은 협의의 전쟁영화('전투영화')의 개념을 재고하기 시작한다. 전쟁영화를 광의의 (상위)개념으로 보고 초점을 '전투영화(combat film)'라는 개념으로 한정하는 것이다. 이러한 접근은 전쟁영화를 전투영화의 상위개념으로 보지만 전투영화에 더 집중한다. 전쟁영화란 일관된 장르적 형식으로는 존재하지 않는 것으로 보면서 '전쟁'은 하나의 메타포이거나 다른 이야기들을 위한 배경이 될 수 있다는 것이다(Basinger, 1986: 9~10).

그러나 이러한 구분은 전쟁영화 일반을 이해하는 데는 도움이 될 수 있지만 구체적인 전쟁을 다룬 영화들을 살펴볼 때는 다르게 생각할 필요가 있다. 한국적 상황에서는 전투영화라는 협소한 개념 또는 하위 장르보다는 전쟁영화라는 상위개념으로 접근할 필요가 있다. 그러나 직접 전쟁을 표현하는 영화들 외에 한국사회가 경험한 전쟁이 미친 사회적 영향을 표현하는 (즉 간접적인 방식으로 전쟁을 전달하는) 상당수의 영화들을 분석에서 제외하고 마는 한계를 노출하고 있다. 이러한 한계를 극복하기 위해 포괄적인 전쟁영화 개념에 접근할 필요가 있을 것이다.

이 장에서는 전쟁영화를 바로 이러한 개념으로 살펴볼 것이다. 즉,

좁게는 전쟁 상황, 특히 전투를 내러티브의 중심에 두는 영화로 한정하지만 전쟁 상황을 내러티브의 주된 배경으로 삼는 영화도 전쟁영화로 볼 것이다. 그뿐 아니라 등장인물들이 전쟁의 직접적인 영향으로 전쟁 중이나 이후에 겪는 개인적·사회적 상황을 다룬 영화 역시 확대된 전쟁영화의 개념에 포함시켜서 볼 것이다.

(2) 전쟁영화의 유형 구분

한국사회가 경험한 전쟁의 양상과 그것의 사회적 영향을 비교하기 위해서는 더 포괄적인 전쟁영화 개념에 접근할 필요가 있을 것이다. 이를 위해서는 전쟁영화의 일반적 정의에서 전쟁 이후의 상황을 다룬 영화들이나 간접적으로 담고 있는 영화들도 포함시킬 수 있는 유연성이 필요하다. 따라서 이 장에서는 앞에서 본 접근 방법들을 비판적으로 종합하여 한국전쟁 영화를 다음의 세 가지 하위 유형으로 분류하려 한다.[3]

① 유형 I: 전쟁 상황을 직접 다룬 영화들

주로 군인처럼 전쟁에 참여한 인물들이 이야기를 끌고 간다. 좁게는 전투영화에서부터 '전쟁 액션' 또는 '전쟁 스펙터클' 영화로까지 확장해 구분할 수 있으며, 때로는 '전쟁 드라마' 형태로 전개되기도 한다.

---

3) 전쟁을 중심적인 서사로 다루지 않고, 단지 서사 진행에 필요한 요소로 다루는 영화들은 이러한 유형들에서 제외했다. 앞에서 살펴본 단점들처럼, 전쟁영화에 초점을 두고 관련된 영화들을 구분하는 것은 상당히 어려울 수밖에 없다. 무엇보다도 각 유형이 서로 중첩되는 경향이 많기 때문이다. 따라서 여기에서 다루는 하위 부류나 하위개념들은 일단 가설적 수준에서 접근해보고자 한다. 그런데 이 유형이 반드시 순차적으로 거치는 단계들은 아니지만, 대체로 이러한 순서를 밟아가는 경향도 있다.

② 유형 II: 전쟁의 상처와 후유증을 다룬 영화들

주로 전후의 사회적 상황을 그리며('전후 사회극'), 제대군인 또는 상이군인과 그 연인이나 가족이 전쟁 후 겪는 모습을 그린 드라마의 형태를 띤다. 대부분 멜로드라마 장르로 나타나는데, 이를 '전후 멜로드라마'로 볼 수 있을 것이다.

③ 유형 III: 단순 액션·활극 또는 코미디물

순전히 오락거리를 제공하기 위해 전쟁을 소재로 삼은 '전후 액션 활극'이나 코미디물이다. 좁게는 병영생활을 다룬 영화에서부터 첩보·스파이·추리물 또는 <람보(Rambo)> 시리즈 등과 같은 영화들에 이르기까지 세분할 수 있다.

2) 연구 방법

이와 같은 기준으로 그동안 한국에서 생산되었던 전쟁영화들을 찾아 그 발전 양상과 특징을 살펴보려 한다. 이를 위해서 한국영상자료원이 인터넷으로 서비스하고 있는 한국영화데이터베이스(http://www.kmdb.or.kr/)에서 한국전쟁과 베트남전을 다룬 영화들을 검색해 분석할 것이다. 여기에는 국내에서 제작되고 심의를 받아 개봉한 작품들만을 선정했다. 즉, 일반인들이 쉽게 접하기 힘든 단편영화나 다큐멘터리를 제외한 극영화만을 분석 대상으로 삼으려 한다.

정확한 분석 대상 목록을 얻기 위해 '6·25', '한국전쟁', '빨치산', '공비', '군사', '전쟁' 등의 키워드를 검색해 전쟁영화 목록을 만들었다. 이 중 서로 겹치는 영화들과 단편 및 기록영화, 한국전쟁을 직접적인 서사의 중심에 두지 않는다고 판단한 영화들은 목록에서 제외했다.[4] 또 '베트남전', '월남전'을 키워드로 검색한 다음, 역시 같은 기준에 따라 베트남전쟁을 다룬 영화 목록을 작성했다. 한편 검색에서 발견하지 못한 주요 전쟁영화들이 있었는데, 2차 문헌들을 참조해(서윤성, 1975; 정종화, 1975; 조준형, 2001; 한국영상자료원 엮음, 2004: 42~46) 목록을 보완했다. 따라서 이 장에서는 한국전쟁을 다룬 173편과 베트남전쟁을 다룬 20(+1)편, 모두 193(+1)편의 한국영화를 분석 대상으로 삼는다. 구체적으로 전쟁영화가 만들어지는 경향과 그 유형들을 분류하여 살펴본 다음 정치·사회적이고 역사적인 상황과 함께 설명할 것이다.

3. 제작 시기별 특성

1) 전쟁영화의 형성기(1949~1961): 반공 이데올로기 주입의 시행착오

한국전쟁을 다룬 영화는 한국사회 내부에서 직접적으로 일어난 사건의 여파로 이미 전쟁 와중에 제작되었고, 휴전협정 직후부터는 본격적으로 제작되기 시작했다. 한국전쟁을 다룬 한국영화의 효시는 1949년에 제작된 <성벽을 뚫고>와 <나라를 위하여>로 거슬러 올라간다. 두 영화는 1948년에 발생한 여순사건을 배경으로 당시 좌익과 빨치산의 '만행'을 우익과 군경이 힘을 모아 무찌른다는 내용이 주를 이룬다. 이 영화들은 향후 반공·전쟁영화가 담아야 할 내용에 대한 기준을 함축적으로 제시했다. 특히 국가 형성기에 발생한 갈등적 사건들을 통해 지배

---

4) 따라서 주관적인 분류에 따라 만들어진 것이기 때문에 엄밀한 통계라고 말할 수는 없다. 한편, 이 목록 만들기 작업은 조준형(2001)이 반공영화 분석을 위해 사용했던 방법과 거의 유사하다. 그러나 처음부터 조준형의 방법을 따른 것이 아니라 목록을 짜고 나서 보니 비슷한 방법이 되고 말았다는 글쓴이의 당혹감을 덧붙여야 할 것 같다.

〈표 9-1〉 형성기의 한국전쟁 영화 제작 현황(1949~1961)

(단위: 편)

연도	한국전쟁 영화	전체 영화
1949	2	20
1950	-	5
1951	3	5
1952	1	6
1953	1	6
1954	3	18
1955	4	15
1956	2	30
1957	-	37
1958	4	74
1959	5	111
1960	1	92
1961	2	86
합계	28	505

자료: 영화진흥위원회 홈페이지(http://www.kofic.or.kr/)의 「영화연감통계」(각 연도); 한국 영화 데이터베이스(http://www.kmdb.or.kr/)에서 검색한 자료를 재구성.

이데올로기인 반공을 제시하고 있다. 또한 이 영화부터 반공·전쟁영화 제작에 필요한 인적·물적 자원을 군 또는 경찰 당국이 직·간접적으로 지원하기 시작했으며, 이러한 지원 방식은 이후 시기의 반공·전쟁영화 제작 관행에도 그대로 이어졌다(김권호, 2005: 110).

한편 전쟁영화에는 여느 영화보다 방대한 규모가 필요한데, 이 때문에 전쟁영화 제작은 영화제작 자체의 성장과 긴밀하게 연관되어 있다. 한국 영화가 자리를 잡아가는 형성기였던 이 첫 번째 시기에서도 이러한 사실을 확인할 수 있다. 이때 제작된 전쟁영화의 현황은 <표 9-1>과 같다. 이 시기에 생산된 한국영화 505편 가운데 한국전쟁을 다룬 영화가 28편으로 약 5.5%를 차지하고 있다. 한국전쟁 중에는 제작된 한국영화의 수 자체가 많지 않았는데, 휴전 이후 1956년을 기점으로 급격하게 늘어나기 시작한다. 이는 1954년부터 시작된 한국영화에 대한 입장세 면세 조치, 1957년경부터 시작된 우수 국산영화 제작사 보상정책 그리고 외화 수입제한 조치 등과 같은 정책의 결과였다(이우석, 2005: 157~181). 동시에 영화계 내에서도 과잉생산이나 투기성 투자로 전락할 가능성을 최소화하고 기업화·산업화를 추구하기 위해 정부가 주도하는 영화 지원 정책에 이전 시기보다 좀 더 개입하려는 요구가 있었던 것이 반영된 결과이기도 했다(이우석, 2005: 182~185). 1954년과 1955년에는 전쟁영화 역시 점차 늘어나기 시작한 것을 통해 당시의 추이를 확인할 수 있다.

한편 1948년에서 1955년 이전까지는 정부조직법과 부처직제법 사이의 모순과 한국전쟁으로 인한 실제적 필요성 등으로 영화 및 문화 관련 업무가 문교부, 공보처, 국방부 정훈국, 육군본부 정훈감실 등에 분산되어 있었다(이우석, 2005: 44~150; 김소연, 2003: 44 참조). 여러 개의 국가기구들이 산발적으로 영화 검열과 영화 관련 정책을 맡은 것은, 국가기구 업무 관장이 미숙하고 혼란했기 때문이기도 하지만, 그만큼 강력한 이데올로기 통제가 필요했으며 영화라는 매체가 갖는 이데올로기적 가능성에 대해 자각하기 시작했기 때문이었을 것이다.

한편 1955년에 정부조직법 개정을 통해 문화·예술과 영화 및 방송 분야의 검열과 관련 행정 업무를 문교부에서 맡도록 명확하게 규정했고, 1956년에는 대통령령으로 공보처를 공보실로 개편하여 주로 선전영화 제작에 관련한 업무를 맡게 했다. 정부 정책과 이념을 대변하는 공보처가 아니라 학문과 교육을 주 업무로 다루는 문교부에서 전 국가적 문화정책을 맡게 한 것은 '의무교육'을 통해 '국민'의 정체성을 형성하는 데 주력하기 시작한 국가의 필요성을 감지하게 한다(이우석, 2005: 160~162). 물론 그렇다고 해서 국방부 정훈국과 육군본부 정훈감실, 때로는 내무부 치안국과 같은 억압적 국가기구가 관련 업무에서 완전히 손을 놓은 것은 아니었다. 개별 영화의 표현의 수위가 문제 되는 민감한 사안이 발생하면

어김없이 국가의 검열기구가 개입했다.[5]

　1960년부터는 전쟁영화 제작이 소폭 감소한다. 이 시기의 지배 이데올로기가 반공 이데올로기였는데도 전쟁영화 제작이 줄어든 것은 우선 1950년대에 반공 이데올로기를 체계적으로 재생산하지 못했기 때문이다. 아울러 1960년대 반공 이데올로기는 영화, TV, 오락 프로그램 등의 매체를 활용한 '반공의 생활화'로까지 이어지지 못했다(김혜진, 2003: 10~14). 정권 차원에서 전국민의 동원을 위한 이데올로기 기제로 영화를 사용할 정도로 지배권력의 작동 방식이 세련되지는 못했던 것이다. 또한 스펙터클을 제공해줄 수 있는 큰 규모의 영화를 만들 기술적 역량이 부족했고 반공을 오락적 요소로까지 연결할 만한 시간적 여유가 없었다는 이유도 들 수 있겠다(조준형, 2001: 43~48 참조).

　한국전쟁 이후 전쟁영화들의 내용을 보면 직·간접적으로 한국전쟁을 소재로 한 경우가 대부분이며, 공산주의는 반(反)인간주의적인 이데올로기이고 북한은 침략의 도발자임을 상기시킨다. 그래서 자유와 평등, 민주주의를 천명하는 남한과 적대관계에 있음을 드러낸다. 또한 한국전쟁을 대체로 사실적으로 담아내려고 애쓴 흔적을 엿볼 수 있다(김권호, 2005: 111). 이 시기의 전쟁영화 제작 현황을 보면(<표 9-2>), 이 점을 더 자세하게 알 수 있다. 이 시기에는 전쟁 당시의 상황을 그린 드라마나 전투 현장을 재현해 보여주는 유형 I에 해당하는 영화(20편)가 전후 문제를

---

5) 대표적인 예로 1955년의 <피아골>에 관한 반공/용공성 시비를 놓고 검열 당국들 사이에서 벌어진 작은 신경전을 생각해볼 수 있다. 시인이자 종군작가 출신인 당시 국방부 정훈국장 김종문과 문학평론가 임긍재가 신문 지상에서 벌인 논쟁이 세간에 유명했다. 하지만 당시까지 엄밀한 반공/용공 판정 기준이 없었기 때문에 검열기구들 사이에서 개봉 허가를 둘러싸고 신경전이 벌어졌다. 결국 <피아골> 사건은 최종심급이 국방부 정훈국에 있다는 것으로 마무리되어 정훈국의 요구에 맞게 마지막에 태극기가 휘날리는 장면을 삽입한 뒤에야 개봉할 수 있었다. 이에 대한 더 자세한 내용은 김권호(2005: 111~113)와 김소연(2003: 43~48) 참조.

(단위: 편)

연도	유형 I		유형 II		합계
	전쟁 드라마	전쟁 액션	전후 멜로드라마	계몽성 전쟁 드라마	
1949	2	-	-	-	2
1951	1	2	-	-	3
1952	-	-	-	1	1
1953	1	-	-	-	1
1954	2	1	-	-	3
1955	3	-	1	-	4
1956	1	1	-	-	2
1958	-	-	4	-	4
1959	3	-	2	-	5
1960	1	-	-	-	1
1961	2	-	-	-	2
합계	16	4	7	1	28

다룬 유형 II의 영화(8편)보다 약간 많았다. 볼거리 위주의 전쟁영화들이 등장하는 다음 시기와 비교했을 때 유형 I에 속하는 영화 중에서도 특히 사실성과 휴머니즘을 추구하는 전쟁드라마가 주를 이루고, 분단과 이산 문제를 다룬 유형 II의 영화에서도 전후 멜로드라마가 주를 이루는 것을 확인할 수 있다. 당시 전쟁영화들이 국가적 요구뿐 아니라 전쟁의 직접적 경험으로 형성된 사실주의에 입각한 '전후 의식'의 표현 요구가 만나는 지점에서 생산되었다는 것을 알 수 있다.

결국 이 시기에는 근대적 국민국가 출발과 반공체제 유지라는 대내외 적 요구가 전쟁영화 텍스트의 생산·수용과 긴밀한 관련이 있다는 필요성 은 감지하고 있었던 것으로 보인다. 그러나 이 시기는 지배권력의 미숙한 국가 체제 운영과 견고하지 못한 반공 이데올로기 등으로 시행착오를 거치는 과정이었다. 이러한 어설픈 틈새를 사실주의와 '작가적' 휴머니

<표 9-3> 양산기의 전쟁영화 제작 현황(1962~1965)

(단위: 편)

연도	한국전쟁 영화	베트남전 영화	전체 영화
1962	7	-	113
1963	7	-	114
1964	5	-	147
1965	15	-	189
1966	12	1	182
1967	9	3	182
1968	9	-	212
1969	9	1	229
합계	73	5	1368

자료: 영화진흥위원회 홈페이지(http://www.kofic.or.kr/)의 「영화연감통계」(각 연도); 한국
영화 데이터베이스(http://www.kmdb.or.kr/)에서 검색한 자료를 재구성.

즘에 입각한 전쟁영화들이 차지할 수 있었고, 그 틈새들을 견고하게 마무
리하는 지점에서 국가의 검열기구와 영화계 인사들이 충돌하기도 했다.

2) 전쟁영화의 양산기(1962~1971): 양적 성장과 반공 이데올로기의 안착

한국영화가 전쟁을 본격적으로 다루기 시작한 것은 5·16 군사쿠데타
와 군사독재정권 출범으로 인한 정치적 필요성에 기인했던 것으로 보인
다. 특히 1960년과 1961년에 3편의 전쟁영화가 만들어졌던 것이 1962년
들어 7편의 전쟁영화가 제작되면서 해를 거듭할수록 수가 점차 늘어나는
것을 확인할 수 있다. 이 시기에는 '군납영화'(안정효, 2004)라고 부를
정도로 국가의 수요에 부응해 많은 편수가 제작되었다. 무엇보다 1961년
문교부 고시를 통한 영화사 통폐합을 시발로 한국 영화산업에 대한 정책
적 개입이 본격화된다. 그뿐 아니라 4월 혁명의 성과로 영화계가 획득했
던 자체 심의권을 정권이 되찾아갔고 이후 검열은 한층 더 엄격해졌다.
또한 1965년부터 대종상 영화상에 '반공영화' 부문 수상작을 배출한

영화사에 해외영화 수입권한을 주는 유인책도 함께 이용했다. 여기에 엄청난 제작비를 보전하도록 군 인력이나 관련 시설 등을 지원해주는 장려 정책은 전쟁영화 생산을 가속화하는 데 결정적인 영향력을 발휘했다. 이 시기 한국전쟁을 소재로 한 영화들이 상영된 현황을 살펴보면 <표 9-3>과 같다.

이 시기에 한국전쟁 영화가 73편, 베트남전 영화가 5편으로 모두 78편의 전쟁영화가 양산되었는데, 이는 이 시기에 제작된 한국영화 1,368편의 약 5.7%를 차지하는 수이다. 특히 1965년 한해에만 189편의 한국영화 가운데 약 8%에 해당하는 15편의 한국전쟁 영화가 제작되는데, 전쟁을 다룬 영화들이 가히 폭발적으로 증가했다는 것을 알 수 있다. 베트남전 영화는 한국전쟁을 다룬 영화에 비해 많은 편은 아니다. 베트남전을 배경으로 한 첫 번째 전쟁영화인 1966년의 <맹호작전>을 시작으로 1967년 <냉과 열>, <여자 베트공 십팔호>, <얼룩무늬의 사나이>, 그리고 1969년의 <사나이 유디티> 등 5편이 제작되었다. 이 중 유형 III에 속하는 병영 드라마 <사나이 유디티>를 제외한 나머지 4편은 유형 I의 전쟁 액션 유형에 속한다.

이 시기에는 양적 성장뿐 아니라 내용상의 다양성 역시 눈에 띈다. 이 시기 전쟁영화의 유형을 <표 9-4>에서 살펴보자. 모두 78편의 전쟁영화 가운데 유형 I에 해당하는 영화가 62편, 유형 II에 해당하는 영화가 10편에 달하며 유형 III에 해당하는 영화가 6편이다. 우선, 유형 I에 해당하는 영화 가운데는 볼거리 위주의 전쟁 액션에 해당하는 영화들이 2/3 가량을 차지하며(62편 중 43편) 해를 거듭할수록 전쟁 드라마보다는 전쟁 액션 유형에 속하는 영화가 늘어나는 것을 볼 수 있다. 이에 비해 앞 시기의 유형 I에 속하는 영화들이 대부분 전쟁 드라마(20편 중 16편)였다는 점을 상기하면, 이 시기의 변화를 다시 한 번 가늠해볼 수 있다.

그런가 하면, 이 시기에 유형 II로 분류할 수 있는 영화는 모두 멜로드

(단위: 편)

연도	유형 I		유형 II		유형 III	합계
	전쟁 드라마	전쟁 액션	전후 멜로 드라마	전후 사회극	웨스턴+전쟁 액션 또는 첩보물 등	
1962	3	2	2	-	-	7
1963	1	3	2	-	1	7
1964	2	3	-	-	-	5
1965	4	8	2	1	-	15
1966	1	10	2	-	-	13
1967	3	9	-	-	-	12
1968	3	4	-	-	2	9
1969	2	4	1	-	3	10
합계	19	43	9	1	6	78

라마 형식이다. 아직 TV가 보편화되지 않았던 시절, 이러한 영화들이 대중의 감수성을 달래주었을 것이다. 또한 볼거리 위주의 전쟁 액션이 증가하면서 유형 III에 해당하는 영화가 등장했는데, 이는 변형된 형식을 갖춘 전쟁영화로의 분화를 알리는 신호탄이었다. 비록 단 한 편에 불과하지만, 1963년의 <상해의 밤>은 웨스턴과 전쟁영화 장르를 결합한 형식이다. 1960~1970년대에 이러한 형식의 영화가 상당수 제작되었는데, 주로 일제강점기 독립운동 활동가들이 중국 본토(특히 임시정부를 암시하는 상해)나 만주를 무대로 벌인 활약상을 액션 활극 형식으로 담고 있다. 여기에 한국전쟁을 배경으로 한 전투 장면을 더함으로써 매우 대중적인 액션 활극이 되었을 것이다.[6]

---

6) 이러한 사회적 상황에도 불구하고 이 시기의 전쟁영화들이 주목받았던 것은 전쟁이 가져다주는 볼거리뿐 아니라 전쟁의 의미, 전쟁의 폐해 등을 인간적 시선으로 그렸기 때문이라는 관점도 있다(한국영상자료원 엮음, 2004: 42). 그러나 이러한 시각은 1950년대 전쟁 직후 인간중심주의적인 작가적 감수성을 담은 전쟁영화의 관점을 연장한 것일 뿐이라고 볼 수 있다. 그 이유는 이 시기가 이미 국가의 지배 이데올로기

〈표 9-5〉 침체기의 전쟁영화 제작 현황(1971~1979)

(단위: 편)

연도	한국전쟁 영화	베트남전 영화	전체 영화
1970	4	-	209
1971	5	1	202
1972	3	-	122
1973	1	1	125
1974	7	-	141
1975	5	-	83
1976	1	-	134
1977	5	-	101
1978	5	-	117
1979	4	-	96
합계	40	2	1330

자료: 영화진흥위원회 홈페이지(http://www.kofic.or.kr/)의 『영화연감통계』(각 연도); 한국
영화 데이터베이스(http://www.kmdb.or.kr/)에서 검색한 자료를 재구성.

이러한 전쟁 스펙터클은 여느 전쟁영화와 별반 차이가 없는 것이 사실
이다. 비인간적인 인민군에 맞서 싸우는 국군 장병들의 무용담을 다룬
전쟁영화들은 제2차 세계대전을 배경으로 한 외국, 특히 할리우드의 전
쟁영화들과 마찬가지로 전쟁이 가져다준 상처의 치유 과정인 동시에
상대방에 대한 적개심을 통해 자기정당성을 획득하는 계기가 되었기
때문이다(한국영상자료원 엮음, 2004: 43~44).

진작과 상업적 전략이 맞아떨어지고 있는 시점이기 때문이다. 이 시기의 전쟁영화들
은 주로 전쟁의 스펙터클을 보여주면서 북한에 대한 적대감을 바탕으로 한 집단주의
를 그리고 있다. 특히 <빨간 마후라>(1964)에서는 출격 후 동료가 전사하자 다른
동료가 전사한 동료의 마담을 사랑하게 된다는 식의, 전쟁 스펙터클과 멜로드라마를
뒤섞어놓은 괴상한 집단주의가 나타난다. 이것은 한편으로는 전후 긴밀하게 단결할
것을 요구하는 데서 비롯한 집단적 공동체 의식을 반영하기도 하지만, 실상은 전쟁에
서 비롯된 국가에 소속되어야만 하는 '국민적' 강박 노이로제의 다른 모습이기도
했다(한국영상자료원 엮음, 2004: 45~46 참조).

따라서 이 시기의 전쟁영화는 반공 이데올로기를 부과하려는 국가의 요구뿐 아니라 흥행을 통한 이윤 축적을 바라는 영화산업 내부의 경제적 요구, 대중이 갈망했던 정서적 갈증의 해갈이라는 3중의 욕구가 함께 만나는 지점에서 생산되었다. 이로써 전쟁영화는 생산과 소비의 주체들이 긴밀하게 호응하면서 양적으로 크게 성장했고, 마침내 반공 이데올로기가 전쟁영화에 성공적으로 안착했다.

3) 전쟁영화의 침체기(1970~1979): 국가 주도의 국책영화로 전락

1970년부터는 제작되는 전쟁영화 수가 대폭 감소하기 시작한다. 매년 한 편 이상의 전쟁영화가 제작되기는 했으나, 이전 시기에 거의 두 자릿수의 영화들이 제작된 것에 비하면 감소 폭이 컸다. 조준형은 이를 남북 공동성명과 적십자회담 등으로 급진전되던 남북관계에 영향을 끼치지 않으려는 의도였다고 본다. 또 거의 소멸하다시피 한 전쟁영화를 1970년대 중반부터 다시 살린 것은 국가의 필요성 때문이었다고 본다(조준형, 2001: 344~345). 따라서 전쟁영화 수는 전반적으로 감소하기 시작하지만, 국가가 지원하는 데 그치지 않고 적극적으로 나서 영화진흥공사의 이름으로 제작한 대작 전쟁영화가 많아졌다는 점이 이 시기의 현실을 단적으로 드러낸다.[7] 영화산업계는 소재나 형식의 반복으로 소재와 제작 역량이 고갈해가고 있었고, 따라서 관객들이 전쟁영화에 흥미를 잃고

---

7) 영화진흥공사가 1973년 4월 3일에 출범한 이후 야심작으로 제작한 국책영화들은 <증언>(1974), <아내들의 행진>(1974), <울지 않으리>(1974), <들국화는 피었는데>(1974), <잔류첩자>(1975), <태백산맥>(1975) 등 6편으로, 이 중 새마을운동을 계몽하는 <아내들의 행진>을 제외한 5편이 전쟁영화에 해당한다. 이러한 국책영화는 유신정권의 지배 이데올로기 진작과 대작영화를 통한 영화산업의 대형화·기업화라는 이중의 의도를 달성하기 위한 것이었다. 박정희 지배체제의 운영

<표 9-6> 침체기의 전쟁영화 유형 분류(1971~1979)

(단위: 편)

연도	유형 I		유형 II		유형 III	합계
	전쟁 드라마	전쟁 액션	전후 멜로 드라마	전후 사회극	웨스턴+전쟁 액션 또는 첩보물 등	
1970	1	1	-	-	2	4
1971	-	5	-	-	1	6
1972	1	2	-	-	-	3
1973	1	1	-	-	-	2
1974	4	3	-	-	-	7
1975	3	-	-	-	2	5
1976	-	1	-	-	-	1
1977	3	2	-	-	-	5
1978	3	1	1	-	-	5
1979	3	1	-	-	-	4
합계	19	17	1	-	5	42

외면할 수밖에 없는 상황에 직면하게 되었다. 이전 시기의 전쟁영화들이 국가·영화산업계·관객이라는 세 주체의 요구가 결합한 산물이었다면, 이 시기의 영화들은 나머지 두 주체의 요구는 빠진 채 전적으로 국가의 요구만 반영하고 있다. 마치 선전영화와도 같은 양상이라고 할 수 있다.

이 시기의 전쟁영화 제작 현황을 살펴보면(<표 9-5>), 40편의 한국전쟁 영화와 2편의 베트남전 영화 등 총 42편의 전쟁영화 목록을 볼 수 있다. 한국전쟁을 다룬 40편 가운데 유형 I에 해당하는 영화가 36편으로 가장 많고 유형 II와 유형 III에 속하는 영화는 각각 1편과 5편이 있다. 또한 유형 I에 속하는 36편 가운데 전쟁 액션물이 17편, 전쟁 드라마가 19편에 달해 약 1:1의 비율을 보인다. 그런데 전쟁 드라마로 분류해놓은

방식이 전쟁영화 제작 현황에도 고스란히 반영되어 있는 것이다. 그러나 이 사업은 뚜렷한 성과를 남기지 못했고 1976년부터는 민간사업으로 전환되었다(박지연, 2005: 227~230)

영화 중에도 대규모 전투 장면을 비롯한 대형 스펙터클을 제공하는 형식을 취하는 영화가 상당수여서 이 시기의 전쟁영화 대부분은 볼거리와 오락 위주라 해도 무방할 정도이다. 또한 유형 II를 거의 찾아볼 수 없는 것도 이 시기의 특징이다. 전후 멜로드라마 유형의 영화가 단 한 편 있을 뿐, 이전 시기에 드물게나마 존재했던 전후 사회극 유형은 전무하다. 이것은 이 시기에 전쟁영화가 양적으로 침체했을 뿐 아니라 그것이 질적 저하로까지 이어졌다고 판단할 수 있는 근거 중 하나이다.[8]

4) 이행기(1980년대): 뒤돌아보기와 숨고르기

1980년대의 전쟁영화는 거의 명맥만 유지하는 수준이었다. <표 9-7>을 보면 매년 한두 편의 영화가 간헐적으로 제작된 것을 볼 수 있다. 이는 전쟁영화 쇠퇴기의 분위기가 지속되는 모습을 보여준다. 이 시기는 전형적인 오락성 전쟁영화를 제작하기 시작하는 경향, 1983년 이산가족 찾기의 여파, 그리고 영화계에 불어닥친 새로운 경향이 영향을 미쳐 오락물 형태의 전쟁영화와 분단영화의 성격을 결합한 유형의 전쟁영화가 동시에 제작된다. 이는 이전 시기들의 전쟁영화 제작 방식이 간헐적으로 유지되면서 향후 서로 다른 두 개의 큰 갈림길로 나뉘는 이행기 또는 중간기의 성격을 보여준다.

물론 이후에 국가가 한국전쟁을 다루는 방식은 영화에서 TV로 매체가 전환되면서도 이어졌다. 가장 유명한 것은 국방부 정훈국의 후신인 국방

---

8) 당시 영화평론가 김종원은 영화가 관객에게 외면받는 상황을 보며 다음과 같이 비판했다. 당시의 영화들이 "전쟁 스펙터클의 오락영화로 전락"하고 말았고, "국군 장병들은 어쩌면 그렇게도 다 착하고 용맹"한데, "인민군은 하나같이 열등아의 굴레를 벗어나지 못"한 모습만을 답습할 뿐 "피가, 입김이, 맥박이 통하는 인간"을 그려내지 못하고 있다"(김종원, 1975: 256)라는 것이다.

<표 9-7> 이행기의 전쟁영화 제작 현황(1980~1989)

(단위: 편)

연도	한국전쟁 영화	베트남전 영화	전체 영화
1980	2	-	91
1981	1	-	87
1982	1	1	97
1983	2	2	91
1984	1	1	81
1985	1	-	80
1986	2	-	73
1987	1	-	89
1988	1	-	87
1989	2	-	110
합계	18	4	886

자료: 영화진흥위원회 홈페이지(http://www.kofic.or.kr/)의 「영화연감통계」(각 연도); 한국 영화 데이터베이스(http://www.kmdb.or.kr/)에서 검색한 자료를 재구성.

홍보원에서 제작한 <배달의 기수> 시리즈이다. 이것은 국가가 전쟁기억을 다루는 방식이 대중에게 가장 친밀한 매체를 찾아 꾸준하게 이어진다는 것을 보여준다.

베트남전 영화의 경우, 간접적으로 다룬 것들을 포함해서 1983년을 전후로 나타난다. 이것에 대해 두 가지 원인을 생각해볼 수 있을 것이다. 국내에서 1983년은 이산가족찾기 열풍이 불면서 한국전쟁에 대한 국민적 관심이 늘어났던 해이다. 이와 더불어 베트남전에 대한 관심도 늘었던 것으로 추측할 수 있다. 동시에 국제적인 상황으로 보면, 그 시기에 한국과 베트남의 민간교류가 재개된 것을 원인으로 생각해볼 수 있다(이승환, 2006: 211~221).

구체적인 제작 현황을 살펴보면(<표 9-8>), 경향을 좀 더 자세히 알 수 있다. 18편의 전쟁영화 가운데 유형 I의 영화가 10편으로 가장 많고, 유형 II와 유형 III이 각각 7편과 5편을 차지하고 있다. 특히 유형 II에

(단위: 편)

연도	유형 I		유형 II		유형 III	합계
	전쟁 드라마	전쟁 액션	전후 멜로 드라마	전후 사회극	웨스턴+전쟁 액션 또는 첩보물 등	
1980	2	-	-	-	-	2
1981	1	-	-	-	-	1
1982	-	1	1	-	-	2
1983	-	-	1	2	1	4
1984	1	-	-	1	1	3
1985	-	-	-	1	-	1
1986	1	1	-	-	-	2
1987	-	1	-	-	1	2
1988	-	-	-	-	1	1
1989	1	1	-	1	1	4
합계	6	4	2	5	5	22

속하는 영화들은 분단영화로 분류할 수 있어 이 시기의 특징을 보여준다. 그리고 유형 III은 한국전쟁과 관련이 있는 이야기이긴 하지만, 액션 활극을 추구하는 순전히 오락적인 영화로 볼 수 있다. 또한 유형 I에 속하는 영화 중에도 상당수가 액션과 볼거리를 위주로 하는 영화이다.

이 시기의 전쟁영화에는 이전 시기에 쇠락하기 시작한 전쟁영화를 순전히 오락거리로만 취급하려는 경향과, 분단과 전쟁으로 한국사회가 안게 된 결과들을 돌아보기 시작하는 경향이 혼재해 있다. 첫 번째 경향은 이미 1960년대부터 나타났지만 이 시기에 들어 점차 그 강도가 강해진다. 그 이유는 우선 전쟁의 경험과 기억이 점점 더 옅어지는 시간의 간극 때문일 것이다. 또한 외국영화, 특히 할리우드의 전쟁 액션물이 큰 인기를 끌기 시작하면서부터 이러한 경향이 가속화했을 것이다. 실베스터 스탤론(Sylvester Stallone) 주연의 <람보> 시리즈가 1983, 1985, 1988년에 각각 국내에 소개되었고, 아널드 슈워제네거(Arnold Schwarzenegger) 주연의 <코만도(Commando)>가 1985년에 국내에서 개봉하는 등, 할리우드의 주요 대작 전쟁영화들이 관객들의 입맛을 사로잡았다. 이런 영화들이 흥행에 성공하면서 한국판 람보나 코만도 시리즈 같은 영화들이 만들어진다. 특히 전영록 주연의 <독불장군>이나 베트남을 배경으로 한 <구사일생>은 각각 한국전쟁과 베트남전을 소재로 삼았을 뿐 특수부대 출신의 주인공 몇몇이 불가능에 가까운 임무를 수행한다는 내용을 담고 있다. 할리우드 전쟁영화의 내용을 '모사'하는 수준의 영화들의 전형이라 할 수 있다.

두 번째 경향은 전쟁영화의 성격 자체가 분단영화로 발전하려는 조짐이 보이기 시작한 것이다.9) 우선 1980년대에는 새로운 경향의 영화감독들이 대거 등장하기 시작했다. 그들은 유신체제의 종말, 1980년 '서울의 봄', 5·18 등을 경험한 세대로 분단 상황과 한국전쟁, 그리고 그 결과를 이전 시기보다 적극적으로 해석하려는 입장을 가지고 있었다. 또한 이들은 단지 국가의 필요에 의한 천편일률적 반공영화를 제작하거나 관객들의 입맛에만 맞는 전쟁 드라마나 전쟁 멜로드라마를 만들어내는 것을 거부했고, 영화를 일종의 사회운동 수단으로 보려는 인식을 공유하기도 했다(서울영상집단 엮음, 1983 참조). 그뿐 아니라 기존의 영화계도 역시 이전 시기들의 전쟁영화 제작 양상을 반성하거나 이산가족찾기와 같은 사회적 경험으로 인해 달라진 인식을 담은 영화들을 만들기 시작했다. 전자에 해당하는 고민의 결과는 <그해 겨울은 따뜻했네>에서, 후자의 산물을 <짝코>와 <길소뜸>과 같은 영화에서 찾아볼 수 있다.

---

9) 김학용은 1980년대 중반 이후에야 비로소 전쟁 상황으로 빚어진 인간적 갈등을 깊이 있게 다루기 시작했다고 본다(김학용, 1990: 62).

5) 전쟁영화의 재생기(1990년 이후): 이데올로기 경합 대 전쟁 스펙터클

1970년대 쇠퇴기와 1980년대 이행기를 거치며 이전의 반공 이데올로기 친화적인 재현 방식에서 벗어나는 움직임을 보이기 시작한 것이 최근 전쟁영화의 경향이라 할 수 있다. 기본적으로는 전쟁에 대한 국가와 지배 이데올로기가 보장하는 공식적인 기억과 이에 대항하는 기억이 서로 경합하는 시기이다(김권호, 2005: 115~116). 동시에 이 과정에는 규모나 스타일이 대작화(大作化)되는 경향이 함께 나타나고 있다. 이러한 경향은 이전 시기인 이행기부터 이미 싹트고 있었다.

전쟁 당시의 상황을 재현하는 것이 필요할 경우에는 대작 형식의 스펙터클을 보여주는데, 앞서 구분한 전쟁영화의 유형 I에 해당하는 전쟁 액션 영화에 속할 수 있을 것이다. 또 유형 I에는 유형 III에서 볼 수 있는 오락영화의 형태를 띤 경우도 있다. 이것은 흥행을 통해 제작비를 상회하는 수익을 얻어야 하는 자본주의하에서 영화라는 문화상품의 태생적인 성격과 큰 관련이 있다. 이전 시기에도 그러한 성격이 있었으나 냉전기에 반공이라는 지배 이데올로기를 각인하기 위해 노력하면서 경제 논리는 거의 무시되고 있었다고 보아야 할 것이다. 이전 시기 생산자들에게 전쟁영화는 더 큰 경제적 이익을 얻기 위한 담보물에 불과했다. 하지만 탈이데올로기적 국제 체제가 형성되고 국가의 성격이 달라지면서 과거와 같은 방식의 통제와 지원책은 퇴색하기 시작하고 경제 원리에 입각한 생존전략이 필요하게 되었다. 이 원리는 대항 기억을 담으려는 의식적 노력을 기울이는 이들에게도 동일하게 적용될 수밖에 없었다.

이러한 상황에서는 더 이상 과거와 같은 노골적인 반공정신, 애국심, 민족주의를 표현할 수 없다. 그것은 기존의 내러티브로는 달라진 사회적 상황과 달라진 감수성에 호소하기 힘들다는 것을 말해준다. 그러나 전쟁을 참혹한 것이지만 국가와 국민 형성을 위해 필요하다는 식의 내러티브

<표 9-9> 1990년 이후의 전쟁영화 제작 현황(1990~2005)

(단위: 편)

연도	한국전쟁 영화	베트남전 영화	전체 영화
1990	1	2	111
1991	4	1	86
1992	1	2	68
1993	1	1	51
1994	2	2	52
1995	1	-	62
1996	1	-	55
1997	-	-	60
1998	1	-	43
1999	-	-	42
2000	-	-	62
2001	1	-	52
2002	-	(1)*	82
2003	-	-	65
2004	1	-	74
2005	1	1	83
합계	15	9(1)	1048

* 영화 <클래식>은 단순히 멜로드라마이지만, 극의 중반에 주인공이 베트남전에 참전했던 경험을 꽤 공들여 담고 있다.

자료: 영화진흥위원회 홈페이지(http://www.kofic.or.kr/)의 「영화연감통계」(각 연도); 김미현·도종준, 2006, 「2005년 한국영화산업 결산」, ≪한국영화 동향과 전망≫(2006년 1·2월호), 3쪽; 한국영화 데이터베이스(http://www.kmdb.or.kr/)에서 검색한 자료를 재구성.

와 다른 전개 양상은 전쟁을 낭만화하는 경향으로 이어진다.

이와 더불어 영화의 내러티브와 등장인물의 특성을 표현하는 방식이 점차 하나의 경향으로 수렴되고 있는 것처럼 보인다. 가장 두드러진 것은 전쟁을 단순히 '굉장한 구경거리'로 재현하는 경향이 점차 심화되고 있다는 점이다. 갈수록 전쟁에서 미디어의 존재가 강하게 부각되고(심경석, 2005: 307~308), 전쟁은 마치 스포츠 중계를 보는 것과 같은 효과를 가져온다(정성일, 1997: 258~263; 강혜연, 1998: 166~169). 이제 영화와

<표 9-10> 1990년 이후의 전쟁영화 유형 분류(1990~2005)

(단위: 편)

연도	유형 I		유형 II		유형 III	합계
	전쟁 드라마	전쟁 액션	전후 멜로 드라마	전후 사회극	웨스턴＋전쟁 액션 또는 첩보물 등	
1990	1	-	2	-	-	3
1991	2	-	3	-	-	5
1992	2	-	1	-	-	3
1993	1	-	1	-	-	2
1994	2	-	2	-	-	4
1995	-	1	-	-	-	1
1996	2	-	-	-	-	2
1998	1	-	-	-	-	1
2001	-	-	-	-	1	1
2002	-	-	-	-	-	(1)
2004	-	1	-	-	-	1
2005	1	-	-	-	1	2
합계	12	2	9	-	2	14(1)

전쟁은 점점 서로를 닮아간다. 영화는 점점 더 사실적인 전투 장면을 표현하려 노력한다. 더 많이 폭발하고 더 많이 피를 흘리며 죽어나가는 모습을, 전장에서 바로 캠코더로 찍어 전송하는(중계하는) 것처럼 생생하게 재현해야 한다. 이와 함께 전쟁은 점점 더 영화(또는 컴퓨터 게임)처럼 극화되고 조작이 쉬워진다(버튼 하나로 해결하고 현장을 연결해 상황을 확인하는 등의 시뮬라크르). 어찌 보면 이러한 양상은 유형 III, 즉 전형적인 오락거리로 이행하는 과정을 보여주고 있는 것인지도 모른다.

4. 서사의 특성

한국전쟁을 다룬 영화들은 전반적으로 한국전쟁을 불의의 일격을 당해 아픔과 고통을 경험했지만 '민족적' 의지를 모아 끝까지 견뎌서 적군을 물리친 전쟁으로 기억한다. 승리·뽐냄, 선전·과장 등의 표현들이 한국전쟁을 다룬 영화들의 중심어이다. 그리고 이 민족적 의지는 곧 국가를 위한 헌신으로 전환되고, 이승만 독재와 박정희에서 전두환으로 이어지는 군사독재 시대에 더욱 강화된다. 또 한편으로는 여전히 전쟁을 수행하거나 준비 중인(정전이 아닌 휴전 상태인) 국가는 이 과정을 통해 고의적인 망각을 동원하기도 한다. 따라서 "가장 침투력이 강한 영화의 영향력은 영화가 보여주는 것의 모방을 통해서가 아니라 그들이 경험한 것의 묵인을 통해"(Wood, 1994: 192) 드러나는 것은 어쩌면 매우 당연한 일이었는지도 모른다.

한국전쟁 영화의 이러한 특징은 베트남전쟁을 다룬 영화에서도 크게 다르지 않다. 다만 베트남전 영화의 정서는 한국전쟁 영화와는 약간 다르다. 베트남전에 참여하는 등장인물은 자신이 이 전쟁에 떠밀려온 것처럼 말한다. 그리고 정글 속에 갑자기 등장하는 베트콩의 위협과 공포에 노출되어 있는 불안한 모습을 보인다. 전쟁영화가 대부분 승리한 이데올로기를 다루는 데 비해 베트남전 영화는 다소 이질적이다. 할리우드 영화에서도 베트남전에 대해서는 국가 이데올로기를 부정적으로 다루며, 이런 설정이 한국에서 제작된 베트남전 영화에서도 비슷하게 드러난다(이승환, 2006: 215).

베트남전쟁 영화들에서 이 전쟁을 바라보는 기본적인 관점은 한국전쟁 영화와 크게 다르지 않다. 국내에서 일어난 전쟁은 아니지만 미국의 은혜를 갚고 공산당을 무찌르러 간다는 개입의 정당성 또는 명분을 가지고 있으며 이는 기본 내러티브에서 쉽게 발견된다. 여기서 전쟁영화의 관습 또는 정형성을 찾아볼 수 있다. 전쟁영화는 '반전영화'라는 기치를 내세우는 영화들을 제외하고는 주로 전쟁의 잔혹함과 지옥과도 같은 상황에서 생존해 승리를 쟁취한 감정을 표현하는 경우가 많다. 즉, 한국전쟁에서는 북한을, 베트남전쟁에서는 북베트남 정규군이나 베트콩을 명확한 적으로 규정한다.[10] 그들은 자유민주주의 수호를 위해 없어져야 하는 악이며 이와 같은 악과의 전쟁은 명백한 정당성을 갖는다고 설명한다. 이 과정에서 관객들은 전쟁에 대한 혐오감보다 희열을 맛보게 되고 무모한 공격을 일삼는 적군을 극도로 타자화하거나 심지어 비인간화한다(심경석, 2005: 305~306).

유형 II에 속하는 영화들은 크게 전쟁 멜로드라마와 전쟁 사회극으로 구분할 수 있다. 할리우드에서는 유독 베트남전을 다룰 때 참전용사들의 경험과 후일담을 다룬 사회극(유형 II)의 경우가 많다. 그러나 이런 영화들은 상처 치유를 통해 영웅으로 드러나는 내러티브를 자주 구사함으로써 미국적 이데올로기 구현하는 양상으로 이어진다(심경석, 2005: 299~301). 물론 한국영화에서 베트남전을 다룬 영화들 역시 유형 I보다는 유형 II에 속하는 경우가 지배적이기는 했다. 그러나 주로 멜로드라마의 형식을 띠고 있는 경우가 대부분이었고, 최근의 한국영화에서 베트남전쟁은 불안과 공포 등의 분위기와 죄의식을 나타내는 영화들을 자주 발견할 수 있다.[11] 또는 참전의 간접적 영향인 현지의 애정 문제를 다룬 영화들이

---

10) 단적으로 영화는 그들이 전투에서 명령에 따라 무모하게 아군의 진지로 달려드는 장면을 남발한다. 마치 불빛을 향해 날아드는 벌레들처럼 보이는 그들은 전적으로 나·아군·국가의 타자인 적·적군·적국이 된다.

11) 다음과 같은 분위기가 지배적이다. <하얀 전쟁>(1992)에서 "이 길을 들어선 군대는 어느 나라라도 승리하지 못했다"라는 베트남 노인의 중얼거림이나 귀국과 제대 후에도 정신은 여전히 밀림에 남아 있는 것처럼 보이는 참전용사, <알포인트>(2004)에서 "손에 피를 묻힌 자 돌아갈 수 없다"라는 불길한 글귀의 저주를 입은 것으로 보이는 일단의 군인들……

전후 멜로드라마 형태로 등장하기도 한다.

5. 맺음말

한국전쟁을 다룬 영화들은 출발기부터 타자인 적을 물리치고 국가의 위기를 극복했다는 자랑과 뽐냄의 서사에 치중했던 것이 사실이다. 그리고 때로는 전쟁이라는 충격적인 경험을 통해 인간중심주의와 민족주의를 내세웠지만, 그러한 서사의 바탕에는 사실 반공과 애국주의가 결합한 지배세력의 중심 이데올로기가 있었다. 이러한 선택적 기억의 서사는 한국사회가 경험했던 외세의 억압과 그로부터의 탈주를 꿈꾸던 개인들에게 '국난 극복'이라는 자부심을 갖게 만드는 계기였다. 그리고 수용자 스스로 이러한 서사를 우리 자신의 것으로 인정하려 했던 것으로 보인다 (이승환, 2006: 218). 하지만 지배세력에게 전쟁영화는 오히려 망각의 기제였고 자신들의 실수와 오점을 감추는 가리개로 기능했다(이효인, 2003: 199~201; 권명아. 2005: 95).

그러나 최근에는 그러한 과거의 선택적 기억과 망각 기제를 되새김하려는 경향이 수면 위로 등장하고 있다. 특히 베트남전쟁을 다룬 한국영화들은 전쟁이 끝난 시점에서 전쟁의 공포를 표현하고 죄의식을 속죄하려 했다(이기형, 2005: 3). 이것은 한국전쟁을 직접 경험했으면도 이를 다루지 못하고 되돌아보지 못했던 자신의 흉터 드러내는 일이기도 했다. 또한 타자와의 관계에서 억압을 당하는 경험에 익숙했던 한국사회가 기억과 경험의 재구성을 통해 한국사회의 현재와 미래를 확인하는 작업이었다 (이승환, 2006: 217~218).

뽐냄과 상처 드러내기 사이에서 숨고르기를 하던 한국영화들이 이처럼 탈냉전기에 접어들면서 전쟁과 전장을 낭만화하고 전투 상황을 구경거리로만 생각하려는 경향을 점차 드러내기 시작한다. 그것은 어찌 보면, 국가의 지배 이데올로기를 전파하는 수단인 선전도구로서는 크게 문제가 되지 않았던 경제적 성격, 즉 대중영화라는 문화상품 본래의 성격으로 되돌아가는 과정에서는 당연한 변화일지 모른다. 이것은 볼거리와 오락을 추구하는 관객들의 눈높이에 맞게 전쟁영화가 발전하는 과정에서 응당하다고 생각할 수도 있다. 왜냐하면 전쟁영화는 국가의 선전도구로만 존재하는 것이 아니라 국가와 영화산업계와 관객의 세 가지 요구들이 만나는 지점에서 생산되고 수용되기 때문이다.

한국전쟁과 베트남전쟁의 경험으로 당대 사회의 이데올로기를 반영하는 대중영화의 사회적 기능은 부각됐으나 이윤을 창출하고 영화산업을 발전시키는 경제적 기능은 소홀하게 여겨졌다. 물론 이러한 상황을 유도했던 것은 외화 수입권한을 담보로 삼아 지배 이데올로기 진작에만 골몰했던 국가와 독재정권들이었으며, 영화산업계는 눈앞에 있는 당장의 이익을 얻기 위해 여기에 편승했다. 관객들은 반복해서 재생산되는 전쟁영화를 점차 외면하게 되었고, 결국 이러한 피로와 염증은 거대한 볼거리를 제공해주는 할리우드의 오락적 전쟁영화와 그 아류작들에 대한 열광으로 곧장 이어졌다. 이 때문에 한국사회에 대한 새로운 인식을 통해 형성된 '대항' 담론과 '대항' 이데올로기를 영화에 담으려던 의식적 노력 역시 관객 동원을 위해서는 불가피하게 볼거리와 오락적 표현을 끌어들여야 했다. 결국 이데올로기 경합에 피로를 느낀 관객들은 더욱 더 볼거리에 집중하게 되는 것이다.

이 장의 원래 의도는 '한국형' 전쟁영화가 만들어지는 과정을 살펴보면서 그렇게 만들어진 전쟁영화의 특징을 살펴보려는 것이었다. 그러나 전쟁영화의 생산 주체와 국가기구의 관계 그리고 수용자인 관객의 반응을 구체적으로 살피지 못했다. 또한 전쟁영화에 국가·영화산업계·관객이라는 3중의 관계와 각각의 요구가 어떻게 반영되었는지 설명할 수 있는 개념 도구와 방법을 고안해 분석할 필요가 있다. 무엇보다도 이 장에서는 200여 편의 영화를 분석 대상으로 삼았기에 본격적인 텍스트 분석을 시도하지 못한 결정적인 한계를 안고 있다. 또한 전쟁영화를 구체적으로 구분하는 세 가지 유형을 통해 그동안 생산된 전쟁영화들의 목록을 분류하긴 했으나, 그 세 유형 아래의 하위 유형들에 대한 더 구체적이고 상세한 비교·분석이 필요하다. 따라서 한국전쟁 영화의 특성을 좀 더 분석적으로 밝히기 위해서는 이러한 문제점과 한계들을 향후 연속적인 연구를 통해 보완할 필요가 있을 것이다.

▨ ▨ ■ 참고문헌

논문 및 단행본

권명아. 2005.「문예영화와 공유기억(commemoration) 만들기: 한국전쟁의 경험과 역사의 재구성」. 동국대학교 한국문학연구소 엮음.『전쟁의 기억, 역사와 문학(상)』. 도서출판 월인.

김권호. 2005.「전쟁기억의 영화적 재현: 한국전쟁기 지리산권을 다룬 영화들을 중심으로」. ≪사회와 역사≫, 제68집, 101~135쪽.

_____. 2006a.「한국전쟁 영화의 발전과 특징: 한국전쟁에서 베트남전쟁까지」. ≪지방사와 지방문화≫, 9(2), 77~108쪽.

_____. 2006b.「전쟁서사의 상품화와 '전쟁매니악'」. 한국산업사회학회.『경제위기 이후 10년 한국사회의 변동과 전망』, 제9회 비판사회학대회 발표논문집, 168~178쪽.

김소연. 2003.「전후 한국의 영화담론에서 '리얼리즘'의 의미에 관하여: <피아골>의 메타비평을 통한 접근」. 김소연 외.『매혹과 혼돈의 시대: 50년대의 한국영화』. 도서출판 소도.

김의수. 1999.「한국 분단영화에 관한 연구: 분단영화의 장르적 정의와 진화 과정을 중심으로」. 서강대학교 석사학위논문.

김혜진. 2003.「반공역사블럭 형성 연구」.『제6회 비판사회학대회 논문집: '동원체제' 섹션』, 한국산업사회학회 제6회 비판사회학대회 발표 자료집.

박지연. 2005.「영화법 제정에서 제4차 개정기까지의 영화정책(1961~1984년)」. 김동호 외.『한국영화 정책사』. 나남.

볼턴, 존(John Bolton). 2003.『미국영화 미국문화』. 이형식 옮김. 경문사.

서울영상집단 엮음. 1983.『새로운 영화를 위하여』. 학민사.

심경석. 2005.「할리우드 영화의 베트남전쟁 재현」. ≪안과밖(영미문학연구)≫, 18집, 307~308쪽.

우드, 마이클(Michael Wood). 1994.『영화 속의 미국』. 시찬주·성미숙 옮김. 현대미학사.

이기형. 2005. 「한국형 전쟁 영화와 봉합된 국가의 정신병증 연구: <태극기 휘날리며>, <실미도>, <알포인트>를 중심으로」(미간행).

이순진. 2003. 「1950년대 공산주의자의 재현과 냉전의식: <정의의 진격>, <피아골>, <운명의 손>을 중심으로」. 김소연 외. 『매혹과 혼돈의 시대: 50년대의 한국영화』. 도서출판 소도.

이승환. 2006. 「역사적 기억의 재구성을 통한 한국사회의 호명: <하얀전쟁>, <알포인트>를 중심으로」. ≪영화연구≫, 제24집, 211~221쪽.

이영일. 2004. 『한국영화전사』. 도서출판 소도.

이우석. 2005. 「광복에서 1960년까지의 영화정책(1945~1960)」. 김동호 외. 『한국영화 정책사』. 나남.

이효인. 2003. 『영화로 읽는 한국 사회문화사: 악몽의 근대, 미몽의 영화』, 개마고원.

조준형. 2001. 「한국 반공영화의 진화와 그 조건」. 차순하 외. 『근대의 풍경: 소품으로 본 한국영화사』. 도서출판 소도.

한국영상자료원 엮음. 2004. 『한국영화사공부(1960~1979)』. 이채.

황혜진. 2005. 『영화로 보는 불륜의 사회학: <자유부인>에서 <바람난 가족>까지』. 살림.

히스, 스티븐(Stephen Heath). 2003. 『영화에 관한 질문들』. 김소연 옮김. 울력.

Basinger, Jeanine. 1986. *The World War II Combat Film: Anatomy of a Genre*. New York: Columbia University Press.

Hall, Stuart. 1997. "The Work of Representation." in Stuart Hall(ed.). *Representation: Cultural Representations and Signifying Practices*. SAGE Publications.

Konigsberg, Ira. 1987. *The Complete FILM Dictionary*. New York and Scarborough, Ontario: Nal Books.

신문 · 잡지 기사 · 인터넷 및 기타 자료

강혜연. 1998. "해변에서: <라이언 일병 구하기>". ≪월간 키노≫, 1998년 10월호, No. 45, 166~169쪽.

김미현·도종준. 2006. 「2005년 한국영화산업 결산」. 영화진흥위원회. ≪한국영화

동향과 전망≫, 2006년 1·2월호, 2∼11쪽.

김종원. 1975. "반공영화 30년의 현주소". ≪북한≫, 48호, 1975년 12월호, 249∼255
쪽.

서윤성. 1975. "스크린에 담겨진 6·25의 포화". ≪영화≫, 제3호, 28∼32쪽.

안정효. 2004. "영화로 본 한국사회 ③: 군납영화라는 장르". ≪광주일보≫, 2004년
1월 29일자.

정성일. 1997. "영화가 전쟁을 다루는 방법". ≪월간 말≫, 1997년 8월호, No. 134.

정종화. 1975. "6·25, 전쟁영화의 실태와 진단: 영화 속에 구체화된 6·25". ≪영화≫,
제3호, 38∼43쪽.

한국전쟁 경험에 대한 기념의 갈등 구조

'봉황양민학살희생자위령비' 건립 과정을 중심으로*

•

박현정

1. 전쟁경험의 기억과 기념

무엇을 기억할 것인가? 인간은 과거의 사건이나 경험에 대해 기억과 망각을 되풀이하며 특별한 경우에는 그것을 기념하고자 한다. 국가도 또한 마찬가지이다. 전쟁이나 혁명 등 국가가 형성·유지되는 과정에서 발생한 중요한 역사적 사건들을 기념하면서, 국가는 국민통합과 질서유 지의 효과를 함께 얻는다. 그러나 이런 기념은 그 자체가 갈등의 장이기 도 하다. 역사적 사건에 대한 기억은 지배 이데올로기와 대항 이데올로기 사이의 투쟁을 동반하며 기념의식 및 기념물은 그런 투쟁 과정을 반영한 다고 볼 수 있다.

신생 대한민국은 그 형성 과정에서 좌우의 대립과 한국전쟁이라는 심각한 갈등을 경험했다. 그리고 전쟁 후에는 분단 상황이 주는 냉전구도 속에서 강력한 반공 이데올로기라는 특정 기억, 특정 지배 이데올로기만

---

* 이 글은 박현정의 전남대학교 대학원 사회학과 석사학위논문(2005) 일부를 재구성 하여 편집한 것이다.

이 강요되었다. 이 과정에서 국가는 모든 민주적 요구를 폭력으로 진압하는 독재 권력에 의해 유지되었다. 그런데 독재 권력이라고 해서 국가보안법, 연좌제 등 제도적이고 폭력적인 방식만으로 대중을 억압하고 지배했던 것은 아니다. 독재 권력은 스스로가 세련화되는 과정에서 점차 문화적·이데올로기적 기제를 통해 지배 이데올로기를 내면화하는 근대적 전략을 적극 활용하기 시작한다. 즉, 주체의 자발성에 기초한 질서유지를 강구하여 아예 저항을 생각하지 못하도록 스스로 통제하고 규율하는 인간을 만들어내는 것이다(푸코, 1994). 언어와 문자를 이용한 이념적 교육과 학습이 근대적 전략의 대표적인 형태이며 더 은밀하게는 기념공간, 기념물, 의례를 통해 내면화가 시도되기도 한다(정호기, 2002: 3).

이런 기념행위 가운데서도 기념물을 건립하는 것은 가장 일반적이고 전형적인 방식이다. 이를테면 전쟁에서 전사한 군인들을 기념하는 것은 국가를 위해 목숨을 바친 이를 추앙함으로써 공동체 성원들이 헌신성을 자기정체성의 일부로 수용하게 하는 효과를 가져오고, 이 과정에서 기념물은 집단적 정체성을 강화하는 정치적 효과를 지닌다(박명규, 1997: 41~45). 동작동 국립묘지, 6·25 전승기념비, 이승복 동상 등 우리의 주변 곳곳에 배치된 수많은 기념물의 존재는 '좌익은 곧 죽음'이라는 이데올로기를 끊임없이 각인시켜왔다. 즉, 기념물은 특정 기억을 정형화시키고 기념 대상을 더욱 신비롭고 성스러운 것으로 만드는 효과가 있는 것이다.

그런데 1980년대 이후 민주화의 바람을 타고 공식 기억에서 배제된 '다른 한쪽'의 기억들이 조금씩 드러나기 시작했다. 1987년 6월항쟁으로 형식적 민주주의를 쟁취해낸 이후 본격화된 민주화운동의 영향으로 1995년에 「5·18민주화운동 등에 관한 특별법」이 제정되고, 전두환, 노태우 두 전직 대통령이 구속되기에 이르렀던 것이다. 이 특별법의 제정은 국가권력에 의한 민간인 학살 사건에 대한 진상규명과 책임자 처벌의 가능성을 제시해주었고 무언가를 요구하여 쟁취해낼 수 있다는 것을 보여준 거대한 사건이었다. 이에 힘입어 한국전쟁기 민간인 피학살자 유족들도 서서히 자신의 경험을 이야기하기 시작했다. 이제 이들은 과거의 경험을 적극적으로 이야기하고 공식 기억에서 배제되었던 또 다른 진실의 기억, 대항 기억을 생성하고 기념한다.

나주시 봉황면 철천리 철야마을에 위치한 '봉황양민학살희생자위령비(이하 봉황위령비)'도 그러한 대항 기억을 생성하고 새로운 공식 기억화를 시도하는 기념비이다. 민간인 학살에 대한 진상이 하나둘씩 밝혀지고 시민·사회단체들의 움직임이 활발해지자 동박굴재 사건 유족들은 유족회를 구성하고 자체 진상조사를 추진했다. 그리고 진상규명에 관한 국회청원 후 마침내 위령비를 건립하는 성과를 이루었다. 여기서 동박굴재 사건이란 1951년 2월 26일 봉황지서와 경찰특공대가 빨갱이를 색출한다는 이유로 마을 사람들 30여 명을 철야마을 뒷산인 동박굴재로 데려가 집단 학살한 사건을 말한다.[1]

그런데 특이한 점은 봉황위령비의 희생자 명단에 동박굴재 사건 유족 외에도 전쟁 기간에 억울하게 죽었다고 주장하는 타 사건 관련자들도 포함되어 있다는 점이다.[2] 특히 장성리 사건은 군이나 경찰 등 국가권력에 의한 학살이 아니라 좌익 빨치산 부대에 사망한 경우이다. 이와 같이

---

[1] 이 장에서 이야기하는 동박굴재 사건은 필자가 석사학위논문을 위해 조사를 진행할 당시 유족들의 주장을 토대로 정리한 것이다. '진실·화해를위한과거사정리위원회(이하 진실화해위원회)'는 2007년 4월 17일 '나주 동박굴재 사건'에 대한 진실규명 결정을 내렸다. 이 결정문에 따르면 나주 동박굴재 사건은 부역 혐의와 빨치산 협력 혐의로 나주경찰서 특공대에 의해 철천리와 송현리 주민 28명이 적법한 절차에 의하지 않고 집단으로 희생당한 사건이다. 진실화해위원회의 결정 내용은 5절에서 별도로 다루겠으며 4절까지는 유족들의 주장에 근거한 사건으로 정리한다.

[2] 봉황유족회는 총 네 가지 원 사건의 유족들로 구성된다. 가장 중심이 되는 동박굴재 사건 유족들, 빨치산 박용백 부대에 의해 학살되었다고 주장하는 장성리 사건 유족, 봉황면 보도연맹 사건 유족, 그리고 전쟁 기간 야경활동 등을 하다가 억울하게 죽었다고 주장하는 개인 희생자들이다.

좌·우익에 의한 학살 피해자를 구분하지 않고 한 위령비에 새기는 것은 쉽지 않은 선택이었을 것이다. 외관상으로도 이념을 뛰어넘은 진정한 용서와 화합을 실천하는 위령비로 비치는 데 손색이 없다. 그렇다면 과연 봉황위령비는 반공 이데올로기와 분단의 상처를 뛰어넘은 주민들의 자발적인 기념비라 할 수 있는가?

이 장에서는 봉황위령비의 건립 과정을 추적하면서 집단적 전쟁경험, 특히 학살의 경험이 기념비로 재현되는 과정에서 무엇이 드러나고 감춰지는지 살펴보려 한다. 이런 문제의식은 다음과 같은 질문들을 통해 구체화될 수 있다. 즉, 봉황 지역에서 위령비 건립이라는 기념사업이 이루어지기까지 영향을 끼친 요인들은 무엇이었는가? 기념사업 추진 과정에서 갈등은 시기별로 어떤 모습으로 나타나고 어떻게 봉합되는가? 또 위령비 건립을 둘러싸고 봉황유족회와 봉황면 내에 작동하는 중심 담론은 어떻게 변화했는가? 봉황위령비로 포섭되고 배제되는 기억은 무엇이며 봉황위령비에 부여하는 의미는 각각 어떠한가? 이 장은 이런 질문들에 대한 답을 찾아가는 과정이 될 것이다.

2. 연구의 대상과 방법

이 장에서는 2002년 나주시 봉황면 철천리 철야마을에 위치한 봉황위령비 건립을 둘러싸고 전개된 전쟁경험에 대한 기념의 갈등 과정을 살펴보려 한다.

먼저 봉황위령비의 비문을 인용하면서 봉황위령비의 성격을 살펴보자.

> 6·25전쟁이 한창이던 1951년 2월 26일 이곳 나주시 봉황면 철천리(수각, 등내, 선동)에서는 남녀노소 심지어는 임신 8월의 부인에 이르기까지

무려 87명에 달하는 무고한 주민들이 덕룡산 자락 동박굴재에서 봉황지서 소속 경찰관과 특공대원들의 손에 학살되는 비극이 벌어졌습니다. 그 밖에도 희생자가 있었지만 반세기가 넘은 오늘에 이르도록 죽은 분들은 말이 없고 뒤에 남은 가족들은 갖가지 핍박을 받으며 쓰라린 고통 속에 살아왔습니다. 그러다가 서기 2001년 가을 각지에 흩어진 유족들이 한자리에 모여 나주시 봉황면 양민 희생자 유족회를 발족하고 사건에 대한 진상규명과 희생자들의 명예회복을 요구하는 청원서를 나주시의회를 거쳐 이 고장 출신 배기운 의원의 소개로 국회의장에게 제출했습니다. 그러다가 오늘에 와서는 시내 각 단체와 뜻있는 분들의 협조와 호응으로 가신 분들의 영혼을 위로하면서 나아가 다시는 쓰라린 비극이 되풀이하지 않기를 바라는 뜻을 담은 위령비를 세우게 되었습니다. 이런 하찮은 표시로서 어찌 그날의 엄청난 아픔을 지우고 위안을 얻을 수 있으리요마는, 영령들이여! 부디 편안한 마음으로 당신들의 아들 손자들이 살아갈 이 땅의 통일과 앞날의 번영을 지켜봐 주소서.

서기 2002년 3월 20일
나주시 봉황면 양민학살희생자위령비 추진건립위원회
글 이명한, 제작자 이의남

비문의 내용에 따르면 봉황위령비 건립의 목적은, 1951년 2월 26일 봉황지서 소속 경찰과 특공대 대원들이 공비소탕을 목적으로 철야마을과 인근 마을 주민 87명을 철야마을 뒷산인 동박굴재로 데려가 집단학살한 사건에 대한 새로운 해석과 그것에 대한 기념임을 알 수 있다. 또 죽은 이들을 '무고한 주민'으로 정의하고 있고 학살은 '쓰라린 기억'으로 남아 있으며 유족들은 반세기 넘게 '갖가지 핍박을 받으며 쓰라린 고통' 속에 살아왔음을 드러내고 있다. 봉황위령비는 동박굴재 사건의 희생자들이 '빨갱이' 또는 '부역자', '공비' 등으로 불리던 정부의 공식역사와는 달리 무고한 주민, 양민이었으며 그 죽음이 온당치 못한 쓰라린 기억으로 남아 있고 후손들이 고통받은 것에 대해서도 알아주길 원한다. 또한 비문에는 이 봉황위령비로의 재현 과정에 대해서도 밝히고 있다. 각 단체와 뜻있는 분들의 호응으로 다시는 되풀이하지 않기를 바라는 뜻으로 위령비를 세운다는 것이 그것이다. 요컨대 봉황위령비는 동박굴재 사건에 대한 그동안의 공식 기억에 대한 대항 기억이며 이를 새로운 공식 기억으로 선포하는 의미를 가진다.

한편 봉황위령비는 역사적 사실로서의 경험과 오랫동안 침묵하고 부정되어야 했던 경험을 드러내면서 자기검열하는 내적 갈등도 담고 있다. 이러한 내적 갈등은 몇 가지로 나누어볼 수 있는데 먼저, 학살 원인이 상이한 데서 비롯된 유족회 구성 당시의 피해 집단 간 갈등, 위령비로 재현하는 과정에서 드러나는 갈등, 위령비건립추진위원회를 구성하는 유족회와 관계 사회단체·지방자치단체 사이에서 중심 담론을 둘러싼 헤게모니 투쟁의 층위로 분류될 수 있다. 그리하여 봉황위령비는 단순하게 역사적 사실에 대한 재생과 추모에 그치는 것이 아니라 여러 이해집단 간 갈등과 이데올로기 투쟁 과정이 복합적으로 상호작용하는 공간이 된다. 봉황위령비 건립 과정의 분석은 집단적 전쟁경험에 대한 기억 되살리기와 위령비로의 재현에서 드러나는 갈등의 모습을 비교적 선명하게 보여주는 좋은 사례이다.

이 연구를 위한 연구 방법으로는 기존 연구 자료 검토와 더불어 문헌 중심의 역사 쓰기의 대안으로 떠오르는 구술사(Oral History)를 사용하고자 한다. 윤택림은 나당 바슈텔(Nathan Wachtel)의 말을 빌려 구술사의 목적은 "밑으로부터의 대항 역사를 쓰는 것이고 소수민족, 여성, 또는 노동자인 피정복자들의 역사를 재구성하는 것"이라고 말하고 있다. 지금까지 정통 역사학에서 문헌자료는 가장 객관적이고 과학적인 가치를 지니는 것으로 평가되어왔지만 경험의 총합이라고 볼 수가 없다는 것이다(윤택림, 1994: 273~274). 정통 역사학의 문헌자료들은 주로 역사적으로 중요하게 평가된 인물이나 사건만 다룸으로써 기층민들의 삶이나 목소리를 생략하거나 의도적으로 배제하는 경향이 있다. 따라서 문헌 중심의 역사가 글을 쓸 줄 아는 지배층의 역사에 초점을 맞춘 것이었다면 구전이나 민속으로 전승되는 민중의 역사를 구술사적 방법으로 재현하는 것은 총체적 역사를 복원하는 중요한 의미가 있다. 그뿐 아니라 구술사는 역사 속에 묻혀 있던 새로운 역사를 찾아내고 연구의 새로운 영역을 창조하는 것이며, 역사가들의 고정된 판단에 도전하여 그동안 무시되어왔던 현실 속의 사람들로 인식의 대상을 옮겨가는 역할을 한다(Thompson, 1998: 26~27).

그러므로 구술사는 그동안 한국의 공식역사에서는 '공비', '통비분자', '빨갱이'로 낙인찍혀 반세기 동안 침묵해야 했던 이들의 이야기를 끌어내고 구술 과정을 통해 다양한 관계망을 포착하는 대안적 연구 방법이라 할 수 있다. 이들이 침묵의 덫에서 빠져나와 자신과 가족의 경험을 이야기할 때 거시적 차원에서만 논의되던 한국전쟁 담론은 비로소 구체적인 내용을 채워갈 수 있다.

연구자는 약 여섯 달에 걸쳐 수차례의 현지조사를 실시했고 총 열다섯 명의 사람들과의 심층 인터뷰를 통해 필요한 자료를 수집했다. 처음 만난 인터뷰 대상은 나주문화원 사무국장의 소개로 만나게 된 유족회장이었고 이후 유족회 총무를 통해[3] 철야마을의 주요 인물들, 유족회 간부들, 유족회원들을 차례로 만날 수 있었다. 그리고 위령비건립추진위원들,

---

3) 양성일 회장은 철야마을 출신이 아니라 인근 선동마을 출신이었으므로 동박굴재 학살의 중심지였던 철야마을을 주로 안내한 사람은 철야 수각에 사는 정학균 총무 였다.

'봉황위령비에 반대하는 모임', '6·25전쟁 당시 나주 지역 양민 학살 진상규명을 위한 시민모임' 소속 사람들과 『봉황면지』(1991) 발간에 참여했던 사람 등 외부 인사들의 인터뷰도 같이 진행했다.

3. 기념사업과 지역사회의 갈등 구조

1) 기념사업의 추진 배경

봉황유족회가 결성된 직접적인 원인 중 하나는 인근 세지면의 세지유족회 활동에 자극을 받았기 때문이다. 특히 세지면 동창교 사건4) 진상조사를 위한 국회청원5)은 나주시의 지원금을 받았고 언론에 보도되기까지 했다는 점에서 봉황면 유족들에게 자극을 주기 충분했다.

세지유족회나 봉황유족회의 발족과 활동은 또한 사회 전반에서 한국전쟁기 민간인 학살에 관한 담론이 확장된 것과도 무관하지 않다. 한국전쟁기 민간인 학살에 대해서는 4·19 직후에 1960년 5월 11일 '박영보 타살 사건'6)을 계기로 공론화되기 시작하여 학살 진상의 폭로 및 학살

---

4) 동창교 사건은 국군 제11사단 20연대 2대대 5중대가 1951년 1월 20일 영산포를 경유하여 세지면 쪽에 진주한 뒤, 동창과 섬말 주민을 동창교 밑으로 불러 모아 130여 명을 사살한 사건이다. 동박굴재 사건이 나기 바로 한 달 전에 일어났다.

5) 세지유족회는 1998년 12월 28일 나주시의회 제 36회 정기 본회의에서 '진상조사 요구안'(나주시의회 이상계 의원 발의)을 만장일치로 가결시키고 1999년 2월 25일 세지면 동창 양민 학살 사건 진상조사를 위한 국회청원을 요구한다. 이후 1999년 12월 나주시장이 합동위령제 봉행 예산 8,000만 원을 지원해주었고 2000년 1월 18일 '세지면 동창교 양민학살 희생자 제49주기 합동위령제'가 뉴스를 타고 방영되기에 이르렀다.

6) 전쟁 당시 신원면장으로 일했던 박영보가 1960년 5월 11일 거창에서 타살된 사건을

책임자 처벌 등을 요구하는 유족들의 조직적인 운동으로 전개되었다. 그리하여 1960년 5월 23일에 열린 제35회 국회임시회의 19차 회의에서 「양민학살 진상조사에 관한 결의문」이 여·야 만장일치로 통과되었다.[7] 하지만 이런 노력 또한 좌절되고 말았는데 1961년 5·16 군사쿠데타로 집권한 박정희 정권이 군의 치부를 건드리는 이 피학살자 명예회복 운동을 좌경 운동으로 간주하여 불법시하고 주모자를 체포했기 때문이다(김동춘, 2002: 247~248).

그러나 '5·18특별법'의 제정은 국가폭력에 의한 민간인 학살에 대해 최초로 국가를 상대로 진상규명과 책임자 처벌, 국가배상, 기념사업 등을 요구하여 쟁취해낼 수 있다는 가능성을 보여준 거대한 사건이었다(조희연·박은홍, 2004: 82~83). 또한 우리 역사의 숨겨진 질곡에 대한 다른 각도의 해석들이 존재함을 TV 등 언론에서 보여주면서 유족들이 말할 용기가 생겼다. 특히 1996년에 공표된 「거창사건 등 관련자의 명예회복에 관한 특별조치법」과 2001년 5월 22일 김원웅 의원 주도로 국회 의원회관에서 열린 특별법공청회[8]는 유족들에게 명예회복과 국가보상에 대한 희망을 주기에 충분했다.

말한다. 박영보는 거창사건 당시 많은 무고한 주민을 빨갱이로 몰아서 무참하게 죽게 만들었다는 이유로 유족들에게 원한의 표적이 되어 있었는데, 이승만 정권이 몰락하자 주민들의 분노가 폭발하여 박영보를 생매장한 사건이다(김동춘, 2002: 246~247).

7) 당시 진상특위는 그해 5월 23일 세 개의 반으로 구성되어 5월 31일부터 6월 10일까지 불과 11일 동안 전국에서 동시다발적으로 조사 작업을 벌인 뒤 6월 21일 진상보고서와 피학살자 증언 청취 속기록, 피해 신고서 등 7,000여 쪽의 기록을 남기고 짧지만 역사적인 활동을 마무리했다. 진상특위는 현장조사와 각종 자료 수집, 피해자 신고 접수 등을 통해 모두 8,715명이 학살되었다는 보고서를 냈다.

8) '한국전쟁전후 민간인학살진상규명을 위한 통합특별법공청회'를 바탕으로 2001년 9월 6일 「한국전쟁전후민간인희생사건진상규명및희생자명예회복등에관한법률」을 입법청원한다.

이렇듯 한국전쟁기 민간인 학살에 대한 새로운 사회적 인식의 공유와 세지유족회의 활동은 봉황면 민간인 학살 유족들에게 자신들의 사건에 대해서도 이야기하고 싶게 했다. 이때 서상원의 조사와 지역 시민단체의 적극적인 지원은 이들의 의지를 북돋아주는 힘이 되었다.

봉황유족회를 건설하고 위령비를 건립하는 데 많은 영향을 끼친 것 중 두 번째는 바로 한국전쟁기 민간인 학살 문제를 해결하려는 지역 시민단체의 적극적 활동과 지원이다. 세지와는 다르게 유족회 건설뿐 아니라 봉황위령비의 건립이 빠른 시간 안에 이루어진 것도 외곽 단체와 언론을 포함한 시민단체의 활동이 '봉황위령비건립추진위원회' 구성에 큰 역할을 했기 때문이다.

2001년 7월 중순경 '6·25전쟁당시나주지역양민학살진상규명을위한 시민모임(이하 시민모임)'이 결성되었는데 이 시민모임은 나주의 주요 학살 지역인 문평·다도·봉황·세지·왕곡 등 다섯 개 면을 선정하여 구체적인 조사를 진행했다. 이 시민모임이 철야마을 유족들의 조사와 결합되자 봉황면 지역의 민간인 학살 사건 조사는 급물살을 타게 되었다. 시민모임의 결합은 왠지 미심쩍던 유족들만의 조사에 신뢰감을 더해주었고 세지유족회 건설 시의 경험을 살려 좀 더 체계적인 조사와 국회 발의까지 짜임새 있는 준비를 하게 했다. 특히 시민모임 구성원 중 지방지 기자가 두 명이나 되었던 것은 봉황유족회의 활동을 알리고 봉황위령비를 건립하는 데 큰 도움이 되었다.[9] 신문의 기사와 광고를 본 뒤 외지에 거주하는 봉황면 출신 향우들이 적극적으로 협조하게 된 것이다. 동시에 외곽 단체의 지원으로 나주시 의회와 전라남도 의회 의원들이 유족들만 있을

---

9) 오늘날 사회운동에서 언론의 역할은 매우 중요하다. 무엇보다 자신들의 경험이 언론에 보도되면 주민들은 익명의 독자들을 동지로 생각하며 그것을 통해 자기확신을 갖는다(정근식, 1996: 196).

때보다는 더 압력을 느끼고 사안에 관심을 가지게 되었다.[10]

기념사업의 추진 배경으로 들 수 있는 마지막 이유는 바로 주체적 요인, 즉 봉황유족회가 갖는 강한 내부 동력이다. 다른 유족회보다 짧은 기간에 유족회를 결성하고 위령비를 건립할 수 있었던 봉황유족회만의 독특함이 있다.

첫째, 정서적 측면에서 특징이 있다. 봉황유족회는 봉황면이라는 작은 공동체 내에 거주하는 사람들로 이루어져, 매일 얼굴을 맞대고 살아서 생긴 친밀감으로 강한 유대감이 형성되었다. 이런 안면성이 때로는 진실을 감추기도 하고 갈등을 봉합하는 요소로 작용하기도 했지만, 그럼에도 유족 간의 신뢰와 적극적인 유족회 활동을 가능하게 했던 주요 동력이 되었다.

둘째, 단일 사건이 아니기에 양민논쟁을 둘러싸고 외부로부터 갈등 요인이 많았던 것이 결과적으로 내적 연대를 강화시킨 요인이 되었다. 내부에서 사상 검열 등 논쟁이 벌어지기도 했지만 외부의 공격에 대해서는 오히려 강한 결속감을 보인 것이다. 유족회가 자칫 외부의 논쟁에 휘말려 좌초되면 그동안의 모든 노력이 물거품이 될 수 있다는 위기감과 어찌되었든 한 배를 탔다는 소속감이 그들을 단단하게 결속시켰다. 유족회 내에서 갈등 요인들을 잠재우고 비교적 포용적인 자세를 취했던 유족회장의 강한 리더십 또한 유족들의 내적 결속을 다지게 했다.

셋째, 앞에서도 언급했지만 봉황향우회의 적극적 지원이 유족회의 활동에 자신감을 불어넣어 주었다. 이것은 경제적 지원뿐 아니라 봉황유족회의 든든한 배경으로 작동하여 이후 봉황위령비에 반대하는 사람들이

---

10) 이런 시민모임의 적극적 활동과 지원으로 이후 2002년 3월 20일 위령비 제막식 때 나주신문, 나주투데이, 나주문화원 세 단체는 봉황유족회에게 감사패를 받게 된다.

적극적이고 과감하게 반대 행위를 하지 못하게 하는 효과가 있었다.

넷째, 주체적 요인으로 볼 수 있는 또 다른 이유는 철야마을이 갖는 위상이다. 봉황유족회의 중심은 동박굴재 사건이고 동박굴재 사건의 핵심에 위치하는 마을이 바로 철야마을이다. 그런데 철야마을은 전통적인 반촌마을로서 봉황면 내에서뿐 아니라 다도, 금천 등 다섯 개 면을 포괄하는 남평향교의 전교를 철야 출신이 주로 맡을 정도로 오래 전부터 그 권위가 이어져 오고 있다. 특히 일제강점기에 도일하여 번 돈으로 봉황에 전기를 개설하거나 복지회관 등을 건립한 철야 출신 서상록은 철야를 더욱 돋보이게 하는 인물이다. 이렇게 봉황에서 중심적 지위를 갖는 철야마을이 봉황유족회의 기반이 된 것 또한 봉황유족회가 결성에서부터 힘을 가질 수 있었던 내부 동력 중 하나이다.

2) 기념사업의 추진 과정과 갈등 구조의 변화

봉황위령비라는 기념사업의 추진 과정에서 큰 계기를 중심으로 시기를 구분한 다음, 시기별로 드러나는 갈등을 살펴보고 이런 갈등의 원인 및 이 갈등이 이후 봉황유족회를 중심으로 어떤 변화를 가져왔는지 살펴보자. 이런 틀에 따른다면 봉황위령비 기념사업의 추진 과정은 크게 세 시기로 구분할 수 있다.

첫 번째 시기는 2001년 6월 유족인 서상원의 개인적 조사부터 2001년 8월 30일 철야유족회[11] 결성까지 약 3개월간이다. 이 기간에 유족들은

---

11) 동박굴재 사건 피학살자 유족들로만 구성된 초기 유족회의 정식 명칭이 '봉황면 철야 뒷산 양민 학살 유족회'였기 때문에 봉황면 전체 유족회로 바뀌기 전까지의 과정을 논술할 때는 철야유족회라 명명하겠다. 철야마을만 해당되는 것이 아니기 때문에 동박굴재 사건 유족회라 해야 하겠지만 철야 뒷산의 줄임말이기도 하고 편의상 그렇기도 하다.

50년 동안 가슴에 묻어두었던 학살의 기억을 꺼내 공유하고 유족회 결성까지 중단 없이 활동했다.

두 번째 시기는 2001년 8월 30일 철야유족회 결성부터 2001년 12월 26일 위령비건립추진위원회 구성까지 약 4개월이다. 이 시기에 철야유족회는 보도연맹 사건 유족, 장성리 사건 유족, 전쟁 기간 야경활동 등을 통해 억울하게 죽었다고 주장하는 개인 희생자 유족 등을 포괄하는 봉황면 전체 유족회로 확대된다. 이 과정에서 보도연맹 사건이 갈등 요인으로 부각되고, 유족회 내부의 양민논쟁이 표면으로 드러나게 된다. 유족회 내부의 갈등이 불거진 것이다. 한편 12월 26일 위령비 건립을 위한 추진위원회가 구성되면서 도의원 등 일부 외부 인사들이 영입된 시기이기도 하다.

세 번째 시기는 2001년 12월 26일 위령비건립추진위 구성에서 2002년 3월 20일 위령비 제막식까지 약 3개월이다. 이 시기에는 봉황위령비 건립을 위한 추진위원회 회의가 진행되는데 봉황면 내에 이 봉황위령비가 잘못되었다고 주장하는 사람들 때문에 다시 한 번 갈등을 겪게 된다. 즉, 외부 세력에 의한 갈등 시기로 정의할 수 있겠다.[12]

(1) 철야유족회 결성

2001년 8월 30일 봉황의 한 식당에서 공식적으로 '봉황면 철야 뒷산 양민 학살 유족회(이하 철야유족회)'가 결성된다. 회칙에 따르면 철야유족회는 봉황면 철야 뒷산 양민 학살 사건의 진상조사 및 위령탑 건립, 합동위령제 등 각종 각종 행사를 추진하여 사망자와 유족의 명예를 회복

---

12) 그러나 이 세 시기가 명확하게 구분되는 것은 아니다. 어떤 갈등 요인은 시기 구분 없이 혼재되어 나타나기도 한다. 다만 개략적으로 구분해서 보는 것은 전체의 맥락을 이해하는 데 훨씬 유리하기 때문이다.

한다는 목적을 명시하고 있다. 즉, 처음에는 철야마을과 선동마을 출신 유족을 중심으로 동박굴재 사건 희생자 유족만을 구성원으로 했다.

동박굴재 사건 유족 중 처음으로 이 사건에 관심을 가지고 조사를 시작한 사람은 철야마을 출신 서상원이었다. 그는 동박굴재 사건으로 아버지와 형수를 잃었는데 교직에서 퇴직한 후 이 사건을 조사하기 시작했다.

너무 억울하게 돌아가셔서 그때 당시의 일을 세상에 이야기해줘야 할 의무가 있다고 생각을 했지(구술, 서상원).

그러나 처음부터 유족들이 쉽게 입을 열었던 것은 아니다. 1998년 1차 조사[13] 때는 조사가 이루어지기 힘들 정도로 말하기를 거부했다. 민간인 학살에 대한 평가와 인식이 달라졌는데도 50여 년간 지속된 피해 의식은 쉽사리 입을 열지 못하게 했다. 반공 이데올로기가 언제든지 민주화를 위한 투쟁을 '빨갱이'의 소행으로 둔갑시킬 수 있다는 것을 알기 때문이었다.

그러다가 결정적 변수로 작용한 것이 2001년 5월 22일 김원웅 의원

---

13) 1998년에 나주시 문화원(사무국장 김준혁)과 나주사랑청년회(회장 안희만), 나주
농민회 등을 중심으로 '6·25전쟁당시양민학살진상규명과명예회복을위한회의'가
성립되어 그동안의 자료를 바탕으로 대략적인 개요를 조사한 바 있다. 이 조사는
김준혁이 나주신문에 근무하던 당시 현대사의 중요 사건들을 취재하는 과정에
민간인 학살에 관심을 가진 것이 계기가 되었고 이후 본격적인 조사팀을 꾸려
활동했다. 그러나 당시에는 사람들이 적극적으로 증언하기를 거부하여 학살의 유무
정도만 파악했다. 이런 조사를 바탕으로 1999년 나주시 세지면 동창교 양민 학살
희생자 유족회가 성립되고 이들을 중심으로 추모제와 함께 진상규명과 명예회복을
위한 국회청원을 한 경험이 있었다. 이 1차 조사로 이후 2차 조사가 신속해졌음은
두말할 나위 없다.

이 주도한 「한국전쟁전후 민간인희생사건 진상규명 및 희생자 명예회복 등에 관한 법률」을 위한 공청회였다. 거창사건특별법이 제정되긴 했지만 단일 사건에 국한했기 때문에 이전부터 통합법률을 주장했던 유족들의 요구가 현실로 나타날 개연성이 높아진 것이다. 그리고 무엇보다 피학살자들의 명예회복과 더불어 국가보상의 기회가 생길 시점이라고 판단했다.

그때 2001년 시기적인 상황이 혹시 보상이 안 될까 싶어서 …… 그것이 있어서 서로 말하려고 했어요. 혹시 나한테 보상이 이루어지지 않을까 해서 이야기를 잘하더라고(구술, 신광재).

이런 상황에서 2001년 6월경부터 시작된 서상원의 개인적 조사는 그가 고령이었기에 한계가 있었는데, 현 유족회 집행부인 양성일과 정학균이 결합하면서 조사가 활기를 띠게 된다.

상원씨가 듣고 와서 발족을 하자, 우리가 명예회복이라도 하자, 억울하게 돌아가신 분들 아무 죄 없는 사람들 죽여버렸으니 명예회복이나 하자 그래서 그때부터 모임을 해갖고 아무것도 없이 만 원씩 회비 걷어서 먹고 가고……. 마치 우리가 체육대회 때 성화에 불 지르듯이 확~ 따랐죠(구술, 정학균).

이렇게 해서 50년 동안 기억 속에만 존재하던 동박굴재 사건이 세상에 드러나기 시작했다. 유족들의 활동은 아주 적극적이었다. 2001년 8월 24일에는 유일한 생존자였던 김영태가 현장에 와서 당시 상황을 증언을 하는 등 조사는 급물살을 탔다. 세 번에 걸쳐서 학살이 진행되었다거나 서방렬이 무고한 양민이라고 사정하면서 살려달라고 했지만 현장에서 바로 살해당했다는 등 김영태의 증언으로 학살 당시의 상황이 구체적으로 드러나자 유족들은 더욱 적극적으로 진상조사에 참여했다. 이때 결합한 시민모임은 유족들의 활동에 자신감을 불어넣었고[14] 유족회 결성과 진상조사서 작성 등에 많은 도움을 주었다.

이렇게 하여 2001년 8월 30일 철천리의 한 식당에서 약 30여 명이 모여 철야유족회를 결성하기에 이른다. 유족들은 이제야 50년의 한을 풀 수 있는 기회가 생긴 것에 감격하면서 동박굴재 학살 사건의 국회청원과 위령비 건립에 대해 논의했다. 이 자리에서는 유족회 임원단이 구성되었는데 회장은 선동마을 출신 양성일, 부회장은 서병현·정찬복, 총무는 정학균, 감사는 정두석으로 임명된다. 애초 조사자가 서상원이고 철야마을에 동박굴재 사건 피학살자가 더 많은데도 선동마을 출신 양성일이 회장이 된 것에는 당시 이장을 맡고 있다는 점이 크게 작용했다.

한 가지 독특한 점은 철야유족회가 결성되던 자리에 동박굴재 사건 유족들만 온 것이 아니라는 점이다. 여기에는 철천리와 광주에 거주하던 보도연맹 사건 유족들까지 함께 참여했다. 동박굴재 사건의 유족들이 조사를 시작할 때부터 관심을 보였던 이들은 유족회 결성 자리에 참석하여 자신들의 가족도 억울하게 죽었다며 유족회 활동에 참여하게 해줄 것을 요구한다. 약간의 논란이 있었지만 결국 철야유족회의 이름 아래 철천리 출신의 보도연맹 사건 유족들이 함께 하게 되었다. 보도연맹 사건 유족의 결합은 초기에는 크게 문제가 되지 않았지만 나중에 타 사건 유족들이 들어오면서 유족회에 내분이 일어나는 구실이 된다.

---

14) 지식인이나 전문가의 참여는 객관성에 대한 확신을 부가하고, 지식인 및 전문가의 네트워크를 통해 주민들의 경험은 역사적 사실이 된다(정근식, 1996: 196).

(2) 봉황유족회로의 확대와 내적 갈등

철야유족회가 결성되었다는 소식은 봉황면 내에 신속하게 퍼져나갔다. 그러자 전쟁 기간 억울한 죽음을 당했다고 주장하는 사람들이 여기저기에서 등장했고 이에 양성일 회장과 정학균 총무를 중심으로 유족회 임원들은 철천리를 벗어나 봉황면 일대를 돌아다니면서 학살 사건을 조사했다. 노인정 등을 찾아 전쟁 기간 죽은 사람들에 대한 정보를 듣고 당사자의 집에 찾아가서 사실 관계를 확인하는 식이었다. 대부분의 유족들이 적극적으로 자신의 경험을 이야기하고 유족회 참여 의사를 밝혔다고 한다.

유족회 회원들이 점차 늘어가는 가운데 유족회 및 시민모임의 조사와는 별개로 자발적으로 연락을 취한 곳도 있다. '장성리유족회'가 그러한 경우이다. 이들은 1950년 11월 19일에 좌익 빨치산인 박용백 부대에 의해 장성마을 주민 20여 명이 사살되었다고 주장하면서 철야유족회의 가입뿐 아니라 철야유족회를 봉황면 전체 유족회로 확대할 것을 요구한다. 유족회 집행부는 이런 요구를 받아들이게 되었고 봉황 지역 민간인 학살 사건 조사가 봉황면 이장단 회의에 공식 안건으로 상정된다. 이것은 유족회의 활동이 공식화되고 봉황면 전체로 확산되는 데 영향을 미쳤다.

이렇게 좌익 빨치산 부대에 의해 사망했다고 주장하는 이른바 '장성리 사건' 유족들과, 민간인이었는데도 전쟁 기간 군·경에 의해 억울하게 죽었다고 주장하는 개인 희생자[15] 유족들이 결합함으로써 철야유족회는

---

15) 유족회에 가입한 개인 유족 중 다수는 야경활동을 하다가 죽은 사람들의 가족이다. 야경활동이란 봉황지서나 전봇대를 지키는 일이었는데, 국군이 수복한 이후에도 빨치산 활동이 빈번했던 터라 밤이 되면 지서는 대나무로 방책을 만들고 주민들이게 방책 주위 근무를 서게 했다. 또 빨치산들이 전봇대의 전선줄을 끊는 일이 빈번했기 때문에 마을마다 전봇대 등을 지키는 야경활동도 주민들의 몫이었다. 그런데 야경활동을 하는 사람들은 대부분 입산자의 가족들로, 누군가가 입산하면

회원이 100명 가까이 되는 봉황면 전체 유족회로 탈바꿈했다. 그리고 이와 더불어 좌·우익 희생자를 가르지 않고 분단의 아픔과 반공 이데올로기를 뛰어넘은[16] 유족회로 자리매김하게 되었다.

통상적으로 유족회는 단일 사건에 국한되고, 또 가해자가 군인인가 경찰인가에 따라서 유족회의 성격이 달라지기도 한다. 진상규명과 명예회복 사업을 추진하는 데 그편이 효과적이기 때문이다. 그런데 이처럼 여러 사건이 함께 얽혀 있는 것도 독특하지만 가해 집단의 성격이 완전히 상반되는 유족들이 함께 유족회를 결성하는 것이 쉽지 않은 선택이었을 것이다. 이렇게 좌·우익에 의한 희생자 유족을 한 유족회로 아우를 수 있었던 이유에 대해 유족회장 양성일은, 한국전쟁기에 발생한 민간인 학살은 피해자든 가해자든 역사 전체를 놓고 보면 모두가 피해자일 수밖에 없다는 인식이 있었기 때문에 아픔을 함께 나눌 수 있었던 것이라고 한다. 어차피 전쟁 자체가 자신들의 의사에 의한 것이 아니었고 농사꾼들이 민주주의와 공산주의를 알면 얼마나 알 것이며, 게다가 가장 중요한 것은 양 피해자들이 정당한 재판 절차 없이 집단적으로 학살되었다는 공통점이 있었기 때문이라는 것이다. 하지만 사실 철야유족회 유족들이 처음부터 다른 사건 유족들을 순탄하게 받아준 것은 아니었다. 그렇다면 왜 유족회장은 내부의 반대가 만만치 않았음에도 이들을 함께 유족회원으로 조직하려 했던 것일까?

전부 억울한 죽음임이 분명하고 어수선한 전쟁 기간에 일어난 사건이기 때문에 지금 와서 가해자·피해자를 가르는 것이 별 의미가 없어서

경찰은 보복 차원에서 그 가족에게 야경활동을 시켰다.

16) "봉황위령비에는 군경에 의해 학살당한 사람들의 이름만이 아니라 보도연맹, 좌익에 의한 피학살자도 포함되어 있다. 이들이 이렇게 기존의 반공 이데올로기를 뛰어넘을 수 있었던 것은 어떻게, 누구에게 죽었느냐는 상관없이 그들의 기억을 사회화시켰기 때문이다"(이령경, 2003: 82).

그러한 것은 분명 아닐 것이다. 오히려 같은 생활권 내에 거주하고 있기 때문에 매몰차게 거절하기가 어려웠던 것과, 명예회복과 국가보상을 요구하는 데 좀 더 많은 수가 큰 힘을 가질 수 있다는 세 불리기 논리가 작용했던 것으로 보인다. 이런 세 불리기는 경제적 어려움을 해소하기 위해서도 반드시 필요한 것이었다. 처음부터 위령비 건립을 목표로 하고 있었기 때문에 철야유족들만으로는 위령비 건립에 드는 경비를 충당하기가 벅차다는 판단을 내렸던 것이다.

더 많은 수가 좋다는 식의 논리는 동박굴재 사건의 희생자 수가 고무줄처럼 늘어난 데서도 발견할 수 있다.[17] 동박굴재 사건의 사망자는 위령비에 새겨진 철천리 27명, 송현리 3명 등 총 30명이다. 희생 규모는 위령비에 기재된 숫자뿐 아니라 유족들의 구술에서도 대략 30명으로 추산된다. 그런데 공식 기억이라고 할 수 있는 위령비문과 진상조사 청원서에는 각각 87명과 80여 명으로 기록하는 실수를 범하고 있다. 이것은 단순한 착오라기보다는 의도된 착각일 수 있다. '80여 명'은 기억이 정확하지 않은 상황에서 유족들이 선택한 더 큰 숫자인 것이다.

봉황유족회가 좌·우익 희생자 유족을 모두 아울러 구성하게 되는 데 작동하는 또 다른 논리는 바로 무임승차 심리이다. 네 개의 원 사건 가운데 애초의 시작이 동박굴재 사건이기 때문에 유족회가 동박굴재

---

17) 봉황위령비문에는 철천리(수각, 등내, 선동)에서 87명에 달하는 무고한 주민이 학살되었다고 나와 있다. 한편 서상원이 작성했다고 알려진 초기 진상조사 보고서에는 사건이 나던 날 아침 만호정에 모인 수를 수각 10명, 유촌 15명, 등내 25명, 철천3구(선동) 30명 등 총 80여 명이라고 밝히고 이 중에서 약 50명을 색출해냈다고 밝히고 있다. 다른 한편 기록물로 남아 있는 선동마을 생존자인 김영태의 증언에 의하면 선동에서 35명 정도를 끌고 철야마을 만호정 앞에 이르니 철야동민 수십여 명이 있었고 60명 정도가 정승렬 이장 집으로 끌려갔다고 나와 있다. 마지막으로 봉황면지에는 희생자가 약 30명으로 기록되어 있고 전라남도 나주시 봉황면 철천리 등 양민 학살 사건 진상조사 청원서에는 80명으로 기록하고 있다.

사건의 유족들이 중심이 되어서 움직이는 것이 당연하게 보일 수도 있지만 다른 사건 유족들의 활동에 비해서 지나치게 편중되어 있다. 위령비가 세워진 장소야 그렇다 치더라도 위령비의 비문에도 동박굴재 학살 내용만 기입되어 있고 유족회 임원 구성도 동박굴재 사건 유족들로만 구성되어 있다. 또 동박굴재 사건만 국회청원이 이루어졌다. 그럼에도 다른 유족들은 아무런 문제를 제기하지 않을뿐더러 문제로 느끼지도 않았다. 아마도 타 사건 유족들은 '무고한 양민 학살로 판정받을 것이 분명해 보이는' 동박굴재 사건과 같은 유족회에 가입됨으로써 두루뭉술하게 명예회복과 국가보상을 꾀하려 했기 때문이라고 판단된다.

이를 알 수 있는 한 가지 사례가 위령비에 새겨진 장성리 유족의 기일이 1950년 11월 19일이 아니라 1950년 2월 26일이라는 점이다. 동박굴재 학살 사건 날짜(1951년 2월 26일)와 혼동되어 새겨졌는데 이것은 심각한 착오이다.[18] 요컨대 이들에게 위령비에 새겨진 잘못된 날짜는 중요한 것이 아니었다. 장성리 사건의 희생자들이 봉황위령비에 새겨졌다는 사실만 필요했을 뿐이다.

또 1950년 11월 19일 밤에 일어난 '장성리 사건'으로 죽은 사람은 사실상 22명이 아니라 20여 명이 훨씬 못된다. 22명은 봉황위령비에 새겨진 장성리 출신 희생자의 유족 수일 뿐이다. 현재 봉황위령비에는 '장성리 사건'으로 죽은 사람뿐 아니라 전쟁 기간에 실종되거나 개별적으로 사망한 장성리 출신 사람들까지 함께 기재되어 있어서 마치 22명 모두가 '장성리 사건'으로 사망한 것처럼 표현되어 있다. 다시 말해 위령비에 새겨진 사망 날짜가 한날로 되어 있고 신문 보도 및 자체적으로

---

18) 그런데 장성리 유족 조창길은 연구자가 잘못되었음을 지적할 때까지 이를 알지 못했고, 잘못되었음을 인지한 후에도 심각한 문제로 여기지 않아 연구자를 당황하게 했다.

작성한 「나주시봉황면장성1구학살사건진상조사서」에도 역시 22명이 1950년 11월 19일 저녁에 죽은 것으로 나타나 있다. 정확한 확인 절차 없이 전쟁 기간에 죽었다고 주장되는 사람들 모두를 일단 '장성리 사건' 아래 편승시키고 보는 것이다. 그래서 처음에는 장성리 사건의 가해자라고 주장되던 박용백까지 포함되었다.[19]

한편 여러 사건 유족들이 한꺼번에 유족회에 묶이게 되고 특히 장성리 사건 유족들이 결합하면서 유족회 내부에서는 양민논쟁이 일어났다. 순수한 양민이 아닌 사람들까지 함께 유족회를 구성하고 있기 때문에 명예 회복과 국가보상을 요구할 때 문제가 발생할 수도 있다는 것이었다. 여기서 문제가 된 것이 보도연맹원의 좌익사상 여부였다. 보도연맹이 자신의 좌익사상을 인정하고 전향하기 위해 가입하는 단체였기 때문에 이 사람들은 진짜 '빨갱이'가 아닌가 하는 것이었다. 그러나 이 문제는 보도연맹이라는 것 자체가 모집 과정에서부터 문제가 많은 조직이었으므로 누구나 인정할 만한 좌익 활동가가 아니라면 유족회 가입이 가능하다는 입장으로 정리되어 일단락되었다. 한편으로는 보도연맹원 유족들이 처음부터 유족회 활동을 했기 때문에 그들의 기득권이 작용하기도 했다.

이렇게 봉황유족회는 여러 차례의 내부 논쟁을 거친 뒤 2001년 12월 25일에 나주시의회 의장 나종석의 발의로 「전라남도나주시봉황면철천리등양민학살사건진상조사청원서」를 국회에 제출하고 다음날인 12월 26일에 '봉황양민학살희생자위령비건립추진위원회(이하 위령비건립추진위)'를 구성하게 된다.[20] 즉, 위령비건립추진위는 유족을 중심으로 학살

---

19) 박용백은 이후 곧바로 명단에서 빠졌다.

20) 위령비건립추진위원회 구성원을 보면 추진위원장 박준영(나주시 문화원 원장), 서광열(철야마을), 추진위원으로는 도의회 의원 신정훈, 나주시의회 의장 나종석, 나주시 문화원 원장 박준영, 봉황면장 홍영민, 봉황농협장 홍기준, 새천년민주당 봉황협의회 회장 홍을석, 재경봉황향우회 회장 이문희, 재광봉황향우회 회장 홍근

을 기억하는 것뿐 아니라, 학살에 대한 기억을 기념비라는 형식을 통해 재현하려는 재현 공동체의 성격을 띠고 있는 것이다. 추진위원장에는 나주시 문화원 원장과 더불어 철야마을 출신 서광열이 추대된다. 이는 철야마을에서 위령비 터를 내주고 선동마을에서 유족회장이 나왔으므로 추진위원장은 철야마을에서 하는 것이 좋겠다는 여론을 의식한 결과이다. 이것은 위령비건립추진위원장을 둘러싼 작은 권력 갈등을 나타내는 것이며 아직까지도 작동하는 전통적인 마을 간의 위상을 나타내는 현상이라 할 수 있다. 위령비건립추진위는 수차례의 회의를 거쳐 드디어 2002년 3월 20일 위령비를 제막하고 위령제를 지내게 되는데 이 과정이 순탄하지만은 않았다.

(3) 위령비 건립과 양민논쟁

위령비건립추진위가 구성되면서 가장 크게 논쟁을 일으킨 것은 바로 피학살자들의 '양민' 여부였다. 양민이라는 개념은 대한민국 정부가 인정한 사회적 '국민'이라는 뜻을 포함하고 있다. 쉽게 말해 빨갱이나 그 가족이 아니라는 의미이다. 과거에는 '거창 양민 학살' 같이 '양민'을 사용함으로써 '억울하게 희생당했다'는 뜻을 강조했다. 아무런 이데올로기나 정치적 성향을 가지지 않은 '순수한 민간인'인 양민이고, 희생자가 '양민'일 때 비로소 정부 당국에 책임을 묻고 문제를 해결할 수 있다고

영, 양민학살진상규명을위한시민모임 김준혁, 나주신문 대표이사 김양길, 건강한 봉황을위한사람들의모임 김양길, 나주투데이 편집국장 이철웅, 나주사랑청년회 회장 안희만, 봉황청년회 회장 김재옥, 봉황바르게살기운동협의회 회장 이덕범, 봉황면리단장 이재형, 봉황면 번영회 회장 안치훈과 유족회 임원들로 구성되었다. 이렇게 의원들 및 기관장이 참여한 것은 민간인 학살 문제의 해결에 대한 사회적 합의에 동의한 면도 있겠지만, 자신의 진보적 역사 의식 및 사회문제 해결 의지 등을 선전하는 선거 전략으로 이용한 측면도 없지 않다. 2002년도 지방자치단체장 선거가 얼마 남지 않은 시점이었던 것이다.

보는 것이다. 빨갱이는 죽여도 좋다는 암묵적 동조가 깔린 양민 개념을 반성하면서 현재 학계나 2000년 발족된 '민간인학살범국민위원회'에서는 '민간인'이라는 개념을 도입하고 있다. 그러나 개별 유족회에서는 아직도 양민 개념을 사용하고 있고 봉황유족회도 마찬가지이다. 아직까지 한국사회에 레드컴플렉스가 유효하여 빨갱이라는 의혹에는 조금의 여지도 남겨두지 않으려 하기 때문이다. 그래서 현재 봉황유족회는 위령비에 새겨진 이들이 대한민국 정부나 좌익에 의해 억울하게 죽은 양민이었다고 주장한다.

그러나 봉황위령비의 희생자 명단에 적힌 사람들 중 일부는 순수한 양민이 아니라는 주장이 외부에서 제기되었다. 명백히 좌익사상을 가지고 전쟁 기간에 활동하다가 경찰 권력에 의해 죽었기 때문에 이들을 양민에 포함시켜 위령비에 새기는 것은 큰 잘못이라는 것이다. 다시 말해 보도연맹 관련자들과 일부 희생자들은 좌익사상가였기 때문에 양민으로 볼 수 없다는 의견이다.[21] 또 하나 함평과 세지에서 발생한 전쟁 기간 학살 사건에서 학살된 사람들이 '순수한 양민'이라는 데는 어느 누구하나 반대 없이 동의하고 있지만 봉황의 경우는 다르다는 것이다. 함평과 세지면의 경우는 국군 제11사단 20연대 2대대 5중대가 진주하면서 주민들을 모두 불러모아 군·경 가족을 제외하고는 무차별하게 학살했던, 말 그대로 어느 날 갑자기 억울하게 죽은 사람들이다. 이에 반해 봉황유족회는 보도연맹원들도 들어 있고 전쟁 기간에 실질적인 좌익 활동을 했던 사람들이 포함되어 있기 때문에 문제가 있다는 주장이다.

현재 봉황에는 봉황유족회와 봉황위령비가 순수한 양민들로 이루어진

---

21) 좌·우익에 의한 학살 유가족이 한 유족회를 건설했기 때문에 생긴 갈등이 주를 이룰 것이라는 연구자의 편견은 여지없이 무너졌다. 아직까지도 반공 이데올로기가 체화된 사람들 속에서 좌익사상을 가졌다고 의심받는 사람들은 순수한 양민이 아니었다.

것이 아니어서 잘못된 것이며 이런 이유 때문에 한국전쟁기에 사망한 희생자의 유가족이면서도 유족회에 함께 하지 않았다는 사람들의 모임이 따로 있다.[22] 이한수(가명), 이창훈(가명) 등 대여섯 명으로 구성된 이들은 전쟁 기간 좌익에 의해 가족을 잃은 유족들로서 현재 세워진 봉황위령비는 순수한 양민이 아닌 사람들이 들어가 있기 때문에 잘못된 것이며, 후손들에게 왜곡된 역사 인식을 심어줄 수 있다고 주장한다. 이들은 봉황위령비가 잘못되었다는 내용으로 피진정인을 양성일로 한 진정서를 만들어서 유족회 임원들과 여러 차례 만나기도 했다.

그런데 이들 중 일부는 이미 정부의 보상을 받았고 보훈유가족이라는 타이틀을 얻었으며 가족의 죽음을 떳떳하게 이야기한다. 그리고 봉황유족회의 활동을 단지 시절이 변했기 때문에 가능해진 것 정도로 인식하며 색깔 논쟁으로 이를 제합하려 한다. 이러한 상황들은 반세기 넘게 우리 몸에 깊이 각인된 레드컴플렉스가 여전히 우리 사회의 이성과 논리를 마비시키는 강한 뿌리로 작동하고 있음을 보여준다.

수는 많지 않지만 이들은 봉황유족회 및 봉황위령비에 대한 심각한 문제의식을 가지고 있으며 이런 '문제의식'에 대해 봉황면 내에 어느 정도 여론을 형성시키기도 했다. 이들은 유족회 내에서 사상 검열을 하게 하는 한편, 문제가 되는 유족들이 스스로 탈퇴하게끔 영향력을 행사하기도 했고, 이러한 자진 탈퇴가 양민논쟁을 종식시킬 수 있는 좋은 방안이라고 주장하기도 했다. 희생자가 양민인지의 여부는 유족회의 정체성과 관련된 중요한 문제였기 때문에, 이런 이야기들이 봉황면 소재지를 중심으로 퍼지자 위령비건립추진위는 수차례의 회의를 거쳐 '문제가 있다'고 판단되는 회원을 제명하기에 이른다. 결국 보도연맹이나 순수한 양민이

---

22) 특별한 모임 명칭이나 회칙이 있는 것이 아니기 때문에 연구자가 임의로 '봉황위령 비에 반대하는 모임'으로 명명하겠다.

아닌 사람들과 함께 할 수 없다며 탈퇴한 와우리 인민재판23)의 희생자 유족 5명과 유족의 행방이 불분명하여 함께 참석할 수 없는 사람, 그리고 전쟁 기간 희생자가 아닌 사람, '명백한 좌익사상가'라고 판단된 10여 명 정도가 제외되었다. 이때 좌익사상의 담지 여부, 즉 양민과 비양민여 부는 주로 마을의 나이 든 노인들의 기억을 통해 결정되었다.

이렇게 봉황유족회는 한국전쟁기에 억울하게 죽은 순수한 양민들로 구성된 유족회임을 공증받기 위해 수차례 '사상 검열'을 했고 추진위 회의를 통해 양민의 개념을 '6·25전쟁 당시 군사 조직과 군사 조직에 준하는 비정규군에 의해 학살된 사람들'로 정의했다. 그래서 위령비명 또한 '봉황양민학살희생자위령비', '봉황민간인학살희생자위령비', '봉 황철천리학살희생자위령비'라는 세 가지 안 중에서 '봉황양민학살희생 자위령비'로 정함으로써 진정한 양민 학살로 '공증'받기에 이른다.

이렇듯 양민논쟁, 그리고 좌·우익에 의한 희생자를 한데 묶어서 발생 한 내부 갈등을 봉황유족회는 '용서와 화합'이라는 이름으로 봉합하려 했다. 누구나 가해자가 될 수도 있고 피해자가 될 수도 있었던 시절에 대해 굳이 하나하나 세세하게 과거를 들추어내기보다는, 총을 든 자가 생사를 결정하던 무법천지의 시절에 죽은 이는 모두 선량한 양민으로 이해될 수 있기에 서로 과거를 용서하고 미래를 위해 화합하자는 것이다.

그런 예가 바로 학살 지휘자들의 이름을 위령비문에 새기지 않은 것이 다. 동박굴재 학살 사건의 지휘자는 당시 봉황지서장 이기호와 경찰특공 대장 '공명'24)으로 알려져 있었다. 봉황 지서장 이기호에 대해서는 경상

---

23) 나주 봉황면에서 좌익에 의한 인민재판은 전쟁 중 와우리에서 한 차례 있었다. 1950년 8월 19일(음력)에 미군의 인천 상륙 소식을 전해들은 와우리의 이씨 집안에 서 국군 진주를 앞두고 회의를 한 것이 발각되어, 당시 봉황면 분주소장이었던 안학봉의 지시로 봉황지서 옆 광장에서 공개적으로 5명이 살해된 것이다.
24) 진실화해위원회의 조사 결과, '공명'의 본명은 '공명희'로 밝혀졌다.

도 말을 쓰던 사람이었다는 사실 외에는 알려진 것이 없다. 그러나 공명은 왕곡면의 주조장에서 술을 배달하다가 경찰에 투신한 사람으로, 눈에 띄는 사람마다 시비를 걸고 두들기며 주민들을 괴롭혔다고 한다. 당시 시류에 편승한 공명은 좌익 계열의 사람들이 산에 있는 동안 마을 사람들을 닦달했고 탐학이 자못 심했다고 한다.

그런데 학살의 진상규명을 위해서는 학살 기관과 책임자를 명확히 기록해야 하는데도 위령비에는 그 이름이 빠져 있다. 위령비건립추진위 회의에서 가해자 이름을 적는 것에 대해 논란이 있었다. 대체로 시민모임 구성원들은 그들의 이름을 넣어야 한다는 입장이었고 지역 관변 단체와 지역 권력 기관은 명확한 근거 없이 이름을 넣어서는 안 된다고 주장했다. 2002년 2월 18일 봉황면사무소 면장실에서 있었던 추진위 2차 회의에서는 주로 비명과 비문 내용에 대해 토론했다. 추진위원이 아니면서도 여기에 참석한 봉황파출소장은 책임자의 이름을 넣는 것에 대해 끝까지 반대했으며 나주경찰서 정보과장과 협의한 후 넣자고 주장했다. 또한 시의회 의장과 도의회 의원의 참석도 이들의 명단을 제외시키는 데 보이지 않은 영향력을 행사했으리라 추정된다. 몇 번의 실랑이가 오간 끝에 결국 책임자의 이름은 삭제하기로 합의되었다. 그러나 학살 책임자의 이름을 제외한 것을 피해자가 가해자를 용서하는 아름다운 모습으로만 볼 수는 없다. 이것은 어쩌면 진짜 공산주의 사상을 가졌을지도 모르는 죽은 이의 '결백'에 대한 자신 없음과 자신의 치부를 지우려는 경찰 권력의 두루뭉술한 결합이었다.

4. 기념물 건립과 갈등의 재구성

2002년 3월 20일 드디어 나주시 봉황면 철천리 소재 철야마을 입구에 유족과 나주시민 1,000여 명이 모인 가운데 철야마을 희생자 30명, 보도연맹사건 희생자 20명, 장성리 빨치산 희생자 22명, 기타 개인 희생자 19명 등 총 91명의 희생자를 기록한 위령비가 공식적으로 세워졌다. 이제 봉황위령비는 나주시 봉황면의 집단적 한국전쟁 경험으로 언표된 새로운 공식 기억이 되었다.

봉황위령비로 복원된 봉황면에서의 한국전쟁 기억은 동박굴재 학살사건으로 표현되며, 죽은 이들은 무고한 주민(양민)들이었음을, 또 임신 8개월의 부인까지 죽일 만큼 사건이 잔인했음을 드러내고 있다. 즉, '엄청난 아픔'으로 규정짓고 피해자로서의 정체성을 강조하고 있는 것이다. 한편 비문 내용에 생략되어 있지만 희생자 명단에는 전쟁 기간 사망한 봉황면의 또 다른 희생자들을 포함시킴으로써 위령비가 봉황면 전체의 전쟁 학살 기억을 대표하고 있음을 보여준다. 그런데 피학살자 명단이 수정되면서 위령비는 세 차례나 다시 세워졌다. 이는 양민논쟁을 둘러싸고 대항 이데올로기가 지배 이데올로기에 포섭되고 저항하면서 현재의 담론 수준에서 적절하게 타협한 결과이다. 그리고 아직은 어렵지만 진상조사를 통해 명예회복과 국가보상이 이루어진다면 새롭게 유족회에 가입하기를 원하는 사람들을 받아들이고 피학살자를 포함시키겠다고 한다. 즉, 봉황위령비는 지금도 계속해서 새로운 기억이 생성되고 있는 기념물인 것이다.

그러나 한 가지 주의할 점은 봉황위령비가 봉황면 전체 주민의 전쟁과 학살 기억을 표현한 것으로 보아서는 안 된다는 것이다. 주민들의 기억 속에는 존재하지만 여전히 생략되거나 배제된 기억이 있다. 그것은 해방 정국과 전쟁 과정에서 오래된 신분제를 타파하고 토지개혁을 통해 모두가 자작농이 되고자 했던, 즉 새로운 평등 세상을 건설하려 했던 일군의 사람들에 대한 기억이다. 빨치산 또는 좌익으로 불리던 이들은 현재 봉황 주민들 기억 저편에서 지워져야 할 기억으로 존재한다. 그래서 박용백 부대의 용맹함과 분주소장 안학봉의 총명함은 사라진 채 그들은 선량한 주민을 괴롭힌 가해자로만 남아 있다. 보도연맹원을 둘러싼 양민논쟁이 벌어질 때 보도연맹원의 정체성은 '보리쌀 한 되 준다기에 가입한 죄밖에 없는 선량한 주민'으로만 한정되어 강조되는 것이다. 그 외에도 이름 모를 입산자들과 좌익 활동가들은 여전히 기억의 회피·단절·침묵 속에서만 존재할 뿐이다. 아직까지 봉황 주민들의 공식 전쟁담론 속에는 그들이 위치할 자리가 없다.

그러나 현재 봉황위령비에서 배제된 이들도 언젠가 전쟁에 대한 새로운 담론이 형성되면 당당하게 드러낼 날이 올 것이다. 이런 맥락에서 봉황위령비는 절대적 기념비가 아니라 구성 중인 역사적 영역 속에 존재하는 것이다.

또 봉황위령비는 모든 이에게 동일한 의미와 가치로 받아들여지는 것이 아니다. 유족들에게는 지난 50년간 가슴속에 묻어둘 수밖에 없었던 가족의 억울한 죽음을 드러내는 기회이고 국가보상을 받을 수 있는 증표이다. 또 아직 반공 이데올로기 때문에 침묵하는 다른 피학살 유족들에게는 자신의 정체성을 드러낼 것을 자극하는 지표이기도 하다. 봉황위령비가 잘못된 기억을 표상한다고 생각하는 사람들도 있으며 또 다른 지역에서는 제2, 제3의 봉황유족회를 건설할 의무감으로 다가오기도 한다. 그리고 정치적 계산이 깔린 정치인들에게 봉황위령비는 자신의 진보성을 드러내주는 기회이기도 하다.

이렇듯 봉황위령비는 때로는 긍정적인 방향으로 때로는 부정적인 방향으로 드러나지만, 그동안 억압되었던 기억들을 꺼내 새로운 역사적 진실에 접근했다는 사실만으로도 큰 의미를 부여할 수 있을 것이다. 전쟁과 학살에 대한 새로운 기억이 망각과 왜곡을 뚫고 도처에서 나올수록 우리 사회에 만연한 '좌익은 곧 죽음'이라는 중심 담론이 무너지고 자신이 겪은 전쟁기억으로 수많은 전쟁담론을 형성하는 힘이 생기는 것이다. 그렇다면 봉황위령비는 화석화된 전쟁담론이 아니라 새로운 전쟁담론

중 하나일 뿐이며 나주시 봉황면의 전쟁담론들을 위한 첫 걸음을 내딛는다는 의미를 갖는다.

5. 마치며: 나주 동박굴재 사건의 진실규명 결정과 '호명'

2007년 4월 17일 진실화해위원회는 1951년 2월 26일 철천리 철야마을 뒷산(속칭 동박굴재)에서 발생한 민간인 집단 희생 사건에 대한 진실규명 결정을 내렸다. '나주 동박굴재 사건'은 나주경찰서 특공대(소대장 공명희)에 의해 부역 혐의와 빨치산 협력 혐의를 받은 철천리와 송현리 주민 28명이 적법한 절차에 의하지 않고 불법 처형된 사건으로 밝혀졌다. 결과적으로는 봉황위령비에 동박굴재 사건의 희생자로 기재된 30명의 희생자 중 2명이 희생자 명단에서 제외되었다.[25] 그리고 진실규명 결정 3일 후인 2007년 4월 20일에 열린 제5차 봉황위령제에서는 동박굴재 사건에 대한 진실규명 결정에 따른 동 사건의 희생자에 대한 '호명'과 해당 유족에 대한 진실화해위원회 김동춘 상임위원의 접견이 있었다.

이 봉황위령제에서 희생자로 결정된 유족들은 따로 자리를 마련했고, 이 자리에 앉지 못하고 '호명'되지 못한 유족들은 애초에 위령제에 참석하지 않거나 항의하고 담당조사관에게 스스로 '진실'을 고백하기도 했다.[26] 배제된 유족들은 동박굴재에서 사망한 것은 아니더라도 전쟁 기간에 희생된 사실은 분명하므로 다른 사건으로 이관시켜서 꼭 진실을 밝혀줄 것을 요구했다. 또 봉황유족회에 가입된 타 사건 유족들 또한 조속한

---

25) 위령비에 기재된 희생자들 외에도 동박굴재 사건으로 희생되었다고 진실화해위원회에 진실규명 신청을 한 피해자 36명 중 9명이 희생자에서 제외되었다.

26) 처음에는 동박굴재 사건의 희생자라고 주장했으나 한국전쟁기에 발생한 민간인 희생 사건의 경우는 사건으로 이관되어 진실규명과 명예회복이 가능할 수 있다고 이야기하자 결국 이 사건에 관련해 희생된 것이 아님을 인정했다.

진실규명을 요구했다.

이렇듯 동박굴재 사건의 진실규명 결정은 동박굴재 사건의 희생자라고 주장하는 유족들 사이의 구분선이 되었고 또한 네 개의 사건으로 구성된 봉황유족회 가운데 진실이 규명된 사건과 규명되지 않은 사건을 가르는 구분선이 되었다. 앞으로 이 진실규명으로 봉황유족회 내부에서 어떤 갈등이 표출될 것인지, 결국 봉황위령비의 명단이 네 번째로 변경될 것인지에 대해서는 좀 더 관찰이 필요하다.

■ ■ ■ 참고문헌

김동춘. 2002. 「민간인 학살 문제의 해결방안」. 『한국전쟁전후 민간인 학살 문제 어떻게 풀 것인가?』, 한국전쟁전후 민간인 학살 진상규명과 명예회복을 위한 범국민위원회 자료집(2001).

박명규. 1997. 「역사적 경험의 재해석과 상징화」. ≪사회와 역사≫, 51호.

윤택림. 1993. 「기억에서 역사로: 구술사의 이론적, 방법론적 쟁점들에 대한 고찰」. 한국문화인류학회. ≪한국문화인류학≫, 25호.

이령경. 2003. 「한국전쟁 전후 좌익 관련 여성 유족의 경험 연구」. 성공회대학교 시민사회복지대학원 석사학위논문.

정근식. 1996. 「집단적 역사 경험과 그 재생의 지평」. 한국사회사학회 엮음. 『설화와 의식의 사회사』. 문학과 지성사.

정호기. 2002. 「기억의 정치와 공간적 재현」. 전남대학교 대학원 박사학위논문.

조희연·박은홍. 2004. 「과거청산과 역사바로세우기: 민간인 학살의 중심으로」. 『민간인 희생자 대토론회』, 토론회 자료집(2004. 5. 14.).

푸코, 미셸(Michel Foucault). 1994. 『감시와 처벌』. 오생근 옮김. 강원대 출판부.

Thompson, Paul. 1998. "The voice of the past". in R. Perks and A. Thomson(eds.). *The Oral History Reader*. Routledge.

자료

나주시 봉황면 장성1구 학살사건 진상조사서.

봉황면 철야 뒷산 양민학살 유족회 회칙.

봉황면지발간추진위원회, 1992, 『봉황면지』.

봉황양민학살희생자위령비 건립추진위원회 2차회의록.

봉황철천리유족회 탈락자 명단.

전라남도 나주시 봉황면 철천리등 양민 학살 사건 진상조사 청원서.

전라남도 나주시 봉황면과 각동리 일원 학살 사건 진상조사 보고서(서상원 작성).

전라남도 나주시 세지면 동창교 양민 학살 사건 진상(보고서).

찾아보기 전쟁과 재현

인명 찾아보기 ^{전쟁과 재현}

최정기   전남대학교 사회학과 교수. 전남대학교에서 사회학 박사학위를 받았다. 국가인권위원회 조사기획담당관으로 활동한 바 있다. 저서에는『20세기 한국의 야만 II』(공저, 일빛, 2001),『비전향장기수: 0.5평에 갇힌 한반도』(책세상, 2002),『우리 시대의 소수자운동』(공저, 이학사, 2004),『한국의 소수자, 실태와 전망』(공저, 한울, 2004),『감금의 정치』(책세상, 2005)가 있다.

정호기   성공회대학교 사회문화연구원 연구교수. 전남대학교 사회학과를 졸업하고 동 대학원에서 박사과정을 수료했다. 민주화운동관련자명예회복및보상심의위원회 전문위원과 전남대학교 호남문화연구소 학술연구교수를 거쳤다. 저서로는『한국의 역사기념시설』(민주화운동기념사업회, 2007),『식민지의 일상』(공저, 문화과학사, 2006),『現代韓國の安全保障と治安法制』(공저, 法律文化史, 2006), 등이 있고, 논문으로「국가의 형성과 광장의 정치」,「박정희 시대의 '동상건립운동'과 애국주의」외 다수가 있다.

최호림   한국동남아연구소 전임연구위원 및 덕성여자대학교 문화인류학과 겸임교수. 서울대학교에서 인류학 박사학위를 받았다. 전남대학교 호남문화연구소 연구교수, 호주국립대학교 태평양아시아연구원(RSPAS) 초빙연구원, 외교통상부 정책기획국 2등서기관 등을 지냈다. *Modernity and Re-enchantment: Religion in Post-revolutionary Vietnam*(공저, Singapore: Institute of Southeast Asian Studies, 2007),「베트남의 의례 활성화와 국가-사회관계」(2003),「사회주의 국가, 시장 및 '전통'의 재생」(2005),「베트남의 문화정책 담론」(2007) 등의 논저가 있다.

김권호　전남대학교 강사. 전남대학교 대학원에서 사회학과 박사과정을 수료하고 한국전쟁 영화에 관한 학위논문을 준비하고 있다. 촘스키의 「국내 테러리즘」, 네그리의 「가치와 정서」 등의 논문을 번역했고, 논문으로는 「스탠리 큐브릭 영화에 나타난 광기에 관한 연구」(2001)가 있다.

노영기　조선대학교 사학과 강사. 조선대학교 사학과를 졸업하고 성균관대학교 대학원에서 석사학위를 받고 박사과정을 수료했다. 조선대와 성균관대 강사를 거쳤다. 저서로는 『1960년대 한국의 근대화와 지식인』(공저, 도서출판 선인, 2004)이 있다.

양라윤　사단법인 한국현대사회연구소 연구원. 조선대학교 철학과를 졸업하고 전남대학교 대학원에서 사회학과 석사학위를 받고 박사과정을 수료했다. 전남대학교 5·18연구소 조교, 일본군 '위안부' 증언조사 조사원, 5·18여성노동자 생애사 연구 공동연구원을 거쳐 함평군 한국전쟁 기간 민간인 희생자 피해연구보고서에 공동연구원으로 참여했다. 논문으로는 「네트에서 디지털 저항의 형성과 전개 과정」(2002)이 있다.

박현정　진실·화해를 위한 과거사정리위원회 조사관. 전남대학교 대학원에서 사회학과 박사과정을 수료했다. 저서로는 『철야마을 그 삶과 앎의 풍경들』(공저, 심미안, 2005), 『구술생애사를 통해 본 5·18의 기억과 역사』(공저, 심미안, 2006)가 있다.

한울아카데미 999

전쟁과 재현
마을 공동체의 고통과 그 대면

ⓒ 최정기 외, 2008

지은이 | 최정기·정호기·최호림·김권호·노영기·양라윤·박현정
펴낸이 | 김종수
펴낸곳 | 도서출판 한울

편집책임 | 신인영
편집 | 배은희

초판 1쇄 인쇄 | 2008년 6월 5일
초판 1쇄 발행 | 2008년 6월 25일

주소 | 413-832 파주시 교하읍 문발리 507-2(본사)
        121-801 서울시 마포구 공덕동 105-90 서울빌딩 3층(서울 사무소)
전화 | 영업 02-326-0095, 편집 02-336-6183
팩스 | 02-333-7543
홈페이지 | www.hanulbooks.co.kr
등록 | 1980년 3월 13일, 제406-2003-051호

Printed in Korea.
ISBN 978-89-460-3851-6 93910

* 가격은 겉표지에 있습니다.

* 이 책은 2004년도 한국학술진흥재단의 중점 연구소 지원사업에 의하여 연구되
  었음(KRF-2004-005-B00023).